Versiones para el debate:
La Loca de la Guardia **(1882-1896),**
de Vicente Fidel López

HEBE BEATRIZ MOLINA

VERSIONES PARA EL DEBATE: *LA LOCA DE LA GUARDIA* (1882-1896), de VICENTE FIDEL LÓPEZ

Edición crítica y anotada

Molina, Hebe Beatriz
Versiones para el debate: La Loca de la Guardia 1882-1896, de Vicente López / Hebe Beatriz Molina; Vicente Fidel López. - 1a ed. - Ciudad Autónoma de Buenos Aires: Teseo, 2017.
500 p.; 20 x 13 cm.
ISBN 978-987-723-150-2
1. Estudios Literarios. 2. Literatura Argentina. 3. Narrativa Argentina. I. López, Vicente Fidel II. Título
CDD 807

© Editorial Teseo, 2017

Buenos Aires, Argentina

ISBN 978-987-723-150-2

Editorial Teseo

Hecho el depósito que previene la ley 11.723

La edición ha sido posible gracias a un subsidio (PIP N° 11220110101027) otorgado por el Consejo Nacional de Investigaciones Científicas y Técnicas de la República Argentina (Conicet).

Para sugerencias o comentarios acerca del contenido de esta obra, escríbanos a: **info@editorialteseo.com**

www.editorialteseo.com

A María Rosa Lojo,
por confiar en mi trabajo
a simple vista.

A Nélida Marzonetto,
mi madre,
in memoriam.

Índice

Estudio preliminar 11
   Vicente Fidel López, un hombre de letras 13
   Dos géneros para una misma *verdad* histórica 18
   Novelas para una historia argentina 25
   Historia de la escritura y relaciones entre los *testes* 29
   Variantes argumentales...41
   Brevísima conclusión 50

Criterios de la edición 51

Plano de la gesta sanmartiniana en Chile 54

La Loca de la Guardia 55

Anexo I: Folletines de *El Nacional* 433

**Anexo II: *Historia de la República Argentina*
(Fragmento)**..461

Bibliografía..489
   1. Fuentes inéditas 489
   2. Fuentes editadas 490
   3. Bibliografía específica...491
   4. Bibliografía de las notas...495

Estudio preliminar

Esta edición crítica de *La Loca de la Guardia* se justifica en dos razones igualmente válidas. El texto es una de las pocas novelas argentinas del siglo XIX dedicadas a la gesta libertadora de José de San Martín y del Ejército de los Andes,[1] hazaña que cumple doscientos años entre 2017 y 2018. La historia de la génesis y de las variantes del texto revela otra *hazaña*: la de historiar, escribir y publicar en el XIX, cuando se acentúa el debate por la "verdad" histórica entre distintas escuelas historiográficas, por un lado, y entre los discursos histórico y literario, por otro, en el marco aún mayor del programa de independencia cultural que se venía gestando desde 1837.

Vicente Fidel López (Buenos Aires, 1815-1903) es uno de los intelectuales más constantes, polifacéticos y comprometidos de nuestro siglo XIX, aun cuando no alcanza los primeros lugares del reconocimiento canónico. Los títulos de su abundante producción hablan de las variadas

---

[1] Los hechos patrióticos más relevantes del siglo XIX han concitado un interés muy escaso en los novelistas argentinos decimonónicos. Solo una novela se aboca a la Revolución de Mayo (*La gran semana de 1810*, de Vicente Fidel López) y siete toman por tema las luchas independentistas en general: *Soledad* (1847), de Bartolomé Mitre; *Una noche de boda* (1854), de Miguel Cané (padre); *El isleño: Episodio de la guerra de la Independencia* (1857), de Manuel Romano, publicada para recordar el combate de San Lorenzo; *María de Montiel* (1861), de M. Sasor (seudónimo de Mercedes Rosas de Rivera), en la que uno de sus protagonistas muere en Ayacucho; *El capitán de Patricios* (1864), de Juan María Gutiérrez, y *El pozo del Yocci* (1869-1870), de Juana Manuela Gorriti; además de *El capitán Vargas* (ca. 1846-1848), novela incompleta de Vicente Fidel López [Molina 2011 y 2011-2012].

disciplinas que dominaba. Filosofía de la Historia era su preferida y en la cual se reconoce pionero; además, Historia Política y Social, Economía Política, Etnología, Filología y Retórica. Pero su singular modo de interpretar el pasado y de escribir la historia le provoca críticas contradictorias; en particular, desde el "debate histórico" que mantiene con Bartolomé Mitre (1881-1882) sobre cuestiones sustanciales de la historiografía argentina, que ambos estaban configurando gracias a ese mismo debate.[2] Desde entonces, se ha dado a López como perdedor de la contienda, aun cuando estudiosos de la talla de Tulio Halperín Donghi, Raúl Orgaz, Natalio Botana, Ricardo Piccirilli y Diego Pró destacan sus aportes a la historia de las ideas en la Argentina. Más recientemente, los estudios de Alberto Lettieri y de Roberto Madero cuestionan el lugar marginal en el que el canon lo ha ubicado. Incluso, Roger Chartier, en el prólogo a *El origen de la historia: Sobre el debate entre Vicente Fidel López y Bartolomé Mitre*, de Madero, propone con objetividad una valoración historiográfica digna de ser considerada punto de partida para nuevos estudios: "Medida en relación con las exigencias eruditas de la historia positivista y científica [...], la práctica historiográfica de López no puede parecer sino como puramente retórica y científicamente dudosa. Pero desde otra perspectiva no carece de modernidad a pesar de sus debilidades" [en Madero 2001: 15].[3] En nuestra opinión, son esos rasgos retóricos los que les confieren "modernidad" a los escritos de López.

Estos atributos ambivalentes se deben principalmente a que el interés del intelectual por rememorar e interpretar

---

[2] Un análisis detallado y significativo de este debate puede leerse en los textos de Roberto Madero, consignados en la "Bibliografía".

[3] Madero explica que "la movilidad de la historia de López no debe [...] ser atribuida a la pasión con que se caracteriza al autor. Responde a un uso retórico, persuasivo de la palabra; es parte de un hábito de pensamiento del letrado, propio de un aprendizaje de formas mnemotécnicas, de una práctica del lenguaje más formalizada y sistemática que cualquier otra que tenga por objeto la sociedad" [2001: 25].

el pasado americano se vuelca en narraciones con un alto contenido de recreación imaginaria. Y en ello López no observa ninguna contradicción porque, desde la perspectiva de su marco teórico, historia y literatura son dos formas de conocimiento igualmente válidas y seguras, hasta el punto que algunos fragmentos de *La Loca de la Guardia* aparecen repetidos en el texto historiográfico más importante de su abundante producción: la *Historia de la República Argentina*. La presente edición crítica, en consecuencia, permitirá examinar no solo la historia de un texto (una novela histórica), sino también la poética de lo histórico de Vicente Fidel López.

De su producción puede decirse lo mismo que el autor señala lúcidamente de las historias políticas: es un hecho histórico al mismo tiempo que un hecho literario, que no se puede retocar o rehacer pues ya se ha fijado como objeto de estudio y contemplación;[4] por ende, "queda con su entidad íntegra y peculiar en la historia de la literatura a cuya lengua pertenecen, y también en la historia general de la literatura de su tiempo" [López 1921: II, 233].

Vicente Fidel López, un hombre de letras

"Hay mérito y demérito en nuestras acciones. Este principio que nadie puede negar [...] supone la conciencia de la libertad moral en el hombre."
Diego Alcorta

Para comprender los vaivenes textuales de *La Loca de la Guardia* y la imbricación discurso histórico-discurso literario que los caracteriza, es indispensable tener en

---

[4] Interesante premisa de López, que podría resumirse en esta frase: *lo escrito escrito está*.

cuenta las vicisitudes que enfrenta el escritor durante su larga vida. Unigénito de Vicente Alejandro López y Planes, Fidel (como le decían en su hogar) se sentía orgullosamente "hermano del Himno". A través de la correspondencia familiar guardada en el Archivo General de la Nación, se observa que la relación con su padre era afectuosa, cercana y muy educativa. Don Vicente es, sin duda, su primera fuente de información histórica; también los amigos de la familia, patriotas de renombre, que han participado en las luchas independentistas y en la política.

El joven López estudia abogacía en la Universidad de Buenos Aires, participa en las distintas actividades de la denominada Generación de 1837: el Salón Literario, *La Moda* y la secreta Asociación de Mayo. Se gradúa en 1839, urgido por los peligros políticos que ocasiona el gobierno de Juan Manuel de Rosas. Además del título, atesora la formación en Retórica y el lema de su maestro Diego Alcorta, que hemos repetido como epígrafe de este apartado [Alcorta: 42; López 1896: 332]; principio moral que define su vida y que será la vara con la que medirá el accionar de los hombres públicos.

En 1840 se refugia en Córdoba. A comienzos del año siguiente, se exilia en Chile (Santiago y Valparaíso, principalmente) y, entre 1846 y 1852, en Montevideo, donde puede revalidar su título de abogado y formar una familia con Carmen Lozano.

De su periplo chileno interesa particularmente la amistad y sociedad con Domingo Sarmiento, en la publicación del primer diario de Santiago, *El Progreso* (1842); en la Polémica de 1842 acerca del Romanticismo contra Salvador Sanfuentes y otros intelectuales chilenos; y en la fundación y dirección de un liceo para varones (1843). En este colegio enseña Legislación, Derecho Natural, Literatura, Francés e Historia [Piccirilli: 48-9]. En 1845 obtiene el título de Licenciado en Letras y Humanidades por la Universidad de Chile, mediante una tesis titulada *Memoria sobre los resultados generales con que los pueblos antiguos han contribuido a la civilización de la humanidad*.[5] Ese mismo año, con fines educacionales y económicos, publica *Manual de la historia de Chile dedicado a las escuelas* y el *Curso de Bellas Letras*. Además de artículos periodísticos circunstanciales, da a conocer *Revolución argentina*, un estudio sobre "Jorge" Sand y una novela corta (*Alí Bajá*), además de los primeros cuatro capítulos de *La novia del hereje* (1843) [reeditados en Molina 2005c]. Como folleto aparece *Vindicación de la República Argentina en su revolución y sus guerras civiles* (1841).

En Montevideo empieza la primera versión de una novela histórica ambientada en la sociedad chilena hacia 1814, *El capitán Vargas* [publicada en Molina 2015b].

Tras la caída de Rosas, su regreso a Buenos Aires es breve. Se desempeña como ministro de Instrucción Pública durante el gobierno de su padre. Aunque participa y avala el Acuerdo de San Nicolás (1852) y defiende el accionar de Justo José de Urquiza, elige el camino del auto-exilio a Montevideo para que sus discrepancias con el entorno urquicista y con los porteños centralistas no lo obliguen a perder la coherencia de sus convicciones. En la Banda Oriental, enseña Economía Política en la Universidad durante 1854.

Intenta el retorno en 1860 y participa de la Convención provincial de Buenos Aires que analiza la Constitución aprobada en Santa Fe en 1853; pero nuevamente volverá a Uruguay para no traicionar sus principios.[6]

---

[5] En este estudio preliminar, se ha modernizado la grafía de los títulos.
[6] Por su ideología, López es un representante del liberalismo conservador [Lettieri]. Torcuato Di Tella sintetiza así sus vaivenes políticos en busca de un cambio social progresivo y equilibrado: "dentro del grupo básicamente liberal que se hizo cargo del país después de Caseros, estuvo a caballo entre el bando urquicista y el porteño, y eso le valió muchos disgustos. Su primera fascinación con la necesidad de un poder fuerte, aunque fuera algo personal, fue dando lugar a una polar preocu-

El regreso definitivo a Buenos Aires se produce en 1868. Desde entonces, además de ejercer como abogado, realiza una intensa labor en los campos político, educacional e historiográfico. Entre 1870 y 1873, participa en la Convención Constituyente de Buenos Aires; en 1872 es elegido senador provincial; un año más tarde, se incorpora al Congreso Nacional como diputado. Integra el directorio del Banco de la Provincia de Buenos Aires, desde donde fomenta una política económica proteccionista [Fernández López]. Luego de la crisis de la Bolsa (1890), Carlos Pellegrini lo nombra ministro de Hacienda, cargo desde donde impulsa la creación del Banco de la Nación Argentina, de la Caja de Conversión y de la Administración de Impuestos Internos.

Además, dicta Economía Política (1871-1874) y ejerce el cargo de rector en la Universidad de Buenos Aires (1874-1877). En 1876 es designado miembro correspondiente de la Real Academia Española. Con Bartolomé Mitre auspicia la creación del Instituto Libre de Segunda Enseñanza, de cuyo Consejo Superior es el primer presidente (1892).

Codirige la *Revista del Río de la Plata* (1871-1877), con Juan María Gutiérrez y Andrés Lamas. En ella da a conocer "El año XX: Cuadro general y sintético de la revolución argentina", larga serie de artículos compilada luego en *La revolución argentina: Su origen, sus guerras y su desarrollo político hasta 1830* [Madero 2005: 15]. En 1881 aparece *Historia de la Revolución Argentina desde sus precedentes coloniales hasta el derrocamiento de la tiranía en 1852: Introducción*, "un ataque a la historia de *Belgrano* de Mitre" [Madero 2001: 28]. Casi de inmediato, Mitre contesta con *Comprobaciones históricas: A propósito de la "Historia de Belgrano"* y otros escritos menores. López contraataca

---

pación por la vigencia de un régimen parlamentario, y de una descentralización basada en los municipios. Quizá se fue de un extremo a otro [...]" ["Presentación". Lettieri: 10].

con *Refutación a las Comprobaciones históricas sobre la Historia de Belgrano* (1881-1882).[7] Más adelante aparece *El conflicto y la entrevista de Guayaquil* (1884).

Su producción historiográfica culmina en los diez tomos de *Historia de la República Argentina: Su origen, su revolución, su desarrollo político hasta 1852* (1883-1893), uno de los *testes* de la edición que presentamos. Se suman con fines didácticos el *Manual de historia argentina* (1896) y *Compendio de historia argentina adaptado a la enseñanza de los colegios secundarios* (1889-1890). Simultáneamente, retoma la escritura novelística, según veremos un poco más abajo.

Según Roberto Madero, "lo que López rechaza en el debate no son los documentos, sino la forma en que Mitre los usa y valora. Cada documento adquiere valor, para Mitre, del hecho de que cada uno *es* y *refleja* una parte de la Nación" [2005: 22]; en cambio, para López, no "es sólo la política, sino su tradición, sus pasiones y proyectos, lo que define a los hechos" [23].[8] Madero plantea que esta matriz se suscita en el origen letrado de López; más precisamente, en su formación como abogado: "a través de los diferentes géneros literarios que López practicó durante 1880, puede verse la circulación de una verdadera *fuerza formadora del hábito*; un *modus operandi* de origen jurídico da forma

---

[7] De acuerdo con las precisiones aportadas por Madero [2001], Mitre inicia su respuesta desde la *Nueva Revista de Buenos Aires*, la completa en *La Nación*, y finalmente la reúne en una edición en volumen por la Imprenta de Mayo, de Carlos Casavalle (1881). Al año siguiente, repite la secuencia –primero *La Nación*; luego el volumen– para las *Nuevas comprobaciones históricas: A propósito de historia argentina*. Por su parte, López publica inicialmente su "Refutación a las Comprobaciones históricas sobre la Historia de Belgrano" en el folletín de *El Nacional*, entre octubre de 1881 y marzo de 1882; después, como libro por la imprenta de Félix Lajouane, en dos tomos y con el título *Debate histórico*.

[8] Rubén Dellarciprete cuestiona, a su vez, a Madero que no ponga en crisis "la presunta objetividad de Mitre y su 'radical concepción romántica' de la historia, debido a que no es afiliada a su idealismo liberal de base, sustento de todo su aparato ideológico, incluida, por supuesto, su etapa posterior, consustanciada con el positivismo científico" [146, n. 1].

[...] a toda su producción literaria de ese período" [23]; luego especifica:

> ¿Cuáles son esos hábitos de letrado? Uno de ellos es la estructura de la casuística y la forma del caso, que es a la vez un modo de aprendizaje y el objeto del trabajo de un abogado, en tanto configura y permite leer, poniéndolos en relación, los elementos básicos de un hecho. [...] Y no sorprende, entonces, que pueda verse en López una disposición marcada a articular sus relatos de acuerdo con los intereses en que cobran sentido [23-24].[9]

En otras palabras, López escribe siguiendo sus conocimientos de Retórica y Bellas Letras: le importan las estructuras discursivas, la adecuación de las formas a los contenidos, la fuerza expresiva que puede alcanzar una frase. En el *cómo decir* apoya tanto la lógica de su argumentación, como el decir mismo hecho acción.

Dos géneros para una misma *verdad* histórica[10]

La teoría literaria de Vicente Fidel López puede rastrearse en algunos cuadernos de apuntes, pero la fuente principal es su *Curso de Bellas Letras* (1845), manual de

---

[9] En su libro anterior, Madero ha especificado: "En la disputa por el sentido de la historia no solo se lucha por decidir las causas de su grandeza o de su ruina, sino que se lucha también por una interpretación que es en sí misma un destino; el momento de esa lucha es inevitable y necesario para la vida pública. El acto interpretativo, entendido a la vez como un modo de conocimiento y un modo de vivir republicano, es y debe ser parte de ese destino legado y disputado en las formas. Ese modo de entender y de volver a dar vida a la historia incluye centralmente la interpretación, pero el poder que López reclama para esta no se limita solo a su persuasión o a su belleza [...]. El acto interpretativo en López hace a una realidad de un modo demasiado profundo para ser confinado a la política; o de un modo demasiado circunstancial como para ser confinado a la moral o la motivación psicológica de sus personajes" [2001: 53-54].

[10] En este punto, adoptamos la perspectiva de la poética histórica [Głowiński].

retórica y poética que escribe para la Universidad de Chile.[11] Es, por tanto, un texto mediante el cual pretende ocupar un nicho vacío en la institución académica –la retórica escolar hispanoamericana– y desde allí inculcar nuevos principios socio-estéticos no solo a los alumnos universitarios, sino también a otros potenciales lectores [Narvaja de Arnoux].

En particular, interesa la clasificación discursiva que propone López; original respecto de los otros manuales en uso por ese entonces. Basa la tipología de los textos escritos en las tres facultades humanas principales: asuntos de razón, de memoria y de fantasía, que corresponden a la filosofía (y la ciencia), la historia y la poesía, respectivamente. Entre los discursos de la memoria y apoyándose en la autoridad de Abel-François Villemain, define la historia como "*la representacion científica i literaria de todos los echos qe cambian el modo de ser de las naciones*; i qe por esto se llaman ECHOS SOCIALES" [1845a: 213]. Es científica porque se ajusta a un "órden de progresion bien patente entre las verdaderas causas i los verdaderos efectos de todos los cambios", es decir, porque respeta la lógica del devenir; y es representación literaria porque el historiador está facultado para poner en relieve –mediante la forma, el plan y el estilo– aquellos acontecimientos que sean fundamentales según su modo de ver [213], es decir, mediante la retórica discursiva, el historiador configura el pasado según su propia interpretación.

También observa que las tendencias naturales de todo proceso histórico pugnan simultáneamente por imponerse: van hacia delante, impulsando las mejoras necesarias (tendencia *progresista*); mantienen el estado presente para evitar movimientos que no estén bien preparados (tendencia

---

[11] Por eso, este manual está publicado con la ortografía "chilena", aprobada por dicha Universidad; grafía que respetamos en las citas. El mismo respeto tenemos en las transcripciones de todas las fuentes decimonónicas.

conservadora o *semiprogresista*), o proponen la reposición del estado anterior para subsanar las consecuencias nefastas de algún cambio (tendencia *retrógrada*) [235-6]. En esta cadena, el pasado se continúa en el presente, es su origen y su matriz; y el pasado y el presente juntos determinan el futuro. Cada eslabón corresponde a un momento revolucionario, en el que confluye el accionar de todos y cada uno de los individuos.[12] Estos postulados historiográficos le servirán también al escritor para estructurar las novelas.

Otra de sus premisas, de cuño romántico, se refiere a la dimensión histórica: "cada época tiene una manera diversa de escribir la historia" [217], adecuada a las nuevas circunstancias que se van produciendo. López identifica y explica ocho escuelas de historia social.[13] Nos detendremos en la que corresponde al siglo XIX y que el propio autor considera "la expresion fiel y definitiva de [sus] ideas y de [su] conducta" [Doc. 3979]: la Escuela Fatalista, que busca "la explicacion de todos los cambios sociales en el desenvolvimiento de cada idea, tomada en su jérmen, i seguida durante su desarrollo, asta qe se ace poder social, causa de una revolucion o de una mejora cualqiera" [1845a: 233]. López diferencia dos modalidades de esta corriente: una es "pintoresca i descriptiva; es una especie de *linterna májica*

---

[12] Ejemplo de este enfoque historicista es "Revolución argentina", que López publica en *El Progreso*, de Santiago (1843) para explicar el encadenamiento de factores que, desde la Colonia y la Revolución de Mayo, ha conducido a la tiranía de Rosas. En líneas generales, López arguye que, en manos del gobernador Juan Gregorio de Las Heras, el "partido ilustrado y reformador" concreta el ideal libertario de Mayo y logra avances significativos en Buenos Aires, hasta que se divide cuando Rivadavia impone el concepto de nación sobre el de provincia, generando así un problema administrativo –causa de la guerra civil–, el surgimiento del "patriotismo ciego y mezquino del *provincialismo*" en las masas incultas, que aprovechan los caudillos locales, y la reaparición de la "facción retrógrada" [1843, 27 ene.: 1-2], que encarna Rosas.

[13] Las siete escuelas son: la Tradición, la Crónica, la Escuela Clásica, la Biográfica (Plutarco), la de los Retóricos (Tito Livio), la Filosófica de Bossuet y Montesquieu (siglo XVII), la Escuela Crítica de Voltaire (siglo XVIII), además de la Escuela Fatalista del siglo XIX.

qe ace pasar por delante de nuestros ojos los ombres i los pueblos olvidados", con sus costumbres, gestos y lenguaje cotidianos; el novelista Walter Scott es el creador de esta tendencia y Thierry, su mayor difusor. La otra vertiente, la de los "verdaderos representantes" de esta escuela (Thiers, Mignet, Herder, Guizot), se concentra, en cambio, en la idea, en la filosofía de cada época, y atiende a los caudillos o jefes, que son aquellos individuos que –dóciles a las ideas dominantes– las comprenden con mejor talento y las dirigen con mayor energía. A estos *fatalistas*, no obstante, López les reprocha que ignoren "la responsabilidad qe la moral impone a cada individuo por sus actos", o sea, que lleguen a ignorar el libre albedrío [234].[14]

Años más tarde, insistirá en esta "profesión de fe" [Rojas: xxx]: "desde que pude leer y apreciar la portentosa vitalidad que el colorido local y el drama dan a los escritos inimitables de Tucídides, en lo antiguo, y Thierry, y sobre todo de Macauly [...], pensé que sólo así, con esas tintas, era posible escribir una historia que fuese *nuestra*, esto es, que tuviese el sello de la originalidad argentina, con sus hombres y con sus cosas [...]" [en Madero 2001: 268].

Adviértase que López tiene conciencia del carácter discursivo[15] semejante de los textos historiográfico y novelístico no solo cuando afirma que la novela histórica de Walter Scott es el modelo de la Escuela Fatalista, sino cuando los caracteriza de la siguiente manera:

• novela e historiografía son narraciones;

---

[14] Imaginamos que este comentario le habrá originado algún debate con su amigo en el exilio, Sarmiento, el autor del *Facundo* (que veía la luz por esos días). Queda pendiente el estudio de la influencia de López, sobre todo la derivada de sus conocimientos de Retórica, en los escritos de Sarmiento, en particular en el *Facundo*.

[15] "El *discurso* es el tejido jeneral qe resulta de la combinacion de los períodos; es, por consiguiente, un compuesto de palabras, frases i períodos, organizado de modo qe esprese un todo omojéneo i armonioso. La unidad del discurso nace del fin qe el autor se propone en él" [López 1845a: 49].

- relatan la trama del devenir dialéctico de las ideas y de los pueblos; incluso comparten la tensión entre protagonista y sociedad (los otros, la opinión pública) y entre pasado y presente (las decisiones tomadas ayer, tanto del personaje como de la sociedad en su conjunto, repercuten en el hoy);
- son textos literarios, es decir, *bellas letras*, configuradas para atraer y mantener la atención del lector.

La diferencia entre novela e historiografía radica en la *cara* del objeto representado. En el último capítulo del manual, López especifica que la historia se dedica a la vida pública, mientras que la novela se centra en la vida privada de los mismos personajes; es decir, historia y novela se complementan armónicamente. Para alcanzar la "verdad completa" es necesario conocer ambas "vidas", dice López en la "Carta-prólogo" a Miguel Navarro Viola, que precede a *La novia del hereje* en su edición de 1854.

El autor tiene la certeza de que reconstruir una época a través de una narración hecha con palabras es no solo posible, sino también legítimo, y produce un relato *verdadero*. Tanto es así que las pruebas documentales no son un requisito *sine qua non* para garantizar la veracidad. El discurso histórico reconstruye *fielmente* el pasado recuperando la coherencia interna del entramado ideológico que sustenta el accionar de los hombres, por sí mismos, y de la sociedad, en su conjunto, mediante un discurso "científico" (o sea, basado en la razón) focalizado en los hechos públicos; en tanto que el discurso literario lo hace idealizando la realidad mediante la fantasía, facultad que construye un mundo ideal pero sin que "falten bajo ningun aspecto analojias claras con el mundo real, sino qe se vea bien qe el uno a servido de basa para crear idealmente el otro" [1845a: 116].

Desde esta perspectiva, la novela histórica resulta la forma más completa de conocer esa vida pasada porque muestra a los personajes de la historia "en el trato familiar lo mismo que en la escena política, con todos sus vicios y virtudes, y por lo tanto nos los dá mejor a conocer"; además, impide la pérdida del conocimiento acerca de "mil usos y particularidades de los tiempos pasados que la historia tiene que callar necesariamente"[16] [300]. La historia proporciona al novelista los hechos capitales y el autor, a su vez, se sujeta "estrictamente á la vida histórica" [1854: II, 154]. Para comprender esta sujeción a la historia, hay que recordar que, para López, la historia no son los acontecimientos puntuales y aislados, sino el entramado de decisiones individuales y de hechos colectivos, con sus causas y sus consecuencias.

El pensamiento de López es relacional y sistémico. En unos apuntes conservados con el título "Cosas de otro tiempo que quizas no son inútiles" (el original era "Origen y psicologia de la literatura"), expone claramente los principios rectores de su teoría. En primer lugar, la importancia del tiempo, que es "el fluido" en el que la humanidad se desenvuelve:

> Todas las cosas, todas las ideas existen envueltas en el tiempo, y una ligera ~~demostracion~~ meditacion basta para demostrarnos que el alma no podría jamas llegar á comprender la mas simple de ellas, sino estuviera dotada de poderes capaces de atravesar el tiempo, y de romperlo para poder caer con sus facultades comprensivas sobre las cosas y las ideas que el envuelve; porqué es preciso fijarse, en que no hay una cosa ó idea, cuyo caracter esencial no dependa del tiempo en que se halla; si es presente arrastra consigo una nota diversa de si es pasada; resultando que todas las ideas varíen esencialmente por razon del tiempo [Molina 2015a: 149-50].

---

[16] Cita del *Manual de literatura*, de Antonio Gil de Zárate, a quien López transcribe con fidelidad en algunos pasajes de su *Curso de Bellas Letras*.

El tiempo, como ser orgánico, está conformado por tres momentos: presente, pasado y futuro. Para cada uno de estos, la inteligencia dispone de un agente que prepara la comprensión posterior: los sentidos, que acortan la distancia entre la realidad presente y la mente; la memoria, que vence la destrucción, la muerte y el olvido; y la previsión, que forma analogías entre lo pasado con lo que está por venir. Los sentidos, la memoria y la previsión facilitan la comprensión, es decir, la acción de establecer las relaciones entre formas e ideas, que conducen al *todo* en tanto *centro de armonía* donde reside la verdad y la belleza. Para comprender, la inteligencia tiene dos vías:

> ó bien marcha por pasos graduados y conocidos de una en otra relacion hasta llegar al centro; ó bien se asienta de improviso sobre ese centro y recorre rápida y audazmente los puntos que corresponden con él: en el primer caso comprende por medio de la razon: en el segundo por medio de la fantasia. La razon y la fantasía no son mas que dos modos distintos de ejercer la misma cantidad, y por eso es que la una puede elevarse á tanta altura como la otra aparece dotada de una rica fantasía. Supongase á Newton calculando el sistema universal, coloquésele al lado de Milton cuando ciego dictaba á su hija fantásticos versos sobre el caos y el infierno y muestrese el que se atreva á establecer las diferencias que separaron la situacion interna de las dos intelijencias [154-5].[17]

Razón y fantasía conducen, pues, a un mismo conocimiento verdadero, organizado sobre la base de relaciones; pero la fantasía produce la ventaja de un conocimiento más rápido, audaz y agradable. Con la fantasía, esas relaciones que explican el pasado, el presente y el futuro se hacen más evidentes, atractivas y fáciles de entender. Por eso, la novela histórica es un "suplemento utilísimo a la historia" [1845a: 299]: la completa y ayuda a difundirla.

---

[17] Véase también el fragmento del Doc. 5451, transcripto en Molina 2015c: 46-7.

Por ser textos *literarios* –es decir, bien escritos, con un plan claro, forma apropiada y estilo ameno–, las modalidades discursivas de la historiografía y de la literatura que representan la *verdad histórica* son similares y recurren a las mismas estrategias discursivas: la narración detallada de los hechos, la descripción vívida y minuciosa de ambientes y personajes; y, sobre todo, el recurso al diálogo, indemostrable documentalmente y que solo puede ser creíble, en tanto verosímil. A esto se suma –para los tiempos no tan pasados– el documento testimonial: la palabra, oral o escrita, de los testigos de aquellas hazañas, quienes se constituyen en prueba contundente. Discurso oral para certificar el discurso escrito, tanto el historiográfico como el literario.

Este juego de certificaciones no se limita a la especulación: se acentúa mediante el uso de las notas a pie de página, algunas de las cuales contienen referencias bibliográficas,[18] además de la consabida aclaración: "Es histórico".

Novelas para una historia argentina

"El gobierno de lo propio es de derecho natural. No hay compensación ninguna con que un régimen colonial pueda satisfacer a los que están privados de él."
Vicente Fidel López. Prefacio a HRA.

Con su *linterna mágica*, López sigue la evolución de una *idea*: la libertad como motor social de la República Argentina y, por ende, la lucha moral contra toda forma de despotismo. En uno de sus primeros textos de interpretación histórica, "Revolucion arjentina", la expone con claridad:

---

[18] A veces, esas referencias bibliográficas son parte de la ficción. Ver Molina 2009a.

Esta idea no solo era comun a los hombres de pensamiento, sino tambien a las masas; todos estaban uniformados, armonizados por ella; hablamos pues de la idea de ser independientes [*El Progreso*, 25 ene. 1843: 1].

Este designio es el hilo conductor no solo de toda su producción historiográfica,[19] sino también de un plan de novelas históricas que anuncia en 1854, en la "Carta-prólogo" recién mencionada. Mediante ambas vertientes textuales, López pretende explicar la historia, es decir, enseñarla de un modo sistemático y animado, destacando los hitos cruciales de la evolución de esa *idea*; labor tanto didáctica como patriótica pues el pasado explica el presente y proyecta el futuro:

> Parecíame entonces [en su juventud] que una série de novelas destinadas á resucitar el recuerdo de los viejos tiempos [...] era una empresa digna de tentar al mas puro patriotismo; porque creia que los pueblos en donde falte el conocimiento claro y la conciencia de sus tradiciones nacionales, son como los hombres desprovistos de hogar y de familia, que consumen su vida en oscuras y tristes aventuras sin que nadie quede ligado á ellos por el respeto, por el amor, ó por la gratitud [1854: II, 149].

Párrafos más abajo, sutilmente reprocha a sus compatriotas la indiferencia hacia los planteos trascendentes del ser argentino, cuando se dedican solo a problemas de facciones políticas, que dejan de lado las cuestiones filosóficas del más alto nivel intelectual [152]. En consecuencia, historiar y novelar son propuestas como actividades sustantivas para todo escritor que se precie tanto de hombre de letras, como de ciudadano y patriota.

---

[19] Las primeras palabras de la *Historia de la República Argentina* [*HRA*] evidencian que López mantiene el núcleo conceptual acerca de cómo se produce el devenir histórico: "La República Argentina es una evolución espontánea de la nacionalidad y de la raza española, comenzada en un desierto de la América del Sur recientemente descubierto y consumada a orillas del más espléndido de los ríos del globo" [1926: I, xiii].

El punto de partida del plan novelístico es el sistema colonial durante la segunda mitad del siglo XVI; y se extiende hasta la década de 1820. Basándonos en la escasa información que proporciona el escritor –"Carta-prólogo" de *La novia del hereje*– y en las interpretaciones del pasado nacional que se repiten en sus textos historiográficos, podemos inferir un eje común en torno a Buenos Aires como motor de todo el proceso de independencia y organización política argentino; por lo que los antagonistas iban a ser los opositores a los porteños: españoles, algunos chilenos o los caudillos federales. En el siguiente cuadro, sintetizamos el esquema de López:

Título	Eje histórico-narrativo	Personajes históricos	Estado de la escritura
La novia del hereje o La Inquisición de Lima	Las distintas fuerzas político-sociales que tensan las relaciones entre españoles peninsulares y criollos	Francis Drake, quien ataca El Callao en 1578; el virrey Toledo, el arzobispo Mogrovejo.	Cuatro capítulos publicados en 1843. Edición completa entre 1854 y 1855.
(Sin título previsto)	Guerra contra los portugueses en Colonia del Sacramento	(No anunciado)	Sin datos[20]
El conde de Buenos Aires	Las invasiones inglesas	Santiago de Liniers	Solo el primer capítulo (Doc. 5270)
Martín I	Complot contra el gobierno criollo de Buenos Aires	Martín de Álzaga	Supuestamente bosquejada
El capitán Vargas	Luchas independentistas	Las Heras, Passo, José Miguel Carrera	Se conservan dos manuscritos
Güelfos y gibelinos	El accionar de los caudillos federales	Artigas y Ramírez	Sin datos

---

20 Sobre este asunto se explaya ampliamente en la "Carta-prólogo"; sin embargo, no hay otros indicios de que haya avanzado en su escritura.

Sin embargo, López no termina la serie novelística y, cuando en 1882 retoma la escritura narrativa ficcional, no reanuda el plan. Es sabido que, durante casi todo el siglo XIX, ser novelista no es una profesión, ni siquiera un pasatiempo redituable [Myers, Molina 2011]. Pero esto no justifica el cambio de rumbo: López vuelve a novelar episodios de las luchas independentistas, mas no recupera los manuscritos de *El capitán Vargas*, por ejemplo, aun cuando se conservan en el archivo familiar. La novedad tal vez se origine en el enfrentamiento con Mitre y en la importancia que en ese debate adquiere –entre otras– la cuestión de lo que López califica como la "desobediencia" de José de San Martín; esto es, que el general haya seguido su campaña hasta el Perú, en lugar de regresar a Buenos Aires, para defender al gobierno "nacional" de los *atropellos* federales. En diversos textos, el historiador-novelista ha dejado constancia de una crítica férrea y cada vez más acentuada hacia esa decisión política por la que se beneficia a un país vecino, que luego no agradece debidamente la ayuda indiscutible del gobierno argentino.Ténganse en cuenta dos hechos históricos casi simultáneos: la repatriación de los restos del Padre de la Patria a la Argentina (1880) y los problemas limítrofes con Chile. En este contexto López publica dos novelas de distinta factura.

La gran semana de 1810: Crónica de la Revolución de Mayo, aparece sin firma en *El Nacional*, a lo largo de nueve entregas desde el 20 de mayo hasta el 5 de junio de 1882. Para el autor, como para todos los de su Generación, ese es un hito incuestionable. Lo dice en el *Debate histórico*: "La Revolución de mayo indudablemente es el día cardinal, la base fundamental de nuestra nacionalidad y el punto de partida de nuestro pasado" [1921: I, 95]. Con esta novela epistolar, López muestra las distintas reacciones de los porteños ante los acontecimientos que se suceden sin un líder único, pero con la participación activa del pueblo [Molina 2010]. Madero advierte, además, un eco satírico del *debate histórico* [2001: 57-62; 2003] pues el novelista no ha inventado los textos. Según demuestra el historiador Roberto H. Marfany, las cartas guardadas por la parda Marcelina Orma no son tales, sino fragmentos de documentos oficiales –como las actas del Cabildo de Buenos Aires– hábilmente fraguados por López. Gracias al juego de voces, el autor logra el propósito de reconstruir el entramado político-social que culmina con la proclamación del primer gobierno criollo, mostrando cómo actúan las fuerzas progresistas, las conservadoras y las retrógradas; y cómo en Mayo nace la idea de libertad, que alcanzan los porteños antes que el resto del país [Molina 2009b].

La Loca de la Guardia continúa de algún modo a *El capitán Vargas* ya que esta novela trata los conflictos chilenos entre 1810 y 1814, poco antes de la derrota de Rancagua, mientras que aquella aborda la campaña del Ejército de los Andes a partir de febrero de 1817.[21]

Si López hubiese concluido la serie de novelas, tendríamos la versión novelada del mismo relato histórico, sin grandes novedades. Sin embargo, su interpretación de la "evolución espontánea" de la Argentina tendría la vivacidad y el colorido de las escenas cotidianas que la historiografía descarta habitualmente, pero de lo que el autor era un eximio maestro.

Historia de la escritura y relaciones entre los *testes*

La Loca de la Guardia es publicada primero sin firma,[22] en treinta y dos folletines de *El Nacional*, de Buenos Aires,

---

[21] Se observa, además, reelaboración de algunos temas, aunque no recuperación textual.
[22] Advierte Madero que la publicación no es anónima porque, entre las noticias, se anuncia "el Romance Histórico que ha escrito para *El Nacional*, el autor de *La*

entre el 19 de junio y el 8 de agosto de 1882. Lleva el subtítulo *Leyenda* y abarca cuarenta y siete capítulos, más una veintena de notas.[23] Es anunciada como "Romance histórico inédito, debido á la pluma de uno de nuestros hombres de letras mas distinguido" ["Noticias breves", *El Nacional*, 3 jun. 1882: 1].

En julio y por nueve días se produce una interrupción en las entregas diarias de la novela. Los editores explican la causa: "el autor [...] nos dice que ademas de que necesita descansar, necesita tambien reflexionar sobre la manera de continuarla y de preparar su conclusion". Y agregan: "Lo publicado hasta ayer puede considerarse como una PRIMERA PARTE completa de la obra" [*El Nacional*, 8 jul. 1882: 1]. Esta "primera parte" abarca desde las escaramuzas del Ejército de los Andes en la Guardia Vieja –ya en territorio chileno–, hasta el triunfo en la Cuesta de Chacabuco; acciones bélicas en las que la Loca de la Guardia resulta una hábil baquiana, que muestra senderos salvadores a los patriotas. Después de la pausa, continúa la narración con las consecuencias políticas, jurídicas y sociales de la victoria militar, sobre todo en el ámbito santiaguino, en torno al destino de un niño y de Pepita Morgado, ambos ligados a la Loca.

Este curioso personaje reaparece en el capítulo XI, "Los argentinos pasan los Andes y libertan á Chile", del tomo VI (1888) de la *Historia de la República Argentina*. En él López repite algunos pasajes de la novela de distintos modos: transcripción directa en el cuerpo central y en una nota, y algunas paráfrasis.

Novia del Hereje" [2001: 217, sección "Documentos"].

[23] La forma folletinesca no obstaculiza la mente sistematizadora del autor; por el contrario, parece ayudarla pues cada folletín abarca uno o más capítulos completos y solo los capítulos XX y XXXVII ocupan más de una entrega.

El cotejo de los *testes* muestra que el autor copia con bastante fidelidad esos fragmentos de los folletines. Si ciertos acontecimientos, fechas y nombres propios de personalidades reconocidas son rasgos esenciales de la historia, la omnisciencia del narrador, los detalles de la escena –sobre todo los gestuales– y la reproducción de diálogos son elementos propios de una novela. Sin embargo, los hallamos en ambos textos. Veamos un ejemplo. En *La Loca de la Guardia*, después del triunfo de Chacabuco, San Martín atiende a los oficiales:

> Al recibirlos con la jovialidad que le era natural en estos casos, **para celebrar la felicidad del dia con una buena copa del rico vino cuyo barril tenia por delante,** notó con sumo disgusto que algo muy grave pasaba entre los generales Soler y O'Higgins. El primero traia el rostro visiblemente enfadado y siniestro. Dió la mano á todos los compañeros que se apresuraron á felicitarlo por su oportuna aparicion en el campo de batalla, menos á O'Higgins, marcando bien la voluntad que tenia de ofenderlo con este desaire.
> [...] San Martín **hizo distribuir los cántaros que más á mano habia para tomar el vino,** y poniéndose de pie, dijo: Señores! ¡A los **guerreros** del frente y de la derecha! [1882b, 7 jul.: 1; las negritas son nuestras].

Al escribir la *Historia de la República Argentina* López repite la escena suprimiendo solo algunas frases (las indicadas con negrita):

> Al recibirlos con la jovialidad que le era natural en estos casos, notó con sumo disgusto que algo muy grave pasaba entre los generales Soler y O'Higgins. El primero traia el rostro visiblemente enfadado y siniestro. Dió la mano á todos los compañeros que se apresuraron á felicitarlo por su oportuna aparicion en el campo de batalla, ménos á O'Higgins, marcando bien la voluntad que tenia de ofenderlo con este desaire.

[...] San Martín se puso de pié, levantó una copa de vino y dijo: –Señores: á los bravos de la derecha, y á los bravos del frente! Todos aplaudieron [1888: 695-6].

En la escena se conjugan necesariamente lo público y lo privado. El malestar entre O'Higgins y Soler es un hecho histórico que pudo haber traído consecuencias nefastas si el general San Martín no hubiese tenido la habilidad necesaria para encauzar el orgullo de ambos militares. El episodio sirve, pues, tanto para el texto historiográfico, como para el trasfondo histórico de la novela; pero en esta el autor ha agregado el detalle del vino, que da a la escena el toque de intimidad propio de este tipo discursivo.

La otra modificación es significativa desde el punto de vista ideológico pues muestra el paulatino distanciamiento de López respecto de los chilenos: según la novela, San Martín saluda primero a O'Higgins, quien ha peleado por el frente, y luego a Soler; en cambio, en el texto historiográfico, inicia el brindis por los guerreros de la derecha, al mando del argentino. Pueden sumarse, además, razones narratológicas: en *La Loca de la Guardia*, los antagonistas son los realistas, mientras que los chilenos funcionan como coadyuvantes.

El reaprovechamiento del material histórico se justifica en la citación de las mismas fuentes orales: Las Heras, Dehesa, Godoy, con quienes el autor conversa frecuentemente en Santiago de Chile. Según advierte Roberto Madero, López historiador convierte el testimonio oral de los antiguos patriotas en *documento* prestigioso, "controlando lo escrito", y funda una historiografía sobre la base de una tradición *viva* [2005: 6-16].

Hay un episodio en que la acción no es relevante en el devenir social y, por lo tanto, no alcanza el estatus de componente histórico: una anécdota sobre el caudillo mendocino Félix Aldao. Este "cuento" aparece en el capítulo

XXI de la novela (folletín del lunes 17 de julio de 1882), mientras que en la *Historia...* es desplazado a la nota 14 del capítulo XI, del que venimos hablando. López recrea un diálogo eventual entre Aldao y un jovencito innombrado, precedido por la siguiente aclaración:

> Voy á narrar aqui por **via de amenidad** una anécdota característica de algunos actores, que tiene un **perfecto sabor histórico**, y que salvo la **forma literaria** en que la voy á verter, es **perfectamente idéntica al suceso tal cual lo he oido** al Sr. D. Juan Godoy, gran sabedor de aventuras, y que los generales Dehesa y Las Heras me decian que en efecto habia corrido ese **cuento** en el ejército [1888: 701; las negritas son mías].

El historiador está admitiendo que esa reconstrucción de un diálogo, que sirve para caracterizar a Aldao como cruel, impasible e impío, tiene "forma literaria" y esta tiene la finalidad de aportar amenidad a la narración, es decir, constituirse en un discurso atractivo para el lector. Lo literario no está, pues, en la ficcionalidad de lo narrado, sino en la retórica y, por ello, no altera la veracidad del relato –garantizada por los informantes–, ni la verosimilitud respecto del pasado histórico. La *verdad* se reafirma, además, mediante tres notas secundarias (notas en la nota 14) acerca de referencias incluidas en la nota principal, con las que se pretende certificar la historicidad; pero, nuevamente, la fuente es oral e imprecisa: "(*) Decia la Leyenda que buscaba por todas partes el cadáver de Zambruno, el feroz capitan de *Talaveras* [...]" [1888: 704]. Aun cuando el autor se muestre como un mero adaptador formal de un episodio objetivo, el *cuento*, como texto, queda fijado –y, por ende, la *verdad* a salvo– gracias a la confluencia de las voces testimoniales.[24]

---

[24] La tercera nota, sobre Juan Apóstol Martínez, se halla en los dos textos; en tanto que la información sobre la Loca de la Guardia que proporciona la primera nota

Otras diferencias textuales entre el discurso novelístico y el historiográfico son menos significativas. A veces cambia los tiempos verbales: pasa del pretérito perfecto simple de la novela, al presente histórico, mediante el cual actualiza los hechos ante el lector de la *Historia*... Los ajustes semánticos son escasos; no obstante, hay algunos muy elocuentes; por ejemplo, en la novela se pinta con más crueldad la reacción del pueblo contra los realistas y los ricos, ya que se habla de que "mataban" a los enemigos [1882b: 17 jul.; 1896b: 197], mientras que en la *Historia* los revoltosos solo "agredían" a sus víctimas [1888: 709].[25]

Hacia el final del capítulo XI, López revela su postura teórica. Cuando describe los festejos espontáneos que provocan en Buenos Aires las noticias sobre el triunfo de Chacabuco, el historiador evalúa las fuentes documentales y las fuentes imaginarias con la misma vara:

> Las cartas particulares, las relaciones verbales del oficial que habia traido el parte y la correspondencia, **las invenciones naturales** del entusiasmo y de la imaginacion popular llenando de colorido poético los hechos, y **quizas mas verdaderas que los hechos mismos**, oidas y referidas por todos con avidez insaciable en aquella bellísima tarde de nuestro plácido Otoño, servian de alimento á la llama vívida en que ardian los hijos de la grande capital exaltados por el júbilo [1888: 713; las negritas son mías].

Catorce años más tarde (1896), *La Loca de la Guardia* es reeditada en un volumen, con firma del autor y prólogo del editor Carlos Casavalle.[26] Un simple cotejo entre las dos ediciones de la novela muestra que el autor cambia

---

historiográfica, recién citada, ha aparecido en el capítulo VII de la novela [1882b, 20 jul.], a través del diálogo entre los personajes.

[25] Nuevas y también escasas modificaciones se introducen en las reediciones de la *Historia*... En el Anexo II, que contiene la edición crítica del capítulo XI, se tiene en cuenta la 4ª ed., por la Librería La Facultad, de Juan Roldán [1926].

[26] Sobre esta edición, Alberto V. López, hijo del escritor, reedita la novela en la segunda década del siglo XX; esta es la versión más difundida, incluso por Internet.

sobre todo los capítulos finales. La correspondencia entre López y Casavalle descubre, además, algunos entretelones de la publicación. El interés del editor se dirige a recuperar las dos novelas de 1882 y a que en ellas se indique el nombre del autor, por ser ese la mayor recomendación que puede llevar el folleto [Doc. 5210]. A comienzos de diciembre de 1895 está listo el texto, con los recortes que López le manda y con "el original manuscrito", que conserva Casavalle [Doc. 5211]. El novelista solicita que se reemplacen los apellidos Necochea y Morgado por Nogueras y Moresco [Doc. 5223], aunque finalmente en la versión en volumen se optará por las iniciales N.... y M.... [Piccirilli: 152-155].

Al parecer, los ejemplares iban a estar listos en febrero de 1897. Junto a la buena noticia, llegan las malas: López anuncia que no escribirá más, en tanto la imprenta cerrará sus puertas por problemas económicos [Doc. 5234]. No obstante, el texto sigue su curso. Cuenta Casavalle: "La Loca viaja por casi toda la América del Sud y una muestra de ello lo verá V. en la adjunta carta del literato peruano Ricardo Palma, que la juzga con el aprecio que merece" [Doc. 5239]. La última referencia que hallamos en el epistolario guardado en el Archivo de los López tiene fecha del 15 de mayo de 1898; el editor justifica el número reducido de las tiradas de *La Loca de la Guardia* [1896b] y de *La gran semana de Mayo* [1896a] en que estas publicaciones no han sido hechas por negocio y que existen pocos lectores interesados en textos aparecidos antes en diarios de mucha circulación, como *El Nacional* [Doc. 5247].

Si la primera edición estaba subtitulada *Leyenda*, en alusión al carácter excepcional de los hechos narrados, ahora lleva el subtítulo *Cuento histórico*, en referencia a que las fuentes son testimonios orales –por eso, "cuento"– de protagonistas de los hechos trascendentes –o sea, históricos–. Después de haber incluido algunos pasajes de la "Leyenda" en la *Historia de la República Argentina*, el autor es consciente de que no puede volver a generar alguna duda acerca de la fiabilidad de lo que narra.

La segunda modificación sustanciosa es el traslado de una carta del general Pico desde la nota 6 del capítulo XI a la "Explicación del editor", modificando de este modo al receptor de la misiva. "C. C." emplea la epístola como prueba irrefutable de la veracidad histórica:

> La carta que insertamos á continuación bastará para que se vea que este Cuento, Leyenda ó Episodio de la Campaña libertadora del Ejército Argentino en Chile tiene una base histórica sobre la cual reposa el cuadro fantástico con que el autor lo ha presentado [1896b: 3].

La novela presenta un "cuadro fantástico"; por ende, cuestionable. Hacia 1890, el ideario positivista, el cientificismo y aun la novela naturalista han puesto en duda la validez de todo relato surgido de la pura imaginación. La carta también disculpa la indefinición genérica: cuento –como en la edición en volumen–, leyenda –como en los folletines– o episodio –como en la historiografía–. Casi no se han escrito novelas históricas en la Argentina después de la década productiva de 1850 [Molina 2011], excepto algunas que repiten el tópico de la tiranía de Rosas.

En el cotexto historiográfico, López reconoce –irónicamente– que los testimonios orales son insuficientes para dar credibilidad a su narración; busca entonces un "documento":

> Aunque desde mucho tiempo antes conocia yo por las narraciones de mi íntimo amigo el general Deheza esta anécdota, que me habia confirmado tambien el general Las Heras, no me habia atrevido á darle carácter histórico por no haber tenido el cuidado de haber recogido **una carta ó noticia comprobante**. Pero una singular casualidad me ha servido para tenerla. Una broma de sociedad y una

apuesta, me echó en la divertida necesidad de improvisar un romance, y tomé por tema la anécdota de—*La Loca de la Guardia* que publiqué en 1883 en el folletin del *Nacional*, sin mi firma, pero prometiéndome firmarla asi que tuviese tiempo de rehacer el lijero esbozo *que dia á dia había mandado á ese diario, á medida* que lo escribia, y de darle una forma literaria mas acabada. Me encontré entonces casualmente con el respetable anciano D. Félix Pico, uno de los hombres que goza de mayor aprecio en nuestro país y **cuya palabra vale en todo como escritura pública** [1888: 675-676, n. 6; las negritas son mías].

Pico le envía la tan ansiada carta probatoria, pero –para sorpresa del lector– esa especie de "escritura pública" se basa en la misma fuente inicial de López: el general Deheza. En consecuencia, el texto de Pico prueba no tanto la existencia de la Loca de la Guardia, como la fidelidad del historiador a sus fuentes orales: "Autorizado con este testimonio que acredita las noticias que á mí tambien me habian referido los generales Deheza y Las Heras, las he puesto en las páginas á cuyo pié va esta nota" [1888: 677, n.].

En la carta hay un juego de suposiciones y falsificaciones que aumenta la ironía y muestra la firme postura de López respecto de la necesidad –mejor dicho, la *no necesidad*– que tiene un historiador de hallar pruebas escritas que justifiquen su interpretación; asunto tratado en el *Debate histórico* contra los argumentos documentalistas de Bartolomé Mitre. El general Pico supone que Lucio Vicente López es el autor de la novela, es decir, el presunto digno de fe no sabe quién es el autor verdadero por el hecho de que se publica anónima; lo que sabe lo sabe por terceros, varios años después, en otra guerra; y primero afirma que "sabe mucho" y después que no sabe tanto... No es un dato menor, además, que Félix Pico –hacia 1888, con casi ochenta años– esté muy alejado de los campos militares y que se haya dedicado al juego financiero en la Bolsa de Comercio.

Por su parte, "C. C." destaca el valor de la carta como "documento" y "testimonio" de la "tradición que forma aquí la entidad histórica del cuento que editamos" [López 1896b: 5], es decir, de una historia contada por muchas voces y que en esa pluralidad basa su certeza. Otro dato importante es la aclaración acerca de que la reedición cuenta con el "permiso del autor". Según las pruebas que aporta Ricardo Piccirilli, la "Explicación del editor" es escrita por López, a pedido de Casavalle.

Avanzada la narración novelesca, en una nota del capítulo XLVIII, el autor-narrador blanquea la situación que –confía– ya no engaña al lector: "Bien se comprenderá que estoy haciendo un romance; pero debo advertir que si las palabras que pongo en boca de San Martín, no las tomo de un texto genuino, las opiniones y principios que ellas vierten son en un todo verdaderas, según la tradición de todos sus contemporáneos" [1896b: 414].

La versión de 1896 es casi idéntica a la primera hasta el folletín 31; el 32 es modificado en buena parte, mientras que los dos últimos han sido profundamente cambiados y se incluyen diez notas más; por eso, en el Anexo I transcribimos los folletines números 32, 33 y 34.[27] Los 47 capítulos de 1882 (a veces mal numerados) se redistribuyen en 48, se suprime uno y se incorporan 10 más (indicados en negrita más abajo); es decir, la versión definitiva abarca un prólogo y 59 capítulos, según puede verse en el siguiente cuadro:

---

[27] Madero también ha transcrito estos capítulos finales en 2001: 217-223.

Edición de 1882		Edición de 1896
N° de folletín	Capítulos	Capítulos
		"Explicación del editor"
1 (18 jun.)	I-VI	I-VI
2 (20 jun.)	VII	VII
3 (21 jun.)	VIII	VIII
4 (22 jun.)	IX	IX
5 (23 jun.)	X	X
6 (26 jun.)	XI	XI
7 (27 jun.)	XII	XII
8 (28 jun.)	XIII-XIV	XIII
9 (30 jun.)	XIV (Continuación)	XIV
10 ¿?[28]	¿XV-XVI?	XV-XVI
11 ¿?	¿XVII-XVIII?	XVII-XVIII
12 (4 jul.)	XVIII	XIX
13 (5 jul.)	XIX-XX	XX-XXI
14 (6 jul.)	XX	XXII
15 (7 jul.)	XX	XXIII
16 (17 jul.)	XXI	XXIV
17 (18 jul.)	XXII	XXV
18 (19 jul.)	XXIII-XXIV	XXVI-XXVII
19 (20 jul.)	XXV	XXVIII
20 (21 jul.)	XXVI-XXVII	XXIX-XXX
21 (22 jul.)	XXVIII	XXXI
22 (24 jul.)	XXIX-XXX	XXXII-XXXIII
23 (25 jul.)	XXXI	XXXIV
24 (26 jul.)	XXXII	XXXV
25 (27 jul.)	XXXIII	XXXVI
26 (28 jul.)	XXXIV-XXXV	XXXVII-XXXVIII
27 (29 jul.)	XXXVI	XXXIX
28 (31 jul.)	XXXVII	XL
29 (1 ago.)	XXXVII (Continuación)	
30 (2 ago.)	XXXVIII-XXXIX	XLI-XLII
31 (4 ago.)	XL-XLI	XLIII-XLIV
32 (5 ago.)	XLII	XLV-XLVI-XLVII
33 (7 ago.)	**XLIII**	
		XLVIII-LVII
34 (8 ago.)	XLIV-XLVII	XLIII-LIX

[28] En la colección de *El Nacional* que se conserva en la Biblioteca Nacional de Buenos Aires, no se hallan los folletines 10 y 11. Tampoco en otros reservorios que hemos consultado.

Más allá de estas variantes, la edición en volumen repite la anterior. En los pasajes comunes con la *Historia...*, introduce leves modificaciones: algunas mejoran el texto dándole mayores precisiones semánticas, otras no. Se advierte que el proceso de reescritura de la novela incluye la escritura de la *Historia...*

En síntesis, para el cotejo crítico interesan los siguientes pasajes:

Secuencia	Folletines de 1882	HRA, VI, 1888	Volumen de 1896
Carta de Pico	---	Nota 6 del cap. XI [527-8]	Carta-prólogo de Casavalle
Toma de la Guardia Vieja	Caps. V-VIII	Síntesis en cap. XI [526-9]	Caps. V-VIII
Episodio de la batalla de Chacabuco	Cap. XX	Cap. XI [541-5]	Cap. XXIII
Diálogo entre Félix Aldao y un joven patriota	Cap. XXI	Nota 14 del cap. XI [547-52]	Cap. XXIV
Acciones político-militares posteriores a Chacabuco	Cap. XXI y XXV	Cap. XI [547-54]	Cap. XXIV y XXVIII

La historia de *La Loca de la Guardia* continúa con *Los héroes (Gli eroi)* (1906-1909), de Arturo Berutti. Es una ópera en cuatro actos y cinco cuadros ("La bandera", "La hija de los Andes", "Los cóndores", "Lucita" y "El beso de la gloria"). Traducida al italiano por Herminio Campana, es estrenada el 23 de agosto de 1919 en el Teatro Colón, de Buenos Aires, a cargo de la Empresa Camilo Bonetti y la dirección de orquesta de Tulio Serafín [*Música...*].

Variantes argumentales[29]

Según las propias palabras del autor en el capítulo I, su primera intención ha sido la de destacar a dos personajes ficticios: "La Loca de la Guardia y el sargento Ontiveros". La mujer, Teresa, una joven chilena enajenada, ayuda a las tropas patriotas –los "cóndores"– a incursionar con éxito por las serranías y a descubrir el refugio de los enemigos –los "lagartos"–, como el realista Vicente San Bruno, comandante del regimiento de los Talaveras. El suboficial argentino la defiende del atropello sexual de un sargento español y se gana así el afecto incondicional de la Loca. Sin embargo, no es este apego el motor de la trama (desarrollada a partir del capítulo V), ni Ontiveros es un actor importante en la gesta. El título –tanto el primero, como el definitivo– esconde al personaje central: el ejército libertador argentino. Este protagonista colectivo abarca desde los altos mandos –San Martín, Soler, Las Heras, Necochea, Guido–, hasta los de menor rango –el sargento Ontiveros, los hermanos Aldao y otros soldados innombrados–. Funcionan como coadyuvantes los chilenos; sobre todo, O´Higgins, Zenteno y el Padre Ureta. Antagonistas son el ya mencionado San Bruno, el presidente Francisco Marcó del Pont, el general Maroto, el coronel Antonio Morgado, el Padre Quilez, entre otros.

En torno a los personajes femeninos, representantes de los distintos estratos sociales, se teje la trama ficticia. La Loca aúna los planos político-militar y privado. Ella ha enloquecido tras la muerte de su novio Rafael Estay, uno de los presos políticos asesinados en la cárcel de Santiago el 6 de febrero[30] de 1815, a manos de San Bruno. A pesar de la enajenación, puede facilitar la escaramuza del coronel

---

[29] Recomendamos el análisis de la estructura casuística de la novela que realiza Madero en 2001: 66-71.
[30] En una nota, López data esta matanza en enero de 1815 [28 jul 1882: 1, cap. XXXIV; 1896b: 331, cap. XXXVII].

Las Heras para tomar la Guardia Vieja y el ataque decisivo del general Soler por el flaco derecho en Chacabuco (entre el 3 y el 12 de febrero de 1817).

Teresa también rescata al hijito de un patriota, otro de los muertos en la cárcel, y de una mujer de sociedad, Manuela Solarena, considerada traidora por haber caído bajo la seducción de San Bruno. Este arroja al niño al barro fuera de su casa; la Loca lo recoge y se lo lleva a Tomasa para que lo cuide; esta joven, a su vez, se lo lleva a la andaluza Pepa Morgado (esposa del coronel español) para que lo proteja; Teresa se enoja, pero cede cuando se entera de que el coronel argentino Mariano Necochea se ha interesado por el bebé; finalmente, Manuela se encuentra con su hijo, aunque poco después fallece de tisis. La criatura –sin nombre propio por decisión abusiva de San Bruno [1896b: 318]– resulta símbolo de la libertad sudamericana naciente ya que –como esta– es hija de criollos –patriota decidido el padre, víctima de la violencia española la madre– y necesita ser atendida por personas de distintos niveles sociales: una humilde familia de costureras, un buen sacerdote (el padre Ureta), la mujer de clase alta, un militar argentino y, por último, el general chileno Bernardo de O´Higgins, quien será su padrino: "el señor don Bernardo [...] tomará como un deber de patriotismo el padrinazgo y la protección de ese niño, que se llamará Bernardo de la Concha" [1896b: 322].

La trama y los personajes expresan que el movimiento emancipador ha parecido una locura al principio; enajenación originada en el despotismo español, que –no obstante– conserva lúcida la senda que se traza hacia la libertad, sin que importen las escabrosidades del camino; y crece desde el pueblo hacia los altos mandos y se vuelve motor de las conductas más virtuosas.[31]

---

[31] "Alrededor del personaje central, signado por la locura, se dispone un sistema de símbolos –sobre todo acuñados en el mundo animal– cuya polaridad elemental (la

Pepa Morgado es el otro personaje femenino central ya que representa a los españoles que adhieren a la causa patriota como algo natural pues viven en América y tratan a los criollos como a los de su familia. En particular, esta mujer se acerca a la causa independentista por su espíritu generoso que la impele a ayudar a los patriotas perseguidos por su marido. También la figura de Pepa carga el simbolismo de ser objeto de deseo y, por lo tanto, de poder. Por un lado, es esposa del coronel Morgado, quien arriesga su vida por recuperarla, más por orgullo que por amor. Por otro, con su sola presencia y su firme personalidad, pero sin comprometer su conducta moral, enamora al coronel Necochea, quien arriesga su carrera dejando escapar a Morgado para que no se crea que cobardemente aprovechará las circunstancias políticas para sacar una ventaja privada. El enfrentamiento entre Morgado y Necochea en el plano personal refleja y novela la contienda militar, donde el honor juega un rol destacado. Además, el amor del argentino *contagia* identidad nacional: Pepa "es más patriota que realista, y más argentina que chilena" [399].

El idilio entre la andaluza y el argentino es "histórico", como afirma el narrador en una nota del capítulo XVIII de la primera edición (capítulo XIX de la segunda): "Unida al general Necochea por un amor harto histórico, se casó al fin con él" [1882b, 4 de jul.; 1896b: 142]. Sin duda, el novelista no tenía previsto desarrollar este episodio amoroso cuando inicia la elaboración de su texto; de lo contrario, no habría anticipado uno de los desenlaces.

La trama de los hechos militares y políticos abarca desde el rápido accionar que culmina con el triunfo en la Cuesta de Chacabuco, hasta 1823. En la edición definitiva,

---

oposición entre 'cóndores' y 'lagartos') delinea, fiel al maniqueísmo romántico, un orden moral desde el que se quiere representar a la patria. Y esto tiene que ver con la función cívica asignada a la novela histórica en este período [...]" [Chibán: 52].

el narrador agrega información sobre la batalla de Maipú. Llamativamente, la derrota de Cancha Rayada apenas es mencionada y solo cuando se habla de la lesión que padece O'Higgins. De ese ínterin, se narran dos sucesos: por un lado, la entrada forzosa de las tropas patriotas en Santiago a fin de calmar la inestabilidad social, luego del intento de fuga de Marcó del Pont hacia el Perú; por otro, el apresamiento y la posterior ejecución de San Bruno. El juicio al que fue sometido este realista sanguinario es transcrito detenidamente en el capítulo XL (cap. XXXVII de la edición de 1882, en la que ocupa dos folletines).

El novelista deja fuera de la edición definitiva buena parte de los comentarios sobre los agustinos y sus relaciones con la masonería; aún más, la hipócrita condición masónica de Morgado:

> Morgado era tambien mason, pero mason á su modo, que se habia hecho iniciar, no por virtud cívica ni por creencias morales, sinó por inquietud de espíritu, y por deseos de abrirse toda clase de caminos para figurar.—No así el coronel Ordoñez, el gobernador militar de Talcahuano, hombre sério y bien dotado, que creia y esperaba en la regeneracion moral de la sociedad por la propaganda de las doctrinas liberales, y que como era mason de fé y de conciencia,[32] tenia una estrecha amistad con el padre Agustino San Severo, que estaba al frente del templo de Santiago [1882b, 5 ago.: 1].

En 1896 López extiende las peripecias. Muestra a San Martín entrometido en la vida privada de sus subalternos cuando pide que Pepita siga a su marido en el exilio: "Seré un retrógrado; pero soy purista en esto de costumbres privadas; y creo que en una época revolucionaria y guerrera como la presente, los hombres públicos y los militares

---

[32] La valoración de Ordóñez puede leerse como una ponderación de los propios valores de López como masón. El historiador y novelista fue Gran Maestre de la Gran Logia de la Argentina, entre 1879 y 1880, y Gran Comendador del Supremo Consejo grado 33° para la República Argentina (1878-1882) [Lappas: 183-184].

deben dar ejemplo de corrección" [1896b: 414]. Además, expande el relato del confinamiento de los realistas en la provincia cuyana de San Luis –incluidos Morgado y su esposa–, la posterior sublevación y la muerte de todos los varones que intentaron la fuga (caps. LV y LVI), hechos que en los folletines apenas ocupan tres breves párrafos (cap. XLIV).[33]

Ha mediado entre ambas versiones el *Debate histórico*. Uno de los innumerables puntos que López precisa a su favor se refiere a ese episodio: "Pusimos en su lugar y con su luz correspondiente, el famoso *complot* de los prisioneros españoles de San Luis, que antes de nosotros nadie había relacionado con las complicaciones funestas de la desorganización argentina". Según López, el motín en la capital puntana sirvió a San Martín de indicio de que el orden interior era necesario, pero no por la realidad argentina, sino por el orden chileno, "amenazado por la sublevación de San Luis y por las conexiones que ella tenía con las montoneras y con [José Miguel] Carrera" [1921: I, 60].

El *Debate...* ayuda a entender por qué, a lo largo de su escritura, la valoración que hace López respecto de San Martín se vuelve cada más negativa. En los primeros textos –por ejemplo, el *Manual de la historia de Chile*–, lo ha presentado como "el militar de mayor prestijio i capacidad qe tenia la Nacion Arjentina", "ombre de una razon tan perspicaz i pronta como fria i política". También ha remarcado que el de Buenos Aires "era entonces el mas fuerte de todos los Gobiernos Sud-americanos" [1845b: 136-137]. En *El capitán Vargas*, San Martín es "un génio" militar y político por el plan que concibe para salvaguardar la independencia [Molina 2015b: 215], aun cuando Buenos Aires "daba la norma y dictaba la ley en materias de administracion á los vecinos gobiernos revolucionários"

---

[33] Esta sublevación y la consiguiente represalia ocurrieron el 7 de febrero de 1819.

[Molina 2015b: 109]. En cambio, en los textos posteriores (década de 1880), López acentúa la importancia de Buenos Aires como centro de las decisiones políticas y limita el valor de San Martín a las estrategias y operaciones militares [Botana]. Según la primera edición de *La Loca de la Guardia*, el general y sus guerreros se ilusionaron con que el plan de tomar Lima sería el hito culminante de la gesta, pero "no encontraron sinó las ruinas y el desquicio del colosal espantajo que les habia atraido" [1882b, 8 ago.]. En la *Historia de la República Argentina*, López le reconoce la maestría en el cruce de los Andes –que es innegable–: "Es ahí donde está todo entero, y en su mayor grandeza, el general San Martin" [1888: 655]; pero le niega astucia geopolítica pues, entre seguir por Bolivia hasta el Cuzco o cruzar por Chile y el Pacífico hasta Lima, San Martín elige esta última alternativa: "los resultados se encargaron de demostrarle que habia cometido un error irreparable" porque "la posesion militar y política del Perú no dependia de Lima sino del Cuzco y de las Sierras" [1888: 649-650]. Además, el historiador resalta la "desobediencia" de San Martín, juzgada como un error gravísimo, y lo hace tanto en el tomo VII de la *Historia…*, como en la segunda edición de la novela, siendo esta la principal diferencia ideológica entre las dos versiones. La motivación del militar es egoísta y las consecuencias, fatales para la Argentina (cap. LV):

> Después que triunfó en Chacabuco y que le dió libertad á Chile, el ejército argentino quedó **secuestrado** por el general San Martín al otro lado de los Andes. El nuevo horizonte que se abría á su ambición perturbó el honrado criterio del ilustre vencedor. [...]
> Mientras los hombres de responsabilidad y de orden dejaban caer sus brazos desanimados, las montoneras del litoral y los anarquistas de los pueblos interiores pues-/[464]tos en ebullición por el desquicio revolucionario, libres ahora del temor que les inspiraba la vuelta del ejército de los Andes,

que hasta entonces los había contenido, se lanzaron como masas de vándalos sobre el gobierno nacional, que encerrado é impotente en el recinto urbano de Buenos Aires, caía víctima propiciatoria de los soberanos esfuerzos que había hecho para emancipar á Chile y al Alto-Perú [1896b: 460 y 463-464; la negrita es mía].

En este capítulo, aflora el pensamiento de López historiador, quien aporta –en una nota– pruebas documentales precisas, las únicas de la novela. No es este un elemento de poca importancia. En las demás notas, el autor se ha limitado a aclarar "histórico", ha mencionado al testigo que le ha provisto la información –Las Heras, Deheza– o ha recurrido a nominalizaciones vagas, como "un juicioso y correcto historiador" o "un documento oficial" [1896b: 165 y 345, respectivamente]; pero, en el caso de la "desobediencia" de San Martín, el novelista historiador abre el debate cuestionando a los "escritores chilenos" que den valor probatorio a una carta privada publicada en los "Papeles del señor don Tomás Guido" y no a otros documentos, como la *Historia del Perú Independiente*, de Mariano Paz Soldán. Revela, entonces, que su interés se centra en la cuestión de si "el ejército que triunfó en *Chacabuco* y en *Maipu* y que marchó á libertar al Perú" era "puramente argentino" o no [1896b: 462], es decir, en una cuestión patriótico-nacionalista, de fuerte cuño unitario. Por último, el autor remite a su propia *Historia de la República Argentina* (caps. I y II del t. VII), en la que repite la misma cita del peruano, para indicar al lector dónde puede continuar examinando el problema histórico.

En el último capítulo de ambas ediciones, ocho años después del triunfo de Maipú, se reúnen los personajes de Teresa, ahora cuerda aunque todavía enferma, y Ontiveros, quien sigue fiel al coronel Deheza en su derrotero por las distintas luchas (desde la liberación del Perú a la Guerra contra el Brasil). La mujer, agradecida, regala al hombre que la supo proteger "una bolsita tegida de bolsillo [...] con cierto peso de moneditas de oro" [1896b: 482].[34]

Con ella vive Bernardito, el hijo de Manuela. Las diferencias entre las dos versiones no parecen notables a simple vista; sin embargo, muestran el cambio pesimista en el ánimo del autor. En 1882, Ontiveros reclama que se reconozca que la gesta militar argentina ha sido indispensable para la libertad chilena:

> El niño se dió vuelta sorprendido; miró á Ontiveros y levantando la mano, gritó en tono de proclama:
> —¡VIVA MI PADRINO EL GENERAL DON BERNARDO O'HIGGINS! ¡VIVA CHILE!
> Y saltando por sobre una silla que habia derrumbado al dar este grito, salió de carrera como un potro que salva las palizadas del corral.
> —Pues! cómo nó (dijo Ontiveros entre dientes) – VIVA CHILE!... Ya estaria bien vivo Chile, si no hubiese sido por D. José y por nosotros.
> Teresa miró al sargento argentino con cariño—Son cosas de la escuela, Ontiveros (le dijo). Pero yo haré que sea grato cuando crezca y pueda comprender lo que ha pasado [1882b, 8 ago.].

En la versión de 1896, el diálogo descubre la desilusión de Ontiveros, ejemplo de la de tantos soldados que han arriesgado su vida por una patria sudamericana que no les reconoce méritos cuando regresan a su tierra:[35]

> —Sí, niño: dijo éste, que vivan los dos: algo hemos hecho DON JOSÉ, y nosotros.... y bien poco hemos sacado!
> Teresa dió vuelta la página, como se dice; y le preguntó á Ontiveros.
> —¿Ha visto en Lima á doña Pepita Morgado?

---

[34] En la primera edición, en cambio, lo dota de "una pension de doce pesos mensuales", mientras viva, y de "doscientos pesos para su viaje" [8 ago. 1882].
[35] Sobre esta ingratitud se habla en *Una noche de boda*, en *María de Montiel* y en *El capitán Vargas*, novelas antes mencionadas.

El lector ya conoce cómo sigue la historia de Ontiveros porque ha sido contada al comienzo: sigue cuidando a Deheza, con quien ha regresado a Chile; allí mismo donde se ha radicado Las Heras y donde lo conoce el autor-narrador hacia 1841. Todos, jóvenes y viejos, expulsados de la nación que no sabe valorar a quienes se sacrifican por ella.

A pesar de estas tristes situaciones y a pesar, también, de la interpretación historiográfica y política que ha querido transmitir el novelista historiador, la novela termina con la buena noticia del casamiento de Pepa Morgado, ya viuda, y Mariano Necochea en Lima. El hecho sentimental y verídico vuelve a poner en primer plano el final feliz de la gesta de los Andes y el triunfo de los criollos sobre los realistas.

Finalmente, se destacan entre los rasgos propios de la novelística histórica la descripción de la topografía andina y de los ambientes interiores (como la casa de Morgado y la de San Bruno), y las escenas costumbristas de devociones religiosas y de la feria popular de los sábados. Bien señala Gabriela Fernández que, en esta novela, "no hay grandes distancias cronológicas que mediatizar ni costumbres extrañas que introducir al lector. No se plantea la necesidad de otorgar 'color local' ni 'color de época' al relato. Hay en cambio una detallada plasmación de las estrategias militares y las batallas libradas e incluso de sus instancias previas" [74]. Se distingue, además, la transcripción del juicio a San Bruno, en forma de diálogo dramático (cap. XL). Entre los elementos lingüísticos, la adecuación de las formas de tratamiento –voseo, tuteo, usteo– a las personalidades, lo cual permite la diferenciación de los niveles sociales y de la jerarquía militar.

Brevísima conclusión

Del mismo modo que los militares no recibieron (en vida) las compensaciones y los honores merecidos, tampoco el novelista historiador ha recibido de sus contemporáneos, ni recibe actualmente, los laureles a su fecunda labor de hombre de letras.

Vicente Fidel López sigue siendo marginado como literato significativo del siglo XIX porque no se han replanteado las objeciones que le hizo Mitre como historiador. Sin embargo, esa simbiosis historia-novela que caracteriza sus textos y que promueve desde sus teorizaciones literarias lo convierten en uno de los escritores decimonónicos más originales al centrar su teoría y su práctica escritural en lo discursivo, más que en lo referencial.

CRITERIOS DE LA EDICIÓN

En esta edición crítica comparamos las dos versiones de *La Loca de la Guardia* entre sí y respecto del texto historiográfico. A fin de que puedan leerse los textos individualmente, se incluyen dos anexos.

Testes

A: edición definitiva, 1896, en volumen.
B: edición original, 1882, folletines.
C: primera edición de *Historia de la República Argentina*, VI, 1888.
C4: cuarta edición de *Historia de la República Argentina*, VI, 1926.
D: reedición de A, a cargo de Alberto V. López, ¿191...?

En D se observan algunos cambios respecto de A: se empeora el texto en materia de corrección idiomática, sobre todo porque se introducen el leísmo y algunos signos de exclamación e interrogación que no corresponden. En cambio, no pueden considerarse como errores los cambios ortográficos originados en la normativa de la época, hoy en desuso; por ej. "obscuridad", cuando en el original dice "oscuridad".

Pautas

Se respeta la grafía de A. Solo se corrigen erratas evidentes; por ejemplo: "figura" por "fignra".

Se indican las variantes ortográficas significativas solo la primera vez que aparecen. Lo mismo sucede con las abreviaturas.

No se atienden las variantes de puntuación, a menos que acompañen otras modificaciones.

Signos empleados

[3]   paginación según A;
/ [2]   corte de página en A, seguido del número de página;
//   corte de folletín;
{ }   agregado en A respecto de B;
| | eliminado en C;
+ +   fragmento de A muy modificado respecto de B; se marca el comienzo y, al final, se incorpora la nota correspondiente;
< >   fragmento común a A y B, repetido en C con modificaciones; se marca el comienzo y, al final, se incorpora la nota correspondiente;
<< >>   fragmento común entre A y C, pero ubicado en distinto espacio discursivo;
/   en las notas, cambio de renglón (punto y aparte);
separación de versiones y comentarios en una misma nota.
[ ]   datos y comentarios agregados por la editora;
[sic]   errata no corregida.

Notas

Como el autor proporciona numerosa información, las notas se reducen a otros datos históricos indispensables o probablemente no conocidos por un lector culto. En cuanto a las dudas semánticas, aclaramos solo las acepciones vigentes en el siglo XIX, que no se conservan en los diccionarios actuales.

PLANO DE LA GESTA SANMARTINIANA EN CHILE

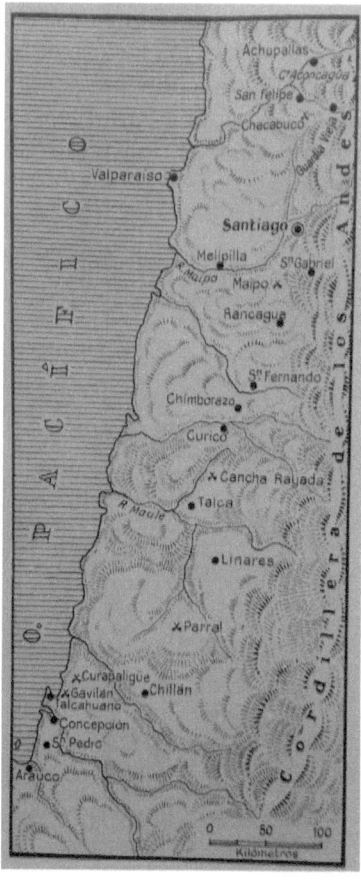

Fuente: Abad de Santillán, Diego. 1965. *Historia argentina*. Buenos Aires: T. E. A. II, 24.
(Foto de la autora).

LA LOCA DE LA GUARDIA.

CUENTO HISTÓRICO
POR
V. F. L.

BUENOS AIRES
Carlos Casavalle, Editor
Imprenta y Librería de Mayo, Chacabuco 344

1896

[3]

EXPLICACIÓN DEL EDITOR

La carta que insertamos á continuación bastará para que se vea que este Cuento, Leyenda ó Episodio de la Campaña libertadora del Ejército Argentino en Chile tiene una base histórica sobre la cual reposa el cuadro fantástico con que el autor lo ha presentado.[1]

"Sr. D. Vicente F. López.—Casa de usted Santafé núm. 1060.—Noviembre 21 de 1887.— Muy estimado señor: Mi nieto Félix Ponsati[2] me ha dicho que se ha empeñado usted en que le comunique lo que sepa yo de la famosa *Loca de la Guardia* que hizo servicios distinguidos á las tropas Argentinas que invadieron á Chile. Yo no sé más que lo que nos contaba el coronel don Ramón Dehesa (debe decir Román)[3] en nuestro ejército que invadió el

---

[1] C: (6) Aunque desde mucho tiempo antes conocia yo por las narraciones de mi íntimo amigo el general Deheza esta anécdota, que me habia confirmado también el general Las Heras, no me habia atrevido á darle carácter histórico por no haber tenido el cuidado de haber recogido una carta ó noticia comprobante. Pero una singular casualidad me ha servido para tenerla. Una broma de sociedad y una apuesta, me echó en la divertida necesidad de improvisar un romance, y tomé por tema la anécdota de—*La Loca de la Guardia* que publiqué en 1883 en el folletín del *Nacional*, sin mi firma, pero prometiéndome firmarla asi que tuviese tiempo de rehacer el lijero esbozo *que dia a dia habia mandado á ese diario, á medida que lo escribia*, y de darle una forma literaria más acabada. Me encontré entonces casualmente con el respetable anciano D. Félix Pico, uno de los hombres que goza de mayor aprecio en nuestro país y cuya palabra vale en todo como escritura pública, y me dijo: "Hé leido con mucho gusto el folletin de la *Loca de la Guardia*, que segun me han dicho, es de su hijo de V., D. Lucio Vicente; y dígale que yo tambien sé mucho de esa muger por los oficiales del Ejército de los Andes que concí en la campaña del Brasil". Despues de algun tiempo me pareció interesante recoger su testimonio, y se lo pedí por intermedio de su nieto el capitan de la Armada Nacional D. Félix Ponsati. He aquí su contestacion— [C: 675-6]

[2] **Félix Ponsati Pico**: marino argentino (1858-¿?); como teniente de navío, está al mando de los buques Espora y Pampa.

[3] **Román Antonio Deheza**: militar argentino (Córdoba, 1791-Valparaíso, 1870), que participa en las luchas independentistas tanto de su patria, como de Chile y

Brasil á fin del año de 1826, siendo yo ayudante mayor del Regimiento de Artillería, muchacho de 16 años y /[4] el mencionado coronel jefe de Estado Mayor del Ejército Argentino. Nos contaba que aquella loca vivía en las breñas de la Cordillera de los Andes, y que ellos ni sabían sus guaridas; pero siempre que partidas españolas venían por los Andes, á batir, ó sorprender á los patriotas, la loca era la primera que se presentaba á avisar á estos la venida de los ....: daba un nombre clásico á los españoles que francamente no puedo recordar, pues hace la friolera de 60 años que Dehesa nos contaba esta aventura. Era una mujer singular, patriota exaltada; pues su extravío mental procedía de malos tratamientos de los españoles á ella. Jamás dejó de presentarse en esas emboscadas y acompañar las partidas patriotas aún en los tiroteos; extraviada su mente en todo, ménos en las cosas de la patria. Era muy estimada y protegida por los oficiales y soldados patriotas pues les hacía remarcables servicios. Creo recordar que cuando el ejército pasó los Andes, también se presentó y siguió el ejército. Por la noche nadie sabía donde estaba, pero cuando tenía que comunicar algo á los patriotas se presentaba antes de la diana á avisarles. Todos la respetaban. Esto es, señor doctor López, lo único que sé de esta benemérita mujer. Saludo á usted con mi consideración distinguida—FÉLIX PICO (padre)[4]."[5] /
[5]
<Nos parece escusado abonar el valor positivo de la firma de un hombre como el anciano señor Pico, tan conocido y venerado de cuantos han vivido en Buenos Aires en estos últimos tiempos, pues ella constituye un documento

---

Perú; también, en la guerra del Brasil y en la guerra civil argentina del lado de los unitarios. Alcanza el grado de capitán general.

[4] **Félix Pico**: comerciante y corredor de la Bolsa de Comercio (1809-1893); capitán de una compañía de Granaderos, que interviene en la batalla de Ituzaingó (1827).

[5] [C: 676-7]

cuya verdad nadie puede sospechar ni amenguar. Ese testimonio constituye una prueba acabada de la tradición que forma aquí la entidad histórica del cuento que editamos, tomándolo del folletín de un antiguo diario con permiso del autor>[6].

C. C.[7], EDITOR.

/

[7]

[8]LA LOCA DE LA GUARDIA

CUENTO HISTÓRICO[9]

I

Grande es casi siempre la dificultad en que un autor se encuentra para hallar el título más oportuno de la obra de fantasía que pretende componer. El tejido complejo de la narración, la diversidad de los caracteres que van á figurar en ella, la acción de sus diversos personajes, y la importancia que muchos de ellos asumen en los sucesos, son causas que hacen vacilar el espíritu, antes de poder concentrar dos palabras con que resumir su creación para mostrarla en la rigurosa sencillez de la personalidad literaria que procura dársele. Voltaire decía por esto, y no con poca gracia, que los autores, á la inversa de la naturaleza, tenían que dar nombre propio á los hijos que todavía no habían engendrado. /

---

[6] C: Autorizado con este testimonio que acredita las noticias que á mí tambien me habian referido los generales Deheza y Las Heras, las he puesto en las páginas á cuyo pié va esta nota [C: 677]

[7] **C. C.**: iniciales de Carlos Casavalle (Montevideo, 1826-Buenos Aires, 1905), editor y bibliófilo, dueño de la Imprenta y Librería de Mayo, importantísima empresa de Buenos Aires dedicada a la promoción de la literatura nacional.

[8] B: Folletin de EL NACIONAL, 18 Junio 1882 / 1 [Esta última cifra corresponde al número de folletín dedicado a la novela]

[9] B: LEYENDA

[8]
Nuestra historieta debía haberse llamado "La Loca de la Guardia y el Sargento Ontiveros". Pero los puristas amigos de la sencillez, han encontrado largo por demás el título, y un tanto confuso, de manera que para darles gusto, nos hemos visto obligados á sacrificar el sargento de quien tenemos que hablar, para presentarnos con la requerida simplicidad de un título breve é incitativo que comienza por poner en único relieve al otro personaje de nuestro cuento.

II

Estraño sería que alguno de los emigrados argentinos que se asilaron en Chile, después de las catástrofes del año XLI,[10] no hubiese conocido y tratado al viejo general don Ramón Antonio Dehesa,[11] uno de los oficiales más distinguidos del célebre regimiento núm. 11 de infantería,[12] que tan famoso se hizo en las gloriosas campañas de Chile y Perú, de 1813 á 1822. Antes de tomar aquel número en nuestro ejército, ese regimiento había sido un batallón creado en la provincia de Córdoba, que con el nombre de Auxiliares de los Andes, había hecho al otro lado de los Andes la campaña del año XIII y del año XIV, bajo las órdenes del coronel don

---

[10] **año XLI**: se refiere a 1841, cuando aumenta el número de porteños que busca refugio en los países vecinos a causa de las matanzas producidas por la Mazorca, durante el gobierno de Juan Manuel de Rosas.

[11] B: Deheza [En los primeros folletines se repite esta grafía; en C hay fluctuación entre "Deheza" y "Dehesa"]

[12] **núm. 11**: batallón de infantería, al mando del comandante Las Heras; es la nueva denominación que se les asigna a los Auxiliares Argentinos, que han combatido en Chile anteriormente, entre 1813 y 1814 (período de la "Patria Vieja").

Márcos Balcarce[13] y del comandante Las Heras,[14] contribuyendo eficacísimamente á los señalados triun-/[9]fos de "Cucha-Cucha" y del "Membrillar"[15].

Dehesa, que tenía apenas diez y seis años, había llamado la atención de sus jefes en esos sangrientos encuentros por el valor y por la sagacidad que había desplegado en ellos; y desde entonces había crecido su reputación militar con la importancia del cuerpo en que servía, y del que nunca más se separó hasta llegar á coronel suyo, desde el grado de distinguido con que había entrado en sus filas, lo que prueba sus virtudes militares á la vez que el temple de su carácter y la honradez de su conducta como subalterno y como jefe.

III

Los que conocimos á Dehesa, viejo ya, general retirado del servicio, y emigrado como nosotros, conocimos también á su lado un fiel servidor de su casa y de su familia que jamás se había separado de su coronel desde que había sido soldado del número 11. Llamábase el sargento Ontiveros, y era un tipo perfecto del soldado argentino formado en la escuela de San Martín. Ontiveros era *Puntano*, é hijo por consiguiente de la esforzada provincia de San Luis

---

[13] **Marcos Balcarce**: militar y político argentino (Buenos Aires, 1777-1832), jefe del estado mayor de los Auxiliares Argentinos. En una nota de *El capitán Vargas*, el novelista historiador informa: "No fué precisamente el Coronel Balcarce sino el Coronel Don Santiago Carreras, natural de Córdoba, quien llegó á Chile mandando este cuerpo. Pero como este se retiró muy poco despues sin haber tomado parte importante en la lucha contra los realistas, he creido inutil informarlo en el cuerpo de la obra, siendo ademas los dos nombrados [Balcarce y Las Heras] los que participaron con mucha glória de la campaña [...]" [Molina 2015b: 108].

[14] **Juan Gregorio de Las Heras**: militar y político argentino (Buenos Aires, 1780-Santiago de Chile, 1866). Integra el Ejército Libertador de los Andes hasta el Perú. Entre 1824 y 1826, se hace cargo de la gobernación de Buenos Aires. Luego, regresa a Santiago y se une al ejército chileno; en su casa se reúne la Comisión argentina de emigrados.

[15] **Cucha Cucha y Membrillar**: sendos triunfos de las fuerzas patriotas en territorio chileno (23 feb. y 20 mar. 1814, respectivamente).

que fué el vivero de donde aquel famoso capitán sacó sus más fornidos y vigorosos soldados para su lucha contra los ejércitos españoles. On-/[10]tiveros era un criollo alto y admirablemente torneado. Delgado y esbelto sin ser flaco, con unos brazos y unos hombros que mostraban el temple del acero en la fácil variedad de sus movimientos. Tenía unas piernas de cuya firmeza se apercibía uno con sólo verlo caminar. La mano era membruda y delgada como la garra del águila; y sus brazos largos y bien colgados revelaban que había podido manejar el fusil y la bayoneta como un juguete de poca monta para sus fuerzas. Trigueño por el temperamento y por la intemperie de los campos desiertos en que se había creado, hacia resaltar todos los caracteres que distinguen la figura acentuada, ágil y graciosa de los gauchos. Tenía la cabeza chica, la frente poco espaciosa, pero unida y sin protuberancias: la fisonomía algo chata y redonda, con ojos negros y claros, cejas bien pobladas, poquísimas barbas, nariz fina, boca graciosa, y una cabellera de color de ébano que parecía un bosque de plumas erguidas.

Y sin embargo, el sargento Ontiveros era un hombre de una bondad incomparable: inofensivo y manso en su trato familiar, nadie hubiera dicho que aquel trinquete que parecía hecho de algarrobo como los árboles de su comarca natal, era uno de los hombres más valientes que había tenido el ejército de los Andes.

En el servicio de la familia del general, Onti-/[11]veros era una mujer; era más que una mujer, era una nodriza que arrullaba al hijo único de su jefe, en el que había venido á consagrar todas las pasiones tiernas y amorosas de su alma. Ontiveros saltaba desde la cocina al lecho donde el niño lloraba después de despertarse; lo tomaba en sus brazos, lo animaba, lo hacía saltar en la palma de sus manos, mientras el mismo le preparaba la mamadera de cristal con que lo alimentaba.

En cuanto al viejo general, ya era otra cosa. Si éste se enfadaba por cualquier incidente. Ontiveros también se enfadaba y le gritaba más alto, terminando por decirle—Eh! que no estamos en campaña, ni usted es ya mi coronel; ahora no más, me voy de su casa, y lo echo al diablo; y en efecto se salía, pero riéndose, y encogiéndose de hombros agregaba despacio "está de murria![16] Ahora no más se le pasa"; y la verdad era que ni Dehesa podía vivir sin Ontiveros, ni Ontiveros sin Dehesa, á pesar de estas frecuentes riñas, que para el antiguo sargento habían venido á ser cuadros dramáticos de la vida que rompían la monotonía de su pacífico retiro del servicio militar.

IV

Una vez, en nuestro modesto y pobre aposento de emigrado, teníamos de visita al general /[12] Las Heras. Vivíamos debajo del cerrito de Santa Lucía que se alza en medio de la ciudad de Santiago; y en donde había entonces un cañón que por medio de un lente, disparaba al tocar el sol en el cuadrante de las doce. Un momento antes había entrado Ontiveros trayéndonos un billete del general Dehesa. Al verlo entrar, el general Las Heras, tuvo un momento de alegría fugitiva, y le dijo:—"ché! vos por acá?.... El otro día cuando fuiste á mi casa, has salido borracho; yo te mandé una copa de coñac, pero no sabía que habías bebido chicha; y nada era que tú te hubieras caído, pero es que ibas como un Mama Dominga con un niño cargado, y podías haberlo muerto.

—Si pues, le contestó Ontiveros, y que se me cayó! ¿Cómo no se cayó V. S. en Chacabuco[17] con la *convidada*

---

[16] **murria**: "Especie de tristeza y cargazón de cabeza que hace andar cabizbajo y melancólico a quien la padece" [DRAE].
[17] **Chacabuco**: primer triunfo importante del Ejército de los Andes en suelo chileno (12 de febrero de 1817).

que le hizo el general Soler[18] al descolgarnos del cerro sobre los godos?...."

Estaba en esto el diálogo cuando estalló el cañón del Cerrito de Santa Lucía, y el general Las Heras que era puro nervios y que no estaba preparado al[19] estampido, hizo un movimiento de sobresalto que produjo en Ontiveros la más franca hilaridad. En vano se apretaba la boca con la palma de las manos, y se torcía, la risa se le desbordaba y se salió de la pieza llevándose la contestación de su billete y dejando al bene-/[13]mérito viejo que había sido su jefe en un estado franco y abierto de buen humor.

—Mire usted, me dijo entonces, lo que es el espíritu de cuerpo y la disciplina para el soldado. Este pobre diablo era un muchacho de los que habría codiciado Federico el Grande[20] para su guardia, cuando lo trajeron al campamento de Mendoza, en una leva del diablo que se hizo en la provincia de San Luis. Tres veces se nos huyó del campamento; y la última vez que lo agarraron lo trajeron amarrado con cueros frescos en una horrible tortura. Lo hice soltar al momento y se lo dí á Dehesa para que lo tratara bien; bajo pena de fusilarlo si volvía á huir. Vería la cosa seria, ó desesperaría de poder ocultarse, el hecho es que desde que se amanzó comenzó á ser un soldado ejemplar. En Cancha Rayada[21] fue herido en un costado por un balazo, pero continuó en la retirada sin desfallecer.

---

[18] **Miguel Estanislao Soler**: militar argentino (Buenos Aires, 1783-San Isidro, 1849), participa no solo en las luchas independentistas, sino también en la guerra contra el Brasil y en las contiendas civiles.
[19] **preparado al**: de 'prepararse a'.
[20] **Federico el Grande**: Federico II, tercer rey de Prusia (1740-1786); reorganiza el ejército con tácticas y maniobras innovadoras.
[21] **Cancha Rayada**: combate en el que las fuerzas realistas triunfan pues atacan de sorpresa a los patriotas (19 de marzo de 1818). Las Heras es una de las figuras destacadas de esa jornada porque logra poner a salvo su división de tres mil hombres.

Cuando llegamos al campamento del Maypu,[22] se le había descompuesto la herida y lo mandé al hospital. El día de la batalla teníamos ya tendidas nuestras líneas, prontos ya todos á operar, cuando divisé á lo lejos un soldado con el uniforme de mi cuerpo, atravesando sólo el campo que teníamos á retaguardia: mandé en el acto á ver lo que era; y era Ontiveros que había dejado su cama y que venía á tomar su /[14] puesto en la línea de la batalla. ¿Qué le parece á usted este rasgo?

—Admirable! general; pero me voy á permitir observarle, con mis hábitos de literato y de moralista, que yo creo que no es sólo la disciplina y el espíritu de cuerpo lo que causan esos prodigios. ¿No será más bien la grandeza y la justicia de la causa que pone el arma en las manos del soldado?

—Indudable! todo eso entra en lo que yo llamo—el espíritu de cuerpo en el soldado.

De eso había mucho entre nosotros entonces.

V

A pesar de la estación, la noche del 2 de febrero de 1817 había sido de un frío excepcional en las altas y dilatadas cordilleras que median entre *Uspallata*, por el lado argentino, y *Santa Rosa* por el de Chile.

Toda esa vasta y yerta extensión parecía una inmensa necrópolis erizada de túmulos gigantescos en donde el frío y el silencio daban una estraña solemnidad á ese contacto de la tierra con las regiones insondables del vacío.

Coronados de nieves seculares, brillaban algunos de esos picos con los reflejos repentinos y fugitivos del prisma. Obscuros y lúgubres, parecían otros cubiertos por un manto gris. Más /[15] allá, chispeaban los unos como si estuviesen

---

[22] **Maypu**, Maipu o Maipo: llano ubicado al suroeste de Santiago de Chile, donde se libra una batalla decisiva el 5 de abril de 1818.

engalanados con un traje de oro; y en la infinita y caprichosa variedad de sus formas y todos los colores de la paleta con que el Grande Arquitecto del Universo viste sus obras, se destacaba un cuadro maravilloso en ese dintel del infinito, en donde Dios parecía haber vedado á la naturaleza que diese desarrollo á su fecunda creación, reservándose aquel empinado y solitario desierto como trono de su inexcrutable soberanía, ó como lecho de su descanso.

Allí no hay piso: no hay suelo que pueda servir de pavimento al caminante solitario ó á la tímida caravana que tiene que cruzar por aquel laberinto. El hombre lleva su pie por él, como el diligente fugitivo que pasa escapando á la inclemencia. Las masas colosales de granito se lanzan hasta el cielo desde las entrañas de la tierra. A lo lejos, ruge como una fiera embravecida el gigante volcán[23] que nadie ha osado todavía mirar de cerca para sondar los misteriosos fulgores con que ilumina el espacio. Debajo, allá en el fondo de los precipicios, á donde la vista no alcanza á percibir otra cosa que las tinieblas de lo profundo, se oye el rodar aterrante del torrente que se lleva por delante los trozos enormes de la montaña con todos los fragores pavorosos de las borrascas y del inmenso bullicio con que los elementos encontrados ba-/ [16]tallan en las entrañas del globo. Más allá, el relámpago y el rayo estallan en los bajíos, haciendo crujir y vacilar la estrecha ladera por donde marcha cauteloso el débil mortal; y un millar de curvas, de grietas ásperas y profundas, de repechos y de descensos, son apenas el peligrosísimo sendero por donde puede andarse por aquellos lugares, en donde parece que la inconmensurable grandeza de Dios, desnuda y soberana á la par que terrible, hubiera querido medirse con el átomo humano que de cuando en cuando se aventura en ellos.

---

[23] **gigante volcán:** probablemente se refiere al cerro Aconcagua, la cumbre más alta de los Andes, ya que por aquel entonces se consideraba la posibilidad de que fuera un volcán debido al hallazgo de rocas de origen volcánico en su conformación.

VI

En la madrugada del 3 de febrero de 1817, y mucho antes de que el sol hubiera venido á entibiar un poco aquellas heladas y músticas alturas, nueve soldados argentinos agrupados debajo de una concavidad de la espesa cerranía,[24] que formaba á manera de una cueva, se preparaban á emprender su camino hacia el lado de Chile. El número de orden que llevaban al brazo izquierdo sobre el fondo azul de su chaqueta, denotaba que pertenecían al regimiento número once del coronel don Juan de Gregorio Las Heras. Un sargento señalado por la respectiva gineta de lana que llevaba al brazo derecho, daba prisa á sus soldados para que dejasen el lento /[17] fogón en que se abrigaban y se pusiesen en movimiento

—No sea cruel, sargento Ontiveros, le dijo uno de ellos; todavía no han tocado diana en el campamento.

—Mamón![25] te figurás[26] que te van á tocar dianas para avisarle al enemigo donde estamos?.... Vamos! arriba! arriba!— y diciendo y haciendo, el sargento Ontiveros, levantaba sus hombres por el brazo, y los ponía de pie.

Tomando entonces uno de ellos, cuyos ojos negros y vivaces descubrían una naturaleza sagaz y experta, le ordenó que ocultándose en las asperezas de la montaña y arrastrándose por ella como un reptil, fuese á colocarse con toda preocupación al extremo de la senda, en donde los cerros abriéndose á uno y otro lado dejaban en el medio una especie de planicie ó meseta como de mil quinientos metros de extensión occidental, en la cual se abrían algunas

---

[24] **cerranía**: errata por serranía o contaminación con "cerrillada", término empleado más abajo [20].

[25] **mamón**: "La persona que en su trato y modo de proceder tiene cosas de niño" [DRAE 1780]. Acentúa el tono burlón con que el superior se dirige al soldado, a fin de marcar la diferencia en la jerarquía militar.

[26] Voseo que utiliza el superior al hablar con el subordinado.

quebradas estrechas y laterales que podían quizás comunicarse con otros senderos interiores de la Cordillera[27].

Mientras el soldado tomaba su posición de escucha, ocultándose bien entre las asperezas que remontaban la falda del cerro, para dominar la planicie que quería vigilar, los demás compañeros se mantenían formados y armados en el interior de la concavidad en donde habían pasa-/[18]do la noche; pero Ontiveros agazapado á su vez, y teniendo á su vista, al vigia que había hecho colocar al extremo de la falda, esperaba la señal de éste para saber si algo se distinguía hacia el lado de Chile. Seguro después de un momento de que nada había en aquellas soledades que llamara su atención, se adelantó á su vez gateando y ocultándose con un nimio cuidado hasta el lugar en que había colocado á su compañero. Desde allí inspeccionólo todo prolijamente, hasta que convencido de que no podían ser descubiertos, colocó tres soldados más en lugares convenientes para que los unos se transmitiesen las señales de los otros, volviéndose él á la entrada de la concavidad, donde quedaban cuatro soldados más, y desde donde estaba en comunicación con el más cercano de sus escuchas

Un momento después apareció por el lado argentino un joven oficial con diez soldados, que deteniéndose como á cuatrocientos metros de la guardia mandada por Ontiveros, destacó hacia adelante un cabo, que vino á hablar con el sargento; y que regresó á informar al oficial de la situación de las escuchas y de la tranquilidad en que parecía estar todo aquel paraje. El oficial se adelantó entonces dejando su tropa oculta tras de los cerros; y acompañado de Ontiveros y del vaqueano[28] Estay[29] que venía con él, se /

---

[27] D: cordillera [Predomina en D el uso de la minúscula cuando se menciona a la cordillera de los Andes].
[28] **vaqueano**, baquiano o baqueano: "Práctico de los caminos, trochas y atajos" [DRAE].
[29] **Justo Estay**: baqueano chileno, hombre de confianza de San Martín.

[19] adelantaron hasta los bordes de la planicie ó meseta que tenían por delante.

Después de haber conferenciado un momento, Estay le dijo al mayor Martínez,[30] que así se llamaba el oficial de quien hemos hablado:

—Es imposible, mayor, que no haya alguna avanzada muy cerca, porque apenas distamos dos leguas de la *Guardia:* lo que hay es que á ellos no puede habérseles ocurrido que nos háyamos echado por este lado del *Paramillo*, y es probable que hayan puesto su atención en la meseta que se abre aquí á la izquierda, y que nosotros podemos rodear, siguiendo las faldas por unas veinte cuadras más ó menos hasta salir por el costado.

Después que el oficial se hizo explicar bien las condiciones del terreno en que se hallaba, y las indicaciones que le daba el vaqueano de la división, dió las órdenes para que Ontiveros con sus nueve hombres siguiera por las faldas de la izquierda la ruta que había indicado Estay; y él volvió á donde había dejado su tropa, escribió unas cuantas palabras al coronel Las Heras que marchaba á retaguardia con toda la división; y tomó la misma dirección de la izquierda por detrás del cerro en donde estaba la cueva en que Ontiveros había pasado la noche, para ir á salir por otras sendas á los lugares en que Estay iba á colocar la escucha, /[20] y colocarse él mismo á retaguardia de ellas, con la idea de envolver las avanzadas ó guardias con que se suponían que el enemigo estuviese observando y guardando aquel lado de las Cordilleras[31][.]

---

[30] **Enrique Martínez**: sargento mayor del Ejército de los Andes (Montevideo, 1789-Córdoba, 1870).
[31] B: Cordilleras. / *(Continuará)* //

[32]VII

Serían las ocho de la mañana cuando Estay, dirigiéndose al camino oculto por donde marchaba Ontiveros con su partida descubridora, llegaba á una áspera cerrillada que caía exabrupto sobre un pequeño valle tras del cual se descubrían algunos *portezuelos* que visiblemente se dirijían á los senderos de Chile.

—Es imposible, dijo, antes de descubrirse, que por aquí no haya algún punto de escuchas enemigos; y es indispensable, sargento, que usted oculte mucho sus hombres para que no lo descubran.

Ontiveros se colocó sobre una parte del cerro que á manera de azotea dominaba el valle, y después de haber dado orden de que todos se arrastrasen lentamente á pequeñas distancias hasta el parapeto áspero y fraccionado que allí se les ofrecía, se adelantó él mismo lo más que pudo hasta la más rápida pendiente, desde donde podía inspeccionar perfectamente todo el valle.

A muy pocos instantes se oyó resonar el eco /[21] de voces agudas é irritadas, que parecían lanzadas por una mujer. Al mismo tiempo se oían también algunas risotadas y denuestos evidentemente dirigidos por dos ó tres hombres; y poniendo gran cuidado en descubrir el origen y el paraje de aquella novedad, Ontiveros pudo distinguir á lo lejos la figura de una mujer andrajosa que increpaba con ademanes exaltados y con voces destempladas á dos ó tres hombres que la tenían rodeada; y que al parecer se divertían en atormentar á aquella infeliz.

La distancia no le permitía divisar ni la edad ni la fisonomía de la mujer; pero no tardó en apercibirse[33] que los tres hombres que la rodeaban ó que jugueteaban con

---

[32] B: Folletin de EL NACIONAL, 20 Junio 1882 / 2 / LA LOCA DE LA GUARDIA / — / LEYENDA
[33] D: en darse cuenta que

ella, llevaban el uniforme de los soldados realistas; y que uno de ellos que parecía ejercer algún mando tomaba por el brazo á los otros dos y los obligaba á dejar libre el camino de aquella aventurera estraña que vagaba así por lo más solitario de las cordilleras.

La buena intención que Ontiveros supuso en favor del hombre que la había libertado, no tardó mucho en cambiarse por la sospecha de que su acción había tenido por fin una causa vergonzosa y torpe. El jefe de aquellos realistas hizo tomar una posición militar á sus dos compañeros; y después de haberlos colocado como de centinela, se desprendió por detrás de un peñazco, como si intentara rodear el camino de la mujer, y /[22] detenerla en una de las quebradas que daban al valle en que ella había entrado.

Ella entretanto, seguía hablando y accionando con furor. Y salvando las rígidas asperezas del terreno, marchaba como á pasar por debajo de la altura en que se hallaban ocultos los soldados argentinos. Cuando estuvo bien cerca de ellos, Ontiveros y sus camaradas pudieron descubrir en ella la fisonomía de una joven como de 20 años, bastante bien parecida: fisonomía pálida: ojos grandes, hundidos en las cavidades de las sienes, pero vagos y desatentados como los del mirar de los locos: talla esbelta y delgada, formas admirables, y un seno fresco aunque algo martirizado por la indigencia y quizás por el hambre. Sus ademanes estraños hacían ver que iba perorando. De vez en cuando se detenía, y dirigiendo sus brazos hacia las cumbres gritaba y esclamaba con fervor como si las animase con el calor enfermizo de su cerebro. Una ú otra vez parecía que la palabra *Patria* salía rugiendo de sus lábios; y que al volverse á los soldados que acababan de atormentarla, les lanzaba una descarga de ardientes maldiciones. Otras veces, se volvía hacia un grupo de gallinas y de palomas de cordillera que la seguían; les hablaba con cariño, hacía como si las animase á descargar fusiles y dar batalla contra sus enemigos, y tomando del vestido andrajoso que llevaba á ma-/[23]nera de bolsa puñados de maíz, les venía distribuyendo alimento para que la siguieran.

Absorto con este espectáculo, Ontiveros ponía toda su atención en la dirección que tomaba aquella misteriosa mujer: y premeditaba arrebatarla en un momento oportuno para que no los descubriese, y hacerla llevar al campamento, al mismo tiempo que observaba la marcha pérfida que el hombre enemigo hacía por entre las quebradas y faldas para salir al encuentro de su víctima y saciar los bestiales apetitos que quizás le inspiraba el desierto y la impunidad de aquel sepulcral silencio que reinaba en él.

El mónstruo marchaba anhelante y precipitándose por entre los estorbos sin tener ojos para otra cosa que para seguir las desviaciones de su víctima; y cuando estaba ya como á veinte pies del despeñadero en que estaba oculto el denodado sargento, el perseguidor se apresuraba también á cortarle el paso, y tomarla en la hondonada de la lóbrega quebrada.

Ontiveros lo dejó pasar acurrucándose en el peñón que lo ocultaba; y al tiempo en que el otro ponía sus fornidos brazos sobre la joven vagabunda, echándola al suelo á pesar de sus gritos desesperados, el sargento se despeñaba también de la montaña como un gamo, y tomando su fusil por el cañón dejaba tendido y sin sentidos al bárbaro agresor; mientras que dos soldados /[24] más se descendían[34] por la vuelta de la quebrada, envolvían la cabeza de la mujer en sus ponchos para que no gritase, y se la llevaban á distancia para examinarla y descubrir el mejor rodeo para tomar de improviso á los otros dos enemigos que formaban la escucha realista.

Ontiveros entretanto, se ocupaba de amarrarle bien los brazos al prisionero. Después le envolvió bien la boca para

---

[34]   D: más descendían por

sofocarle la voz, tapándole toda la cabeza con el poncho bien asegurado por el cuello, y sacándole la ropa hasta descubrirle las carnes de la espalda, le aplicó algunos latigazos con la correa de su fusil para hacerlo entrar en calor y provocar la reacción de la vida: sistema tan eficaz como conocido de todos estos hombres que viajando siempre por las cordilleras, aplican bien todos estos medios elementales y primitivos contra la enervación de la vida cerebral producida por los golpes ó por la inclemencia de la temperatura.

A poco rato el soldado enemigo comenzó á moverse. Ontiveros lo incorporó y le dijo que marchase en silencio, porque de otro modo le levantaba la tapa de los sesos, y apoyándolo él mismo le introdujo en la quebrada á una distancia conveniente; y allí se reunió con los otros dos soldados argentinos que se habían apoderado de la mujer.

Descubriéndole entonces la cabeza y la boca le /[25] hizo ver que estaba prisionero; y le preguntó:

—¿Quién es esta mujer que venías persiguiendo?

—La llaman la Loca de la Guardia, pero ella dice que se llama Teresa.

—¿Cómo es que anda sola por las cordilleras?

—Vive en un rancho de unas pobres mujeres que está como media legua más abajo de la Guardia; todo el día anda vagando con gallinas y otras aves que la siguen; y hé oído decir que la dejó allí una familia rica de Santiago, que cuando cayó la patria, se pasó á Cuyo.

—¿Por qué la perseguías?

—Eso no se pregunta, ni á usted le importa.

—Y tú quien eres?

—Un godo.

—Qué hacías en estos lugares?

—Estaba de escucha avanzada.

—El amor lo ha j.... observó uno de los soldados argentinos.

—Silencio! le gritó Ontiveros; y dirigiéndose al realista.

—Qué grádo tenés?
—¡C...! no me tutée, señor sargento, que yo soy soldado de honor; quizás no tardará usted en estar como yo.
—Bueno!—contestó, qué grado tiene? /
[26]
—Sargento, como reza esta jineta.
—Cuantos hombres están de escucha?
—Veinte.
—Veinte?
—Sí, veinte.
—Cabo Mardoña, llévese este hombre á la compañía; dígale al Mayor, que según él, la escucha enemiga tiene veinte hombres, que yo voy sobre ellos con la avanzada; y tenga usted presente, só godo, que si encuentro menos hombres, ó más de veinte, dejo orden aquí de fusilarlo al momento; y cuidado, compañeros! cuatro tiros en el momento que yo haga la señal. ¿Se ratifica usted en que no hay sino veinte hombres?
—Le diré, la avanzada no tiene sino tres; pero en la Guardia hay cien hombres.
—Muy bien! Mardoña; amarre bien de piés y manos al prisionero, póngale un centinela de vista y que venga la mujer.
La loca se había demudado: una especie de inspiración lúcida vagaba por su semblante: unas veces fijaba su mirada sobre el hombre amarrado de piés y manos y herido en la cabeza que yacía á sus pies; y otras contemplaba con asombro y como con amor al sargento Ontiveros y á los soldados que la habían libertado.
—Nosotros de la patria, niña! le dijo Ontiveros: nosotros Chile contra los godos: *pun!* /[27] *pun!* allá— y ella oía como encantada, y como si mil recuerdos acerbos y lisonjeros se le agolpasen á la mente, estuvo un momento por lanzar un alarido; pero Ontiveros le tapó la boca y poniéndose el dedo en los lábios en señal de silencio, le dijo: enséñenos el

camino de los cerros para agarrar aquellos dos. Ella pareció comprender como en una rápida luz lo que se le pedía; y haciendo también la señal del silencio tomó á Ontiveros de la mano y lo hizo repechar el cerro acompañado de seis soldados: un momento después bajó á una lóbrega quebrada que quedaba á la espalda; y volviendo por ella hácia la izquierda, (silenciosa y haciendo siempre la señal del silencio con el dedo sobre los lábios) caminó como media hora por la hondonada, hasta salir á una pequeña abertura en cuyo límite se detuvo mostrando con el dedo los dos soldados de la escucha que se entretenían contra la pared del cerro en asar y comer unas papas.

Los cinco soldados argentinos se echaron de carrera sobre ellos, mientras que los dos realistas sorprendidos y estupefactos se dejaban amarrar sin resistencia, y eran entrados á la quebrada, por la que fueron conducidos adonde había quedado preso su compañero.

La loca venía pegada al costado de Ontiveros: no hubo poder humano que la separase del sar-/[28]gento: sea que allá en su vago entender se hubiera fijado en la idea de que era su salvador; sea que habiéndolo visto con autoridad sobre los soldados que habían rendido á los realistas, sea que se hubiese apasionado de su garbo por el influjo que ejerciera en ella su talla y su gigantesca fuerza, el hecho es que no quería alejarse de él, ni marchar de otra manera que prendida á la casaca del sargento, lo que causaba la risa y la burla de todos los demás compañeros, que, puestos en buen humor, por el feliz suceso en que habían actuado, no cesaban de hacerle á Ontiveros alegres bromas y alusiones sobre la conquista amorosa que le suponían; y como al rededor de la loca marchaban también todas las gallinas que de ordinario la seguían, no dejaba de formar un cuadro de suyo curioso aquel regreso de la feliz expedición al punto de su partida.

Cuando llegaron al lugar desde donde se habían desprendido, encontraron ya en él al teniente Guerreros del *Once* con cuarenta soldados y con el vaqueano Estay. Así que éste vió á la loca, se fué á ella lleno de emoción y la abrazó, diciéndole:

—Teresa! Teresa! ¿Cómo estás aquí, querida Teresa?

Ella se detuvo un instante á contemplarlo, y /[29] como si tuviese un recuerdo vago del hombre que la hablaba, le dijo con energía.

—¿Cómo estoy aquí?.... Estoy con mis ejércitos y con mis tropas! Acabo de bajar del cielo con mis banderas y con mis fusiles para reinar en mi tierra: mira mis soldados (señalando á las gallinas) y mis generales (señalando á Ontiveros) y echándose en sus brazos. Ya hemos dado la primer batalla y los clarines del cielo han tocado la marcha de nuestras victorias. Adelante! adelante! vamos á ahorcar á San Bruno![35] y á levantar á mi pobre Rafael de la tumba en que ese bárbaro lo tiene encerrado.

—¿Que es esto? decía Estay, mirando á los soldados que la traían; y dirigiéndose á Ontiveros le preguntó: ¿dónde han tomado á esta muchacha?

—Es una loca—contestó el sargento, que andaba vagando por estos lugares: perseguida por ese prisionero que se proponía ultrajarla al favor de la soledad, la salvé con un buen culatazo, nos apoderamos de él y de ella, y ella nos ha llevado por la vuelta de la quebrada á donde estaban esos otros dos hombres que formaban la escucha avanzada del enemigo.

—Teresa! ¿que no me conoces? ¿no te acuerdas de Justo Estay, el hermano de tu novio Rafael Estay? Mírame, le repetía, tomándola de los hombros y encarándole su rostro./

---

[35] **Vicente San Bruno**: militar español (Aragón, ¿?-Santiago, 1817); deja los hábitos franciscanos por incorporarse al ejército. En Chile, comanda el Regimiento de Talaveras de la Reina; actúa cruelmente contra los patriotas.

[30] Ella comenzó á fijarse más y más e el hombre que la hablaba: suspensa por un momento: se pasó las manos por los ojos y repitió como si soñara.

—-Justo, sí, Justo, el que abandonó solo á Rafael entre los asesinos de San Bruno.... Justo.... el que me dejó sóla y se huyó cuando ahogaron á Rafael en un lago de sangre....[36]

Y una especie de temblor nervioso con todos los signos de espanto, comenzaba á producirse en la mirada y en los miembros de aquella infeliz. De repente se separó de Estay, y corrió á abrazarse de Ontiveros, produciéndose una algazara de risas y burlas entre los soldados con aquella pasión repentina que hacía del sargento el héroe de aquel grotesco romance.

—¡Basta! ¡basta de ternuras! gritó el teniente Guerrero que hasta entonces había estado dominado por aquella estraña escena. Aprovechemos el tiempo; á ver, cabo Zamudio, llévele con dos soldados esa loca al mayor Martinez que queda á retaguardia siguiendo esta misma quebrada.

Pero cuando el cabo Zamudio quiso cumplir la orden, la loca se aferró con los dos brazos al sargento Ontiveros, sin que este hiciese de su parte por desprenderla, y á medida que el cabo y los soldados procuraban separarla, daba tantos gritos y alaridos que fué preciso /[31] envolverle la cara por precaución de que fuesen oídos, y llevarla por fuerza.

El teniente dispuso entonces que Ontiveros quedase de escucha en aquel mismo lugar con los ocho hombres que lo habían acompañado desde el día anterior, y se replegó á la fuerza de retaguardia que mandaba el mayor Martinez, llevándose los tres prisioneros.

Cuando éste se impuso de todo lo ocurrido, y tomó una noticia exacta de la posición en que estaba la Guardia y de la fuerza que allí tenían los realistas, conferenció con Estay;

---

[36] [En C no se menciona esta relación de parentesco político y la reacción de la Loca es opuesta: "se arrojó á sus brazos", C: 674; véase Anexo II]

y después de haber tomado todos los datos necesarios para fijar sus ideas y el rumbo de la marcha, creyeron que no convenía seguir las quebradas y los valles por donde los realistas habían adelantado la escucha que había caído prisionera, porque era natural que procurasen tomar noticias de ella, y que descubrieran la entrada de los argentinos.

Creyeron, pues, que lo mejor en rodear los cerros por la izquierda del valle aunque el camino fuese algo más largo, y presentarse sobre la *Guardia* por el flanco izquierdo, cortando el camino de la bajada á *Santa Rosa*. Pero antes de tomar esta resolución el mayor Martínez volvió hacia atrás para conferenciar con el coronel Las Heras sobre este incidente de la marcha. /
[32]
—Qué hacemos con la Loca, mayor? le dijo el teniente Guerreros.

Martínez reflexionó un momento, y dijo con resolución:

—Lo mejor es mandársela á Ontiveros: puesto que está apasionada de él, y como conoce todas las quebradas de las cercanías, puede serle muy útil.

—Señor! le dijo Estay.... pero esta desgraciada entre soldados, y durante la noche....

—Usted conoce á Ontiveros?

—No, señor mayor.

—Pues sepa que es un modelo de soldado argentino; y que la pobre muchacha á su lado está mejor guardada que en el Convento de las *Cármenes* de su tierra.... Cabo Zamudio, dígale usted al sargento Ontiveros que le mando la Loca para que le sirva de vaqueano si fuese preciso, y que tenga cuidado, eh!.... cuidado! porque me responde de ella para entregársela buena y sana á sus parientes cuando triunfemos.

Martínez se dió vuelta sonriéndose: los soldados se rieron algo más fuerte; el teniente Guerreros[37] dijo que Ontiveros le iba á poner sus escapularios para salvarla de toda contingencia, hasta contra él mismo; y que la idea de enviársela no era mala por los servicios que podía hacer en la escucha. /
[33]
Cuando la Loca comprendió que la volvían hacia atrás, mostró una rara satisfacción, y cuando la dejaron en la escucha se colocó como un niño tímido y obediente al lado del sargento que la había salvado, mostrándole por su silencio y por el respeto con que obedecía todo lo que él le ordenaba, toda la deferencia que le prestaba, y el singular influjo que el sargento ejercía sobre su espíritu estraviado.[38]

[39]VIII

El coronel Las Heras aprobó las indicaciones del mayor Martínez, que mandaba su vanguardia. La escucha del sargento Ontiveros fué retirada del lugar que ocupaba, y tomando la quebrada de la izquierda, fué admirablemente dirigida á los mejores pasos y sendas por la Loca que los acompañaba. Un instinto raro de locatividad le había hecho comprender que lo que se buscaba era caer por la izquierda y de improviso sobre el puesto realista de la guardia. Ella misma mostraba las más grandes precauciones en la marcha. De pronto se adelantaba y trepaba á una altura desde donde descubría los alrededores; y sin decir una palabra tomaba la delantera con decisión, y casi siempre llegaba á los lugares en que la escucha se ponía en comunicación con la vanguardia /[34] del mayor Martínez. Si la quebrada

---

[37] **Guerreros**: sargento mayor Ramón Guerrero, del Batallón N° 11.
[38] B: estraviado / *(Continuará)* //
[39] B: Folletin de EL NACIONAL, 21 Junio 1882 / 3 / LA LOCA DE LA GUARDIA / — / LEYENDA

había de terminar en algún boquete que daba á una planicie, la Loca iba la primera á inspeccionar el estado en que estaba el terreno; y ya rodeada la meseta sin aventurarse en ella, ya tomaba las grietas que la cortaban y llevaba cubiertos á los soldados por el rumbo que debían seguir.

De manera que á las muy pocas horas de marcha, todos habían llegado á un grado tal de confianza en la lealtad y en la destreza de la Loca, que el mismo Estay, vaqueano en jefe de la expedición, estaba asombrado de lo que le veía hacer, y del tino con que ella seguía el rumbo por las mejores quebradas y por las sendas más practicables

Caminaron todo ese día haciendo una especie de semicírculo, por la izquierda, que según Estay debía llevarlos á cortar el puesto de la Guardia sobre el camino de Santa Rosa, é interceptar la retirada ó fuga de los realistas si se lograba sorprenderlos como esperaban. Sin vacilar, y con un ardor resuelto, la Loca dirigió la avanzada ó escucha del sargento Ontiveros hasta un alto cerro en cuya base, carcomida al pie de la montaña, se formaba una vasta cueva, desde cuya ancha boca ó apertura podía descubrirse toda la extensión de la meseta y de las quebradas occidentales por las que el enemigo tenía nece-/[35]sariamente que aparecer en caso que hubiese procurado vigilar el camino por aquel lado.

Era la tarde y la hora
En que el sol la cresta dora
De los Andes....[40]

La noche, rápida y repentina siempre en aquellas alturas, comenzaba á envolver en sombras espesas los bajíos, y en la parda luz del crepúsculo, las pendientes intrincadas y variadísimas de la Cordillera tomaban un aspecto más solemne.

---

[40] Primeros versos del poema *La cautiva* (1837), de Esteban Echeverría, maestro de la Generación de 1837. Con este texto el poeta propone un modo de *argentinizar* la literatura. Vicente F. López y Echeverría comparten no solo las actividades políticas de la Asociación de Mayo, sino también el exilio en Montevideo.

Al volver á la cueva, la Loca se introdujo y desapareció en ella. Un soldado la siguió, pero en las densas tinieblas que embozaban la honda concavidad y sus tétricas grietas, se detuvo, sin poder discernir la dirección ni el lugar hacia donde la Loca había penetrado. Se volvía ya hacia fuera para dar cuenta de esta novedad á sus camaradas, cuando distinguió el bulto de la mujer que venía del fondo hacia la entrada ocultando en sus polleras arremangadas un objeto voluminoso que envolvía en las faldas de su vestido. El soldado quiso tomarle aquello para averiguar su contenido; pero ella se resistió con exaltada energía y con gritos de una suprema indignación, lanzando palabras inconexas de rabia y de amenaza. Alarmado Ontiveros con esta bulla penetró en la cueva con otros soldados, /[36] y encontró á la Loca defendiendo su carga, con una actitud trágica de notable energía.

Se acercó á ella, la acarició, le dio orden al soldado que se alejase, y le pidió que le mostrara lo que ocultaba. Tranquilizada al fin, abrió un tanto la bolsa improvisada que había formado con el traje, y Ontiveros pudo ver horrorizado que contenía una calavera humana, á cuyo cráneo estaba unido todavía uno que otro mechón de pelo negro, que por su forma y recortes se conocía que había sido de un hombre, el hueso descarnado de un antebrazo humano, y seis ó siete falanges de los dedos que llevaban unidas todavía algunas de las uñas; y algunos huesos tan débiles y exiguos que parecían haber pertenecido á un niño nacido sin vida, ó muerto al ménos en las primeras horas de su alumbramiento.

Ontiveros se sentó al lado de la Loca, le puso la mano sobre la cabeza con una bondad infinita, y después de haberla tranquilizado con sus caricias, le dijo:

—Mostradme todo eso: esa calavera?.... ¿lo asesinaron los godos? Yo voy á matar á los godos que mataron á ese amigo tuyo!

—Sí.... á San Bruno!.... á San Bruno!.... con una hacha.... con una hacha de fierro.... Yo quiero que me dés su cabeza: quiero su bra-/[37]zo y sus ojos para darlos á comer á mis gallinas y á mis ratones.

—Todo entero y amarrado de manos y de piés te lo voy á dar.

—Ya lo sé.... el angelito vino del cielo la otra noche y me dió un beso en la boca, y me dijo vamos á ahorcar al maldito que asesinó á mi padre y que me degolló en la cama. Venía vestido de sangre pero con una corona de oro y de luz. Detrás de él estaba Rafael muerto degollado.... Ahí están! los vés? los vés? Ahí están! decía la Loca señalando á la bóveda interna de la vasta cueva. Ahí los mata San Bruno! Corre, corre ligero, que los mata!.... y levantándose desatentada, dejó caer los huesos y la calavera; y al precipitarse hacia dentro con el anhelante apuro de salvar las sombras que vagaban en su cabeza, tropezó en las breñas del piso y cayó en un sueño epiléptico interrumpido de cuando en cuando con gritos y declamaciones aterradoras, que terminó por una laxa postración.

Ontiveros tomó entonces la calavera y descubrió unos cuantos papeles dentro de ella ceñidos por una cinta negra. Los desenvolvió y al abrir el más abultado de ellos encontró que era un despacho del Teniente de Voluntarios de la Patria, otorgado por el Supremo Director de Chile don Francisco de la Lastra[41] a favor del /[38] oficial Rafael Estay. Con este papel había algunas cartas tiernas de este oficial á *"Teresa"* y algunas de ellas manchadas con sangre. Hizo de todo un paquete, y se lo devolvió á la Loca, diciéndole que le llevase al fondo de la gruta, mientras ellos iban á

---

[41] **Francisco de la Rastra**: militar chileno (Santiago, 1777-1852). Es designado Director Supremo del Estado Chileno en 1814; cinco meses después es derrocado por José Miguel Carrera. Ocupa diversos cargos legislativos y gubernamentales.

matar á San Bruno, que era la idea favorita con que ella se complacía.

Dominado ya el ataque que había sufrido, el sueño de la noche reparó los últimos rezagos del sacudimiento; y al otro día de madrugada, estaba ya dispuesta á seguir dirigiendo la marcha de la escucha.

Antes de ponerse en movimiento, el sargento Ontiveros pasó parte al teniente Guerreros de que no había novedad, y de que el camino parecía franco y solitario en todo lo que podía distinguirse. El teniente le contestó que esperase órdenes, porque en ese mismo momento el mayor Martínez había ido al campamento á conferenciar con el coronel Las Heras y con los vaqueanos. Confrontados los datos que estos dieron y las declaraciones de los tres prisioneros realistas, se conoció que acelerando un poco más el paso, podrían sorprender á la *Guardia* en la tarde de ese mismo día 4 de febrero, y tomar toda la fuerza que allí había, para que la columna cayese de improviso sobre Santa Rosa, antes de que los cuerpos del ejército /[39] enemigo hubiesen tenido noticia de la expedición que iba sobre ellos. Pero como el peligro de ser descubiertos se acrecentaba con la mayor proximidad del puesto ocupado por los realistas, y por la vigilancia que era de suponer, se dispuso que la partida exploradora de Ontiveros fuese flanqueada por otras dos fuerzas para que en caso de encuentro pudieran cercar á los contrarios y cortarles la retirada para que en todo ese día no pudieran dar aviso á los suyos. Mientras tanto, el mayor Martínez con treinta granaderos del Once y setenta cazadores montados adelantaba por las paralelas de la izquierda después de haber combinado con sus partidas exploradoras un sistema oportuno de señales, y de comunicaciones por las quebradas y faldas que iban á caer sobre el puesto enemigo.

A medida que se acercaban al terreno del conflicto, la Loca parecía más vigilante y más inspirada. Todo el día caminó callada y sin vacilar llevando á la partida con la misma destreza, y rivalizando en el acierto y en la dirección de la marcha con el mismo Estay que iba al lado de Martínez.

Poco antes de las cinco de la tarde, la Loca se detuvo en la boca de una quebrada á cuya derecha se levantaba un cerro que parecía dar fácil ascenso á su cumbre. Tomando á Ontiveros de la mano lo llevó consigo á una distancia me-/ [40]dia de la altura y, bien agazapada entre las piedras, le indicó á lo lejos del descenso un punto en donde se percibían bien algunos ranchos ó chozas agrupados en una pequeña meseta al pie de una senda de salida que parecía continuarse bajando hacia el lado de Chile. Se percibían también el movimiento de muchos hombres y de caballos con otros animales, y le dijo:

—¡Los San Brunos! — La Guardia!

Ontiveros bajó rápidamente dejando allí á la Loca, tomó dos hombres y los hizo subir al lado de ella para que vigilasen el puesto enemigo; y acompañado del cabo Zambudio, le comunicó al teniente Guerreros lo que había visto.

Como media hora después, vino el sargento mayor Martínez, con los tenientes Guerreros y Dehesa, se informó de todo por sus propios ojos: escribió rápidamente unos renglones que dirigió al coronel Las Heras; tomó consigo á Ontiveros y sus soldados dejando en la escucha un cabo y dos hombres; y dirigiéndose con su fuerza guiado por la Loca y por Estay, apresuró el pasó. A eso de las 6 tenía la inmensa satisfacción de apoderarse de la retaguardia del puesto con una parte de su fuerza, al mismo tiempo que por el flanco derecho del enemigo caía de improviso sobre la meseta de la *Guardia*, sorprendiendo completamente á los enemigos que lo guarnecían./
[41]
Estos, así que se vieron acometidos, se reconcentraron en el reducto de la defensa que tenían preparado

con parapetos y zanjas. Pero los argentinos no les dejaron tiempo de reponerse, y con el mayor brío emprendieron el ataque, dirigiendo un fuego incesante sobre el grupo enemigo desde las alturas más próximas, mientras otros piquetes llevaban el ataque sobre las palizadas y las tápias de la defensa.

Hacía como una hora que se batían, cuando la Loca en medio del fuego tomó de la mano á Ontiveros y le sañaló [sic] una pequeña quebrada lateral como el mejor camino para caer sobre los Sambrunos. Ontiveros se lo comunicó al teniente Dehesa; y éste con 25 hombres, siguió á la Loca. Al poco tiempo Dehesa aparecía con sus hombres sobre el contrafuerte de la posición y se echaba hacia abajo con la rapidez del rayo cayendo dentro del mismo reducto. La bayoneta hizo allí sus trabajos: Ontiveros con sus fuerzas colosales movía su fusil ya de punta, ya como una maza, sobre los enemigos que procuraban ultimarlo. Al tiempo que descargaba un golpe sobre un robusto soldado que lo acometía, el oficial español que mandaba el puesto se dirigía corriendo sobre él á embastarlo con su espada; pero al tirar la estocada, la Loca se le asió de los pies y dió con él en el suelo, dando lugar á que lo desarmaran y lo tomasen prisio-/[42]nero; al mismo tiempo en que los argentinos del esterior vencían las vallas del reducto haciendo ya imposible y desesperada su defensa.

Algunos enemigos que trataron de huir fueron muertos ó tomados y desarmados á poca distancia. De modo que la sorpresa dió un resultado cabal, quedando en poder de los argentinos tres oficiales, sesenta prisioneros, setenta fusiles, sables, tercerolas, tres mil cartuchos, y un acopio considerable de víveres.

Los ranchos ardían incendiados, y en medio de aquella espantosa confusión en que siempre van envueltos estos trájicos y terribles sucesos, había tenido lugar un episodio estraño. La Loca había desaparecido; y Ontiveros la buscaba por todas partes sin hallarla.[42]

[43]IX

Al saberse en el cuerpo principal de la columna que el mayor Martínez se lanzaba al ataque de la Guardia, un fraile de formas atléticas que marchaba con ella como capellán ó agregado, y que más que de religioso tenía aire de soldado y ademanes brutales de perdulario atrevido é inexorable, se presentó al coronel Las Heras ciñéndose un sable de granadero y pidiéndole permiso para incorporarse á la vanguardia.

—¿Cómo, fray Félix?[44] con ese sable pretende /[43] su paternidad ayudar á bien morir á nuestros heridos?

—No, coronel! lo que pretendo es ayudar á bien matar á los godos.

—No es posible!.... Usted, señor Capellán, no tiene ese encargo. El uniforme de mis soldados no es el sayal de los frailes, ni la patria puede admitir que en sus tropas peleen hombres vestidos como usted. No faltaría más sino que usted quisiese como de antaño, llevar un sable en una mano y un crucifijo en la otra!

—Si no es más que eso, coronel, pronto está el remedio[45].

Y el fraile deshaciéndose en un momento de su traje burdo y talar, se presentó con una chaqueta y con pantalones de militar que traía ocultos debajo de sus ropas religiosas.

---

[42] B: hallarla. / *(Continuará)* //
[43] B: Folletin de EL NACIONAL, 22 Junio 1882 / 4/ LA LOCA DE LA GUARDIA / — / LEYENDA
[44] **Fray Félix**: José Félix Aldao (Mendoza, 1785-1845) deja los hábitos dominicos para sumarse al Ejército de los Andes; luego, se convierte en caudillo federal y gobierna Mendoza desde 1841 hasta su muerte.
[45] D: el remediado.

—Ahora no hay ya más fraile, ni lo seré jamás, señor coronel. Siento plaza de voluntario en el momento de la acción; y como V. S. no tiene nada que ver con los cánones, ni jurisdicción eclesiástica sobre mí, no puede impedirme que me bata y que cambie de profesión.

El coronel Las Heras soltó una carcajada; y volviendo sobre sus primeros pareceres le dijo:

—Hombre! la verdad es que usted tiene razón; y que al parecer ha de ser mejor soldado que fraile: á ver! muchachos, una mula para ese hombre; teniente Dehesa, lléveselo usted al /[44] mayor Martínez con la fuerza que va á reforzarlo, y dígale que se fije bien como se porta ese soldado en la refriega.... Y si le toca una bala, mi amigo, dijo dirigiéndose al fraile ¿quién lo vá á confesar de la sangre que derrame sin tener los deberes de un soldado?

—Tengo un amigo, coronel, que no ha de permitir que me venga ese trance.

—Ah! usted cree que Dios lo estará mirando complacido y que lo ha de proteger.

—Puede ser que no sea Dios, coronel, el mío es mejor amigo!

—Hombre! veamos cual! bueno será saberlo.

—Le faltaría al respeto, coronel, diciéndoselo.

—Diga usted no más—le doy licencia; y será la última que le daré, pues veo que usted me conoce; ¿qué amigo es ese?

—¡El diablo!

—El diablo?.... pues bien; que él lo ayude; y tenga usted presente que si otra vez lo veo con hábitos ó incensarios, lo voy á mandar de visita á la tierra de su amigo.

—No tenga cuidado, coronel, que eso ya se acabó. No he de parar hasta ponerme unas charreteras como las que V. S. lleva, ó hasta ir á visitar á ese amigo antes que V. S. me dé la tarjeta para entrar en sus palacios.

El teniente Dehesa que escuchaba este diálogo con un ceño airado, en el que descubría la /[45] profunda antipatía que le inspiraba aquel fraile insolente, le impuso con imperio militar la mano en el hombro, y empujándolo hacia la tropa que estaba formada yá y esperando la orden de marcha—en fila! le dijo; y lo hizo entrar en la columna que al instante se puso en movimiento para reunirse con el mayor Martínez

Cuando llegó el momento del ataque el *fraile* (que así le comenzó á llamar todo el ejército), desplegó un arrojo singular, y fervoroso ardor por herir y por matar. Era una furia, que se lanzaba como un tigre á las palizadas; tenía los ojos inyectados de sangre, el aliento caliente y pútrido como el respirar de las fieras, las quijadas trémulas y la boca contraída por la ira brutal de los animales, que tan distinta es de la bravura reflexiva y honorable del verdadero soldado. Pero la verdad es que su valor y su empuje se hizo admirar de los oficiales y de los jefes argentinos, y que sin más armas que el sable que se habia ceñido en presencia del coronel Las Heras, hizo prodigios y dió en tierra con muchos enemigos, probando que había nacido para guerra y para la matanza más bien que para el *ite frates*[46] de la misa y del altar.

Pero de alguna otra manera se habían de revelar también los malos y soeces instintos de su alma. En medio de la confusión y del incendio que se siguió al asalto y á la toma de la Guar-/[46]dia, había descubierto á la Loca vagando como en delirio en medio de los soldados triunfadores y de los rendidos; y se le figuró que aquella desgraciada, á quien (diremos con verdad) no conocía, era la mejor prenda del botín con que podía retirarse á la soledad de las quebradas vecinas. Abusando de sus enormes fuerzas, en el bullicio que dominaba la escena, la había tomado con violencia

---

[46] ***Ite frates***: frase litúrgica de la misa, para despedida: 'Id, hermanos'.

tapándole la boca, y subiéndola á una mula de las que estaban ensilladas y sueltas en el terreno, se alejaba con ella, sino que nadie lo hubiese reparado.

Ontiveros entretanto que había tomado como un deber sagrado el cuidado de aquella infeliz que le había recomendado el mayor Martínez, para devolverla sana y buena á su familia, la buscaba desesperado por todas partes sin poder darse cuenta de su desaparición. En sus conatos, se encontró con el cabo Zamudio, que habiendo abandonado la escucha en que lo habían dejado, por no ser ya necesaria su vigilancia, venía á toda prisa á tomar parte en el tiroteo y en el combate.

—Ontiveros! le gritó Zamudio de lejos—ahí he visto á tu loca que se la lleva un hombre del cuerpo.

—Por dónde?

—Por esta quebrada./

[47]

—Por qué no detuvistes al hombre que la llevaba?

—Y qué sé yó porque la lleva: él va con el uniforme del cuerpo.

Y al oirlo, Ontiveros cargando su fusil y con paso apurado, tomó también la quebrada que le indicaba Zamudio.

A dos ó tres cuadras Ontiveros descubrió al raptor en el camino. La Loca se había tirado al suelo; y hacía esfuerzos para desprenderse de él. El raptor se había bajado también de la mula y procuraba apoderarse de su prensa para llevarla á la grupa; pero en estos esfuerzos se le presentó Ontiveros cerrándole el camino, y echándose el fusil á la cara le intimó que regresase á la Guardia, ó le metía una bala en el corazón.

El fraile quiso defender su derecho al botín, pero el soldado le repitió su amenaza diciéndole que aquella muchacha estaba bajo su guarda, y que había sido la guía fiel y vigilante de la vanguardia.

—Pero animal! le dijo el fraile, debías haber comenzado por decírmelo: yo creía que era una gallega, colchón de godos;—y como tenía arma de fuego con que dominar la de Ontiveros; le agregó: bueno ¡volvámonos!

—Nada de eso le dijo sargento. Yo no lo conozco á usted, ni sé como tiene la chaqueta /[48] del Regimiento; usted es un enemigo que se ha vestido con la ropa de algún muerto de los nuestros. Pronto! marche usted adelante: deje esa mula: tire el sable; y si no anda pronto, lo fusilo sin andar con más vuelta.

Fué en vano que el fraile quisiera explicarse y darse á conocer. Ontiveros acentuó de más en más sus intimaciones; y la cosa iba tan seria que el fraile tuvo que poner la espada en el suelo, de dejar la mula y marchar á pie como cincuenta pasos adelante de Ontiveros. Así volvieron otra vez al lugar de la refriega.

Ontiveros se presentó al teniente Dehesa, y le dió cuenta de todo lo ocurrido. El teniente se dirigió al momento al mayor Martínez para informarlo del episodio. Pero el mayor tomó la cosa con otro humor, y le contestó—qué diablos! todo eso es natural, y muy propio de un fraile. Él dice que no llevaba malas intenciones, ni otra mira que incorporase al Coronel con una mujer que podía darle buenos informes; y que como no está enrolado todavía en ningún cuerpo, no conoce la ordenanza, ni las reglas que ella impone en estos casos. Por lo demás nadie lo ha visto cometiendo el crimen que usted le sospecha, y se ha batido con una bravura que no le podemos negar.

—Pero, mayor—bueno es que el Coronel lo sepa todo; porque estoy cierto que le bastaría /[49] saber la sospecha para negarse á admitir este fraile en nuestro cuerpo; y si quiere sentar plaza que lo haga en otro regimiento ó donde quiera. Por lo que hace á mí, protexto[47] que si entra en el

---

[47] **protexto**: protesto.

Once, me opondré usando del derecho que me dá nuestro reglamento secreto; lo provocaría en duelo mañana mismo, exigiendo de todos los oficiales que hagan lo mismo hasta expulsarlo.

—Usted estará en su derecho, teniente Dehesa.... Pero yo creo como usted, que el Coronel no ha de admitir en el Once semejante alimaña.

Y en efecto—el coronel Las Heras no quiso admitir en el Once al Fraile Aldao. Pero éste sentó plaza y fué agregado como teniente, en conmiseración de su probada bravura, en uno de los escuadrones de granaderos á caballo.

En la misma noche en que había sido tomada la *Guardia*, la Loca había desaparecido otra vez de la División vencedora. Cansados los soldados, y Ontiveros más que todos, por las excesivas fatigas de aquellos dos días, y por las exitaciones del combate, se habían entregado al sueño: así es que al despertar del siguiente día, nadie podía dar noticias del paradero de la infeliz muchacha. Unas mujeres que habitaban con sus familias á 4 ó 5 cuadras del fortín, decían que á más de la media noche habían sentido que los perros ladraban mucho, y que alarmados /[50] con esto, habían creido apercibir unas voces que los apaciguaban llamándolos, como de persona conocida que los arengaba, y los incitaba á seguirla: que al otro día uno de los niños de la casa que había subido á los cerros en busca de una mula extraviada, había distinguido á la Loca á lo lejos bajando en dirección á *Santa Rosa*; que iba muy exaltada hablando con las nubes y dirigiendo imprecaciones y amenazas hacia el país de abajo.[48]

---

[48] B: abajo. / *(Continuará)* //

[49]X

Como todos saben, la ciudad de Santiago de Chile ocupa un valle debajo de las últimas faldas occidentales de la Cordillera. El río *Mapocho* corre por el centro de ese valle; y encontrando á su paso un pequeñito cerro de forma piramidal, que hoy llaman *Santa Lucía*, se ha abierto en dos brazos: uno que corría por el sur, en un tiempo más ó ménos remoto, y que se ha ido secando poco á poco á lo largo de la *Cañada*, y otro que tomando el norte, sigue el cauce principal de su corriente.

En la planicie, que las aguas dejaron al abrirse, á uno y otro lado de Santa Lucía, se halla la ciudad; de modo que este cerro le forma como un respaldar; y se halla rodeado de pequeñas casas, habitaciones de pobre gente por lo /[51] común, que con su triste apariencia, y no pocos ranchos, suben por sus faldas, mientras que al occidente queda el valle donde se extienden las amplias y espaciosas habitaciones de los ricos.

En una de las faldas de este cerrito, y no muy lejos de la que se conservaba hace poco como habitación del conquistador Valdivia, existía ahora sesenta y cinco años una casa de triste apariencia. Desprovista de zaguan, no tenía más entrada que una vieja puerta que daba á un patio espacioso pero lóbrego y húmedo, á cuyo frente se corrían unas habitaciones bajas, edificadas con la piedra tosca rodada del inmediato cerro, y unida con barro. La pared que circundaba la casa por el lado de la calle era de los mismos materiales, y tan baja, que cualquiera podía subirse á ella y pasar al patio interior, sin necesidad de hacer uso de la puerta; que casi siempre cerrada y misteriosa, en medio

---

[49] B: Folletin de EL NACIONAL, 23 Junio 1882 / 5 / LA LOCA DE LA GUARDIA / — / LEYENDA

de un callejón solitario y excusado, podía dar á pensar que aquella casa estuviese inhabitada.

Pero no era así, sino la mansión de una mujer desgraciada, secuestrada del trato de los vivos por un capitán español de triste nombradía por los hábitos atrabiliarios y crueles con que había señalado su nombre.

En la mañana del 9 de febrero de 1817, la mujer indicada, medio desnuda y desgreñada, se ocupaba en lavar las ropas interiores de un hom-/[52]bre: después de haberlas extendido con cuidado, tomó unas botas toscas y gruesas que estaban arrojadas al suelo: las lavó con sumo cuidado para sacarles el lodo que se había adherido al cuero por todos lados, calentó al fuego un trozo de grasa natural, y se puso á untarlas por todas partes haciendo esfuerzos soberanos por sobar y ablandar aquellos cueros cuya dureza era superior á sus fuerzas y á sus manos, finas y aristocráticas, que parecían haberse formado en tareas muy distintas de las que estaba desempeñando.

En un brasero, inmediato á la puerta del patio, se cocía una olla de puchero, que la misma mujer espumaba silenciosa de vez en cuando suspendiendo sus otras atenciones; y en una mesa de alerce toscamente fabricada se veía un sable de guarnición, que ella acababa de estregar[50] y bruñir con ceniza y polvo de piedra pomez, un morrión negro de cuero charolado con penacho de plumas amarillas y rojas, unos pantalones de paño burdo, con franjas coloradas, los tiros de la espada bien lustrada ya, y una chaqueta con dos galones en la manga, de las que llevaba el afamado y aguerrido cuerpo realista de *Talaveras*.

Conocíase que aquella mujer, en cuyo semblante y melancólica humildad se veían todas las señales de la desventura y de la decadencia ha-/[53]bía sido poco antes bella y distinguida. Su paso, aunque llevado con sumo cuidado

---

[50] D: restregar

como si temiese causar el menor ruido que pudiese despertar alguna persona dormida, era sin embargo airoso y gentil. El movimiento de su cintura al andar era liviano, y la punta del pie era llevada con una gracia singular al asentarse en el piso. Caminaba con un calzado bastante viejo y desecho, que por la falta de medias dejaba ver el cútis delicado de la pierna; y como llevaba sobre el cuerpo una simple y ordinaria camisa, descubríasele el seno, que, aunque laxo y gastado, mostraba en los hombros formas redondas y de esquisita escultura; una espalda desembarazada y derecha, y sobre ella una preciosa cabeza con una abundancia de cabellos renegridos y finos, que, aunque poco cuidados, y atados con desorden, caían graciosamente por los lados como flecos de seda. Lo demás de sus formas revelaba una naturaleza gastada y las pruebas de la maternidad en medio de la indigencia, ó de las privaciones, con un aire de sumisa humillación, que le daba un no sé qué de santidad ó de postración que habría inspirado profunda lástima á nuestros lectores si la hubieran tenido bajo su vista.

La pieza en que trabajaba era un cuadrilongo deteriorado, de paredes mal revocadas con barro, y mal blanqueadas con cal. El piso húme-/[54]do y barroso estaba cubierto con los malos ladrillos del país y en muchas partes con lajas informes de piedra; todo en fin parecía formar de aquella habitación el triste recinto del sufrimiento y de las lágrimas.

Distinguíase en un rincón, cubierto con girones de lienzos viejos, un lecho, del que se alzó de pronto un niño como de año y medio, llorando y diciendo que tenía hambre. La madre corrió azorada á él, rogándole con ansiedad que se callara; y abriéndose el seno para amamantarlo, con la ilusión más bien que con la realidad del jugo maternal, trató de ocuparle la boca á fin de que no hiciera rudo con su llanto.

—Voto al diablo, señora Condesa! gritó con otras palabras soeces y con voz enfadada, un hombre ronco y de tono grosero, que al parecer dormía en la pieza contigua. Si su señoría no hace callar pronto á ese muchacho, que harto hago con sufrirlo en mi casa, lo agarro de las piernas ahora mismo y lo tiro á la acequia para que deje de molestarme.

Al oirlo, la mujer se puso temblorosa; y oprimiendo al niño contra su pecho, fijaba sus ojos en los de la tierna criatura, como si quisiera comunicarle con silencio todos los terrores y el miedo que oprimían su alma en aquel momento.

—Tráigame usted mi cordial! gritó de nuevo el hombre; y ella alzando de prisa al niño en /[55] sus brazos para que no llorara, trémula y agitada, tomó un vaso grande de tierra cocida ó alfarería, le puso una mitad de un vino tinto y capitoso cuya botella tenía pronta sobre la mesa, le agregó unos puñados de agí y de canela, y llenándolo de agua caliente, con todo el apuro de quien teme un castigo, estaba revolviéndolo para alcanzárselo al hombre que lo pedía, cuando otro oficial del cuerpo de Talaveras entró precipitado en la pieza. Sin hacer caso de la mujer ni saludarla, se introdujo hasta la alcoba; y le dijo al que dormía:

—Arriba, Vicente! ¡Tenemos malas, muy malas noticias! y de un momento á otro vamos á marchar.

—Qué hay? dijo San Bruno incorporándose.

—Los insurgentes han pasado la Cordillera y están de este lado.

—Y eso es mala noticia? pues vamos á ellos, y los haremos.... pedazos, para colgarlos uno á uno en la plaza.

—Pero es que no sólo están de este lado: sino que le han dado una de aplaca al coronel Atero: se han apoderado de Aconcagua con seis ó siete mil hombres y mucha artillería, según dicen. La ciudad está ya llena de heridos y de dispersos. Nos han sorprendido completamente. A la fecha estarán ya en la cuesta; y de nuestra parte todas las fuerzas están esparra-/[56]madas; á término que Barañao[51] y muchos otros jefes no tendrán ya tiempo de incorporársenos para atajarlos.

—Voto al infierno, y maldito sea el que consiente semejantes cosas, dijo San Bruno. Só[52] insurgente del demonio, só condesa de.... exclamó dirigiéndose á su víctima, que pálida y sumisa estaba allí con *el cordial* del capitán. ¿No le he pedido á usted mi cordial?

Ella se acercó á la cama sin decir una palabra, y le alcanzó el vaso. Pero, al tomar el primer trago, él le arrojó al pecho y al rostro todo lo que contenía; y desahogando en ella la ira en que lo habían puesto las noticias de su compañero, le dió también un revés con la otra mano, que la arrojó trastavillando al suelo con el niño que tenía en sus brazos.

—Eso está frío! le dijo: y sin azúcar, alma de perra. Hágame usted otro vaso bien caliente; y pronto; tráigame usted mis botas y mis armas: todo bien limpio eh?.... y eche usted ese muchacho al patio, que no estoy yo para que me aturda con sus gritos.

El otro *talavera*, era el capitán Ramón Villalobos, digno émulo de San Bruno en los tormentos, atrocidades y matanzas que habían hecho sufrir á las familias de Chile durante la restauración realista de 1814 á 1817. Ambos eran mal mirados por eso en el ejército español. Los /[57] oficiales distinguidos y bien educados de ese ejército los

---

[51] **Barañao**: Eraldon Manuel Barañao, militar realista (Buenos Aires, 1790-¿?), coronel de los Húsares del Rey. En el manuscrito 5253 de *El capitán Vargas*, López incluye esta nota informativa sobre el personaje: "El coron[i] Barañao, hijo del pueblito de las Conchas, pro[xia] de B. A., habia tomado parte con los realistas. Se hizo c**elebre** en el ejército español pr. su arrojo, y, mas qe. todo, p[r] **una** serenidad qe. rayaba en crueldad. Hoi es general español, reside en Santiago, olvidado de todos, con una pierna menos perdida en el campo de batalla y dirigiendo una casa de baños. [N. del A.] [Molina 2015b: 229]. Véase, además, la nota en *infra*, cap. XXIII.

[52] **só**: sustantivo masculino que se usa "solamente seguido de adjetivos despectivos con los cuales se increpa a alguna persona y sirve para reforzar la significación de aquellos" [DRAE].

miraban casi con asco, teniéndolos por sayones políticos de la peor clase, más bien que por militares de carrera, á pesar de su indisputable bravura.

Villalobos no hizo alto en lo que pasaba á su vista, ni miró como cosa extraordinaria aquel repugnante abuso de las fuerzas y de la barbárie de un hombre fornido y velludo como su amigo, con más barbas que un turco, sobre la débil y apocada mujer, y sobre el tierno niño que maltrataba; y lo único que le dijo fué:

—Vístete pronto, y vamos, que la compañía va á marchar en el instante á reunirse con el Regimiento.

La mujer había salido presurosa al patio arrastrando el colchón y las ropas de la cama del niño y extendiéndolo en el extremo más lejano, envolvió en ellas rápidamente la criatura que seguía llorando con desesperación, y regresó corriendo para alcanzarle á San Bruno el cordial, la ropa y las armas.

Mientras estaban sólos San Bruno le dijo á Villalobos:
—Esta es de raza de insurgentes; es menester tenerla con miedo: estoy tan cansado de ella que si no fuera por lo que me sirve ya la habría echado á la calle./
[58]
—Sin embargo, ella te ha querido, y apesar de todo te obedece como á Dios.

—Porque sabe que de otro modo, ya la habría yo puesto como merece. Ya verías si triunfaran los rebeldes lo que haría esa humilde paloma.

La mujer que entraba con las ropas y las armas de San Bruno en ese momento, lo oyó; y soltando el llanto le contestó:

—No, San Bruno! te seguiría hasta el fin del mundo! moriré á tu lado si quieres. Lo único que te pido, lo único que te ruego por la Virgen Santísima de Dolores, que no maltrates al pobre niño! mira que es......

—Hijo mio, no?.... Veámos la patente, para saberlo!.... Y el otro?

—El otro era.... pero tú sabes bien, San Bruno, lo que ha pasado! qué culpa tiene ese pobre niño de todo lo que ha venido sobre mí, y de nuestras faltas?.... Yo te quiero hoy como te he querido antes!.... Villalobos, convenza usted á San Bruno de que lo quiero, de que lo amo, de que todo lo sufro con gusto por él, de que quiero que me mate pero que no me ultraje, ya que todo, todo lo dejé por él, y de que si me quisiera como antes me lo decía, todo sería gloria y todo sería cielo para mí.

—Vamos, condesa, déjese usted de lloriqueos, que no tengo el humor para tiernas endechas; /[59] silencio, y váyase usted al otro cuarto que no quiero que escuche nuestras conversaciones.

Ella se retiró sin la menor objeción y cuando quedaron sólos, Villalobos continúo dándole á San Bruno detalles de los sucesos y de las ansiedades en que se hallaban los del gobierno realista para oponerse á los insurgentes en la cuesta de Chacabuco[53] y ver si era posible cerrarles el camino de la capital—"porque si la toman, dijo, se levanta el avispero de todos estos canallas que andan ahora con el pescuezo encogido, y quedamos perdidos para *in-eternum*.[54]

—Lo que es á mí y á tí, nos ahorcan!

Y lo mismo han de hacer con todos los demás *mirli-miflones*[55] del ejército; que con su caballerosidad y sus contemplaciones, pretenden pasar por militares de escuela, como ellos dicen, sin ser otra cosa que unos lechuguinos que les dá por la finura con los enemigos.... Que triunfen los rebeldes y veremos cómo les va á ellos tambien.

---

[53] **Cuesta de Chacabuco**: paraje sobre el cordón montañoso del mismo nombre; es la entrada norte a Santiago.
[54] *in-eternum*: *in æternum*, 'para siempre'.
[55] *mirli-miflones*: de "mirlarse": "Adoptar actitud de persona importante" [Moliner: 424].

Habíase acabado de vestir San Bruno, y salía ciñéndose el sable sin reparar en Manuela, cuando ésta llamándolo tímidamente y llorando con desconsuelo, le dijo:

—San Bruno! San Bruno!.... y te vas sin darme siquiera un beso?

—A la vuelta veré si lo mereces.... y sobre todo, ya te lo he dicho—toma ese muchacho y /[60] sácalo de casa: que lo crie alguna de tus parientas, y si no lo quieren recibir échalo al torno ó al infierno. ¡Cuidado con que yo lo encuentre aquí si vuelvo!

Ya fuera casualidad, ya intención, al salir arrastrando y á medio ponerse la espada, tomó por mal lado el brasero en que se cocía el puchero, y todo cayó por el suelo sin que él hiciera reparo en ello ni detuviese su salida.[56]

[57]XI

Temerosa, tal vez, la pobre mujer de que el hombre brutal que pesaba sobre su destino volviese sobre sus pasos por alguna ocurrencia ú antojo imprevisto, ó anonadado su espíritu quizás, con los crueles sinsabores porque acababa de pasar, cuando se encontró sóla se desató en un llanto amargo en el que se revelaban todos los dolores de los trances que había pasado y de las faltas que probablemente habían sido su causa. Postrada en esta triste situación, dejó pasar un rato bastante largo sin acordarse de la criatura que había abandonado en un extremo del patio para que no incomodase á su verdugo.

Pero, de repente, le vino ese recuerdo, y levantándose con alarma se dirigió al lugar en que había dejado á su hijo; pero se quedó hela-/[61]da al ver que sobre el colchón estaba sentada la Loca de la Guardia, que había

---

[56] B: salida. / *(Continuará)* //
[57] B: Folletin de EL NACIONAL, 26 Junio 1882 / 6 / LA LOCA DE LA GUARDIA / — / LEYENDA

cargado la criatura, y que la amamantaba cantándole, con una dulce ternura, una de esas canciones que sirven para hacer dormir[58] los niños.

Dudosa entre el espanto que le causó la presencia de la Loca dentro de su casa y la posibilidad de que San Bruno volviese y la hallase con ella; y dominaba al mismo tiempo por el efecto y el amor que le tenía, permaneció un momento absorta y asustada sin saber que hacer; mientras la Loca sin prestarle la menor atención, se ocupaba solamente del niño, estrechándolo con indecible cariño contra su pecho, y manifestando una voluntad decidida de no abandonarlo.

—Teresa! Teresa! hermana mia, le dijo al fin, abriéndole los brazos para abrazarla; porque has venido á esta casa de maldición? Huye, Teresa! véte pronto; déjame sóla: no puedo recibirte; tengo miedo! déjame el niño: véte, Teresa!

Pero la Loca, sin manifestar la más mínima emoción, ni dar el menor síntoma de que conociera á la mujer que le hablaba, se incorporó con el niño recostado en uno de sus brazos, y medio dormido, al mismo tiempo que con la otra mano separaba á la madre como enfadada /[62] de que hubiera venido á perturbarla en sus caricias.

De más en más alarmada la madre, con la permanencia de la Loca, y con la resistencia que le hacía á devolverle el niño, apuraba sus ruegos para obtener que se alejara, cuando la puerta de la calle se abrió estrepitosamente de un empujón, y reapareció San Bruno metiéndose á caballo en el patio.

Obligado á ir á reunirse con su regimiento en campaña, venía en busca de su balija[59] y de otros enseres de campamento.

---

[58] C: dormir á los
[59] **balija**: con esta grafía aparece en el DRAE de 1817.

Pero al ver á la Loca en pláticas que supuso tiernas y amistosas con la mujer que estaba bajo su imperio, y lleno de aprehensiones irascibles como venía, por las funestas noticias que había recibido sobre su causa, y por los temores bastante fundados con que su conciencia de malvado le hacía ver su destino si los argentinos triunfaban y le echaban garra, sintió subírsele á la cabeza todo el infierno de sus iras. Se tiró del caballo como un tigre: de un revés puso en el suelo á la víctima de sus brutalidades; y tomando de un brazo á la Loca, como si alzara una paja, la arrastró hasta la puerta, y de un punta-pié la puso en el medio de la calle tirando también al barro de que estaba cubierta, la criatura que ella había mantenido estrechada contra su pecho. Volviendo hacia atrás, cerró la puer-/[63]ta con el cerrojo: arrastró á la mujer hasta las piezas, tomó su balija, y salió con ella cerrando las piezas con llave, y llevándose la llave en el bolsillo, porque el apuro de la marcha no le daba tiempo para más que para salir de galope hasta incorporarse con los suyos.

Pero la Loca, sin inmutarse ni dar el menor signo de vacilación ó de terror, volvió á tomar la criatura que había caído como en un colchón de barro, y limpiándole el rostro con las manos para que pudiera respirar y ver, se alejó con ella como si supiese el camino y el lugar á donde quería dirigirse.

En efecto, cuando había pasado ya bastante tiempo para que San Bruno estuviese lejos de la ciudad y de los lugares de sus fechorías, la Loca dobló por detrás del cerrito de *Santa Lucía* á cuyo pie estaba la casa en que había pasado esta lúgubre escena, y subiendo la cañada hacia el naciente, se introdujo en los ranchos de una familia, compuesta de una anciana y de tres ó cuatro mozas rollizas.

A pesar del asombro que produjo la aparición de la Loca en aquella casa, pues hacía más de dos años que habían perdido toda idea de verla, y que no sabían si estaba viva ó era muerta después de los trágicos sucesos en que había estado envuelta antes de desaparecer, ella no hizo atención á los aspavientos y exclamaciones con /[64] que la recibieron; y siempre silenciosa y resuelta, se dirigió á una de las camas del primer aposento, depositó en ella al niño que llevaba en los brazos, y se sentó como agobiada y deshecha por el cansancio.

La anciana de la casa y las muchachas tristemente compadecidas del estado miserable en que la veían, rodearon al momento á Teresa, demostrándole una afectuosísima ternura. Acababa de salir del lodo inmundo de la calle en donde había caído arrojada por San Bruno, con el niño, que no estaba en ménos inmundicia como era natural. Estaba descalza, y el pelo no ménos desgreñado y embarrado que todo el resto de su cuerpo.

Pero nada de esto le había hecho perder el tono grave é importante de su ceño y de su andar. Tenía erguida y altiva la cabeza: tranquila y severa la mirada; y recibía todos los agasajos y las muestras de compasión de la familia, con un aire simpático, pero reservado, como si se considerase una reina á quien todo aquello era debido.

Nada opuso á las instancias que le hicieron por vestirla y por calzarla. Pero cuando tuvo á la mano las pobres ropas con que aquella familia de muy mediana fortuna la podía auxiliar, apartó lo más abrigado que le trajeron para envolverse; y pidió —mazamorra y leche— con /[65] un tono enteramente natural— "Tenemos hambre" dijo señalando al niño, que, postrado por la indigencia y por la debilidad, parecía exánime por la palidez y por la inercia en que yacía.

Al apercibirse de la horrible situación en que estaba el niño, las muchachas de la casa corrieron presurosas á traer el alimento que Teresa les pedía; y como la mazamorra y la leche son dos manjares que siempre están hechos y prontos en Chile, desde un enero á otro enero, no pasó un minuto sin que se los trajeran á la Loca.

Ella, entre tanto, haciendo acto de energía y dominando su fatiga, se había levantado y se ocupaba en limpiar cuidadosamente al niño. Cuando lo hubo realizado con todo esmero, lo envolvió en ropas abrigadas; y sin permitir que nadie lo hiciera por ella, se contrajo á ponerle en la boca unas cucharadas de leche pura, que la infeliz criatura bebió con deleite; y después que le hizo tomar una buena cantidad de mazamorra, lo alzó en sus brazos, y comenzó á pasearlo por la pieza hasta que consiguió que lo ganara el sueño. Lo acomodó en seguida en la cama, y se puso á devorar con un abierto apetito la fuente de mazamorra y el jarro de leche que le habían preparado.

Luego que se satisfizo, se acostó sin contestar á nadie de lo que le preguntaban ó le decían, y se quedó en una especie de sueño *comático*, /[66] hablando de cuando en cuando con exitaciones vagas y vaporosas en que parecían dominar sentimientos de odio, de venganzas y de triunfos.

Claro era que las mujeres de la casa no se podían explicar nada de lo que veían. Habían conocido á Teresa en mejores tiempos, y cuando era muchacha gentil y agraciada, de una familia que si no era de fortuna, podía considerarse como acomodada. Sabían sus desgracias, y que había acabado por enloquecerse y huir de la ciudad, Nada más sabían, y hacían suposiciones lastimosas sobre su vida posterior y sobre la existencia del niño infeliz que había conducido en sus brazos.

En aquellos momentos, la capital de Chile se hallaba en un estado indescriptible. Los piquetes de tropa que habían andado esparramados por el sur esperando la entrada por aquel lado del ejército argentino, una vez desengañados pasaban rápidamente hacia el norte á incorporarse con las fuerzas, que el general Maroto (1)[60] con todo apuro,

---

[60] A, B, D: (1) El mismo célebre general que comandando en jefe las fuerzas de don Carlos hizo el convenio tan conocido *de Vergara* con el general Espartero, jefe de

reunía en la cuesta de Chacabuco para ver de cerrar á los argentinos la marcha sobre la ciudad.

Las calles estaban desiertas. Las puertas to-/[67]das cerradas; y á pesar de que era una ciudad de suyo triste y silenciosa como todo pueblo mediterráneo, y que sobre todo lo era en aquel tiempo en que se puede decir que el comercio de las costas australes del Pacífico era nulo, la situación especial en que se hallaba esperando por momentos el terrible hecho de armas que debía tener lugar casi á sus puertas, contribuía poderosamente el aspecto de tétrica y luctuosa soledad que dominaba en ella, y que hacía parecer que toda la vida social se hubiese escondido en las entrañas de la tierra.

En la plaza central donde estaba el palacio del Presidente Marcó,[61] era donde únicamente se notaba el movimiento precipitado y angustioso que trae siempre la proximidad de estos conflictos. Pero como todo afluía del norte y hacia el norte, la parte del sur, que era donde se hallaba situada la casa en que se había asilado la Loca, estaba en un silencio y estupor de media noche: los mismos rayos ardientes del sol de febrero contribuían á la lobreguez moral de la vida común que parecía haber desaparecido por completo.

Como la gente, y sobre todo las mujeres no se atrevían á salir ni á asomarse siquiera á las puertas de la calle, y como eran de temerse los asaltos y las violencias de bandidos y perdularios, que nunca faltan en estas ocasiones, el /[68] terror hacía más estricto el encierro y más pavorosas las alarmas del vecindario inofensivo. De modo que á la familia que había recibido á Teresa le fué imposible comunicar á

---

las fuerzas liberales de doña Isabel Segunda [Nota del autor]. # **Maroto**: Rafael Maroto Yserns, militar español (Lorca, 1783-Valparaíso, 1853); es herido en la batalla de Chacabuco, tras lo cual logra refugiarse en el Perú.

[61] **Presidente Marcó**: Francisco Casimiro Marcó del Pont, militar español (Vigo, 1770-Luján, 1819), designado gobernador de Chile (1815-1817).

nadie su reaparición, ni tomar dato alguno sobre su persona, ó sobre su procedencia en aquellos momentos. Por muchas congeturas que hicieran, visto que ella no había querido hablar, y que se presentaba tan misteriosa, les fué imposible arribar á ninguna explicación satisfactoria; y hubieron de contentarse con imaginar los acasos de su vida, y por compadecerla, atribuyéndolo todo á su estado de demencia, mientras ella dormía aquel sueño agitado y visionario en que la hemos dejado.

Serían como las seis de la tarde cuando Teresa se incorporó de repente; y con un movimiento de suprema conmoción se arrojó de la cama, y fué corriendo á la del niño como si temiera que se lo hubieran robado ó que hubiera desaparecido. Como no lo encontrara, dió un alarido, y toda su fisonomía se incendió en un espasmo de rabia. Pero en ese mismo momento, una de las muchachas de la casa le presentaba al niño risueño y repuesto, que había vuelto á tomar aliento, y que parecía complacido en los nuevos brazos que lo agasajaban. Toda la fisonomía de Teresa cambió al momento: se puso plácida como si se avergonzase del furor /[69] y de la amargura á que se había abandonado en un momento de error; y como la muchacha que tenía al niño se lo alargaba para tranquilizarla, ella, sin tomarlo caviló un instante tocándose los labios con la punta del dedo índice; y después, con un ademán suave y casi enternecido, apartó con su mano el pecho del niño, y dijo:

—Te lo doy, Tomasa, hasta que yo vuelva á buscarlo. No he de tardar mucho: dale mazamorra y leche; mazamorra sóla si no hay leche.

—Pero, Teresa, y que tú piensas irte?

—Sí!

—No! no te dejaremos ir en momentos de tantos peligros.

—Peligros?.... Yo me visto de peligros, y los peligros son el manto de oro con que gobierno en mi reino. En los peligros está mi triunfo y la gloria de mis ejércitos!
—No te entiendo, Teresa! Nosotros no te dejaremos ir.
—No te dejaremos ir?.... Puedes tú impedir que la tormenta arrastre las nubes? ¿Puedes tú impedir que el humo de los incendios corra llevado por el viento? ¿Puedes tú apagar los fogonazos del Antuco y del Tupungato?[62] ¿Puedes cortar el vuelo de los cóndores? Yo soy un cóndor que ando detrás de la carne podrida y asquerosa de.... Aquí se contuvo, y al mo-/[70]mento después agregó—de los muertos que caigan en la batalla.... No te dejaremos ir!.... La puerta de tu casa no me lo impedirá y me iré cuando el alarido de la matanza me llame á casarme con Rafael.
—Pero Rafael está ya muerto, Teresa!.... y tu hijo te está diciendo ¿lo vés? que te quedes con él, que lo cuides, que lo tengas en tus faldas, que lo alimentes, para que no llore.
—No es mi hijo! contestó secamente la Loca. Mi hijo está con Rafael.... Rafael está muerto, me dices! Tú hablas de lo que no sabes!.... Los muertos resucitan!.... Y el día en que yo caliente con mi aliento y con mis besos la calavera de Rafael, diciéndole tres veces ¡estás vengado! ¡estás vengado! ¡estás vengado! Rafael se levantará echando luz divina por sus ojos; me tomará de la mano, me hará entrar en su calavera; y juntos allí como en un palacio de perlas y de oro, viviremos para siempre sin salir de la cueva bendita que yo he escogido para vivir con él.... ¿Qué sabes tú de lo que yo soy, de lo que yo tengo y de lo que yo puedo hacer? Cállate.... Rafael está muerto!.... y yo tambien estoy muerta, por eso hago lo que hago, espero lo que espero, y venceré, venceré, venceré; porque para los muertos no hay peligros.

---

[62] **Antuco, Tupungato**: volcanes a ambos lados de los Andes; el primero en la región chilena de Bío-Bío; el segundo en la provincia argentina de Mendoza.

Como la Loca se hubiera ido exaltando visible-/[71] mente hasta ponerse en un estado que parecía tanto más temible para aquellas pobres mujeres, cuanto que todo esto lo había dicho á gritos, la anciana de la casa, le pidió á la muchacha que no contradijese ni exaltase á Teresa, así es que cambiando de tema, le dijo:

—Y el niño? ¿lo dejas con nosotros?

—Sí: hasta que vuelva.

—Y si no vuelves?

—Volveré, Tomasa.... y en todo caso volveré como ánima en pena. Verás entonces una luz que en la media noche pasará en las patas de una araña por tu cabeza; y cuando te despiertes oirás. Cuídalo y críalo como tuyo, hasta que él mismo pueda recibir mis palabras y mis encargos. Yo soy araña.... y cuando quiera he de salir con álas del palacio que tengo en las cordilleras.

—Pero tú has dicho que no es tu hijo.

—No es mi hijo: no es mi hijo.... pero.... y á tí qué te importa!.... No soy yo quién lo he traído? Cuidado con que me lo descubras á nadie.... porque si cuando vuelva la araña no lo encuentra en tu casa y en tus brazos.... si te lo dejas robar.... te hundo en el mismo instante este puñal en el pecho.... dijo haciendo ademán de sacar un puñal imaginario que no tenía.... No quiero hablar más, agregó enfadada; y se puso á registrar las ropas que le habían / [72] puesto á su alcance: todo lo que era traje lo arrojó lejos, quedándose con sus harapos enlodados; y tomó sólo un par de zapatos gruesos y fornidos que le venían más ó ménos bien para caminar.

Una vez calzada, se acercó al niño que tenía Tomasa, le puso la mano sobre la frente, y dándole un beso, le dijo: —Espérame que voy á volar con los cóndores sobre la carne podrida y asquerosa de los muertos, para venir á lavarte con la sangre de los Lagartos.

De allí se dirigió á la cocina; tomó por la asa una olla ó cántaro de mazamorra, y sin decir más, partió solitaria y misteriosa como había venido.[63]

[64]XII

La pobre mujer á quien San Bruno había arrebatado su hijo al partir á incorporarse con el ejército realista, fué á caer desmayada y exánime al medio del cuarto en que aquel bárbaro la había dejado encerrada bajo llave. Durante un largo tiempo permaneció así sin sentidos. Pero al volver en sí, le vino un recuerdo vago y terrible de que había visto á San Bruno arrojar su hijo al lodo de la calle, y ocurriéndosele al momento que allí se hubiera ahogado el niño ó que lo hubieran devorado los perros, que tanto /[73] abundaban sin dueño entonces en Santiago, se incorporó como movida por un arrebato supremo de desesperación y de cólera. Se lanzó á las puertas y las ventanas; pero las unas estaban cerradas, y las rejas de las otras le impedían salir, mientras que asida á los hierros ella parecía que quisiera ablandarlos y hacer que le dieran paso gritando:

—Tigre! tigre!..... Asesino! Bárbaro!..... mi hijo!... el hijo de mis entrañas.... Dios mio! oh Dios mio!..... ¿Por qué castigas mis faltas con tanta crueldad?.... Ah! hijo mio! exclamó, y cayó de nuevo exánime en el húmedo é inmundo piso de la pieza.

Al reponerse, después de un tiempo imposible de calcular, volvió sobre la puerta; tomó un grueso asador de fierro[65], lo introdujo por las endijas[66] interiores y con un esfuerzo superior á su gastada naturaleza, que sólo puede explicarse por la horrible tensión en que se hallaban

---

[63] B: venido. / *(Continuará)* //
[64] B: Folletin de EL NACIONAL, 27 Junio 1882 / 7 / LA LOCA DE LA GUARDIA
[65] D: hierro
[66] D: rendijas # **endija**: hendija, forma anticuada de 'rendija' [DRAE 1817].

sus nérvios, hizo saltar los goznes que la sostenían y salió desalentada al patio buscando á su hijo por todos los rincones, y detrás de todos los resagos de basura y de trebejos amontonados por allí. No hallando en ninguna parte lo que buscaba con tantas ánsias, atropelló á la puerta exterior; pero como no pudiera vencer la dureza de los cerrojos, se trepó frenética á la pared, y de allí se tiró á la calle. Removió con /[74] sus manos todo el fondo del pantano de uno al otro extremo, y alzando los ojos al cielo exclamó:

—Nada!.... Nada!.... dejó caer los brazos uniendo las manos, y se quedó en aquel muladar hundida en el más acerbo de los dolores morales: —La pérdida de un hijo!

Incapaz de resignarse á volver á la casa sin su hijo, corrió de uno á otro extremo de la calle; y sin saber por qué, ni para qué, tomó hacia abajo con la ilusión de encontrar algo que la consolara, algo que calmara su espantosa situación.

A poco trecho vió venir en dirección opuesta, montado en una mansa mula, á un venerable fraile franciscano á quien reconoció al momento como antigua relación de su familia:

—Padre Ureta! padre Ureta! exclamó ella, poniéndose de rodillas, y tomándolo del hábito: Socoro por Dios! socorro! Haga, señor, que me devuelvan á mi hijo.... Me lo han arrebatado.... Mi hijo, señor, mi hijo!

Absorto y compadecido de lo que veía, el padre se apeó de la mula con tierno y solícito interés.

—Hija mía, qué te pasa?.... No desesperes, cualquiera que sea tu desgracia: pón tu alma en Dios, hija mía: y piensa que desde que lo /[75] invoques, él vá á poner sobre tí su aliento, para darte la esperanza ó el consuelo.

—Sí, padre.... Estoy arrepentida.... Ayúdeme, señor, á pedirle á Dios ¡Dios mío! que me vuelvan á mi hijo.... Padre Ureta! ¿no me conoce?

—Sí, hija mía: te he reconocido: le contestó el fraile con un aire grave que denota compasión y reproche á la vez.

—Padre mío! no me abandone: no se acuerde de las ofensas que ha recibido. Perdóneme, señor. Yo no he tenido la culpa de lo que San Bruno ha hecho con Vuestra Reverencia, soy inocente: créamelo, señor!..... ¿Qué podía yo hacer?.... El me dijo que mintiera, y que declarara que yo misma le había entregado á Vuestra Paternidad, las cartas del señor O'Higgins. Si yo no lo hubiera hecho, me habría azotado, me habría muerto!.... y yo tuve miedo.... Ah, señor! mi hijo! ¡me han llevado mi hijo!.... lo han muerto.... Perdón, padre!..... ayúdeme á buscarlo.... Yo le he ofendido á Vuestra Paternidad pero Dios perdona todo al penitente arrepentido y auxilia á los desgraciados. Perdóneme tambien, señor, usted que es tan bueno....

—Hija! hija!.... serénate! Yo te he perdonado hace mucho tiempo. Jamás he cesado de pedirle á Dios, en nombre de mi perdón, que te /[76] apartase del camino del pecado y de la adyeción[67] á que te han llevado las ligerezas de tu corazón y las imperfecciones del ser humano.... Ven acá: acércate; toma mi mano descarnada por los sufrimientos y por la penitencia que hago todos los días implorando el perdón de las faltas del mundo: imprime en ella el beso del arrepentimiento y de la contrición; no por lo que hayas podido hacer en contra mía, no; porque todo eso está perdonado, sino por lo que hayas podido ofender á Dios violando los deberes de la Santa Religión de nuestro Señor Jesu-Cristo.... Que tu arrepentimiento no se hijo del dolor en que te hallas, sino de aquel dolor más grande y más profundo que debe producirse en tu alma al recuerdo de las faltas que hayas cometido contra la ley de Dios y contra el santo amor que debías á tus padres, á tu familia, y.... á tu Patria! agregó el sacerdote con una voz cauta y casi silenciosa. No vaciles: pero que tu beso sobre mi mano sea la señal de una verdadera y sincera contrición: que

---

[67] D: abyección

no sea el beso pérfido de Judas y de la mentira, destinado á perderse en el olvido si cesa el motivo de tu dolor, y si de nuevo te halaga y te llama la prosecución de tus faltas.

—No, padre mío! No! Estoy arrepentida.... ¡Que Dios me devuelva mi hijo, y no viviré ya /[77] sino para mi hijo, y lejos de los que me han perdido!

El fraile retiró la mano con ademán y gesto severo.

—Dios, hija mía, dijo, no admite el arrepentimiento bajo condición de remuneraciones mundanas. De Él no puedes esperar nada, nada, sino la gracia, gracia y nada más que gracia, cuando la merezcas por la sinceridad de tu enmienda. No es el amor lo que él castiga con su omnipotente severidad. Él por el contrario perdona y exalta á quien mucho ha amado, porque su ley es toda de dulzura, y toda de clemencia. Pero.... el crimen que vicia la raíz de la familia cristiana, la abyección del espíritu, la complicidad ó el servilismo que convierte á un hombre, ó una mujer, en puñal para el asesino, en instrumento de impurezas, de delación y de matanza, en alma acollarada de la maldad. ¡Ah, hija mía!.... Eso no es amor.... Eso no admite perdón sino cuando la contrición nace del corazón, con aquella ingenuidad que no puede obtenerse sino inspirándose en el cielo.... Es menester que levantes tu espíritu hasta él, si quieres en nombre suyo que yo te perdone, y te haga digna de su santa gracia, acordándote mi bendición en cuanto puedo desde la tierra.

Hincada y sin movimiento, aquella infeliz parecía absorta en el cúmulo de amarguras y de /[78] atribulaciones que dilaceraban su alma. Pero incorporándose de repente:

—Sí!.... padre mío, exclamó poniéndose la mano en el pecho: estoy arrepentida; y me entrego á Dios aunque no encuentre á mi hijo. Si hubiere perecido, haré penitencia, haré una vida de martirio para poder encontrarlo entre los ángeles cuando llegue el día en que terminen mis sufrimientos.

—Esto es lo justo; y eso es lo que te manda la religión del Cristo. Sus grandes remuneraciones no están en este valle de lágrimas que se llama el mundo, sino en el reino de los justos. Los arrepentidos sirven aquí de ejemplo para que se detengan los frágiles en el sendero del precipicio á que los arrastran las tentaciones del mal.... *En el camino de la perdición hay todavía salvación, hija mía....* Quieres detenerte en él, y volver sobre tus pasos?

—Con toda mi alma ¡padre mío!

—Pues bien, yo te perdono en nombre del Dios de clemencia y de infinita bondad á quien sirvo; y te reconcilio con su gracia divina, poniéndote mi carácter y mi bendición sacerdotal por testimonio de tu sincero y eterno arrepentimiento, dijo el fraile echándole la bendición con un ademán sublime. Acabas de nacer, hija mia, á la vida de Jesu-Cristo; y todo lo alcanzarás por él.

Manuela prorrumpió en un llanto abundante /[79] que no parecía sólo del dolor de la desgracia, sino mezclado con la idea del consuelo, de la esperanza y del arrepentimiento.

—Ahora, hija mía, dijo el sacerdote, es de mi deber ocuparme de tu desgracia ¿cómo y por qué estabas aquí en el estado lamentable en que te veo?

—Buscaba á mi hijo ¡padre mío! dijo ella sollozando.

—Pero dónde lo buscabas?

—Entre el barro.... yo creo que se lo han comido los perros, dijo apoderándose de ella un temblor espontáneo de horror.

—Díme, pues ¿se te ha desaparecido?.... te lo han robado?.... se ha huido?.... qué es lo que ha pasado?

La pobre madre callaba, sin atreverse todavía á hablar ni á pronunciar el nombre de San Bruno.

—Qué edad tiene el niño?

—Año y medio apenas!.... no camina, señor!.... me lo han arrancado de los brazos.... y.... No sé más.... No me pregunte más, señor.

El fraile calló por un momento, como si buscase en su mente la solución de aquel lúgubre problema; y después de un rato, le dijo:

—Hija mía: aquí no estamos bien para hablar de lo que buscas; y para saber yó cómo puedo /[80] servirte en tu terrible aflicción. Yo creo que es obra de Dios, el que me haya puesto en este camino para traerte á su divina gracia; y que, ya que él ha hecho lo más con su milagrosa providencia, me ha de dar también los medios de encontrar al hijo que buscas. Llévame, hija, á tu casa y allí me informarás de todo, y veré que Dios me ilumine para saber lo que puedo hacer por tí, en el mejor camino que él me inspire.

—A mi casa?.... dijo ella con alarma.

—Sí: vamos á tu casa: ven conmigo: yo mismo te llevaré.

—Señor: es la casa de San Bruno.

—Y él está allí?

—No, señor: creo que ha salido al ejército.

—Así tiene que ser; y te aseguro que es imposible que vuelva.

—Imposible que vuelva? dijo ella mirando al padre con angustia.

—Al ménos por muchos días.... Recuerda que estás en el camino en que te ha puesto la mano de Dios, y que debes morir antes que pensar en ese hombre.

—Así lo haré, padre mío.... Ya lo he jurado... pero.... no le deseo mal.

—Deja á Dios el cuidado de lo que corresponde á su justicia, allá en su inexcrutable sabiduría. Ese hombre no está allí para envenenarla /[81] con su aliento, tú la santificarás con tu arrepentimiento; yo te prometo que mañana volveré por tí; y te pondré donde él no te alcance si es que Dios ha resuelto que termine la obra de las iniquidades y martirios con que ha castigado las faltas y los desmanes de este pueblo.

Manuela se dejó dirigir por el venerable fraile hasta su casa. Cuando hubieron entrado en ella, el franciscano la hizo sentar, y se colocó á su lado.

—No hay para qué tener misterios, ni para qué callar conmigo, hija mía. De todo lo que me has dicho, infiero que San Bruno es quien te ha quitado el niño que buscas.

Ella callaba.

—Bien: veo que no me engaño.... Pero si te lo ha llevado su padre....

—No es su padre, señor! dijo ella anegada en lágrimas.

—Ah!.... comprendo.... Pero aunque no sea su padre, y aunque te lo haya arrebatado por celos ó en uno de esos accesos de rabia á que el desgraciado está expuesto, eso no quiere decir que lo haya muerto, ni que lo haya arrojado al lodazal de la calle para que lo devoren los perros.... Lo habrá llevado quien sabe á donde.... ya lo sabremos, y aparecerá, un día más ó un día ménos.

—Ah, señor: cuando San Bruno me encerró /[82] con llave en este cuarto llevándose á mi hijo colgado de las piernas, yo fuí desesperada á esa ventana queriendo salirme por las rejas, y no pude ver más sino que arrojaba á mi hijo al pantano de esa calle, al mismo tiempo que echaba á patadas y empujones á Teresa.

—A Teresa? dijo el fraile con asombro.

Y entonces la triste madre le informó de la rara y repentina aparición de la *Loca de la Guardia*; de cómo San Bruno las había sorprendido, y de todo lo que había ocurrido en aquel aciago trance.

El religioso se quedó un momento meditando y después de coordinar en su mente todos los datos que había tomado dijo:

—Y de dónde venía Teresa?

—Yo no lo sé: padre!.... Su Reverencia sabe que está loca; y que me ha tomado una antipatía y un odio invencible.... San Bruno me había prohibido recibirla: una que otra vez se ha aparecido en casa, se ha resistido á hablarme y aún á mirarme; y nada ha hecho sino andar mirando por las piezas con aire ceñudo, como si buscase algo, hasta que yo he conseguido hacer que saliera, porque cuando San Bruno la encontraba, la estropeaba y la echaba á la calle á empujones, sin que ella le opusiera la menor resistencia, ni demostrara otra cosa que un desprecio silencioso. / [83]

—Y desde cuando no la veías?

—Hace más de un año que se desapareció del todo.

—Debe haber en esto algún misterio. Yo he oído decir, hablando incidentalmente de ella, que se había ido á Mendoza; y es muy singular que se haya aparecido por aquí tan luego en los momentos en que el ejército argentino ha bajado las cordilleras y puéstose de este lado.

—Ah, padre mío! que no lo sepa San Bruno, por Dios.

—Es probable que en el primer momento de sorprenderla aquí, y de arrojarla, no se le haya ocurrido esta grave coincidencia: porque de nó.... yo creo que la habría atravesado medio á medio, y que la hubiera muerto.... Sin embargo, después ha de haber reflexionado.... y quien sabe lo que hará.... Pobrecilla! temo mucho por ella. Es menester que yo la busque á todo trance, y que hable con ella: quizás ella sabe más que nosotros sobre el paradero de vuestro hijo.... Sí, ten esperanzas, hija mía. Yo voy á buscarla: necesito tiempo y precauciones para no perderla: es necesario ampararla y saber de ella á que ha venido en estos momentos.

—Imposible, señor! Su paternidad sabe que está loca: su locura estriba en un silencio que nadie puede vencer. Cuando habla, habla de /[84] cosas incompresibles [sic], de los Cóndores que tienen en la Cordillera, de los vuelos que ella dá por el cielo, de las águilas y de las nubes, de su hijo y del finado Rafael Estay pronto á bajar rodeado de los Cóndores.

—Para bajar con los Cóndores?.... Pues mira, hija mia: todo eso tiene más sentido del que tú piensas. Esa muchacha viene del otro lado. Sabe Dios, lo que ella ha visto; y no creas que los locos divagan siempre, ni que son desatinos todo lo que dicen. Lo que les falta es poner sus palabras y sus actos en conexión racional con sus ideas; pero esas ideas tienen en sí casi siempre mucha luz; y *ellos se entienden*, como se dice vulgarmente, aunque los otros no los entienden. A toda costa es preciso que yo la encuentre: no dudes de que ella sabe más de tu hijo que lo que piensas. Si ha sido muerto y devorado por los perros, ella lo sabe. Si está salvo, ella lo sabe; y quizás sepa también donde está y quien lo ha ocultado. Yo voy á buscarla y á hablar con ella, hija mía; voy por ti; y voy por mí. Tú tienes que pasar la noche en esta casa, y esperarme[68] hasta mañana. Muy temprano he de venir á buscarte, para poder ponerte en lugar seguro, donde puedas implorar á Dios con la santidad de tu arrepentimiento; y donde yo pueda darte noticias de tu hijo y de Teresa. Pobre niña!.... Ah! me olvidaba de-/ [85]cirte que en todo caso que ocurra, no me nombres, ni hables una palabra de mí con el padre Quilez, provincial de nuestro Convento. Sabe (que tampoco lo ignoras) que es enemigo mortal mío: cómplice y aliado de San Bruno: enemigo irreconciliable de nuestra patria y sabe que si me nombraras, si nombraras á Teresa, ó hablaras con él de lo que ha sucedido, estaríamos todos perdidos; y Dios haría descargar su justo enojo contra tu perfidia en esta ó en la otra vida; y quizás para hacer más amargo tu castigo, haría caer su justicia sobre tu hijo. Así pues, júrame que suceda lo que suceda, el padre Quilez, ni lego alguno del Convento ó con hábitos franciscanos oirá salir de tus lábios mi nombre ni el de Teresa. Híncate, hija mía! dijo el fraile tomando su gruesa cruz que pendía de su rosario: híncate y júrame

---

[68] D: y espérame hasta

morir antes que faltar á lo que te ordeno, agregó con un tono de divino imperio, y apuntando al cielo con la mano.

—Lo juro: padre mío! dijo Manuela poniéndose humilde y llorosa de rodillas.

—Besa esa cruz, para que tus labios no sean perjuros.

La mujer estampó sus labios sobre el símbolo sagrado de la fe cristiana.

—Adios, le dijo el padre Ureta, saliendo apresurado de la casa, mientras que ella quedaba /[86] hincada, y balanceando su espíritu entre el terror y la esperanza.

Era ya de noche.[69]

[70]XIII

Haría como una hora que el padre Ureta había salido de la casa de San Bruno, dejando á su penitenta con el ánimo puesto en Dios como en la suprema esperanza de su alma, y resuelta á separarse para siempre del bárbaro que la había ofendido en el más sagrado de los sentimientos de una madre, cuando la Loca como una sombra impalpable, favorecida por las tinieblas de la noche, se deslizaba de las faldas del cerrito de *Santa Lucía*. Después de haber costeado la pared exterior de la casa, empujó la puerta de calle; y no fué poca su sorpresa al encontrar que había cedido al simple esfuerzo de su mano. Sospechando que algo estraño hubiese sucedido, ó que la casa estuviese abandonada, entró lentamente; y ocultándose con grandes precauciones, se llegó á las puertas y ventanas, desde donde escuchó los sollozos y las exclamaciones, con que, de cuando en cuando, Manuela daba desahogo á sus angustias. Convencida de que la infeliz madre estaba sóla, empujó con decisión la puerta de la pieza, sin dar la menor señal de /[87] interés

---

[69] B: noche. / *(Continuará)* //
[70] B: Folletin de EL NACIONAL, 28 Junio 1882 / 8 / LA LOCA DE LA GUARDIA

ó de curiosidad, y le puso por delante la olla de *api*[71] que llevaba en las manos.

La sorpresa de Manuela fué grande. Se incorporó como movida por un resorte poderoso, y tomó á la Loca por los hombros.

—Y mi hijo, Teresa? exclamó exaltada.

—Tu hijo?.... Tu hijo es de la familia de los cóndores: ha abierto las alas y se ha levantado hasta las alturas.... ¿Podía yo seguirlo cuando lo ví escaparse de las manos de San Bruno para tomar su vuelo?.... cómo quieres que yo sepa donde se ha ido?

—Pero, Teresa! hermana mía!....

—Yo no soy tu hermana: tu eres lagarto, hembra de lagartos, y yo soy de la familia de los cóndores que comen y devoran á los animales inmundos con quienes tú vives.... Hermana mía, tú?.... ¿por qué eres mi hermana?.... No dejastes[72] nuestra casa para irte con San Bruno?.... No abandonaste á mi hermano y á mi padre entregándolos á la matanza.... Y dices hermana mía!.... Cóme! que ya no tengo otra obligación que alimentarte como á un animal; y si no comes, muérete, para que San Bruno te arroje al pantano en que arrojó al niño que tu llamas tu hijo, y que ya no será hijo tuyo, sino......

—Por Dios, Teresa! tén compasión de mí! No me mires con esos ojos terribles. Me das /[88] miedo.... dime si has visto morir á mi hijo.... ¿se lo habrán comido los perros?.... Lo viste tú en el pantano?

—Sí: lo ví! Pero al caer, lo ví volverse cóndor, ya te lo he dicho; tomó su vuelo, y no lo verás ya en tus faldas, porque si viniese, sería para destrozar con sus uñas y con su pico esas entrañas donde tú quisiste hacerlo el lagarto

---

[71] **api**: bebida caliente, a base de maíz morado.
[72] **dejastes**: forma verbal propia del voseo. Andrés Bello, desde la Universidad de Chile, intenta eliminar el voseo del habla chilena; por eso, es posible que López lo use deliberadamente como modismo popular.

de San Bruno. Ahí tienes para comer tú. Al niño le daremos de comer nosotros, los cóndores que sabemos volar hasta el cielo y que tenemos nuestros palacios allá en las cumbres, donde ya no pisarán San Bruno, ni las hembras de los lagartos. Adios!

—No, Teresa! exclamó Manuela desesperada poniéndosele por delante, para detenerla.... Óyeme un momento: piensa, hermana querida, recuerda lo que viste.... Mira, yo estoy arrepentida.... El padre Ureta.... ¿te acuerdas del padre Ureta? el padre Ureta, recuérdalo bien, es de la familia de los cóndores, él mismo me lo ha dicho y hace un momento que me ha dado su bendición y que me ha perdonado. El padre Ureta anda buscándote: quiere hablar contigo: me ha dicho que mañana vuelve á sacarme de esta casa y que Dios me ha perdonado. Me oyes, Teresa! Perdóname tú tambien, y díme si mi hijo ha muerto entre el barro, ó si has visto quien lo ha llevado. /
[89]

—Quítate! le dijo la Loca con imperio: y con un fuerte empujón la separó de su camino.

Pero, en el mismo instante, ambas se quedaron como petrificadas, al sentir un ruido de caballos que entraban al patio, y al oír una voz de hombre, que decía: entremos.

Manuela, dominada por el terror se quedó sin movimiento.

—San Bruno!.... dijo.

La Loca, sin grande apuro, pero con el evidente deseo de ocultarse, se introdujo en un tinajón que ocupaba uno de los rincones de la pieza, como era tan frecuente tenerlo entonces en las casas en Chile, y se ocultó apesar de tener el agua hasta la cintura.

XIV

En ese día había reinado grande agitación en la Recoleta de los Franciscanos, á causa de la invasión del ejército argentino, y de su arrogante marcha sobre Santiago. Había allí muchos frailes patriotas, como Álvarez, Vidal, Ureta y otros; pero había tambien muchos otros realistas; y lo era, sobre todo, el padre Quilez guardián del Convento: hombre audaz y malo que era íntimo amigo y camarada de San Bruno, á quien había hecho nombrar presidente de un tribunal excepcional creado por Marcó para re-/[90]primir y castigar los delitos de rebelión, conatos de insurrección, y las afinidades con los insurgentes argentinos.

Como en estos momentos de desorden y de convulsión, cada uno trata de hacer en su esfera lo que puede en el sentido de sus pasiones y de sus ódios, el padre Quilez se había esmerado en apurar ese día todos los rigores de su autoridad sobre los padres tachados de patriotismo, y había convertido su Convento en un despacho de expulsiones y de arrestos, creyendo que con esto contribuía á poner del lado de su partido el curso de los sucesos; cuando en realidad todo lo que hacía era dar satisfacción á sus rencores, y hacer sentir su autoridad dentro de los muros de la casa, sin ventaja ni daño de los elementos con que debía de debatirse la victoria de una ú otra bandera.

Dado estaba á la actividad de sus medidas salvadoras, y á las rogativas que bajo pálio y guión hacía el Padre Guardián para implorar el apoyo del cielo a favor de los soldados del Rey de España, cuando un soldado de *Talaveras,* disfrazado de guazo,[73] se apeó delante de la puerta de la Recoleta, diciendo que tenía que entregarle al Padre Guardián un paquete abultado en cuyo sobre se leía *urgentísimo.*

---

[73] **guazo**: guaso, campesino de Chile.

Introducido el hombre hasta la celda en donde el Padre Guardián estaba entregado á sus gran-/[91]des medidas, entregó su carta: y el Reverendo la abrió con premura.

El billete decía: —"Mi Reverendo y querido Padre.—A la fecha estará V.P. al cabo de los apuros y contrastes en que nos vemos. Los insurgentes marchan sobre nosotros, y tienen la mira de tomar á Santiago, con un ejército fuerte, que ha triunfado ya de nosotros en la *Guardia*, en *Achupallas* y en las *Cóimas*,[74] haciendo destrozos en nuestras fuerzas. Han logrado bajar toda su artillería, que parece ser mucho más fuerte que la nuestra, si es que no nos dan tiempo para reunir la que tenemos al sur de Santiago. El general Maroto piensa hacer pié en Chacabuco; y S. P. debe estar seguro que nos batiremos como leones. La cosa ha de ser seria, sin embargo; porque, según me dicen los oficiales derrotados en *las Cóimas*, las tropas que vienen sobre nosotros no son como las de *Rancagua*,[75] ni como las que estamos acostumbrados á llevarnos por delante. Los nuestros están impresionados del arrojo y de la disciplina con que los argentinos se han batido. Dan á la caballería por tan buena como la europea; y los infantes que se han mostrado en la *Guardia* parecen ser de o mejor que puede verse en esa arma. Vienen todos mandados por sus mejores jefes: y no es posible decir cómo nos irá el día que /[92] nos estrellemos con ellos: porque todo dependerá del favor de Dios y de la santidad de nuestra causa.

---

[74] **Guardia [Vieja], Achupallas y Coimas**: triunfos patriotas producidos los días 4 (los dos primeros) y 7 de febrero de 1817, a cargo del coronel Juan Gregorio de Las Heras, con el mayor Enrique Martínez; el sargento mayor Antonio Arcos y el teniente coronel Mariano Necochea, respectivamente, en esos parajes del valle del Aconcagua.

[75] **Rancagua**: triunfo de los realistas (1-2 oct. 1814) sobre los patriotas, al mando de O'Higgins, a quien José Miguel Carrera no habría prestado la ayuda necesaria (según comentarios de la época). Significa el fin de la "Patria Vieja", el inicio de la reconquista española de Chile y de la emigración chilena hacia Mendoza.

"En esta situación todo hay que preveerlo. V. P. sabe que todos los papeles más comprometedores del Tribunal de Vigilancia y seguridad pública de que el señor Marcó del Pont me hizo Presidente, se hallan en mi poder. Los tengo ocultos en una alacena, oculta de la pared en que he vivido con M.......[76] Esa pared no presenta señal ninguna del hueco en donde se hallan, porque está revocada por el exterior y blanqueada; pero como no tiene por detrás sino un simple cañizo muy delgado, con un cuchillo cualquiera puede abrirse y cortar los hilos de cáñamo que atan las cañas; y puede sacarse todo.

"Es pues muy urgente, que así que reciba ésta, vaya V. R. á la casa indicada, que saque todos esos papeles, y que se los lleve al convento donde V. R. podrá ocultarlos bien á fin de que si perdemos la jornada, no caigan en manos de los insurgentes. Porque, aunque la mujer esa, cuya familia de insurgentes V. R. conoce, me tiembla, viéndome fugitivo ó muerto, puede serme infiel al secreto, tanto más cuanto que tengo un motivo muy reciente, para sospechar que ha de querer perderme y vengarse si me ve caído. Además de ser muy /[93] hipócrita, es muy débil, y no cuento con su lealtad si los insurgentes la atemorizan y la halagan. Tenga cuidado con ella; porque al salir hoy de la casa me encontré con otra novedad que al principio no llamó mi atención, pero que después he reflexionado que puede tener mucha importancia.

"V. P. sabe que M....... tenía una prima llamada Teresa que al mismo tiempo era su cuñada, es decir—hermana de su marido. Sabe tambien que este bellaco anduvo mucho tiempo matrereando por el *Río Mataquito* y *San Fernando*, y que su mujer, abandonada por él en la última miseria, y creyéndolo muerto por lo que yo le había dicho, acabó por enamorarse de mí, y ser mía; hasta que sorprendido y

---

[76] M.......: Manuela Solarena.

denunciado el bandolero por ella misma, le dimos la muerte que merecía. Poco tiempo después sorprendimos en Elqui á Rafael y á Justo Estay, que habían venido de bomberos y con cartas de los insurgentes de Mendoza; y que matamos al primero (logrando escaparse el otro) cuando con toda cobardía se escondía detrás de las polleras de esa Teresa que era su novia, y que en la confusión recibió un hachazo en la cabeza, de lo que al poco tiempo quedó loca, ó finje serlo.

"Esta Loca, que anduvo vagando por las calles, se perdió ahora dos años más ó ménos; /[94] y supimos que se había ido á la *otra Banda*.[77] Yo nunca hubiera creído que fuera loca del todo; por las astucias que de cuando en cuando se le veían, y por el odio vengativo que siempre nos ha conservado. Parece más bien exaltada y temosa; pues V. R. sabe que en esta tierra no hay verdaderos locos. Pero el hecho es que desde entonces nadie ha podido sujetarla á vivir en orden, sino que ha andado siempre vagando solitaria y silenciosa por los cerros más escusados, y por sendas que sólo ella conoce y donde se esconde, pues tiene fama de muy vaqueana; y dicen que cuando se les pierde alguna mula ó burro en las cordilleras, los guazos apelan á ella, y encuentran al momento su animal. Por supuesto que desde entonces ha hecho una vida perdida, y dicen que ha parido dos ó tres veces hijos que mata, ó deja morir en las cuevas de las cumbres donde dice ella que tiene palacios con su novio Rafael Estay.

"¿Quién le dice á V. R. que esta mañana al volver á la casa para tomar mi balija de campaña, encontré á M....... en pláticas tiernas y confidenciales con la prima loca?

"De pronto arrojé á puntapiés á la Loca, y dejé encerrada á la otra. Pero, después he reflexionado que hice mal en no haberla prendido; porque es imposible que no haya

---

[77] **la *otra Banda***: se refiere seguramente a la Argentina, en tanto región trasandina.

venido /[95] para algo de parte de los insurgentes, y que no sepa todo lo que pasa entre ellos por su propia vista.

"V. R. comprenderá cuan necesario es vigilarla y prenderla cuanto antes. Debe hacerse toda diligencia por agarrarla. El mejor modo será acechar la casa de M....... porque creyéndome ausente ha de volver á ella esta noche ó mañana. Es menester que V. R. no le haga á M....... la menor indicación, porque si sabe que se trata de agarrar á la prima ha de hacer por alejarla.

"Al ir á buscar los papeles, que es cosa de toda urgencia y que debe hacerse esta misma noche, puede V. R. ver con disimulo si anda por allí la Loca y hacer vigilar los alrededores por las partidas que ocupan el Reducto del Cerrito de *Santa Lucía*, á cuyo pie está mi casa; y de cuya altura se puede inspeccionarla muy bien.

"Le aseguro, Padre, que esto es de mucha importancia; y sobre todo, para mí y para V. R. lo que importa todo, es salvar los papeles que nos comprometan, y cuyo lugar le he indicado en la pared que dá á los pies de mi cama.

"Si triunfamos no hay que hablar; pero si no triunfamos, es bueno que no queden pruebas en manos de esta canalla que viene sobre no-/[96]sotros; y que como V. R. sabe no se paran en pelillos para sacrificar á los leales servidores y súbditos de nuestro glorioso Monarca y Señor D. Fernando VII: soy suyo—*S.—B.*"

No fuè poco, por cierto, el sinsabor con que el padre Quilez se impuso de esta carta; pero comprendió al momento todo el interés que había en salvar los papeles indicados por San Bruno, y en apoderarse de la Loca.

—Fray José Chaves! gritó con vehemencia y con visible agitación. Haga usted ensillar pronto mi mula blanca, y ensille usted la suya, pronto muy pronto: que tenemos que hacer una diligencia muy importante. Padre Regino! queda V. P. en mi lugar con toda la autoridad del Convento.

Tome al Padre Ureta, póngalo V. P. en encierro y reclusión; de modo que nadie hable con él, ni él con nadie.

—Padre Guardián, el Padre Ureta se ha ausentado del Convento; y como no ha regresado es de creer que se ha fugado.

—Cáspita!.... ¡lo siento!.... era menester tenerlo bien recluso en estos momentos.... ¿Dónde lo podríamos tomar?

—Yo no lo sé, Padre Guardián.

—De todos modos; averigüe V. P. del Padre Alvarez ó del Padre Vidal, insurgentes del demonio, donde ha ido el Padre Ureta, y donde se le puede hablar. Póngalos V. P. reclusos tam-/[97]bién. Que yo no puedo demorarme y veremos cuando vuelva lo que hemos de hacer.

En esto, el fraile lego tenía ya de las riendas la mula blanca del Padre Guardián en el patio interior del Convento, mientras otro lego le aseguraba el estribo para que pudiera enorquetarse en la montura. Una vez acomodado salió trotando y apurado, seguido del lego fray Chaves; y se dirigieron á la casa de San Bruno á donde, como hemos visto, estaba Teresa y Manuela; que, al sentirlos en el patio, y sin saber quienes podían ser, se alarmaron, yendo la primera á esconderse en la tinaja, y quedándose la segunda aterrada de lo que podía sobrevenirle.[78]

[79]Cuando el Padre Guardián llegó á la puerta de la casa, hizo que el lego que lo acompañaba se bajase, y viese si estaba abierta ó si era preciso llamar para que la abrieran, á fin de introducirse sin que nadie pudiese tomar precauciones para ocultarse, ó para escurrirse de adentro. Con un pequeño esfuerzo del lego la puerta cedió; el Padre Guardián se introdujo por ella sin hacer el menor ruido: pero la mula del lego era algo reacia; y cuando éste

---

[78] B: sobrevenirle. / *(Continuará)* //
[79] B: Folletin de EL NACIONAL, 30 Junio 1882 / 9 / LA LOCA DE LA GUARDIA / — / XIV (CONTINUACION)

quizo hacerla pasar la puerta, que era algo estrecha, hizo un movimiento brusco de resistencia, y se adelantó con violencia hacia adentro causando el ruido que produjo el terror de Manuela, y la ocultación de Teresa en la tinaja. /
[98]
—Más cuidado, hombre, por Dios! dijo el Guardián.
—Es esta maldita mula....
—Silencio, silencio, dijo el Guardián bajándose de su montura. Cierre la puerta; ate por ahí las mulas, y venga usted conmigo.

El lego Chaves obedeció, y siguió los pasos del Guardián.
—*Deo gratias!*[80] dijo tocando la puerta de la pieza cuyo interior estaba apenas alumbrado por la lúgubre lumbre de una candileja que apenas producía una claridad opaca y vacilante al derredor, dejando casi en tinieblas el resto del aposento.
—¡*Deo gratias!* repitió el fraile con mayor acento introduciendo su cabeza en el interior del cuarto: *Ave María*.
—*Sin pecado concebida:* contestó Manuela, de adentro, con la débil voz del miedo y de la duda.
—Estás sóla, hija? dijo el fraile entrándose, y procurando distinguir algo, como el que achica los ojos para investigar mejor lo que apenas se percibe.
—El Padre Quilez!.... exclamó Manuela como sorprendida de la visita.
—Sí, hija mía; el mismo.... ¿Estás sóla?
Manuela hizo un esfuerzo repentino para sobreponerse, y con un aire natural, contestó: /
[99]
—Enteramente sola, padre.... Pero V. R. no estrañe mi turbación en el primer momento.... San Bruno me ha dejado sóla.... me ha quitado mi hijito!.... No sé si lo habrá

---

[80] ***Deo gratias!***: 'gracias a Dios', saludo.

muerto.... ó si se lo habrá llevado; y estoy como V. R. debe pensarlo desesperada y llena de angustias.

—San Bruno te ha quitado tu hijo?.... Alguna razón habrá tenido, hija mía.... La conformidad en los sinsabores de la vida, y la obediencia á los superiores en gerarquía y mando, es el primer deber de la mujer. Ella debe reflexionar, hora por hora, que no en valde es que Dios la ha hecho el más abominable de los instrumentos del pecado, y piedra de toque de todas las torpes tentaciones de la vida; y por eso mismo debe estar resignada á todo, para lavarse así del veneno mortal que va unido á su cuerpo y á su alma.... Nosotros hemos venido á otra cosa.... Alcánzanos un cuchillo que tenga punta.

—Un cuchillo? dijo Manuela con espanto.

—No es para matar á nadie. Tu me conoces, y sabes que este hábito sagrado no oculta á ningún asesino, sino que viste á un verdadero sacerdote de paz y de justicia tambien cuando hay que hacerla.

Como Manuela vacilara á pesar de estas protestas, el lego Chaves, se arremangó el traje talar que llevaba, y dijo: /
[100]

—Aquí tengo uno bien fuerte y largo, Padre Guardián.

Y en efecto, sacó de la cintura un verdadero puñal de lomo grueso, y capaz de introducirse de punta en una tabla de hierro sin blandearse ni quebrarse.

El Padre Guardián miró al lego con una sorpresa agradable; y este comprendiendo las ideas de su superior, observó.

—Soldado prevenido nunca fué vencido, dice el refrán.

—Y dice bien, Padre Chaves: los refranes son hijos siempre de la experiencia y de la sabiduría. Aprenda usted de memoria todos los que pueda, y verá usted que sabe siempre más que los demás.... legos, se entiende; porque como dice el refrán tambien—á lo alto no se va por salto: y al tejado por grado.

—De otro modo, Padre Guardián: *zas tras:* y buen golpe. ¿No es cierto?

—Pues muchos hay que no lo saben, padre Chaves, y que de arriba vienen abajo por lo mismo.

—No me gusta, Padre Guardián, esa observación. Si el insurgente del padre Ureta lo supiese, ya sacaría moraleja en provecho de sus malditas esperanzas de que lo de arriba se venga abajo con V. R.

No le hizo gracia al Padre Guardián la atre-/[101]vida idea del lego; y visiblemente contrariado, tomó el cuchillo que este la alcanzaba, y se puso á revisar cuidadosamente las paredes, al mismo tiempo que con disimulo escudriñaba todos los rincones y arrimo de los trebejos y mesas para convencerse de que nadie estaba escondido en ellos. Después que hubo andado por las tres piezas, se volvió á la que San Bruno le había indicado en la carta recibida; y reconociendo el hueco que buscaba, por el sordo sonido que dió su vacío al golpearlo son el cabo del puñal, comenzó á introducir la punta; cuando Manuela en un extremoso arrojo que le inspiró el terror, corrió á él, y tomándole la mano,

—No, padre Quilez! le dijo.

—Por qué no?

—Porque San Bruno me mataría.

—No seas lesa,[81] hija!.... Si yo busco, es porque sé lo que busco, y porque sé donde lo debo encontrar.

—Dios mío!.... Padre Quilez!.... San Bruno me ha dicho que.... ¿cómo diré, señor?....

—Te ha dicho que aquí hay un secreto que sólo él conoce ¿me oyes? que sólo él conoce. Luego debes comprender que él es quien me lo ha comunicado, y que él es quien me ha dicho que tome y salve los papeles que están ocultos aquí.... No te aflijas y déjame abrir la pared. /

---

[81] **lesa:** "*Chile.* Necio, tonto, de pocos alcances" [DRAE].

[102]
—Pero, Padre.... y si San Bruno vuelve, y me acusa de haberlo denunciado.... de que por mí se han descubierto esos papeles....

—Yo te prometo que no te acusará de semejante cosa.... ¿cómo puedes tú temer eso sabiendo que soy su amigo y su confesor?

Manuela se rindió, aunque siempre cavilosa; y el padre abrió fácilmente la pared rompiendo el cañizo, hasta poder meter la mano en el hueco y extraer todos los papeles que estaban ocultos en él. (1)[82]

Pero, como el padre había hecho algunos esfuerzos á que no estaba habituada la supina pereza de que gozaba en su convento, para cortar las cuerdas y las cañas del cañizo, hubo de agitarse bastante, entró en sudor, y pidió un vaso de agua.

La angustia que sufrió Manuela con esta ocurrencia no puede describirse: pero con la energía del riesgo supremo en que se veía de que los dos frailes descubrieran á la Loca, corrió á la mesa donde tenía sus enseres de servicio, tomó el jarro, y como si tratara de complacer con prontitud la sed del padre Guardián, metió naturalmente la mano en la tinaja, y lo sacó lleno de agua. /

[103]
—Puff! dijo el fraile al echarse el primer trago.... Qué agua tan hedionda tienes, mujer!

—Señor, por Dios! perdone V. R.! No tengo otra; y en mis angustias no he tenido tiempo para renovarla.... Si V. P. quiere le pondré medio jarro de carlón que es como la toma San Bruno.

---

[82] A, B, D: (1) La ocultación de los papeles y expedientes del famoso *Tribunal de vigilancia y seguridad pública*, de que era Presidente San Bruno, es un hecho estrictamente histórico [Nota del autor].

—Sí! traedme la botella de ese carlón, mejor será que lo tome puro; que al fin será mucho más saludable y gustoso que esa inmundicia que me has dado.

Manuela tomó otra vez el jarro, lo vació en la tinaja sobre Teresa; y trajo la botella con una diligencia febril que nacía de la cruel alarma de que se veía dominada; y el padre, repantigado en un banco de madera, se echó hasta llenar el jarro y se bebió el vino sin descansar.

—Quiere agua, Padre Chaves? dijo y alargóle el jarro vacío al lego.

—No, señor, dijo Manuela, está muy mala: hay más vino si es que el señor Padre Lego tiene sed.

—Lo que es agua (dijo el Lego) no acostumbro tocarla sino bien filtrada, y para santiguarme. Beberé vino si S. R. me da permiso.

—Desde que hay otra botella (dijo el padre Guardián) traémela hija: tomaré otro poco, y el padre lego me acompañará. Es bastante bueno tu vino.... pero tu agua parece recogida en /[104] el charco de la calle, ó que algún chancho se hubiera bañado en ella.

—Me parece, Padre Guardián (dijo el Lego) que las cosas van al revés. Como V. R. ya ha bebido, debiera ser yo quien comenzara por beber primero en esta vez; y que V. R. fuera quien me hiciera compañía de atrás.

—Al superior lo más y lo mejor, Padre Chaves. No se olvide que como usted decía antes, en los refranes está la verdad y la sabiduría de la ciencia y de la experiencia.

—En algunos casos sin embargo....

—Nó: en todos.

—Es que hay refranes contra refranes; y yo iba á recordar aquel que dice....

—No es necesario; pues ya sé yo que los herejes y mandinga fingen tambien refranes inícuos contra los refranes de la verdadera religión que son los míos.

Y al decir esto el Padre Guardián llenaba de vino otro jarro; alargándole al lego el resto de la botella.
—Muy buen vino. ¿No es verdad, Padre Chaves?
—Pero muy escaso, Padre Guardián.
—Contra gula.... ¿cómo dice el mandamiento de la Iglesia?.... se me ha olvidado.
—Y á mí tambien desde que entré al servicio de Su Reverencia. /
[105]
—Véamos, Padre Chaves: alcance las alforjas: las dos de usted y las dos mías que están en la montura para poner estos papeles.

Así que el Padre Chaves trajo las alforjas, el Padre Quilez acomodó apretadamente en ellas todos los papeles y expedientes que había sacado de la pared; y mandó que las acomodaran otra vez en las monturas.

Dirigiéndose entonces á Manuela le dijo:
—Mujer: es menester que vengas con nosotros. San Bruno no quiere que permanezcas en esta casa, que todos conocen por suya más ó menos. Es pues indispensable que te arrebozes y que vengas con nosotros. San Bruno me ha ordenado que te oculte por algunos días hasta que él pueda volver y recogerte.

Manuela se quedó trémula y espantada sin saber que decir. Después de un rato, exclamó azorada:
—No, Padre Guardián! déjeme V. R. aquí hasta ver si encuentro á mi hijo. Por Dios, padre mío; tenga compasión de mis horribles angustias!.... Déjeme aquí, señor!
—Y para que?.... esperas á alguien que te traiga noticias de tu hijo? le preguntó el Guardián con una profunda malicia.

Manuela se mostró perturbada por el recuerdo del padre Ureta: con las promesas de enmienda que ella le había hecho, y con la esperanza de /[106] que le trajera noticias de su hijo: y sólo pudo contestarle después de un rato:

—Espero en Dios!

—Dios está en todas partes, mujer: no tomes su santo nombre en vano, ni para vestir con él pasiones y afectos terrenales. Lo mismo puede darte noticias de ese hijo en esta casa que en otra á que yo te lleve. Dios tiene instrumentos de sus obras aquí en la tierra; y es preciso que me digas de quien esperas esas noticias.

—De nadie señor!.... De nadie! dijo Manuela levantando sus ojos al cielo. De Dios espero misericordia y gracia.

—Enhorabuena!.... Pero como tú no sabes los caminos que él escoge para hacer misericordia y gracia á los mortales, debes venir conmigo según se te ordena por quien puede, y por quien sabe mejor que tú lo que conviene. Arrebózate pues y ven conmigo.

Manuela tomó una frazada y se envolvió.

—Estoy pronta, dijo: el crimen de toda mi vida ha sido no saber resistir y ser débil.... Pero hoy, aunque lo quisiera no puedo.

—Ni debes! vamos; y como estás descalza te llevaremos á la gurupa.[83]

—Mi mula tiene muy buenas ancas: dijo fray Chaves.

—Pero es mañera, dijo el Padre Guardián; y usted, padre lego, como buen español es muy /[107] maturrango para ser ginete de confianza. La mujer irá en las ancas de mi mula.

El padre lego se encogió de hombros. Pero Manuela, como si vacilara de nuevo, preguntó con angustia:

—¿Y á dónde me llevan?.... Padre Quilez, por el amor de Dios, y por los dolores de la Virgen Santísima, dígame, señor, á donde me llevan?

—A una casa honesta y de confianza. ¿Conoces á don Manuel Imaz?

—No, padre.

---

[83] **gurupa**: grupa.

—Es un hombre de honor y de respeto que te tratará con bondad y con cariño: basta que yo te lleve y que se lo encargue. Estarás con su familia; y nadie sabrá de tí, hasta que vuelva San Bruno, de quien Imaz es amigo fiel. Vámonos, que tengo mucho que hacer y que ver en el Convento. ¿No tienes nada que llevar?

—Nada, nada!

—¿Sabes que sería bueno, padre lego, que vaciara el agua de esa tinaja? Si la dejamos vá á poner pestilente toda esta casa.

—Oh! Padre Guardián, por Dios! dijo el lego. ¿Y á V. R. qué se le importa de eso?........ Ahora quiere tambien que yo me ponga á hacer rodar un tinajón de ese tamaño, para vaciarlo en el patio!.... No, señor: déjese V. R. de eso, y vámonos que tiempo de sobre tendrán los /[108] que vengan después para vaciarla y limpiarla. El refrán dice que el que venga atrás que arrée. Con que así, no violemos su sabiduría, Padre Guardián.

—Usted, Padre lego, vá en mala pendiente. Sus refranes siempre tienen olor de heregía......

—Vaya con el olor!—precisamente para que V. R. no lo tenga tan de presente, debemos dejar esa agua podrida en la tinaja sin menealla,[84] como dice el refrán cuando se trata de inmundicias.

—Digo de herejía: si, señor! porque el mandamiento de la Iglesia dice que contra pereza diligencia; y lo que usted tiene es pereza.

—Claro es.... En lo que no le vá ni le viene á la Iglesia, á Vuestra Reverencia, ni á la mía.

—En cuanto á eso usted tiene razón, Padre Chaves: tiene razón. Vamos; y se salieron llevándose á Manuela; que, según había dicho el Padre Guardián, debía quedarse oculta en la casa de don Manuel Imaz.

---

[84] **menealla**: menearla.

Pero al tomar una de las boca-calles que de allí suben al cerrito de *Santa Lucía*, el Padre Guardián detuvo su mula; se bajó de la montura, entregando las riendas á Manuela: llamó á un lado retirado al Lego Chaves, y cuando estuvieron apartados le dijo en voz muy baja:

—Allí arriba en el reducto del cerrito ha de encontrar usted al capitán que manda el piquete /[109] de artilleros que hace la guardia. Arrímese con precaución, no sea que le peguen un balazo; al primer grito de ¿quién vive? —responda usted alto—Religioso de San Francisco: viva el rey!....

—¿No sería mejor, Padre Guardián, que subiésemos los dos?

—No hay para qué, con usted basta.

El padre lego meneó la cabeza contrariado, y dijo—y que voy yo á hacer, ó decir?

—Dígale usted al capitán ó jefe del retén, de mi parte y de la del mayor San Bruno, que por estos alrededores puede andar vagando una mujer que se finge loca, y que es espía ó bombero de los enemigos: que es preciso apoderarse de ella á toda costa, y ponerla en seguridad por lo que convenga hacer mañana con ella. Vaya sin cuidado.

—Eso de sin cuidado....

—Dé usted las voces que le he recomendado: y desde que usted me nombre no tenga cuidado. Yo lo espero aquí.

El lego subió al reducto fortificado que guarnecía entonces con sus murallas de cal y canto la cúspide del dicho cerrito; y después de las formalidades y precauciones de estilo, desempeñó la comisión. Reunido en seguida con el Guardián, continuaron su camino.[85] /

---

[85] B: camino. / (*Continuará*) //

[110]

XV

Cuando la Loca sintió que había quedado sóla, levantó su cabeza con precaución hasta el borde de la tinaja, y no encontrando nada que le inspirase inquietudes, se salió al piso sin cuidarse del agua en que estaba empapada. Dirigiéndose con soltura al hueco de la pared que el padre Quilez había descubierto, lo examinó con todo cuidado, registró bien con la mano todo el interior del agujero, desmenuzando los terrones de tierra con suma prolijidad, pero no encontró, ni sacó rezago alguno de los papeles que habían estado allí. Sin expresar contrariedad alguna, permaneció un momento como cavilosa; y en seguida levantó del suelo unas tiras de trapo viejo; les hizo unos cuantos nudos repitiendo—como si quisiera afirmar su memoria—"padre Quilez, padre Guardián, padre Chaves, don Imaz", y después que tuvo anudadas sus tiras de trapo, se las guardó en el seno.

De allí registró los colchones y las cavidades de los muebles: nada encontró que le halagara, y se contentó con cambiar sus andrajos, vistiéndose con otros que Manuela había dejado inservibles en un baul.

En seguida apagó el candil, y salió al patio con suma cautela. Pero en vez de tomar hacia /[111] la calle, se dirigió al fondo del corral; y con la soltura y agilidad propia de quien está acostumbrado á marchar por entre los riscos de las montañas, se trepó al muro; y se pasó á las primeras faldas del cerrito de *Santa Lucía*, procurando costearlas en dirección al Tajamar que por el norte defiende á la ciudad del ímpetu de las aguas del *Mapocho*.

---

[86] B: [Folletines 10 y 11, sin localizar]

En medio de su camino, la detuvo un grito de: quién vive? Al oirlo, la Loca se agazapó en el suelo, y puesta en cuatro piés se arrastró con toda la ligereza que pudo, al mismo tiempo que el estampido de un fusil hacía estremecer todo el lugar, y que una bala pasaba silvando y rebotando con los peñazcos del cerrito.

Poco tardó la Loca en sentir los pasos acelerados del grupo de soldados que bajaba del reducto en busca suya; pero ella, por una inspiración admirable, en vez de escurrirse y de huir hacia abajo, ó de continuar hacia el norte, tomó hacia arriba del cerrito, por entre desigualdades y asperezas, logrando que los soldados que bajaban á prisa al lugar en que habían distinguido su bulto, la dejasen atrás, con lo que ella pidió seguir hasta la parte occidental de la pequeña altura, y descender por el otro lado, para ganar el paredón trasero del Convento de la Merced; desde donde se dirigió con éxito al Tajamar, que era entonces uno de los lugares más /[112] lóbregos y escusados que podía presentar ciudad alguna en el mundo.

Entretanto, los soldados que la buscaban volvían á gritar: *quién vive?* y al ver que caminaba por delante de ellos un bulto silencioso, le hicieron fuego poniéndolo en tierra, y corrieron á apoderarse de él. Pero, apenas lo tuvieron á su vista prorrumpieron en grandes carcajadas: habían muerto á un infeliz burro del servicio de una de las casas vecinas que acostumbraba pasar la noche por aquellos alrededores.

Fastidiado de las bromas que sus compañeros le hacían por haber armado tanto ruido y tanta alarma por un burro, el centinela que había disparado el primer tiro, protestaba que no era ningún cuadrúpedo lo que él había visto, sino una verdadera figura humana que marchaba bien derecha en dos piés; y se ratificaba en que era imposible que no estuviese oculta en aquellas cercanías. Rehusándose á todas las bromas de sus camaradas, insistió de tal modo sobre la seguridad del hecho, que el oficial del punto creyó conveniente echar dos ó tres partidas para que registrasen bien el lugar y las casas de las inmediaciones.

Entretanto, la Loca había conseguido llegar al Tajamar y ponerse de lado del Río. El lugar no podía ser más lóbrego ni más solitario. La furia torrentosa del Mapocho que se desata des-/[113]de la cordilleras, arrastrando tras sí millares de guijarros, viene á estrellarse con una titánica violencia á lo largo del enorme paredón, que la contiene para que no inunde la ciudad. Todo era, por consiguiente, inhabitable y primitivo por allí; y hasta el ruido infernal que hacen las aguas al abrirse paso sobre su lecho de piedras, hacía pensar que aquella naturaleza tuviese voces salvajes para imitar en medio de la noche, los quejidos, los golpes, los alaridos y los lamentos de un infernal cataclismo.

La Loca seguía deslizándose hacia arriba como un fantasma, sin ruido y sin vacilaciones: tomó los vados más fáciles para eludir a fuerza de la corriente; y afirmando el pie, ya en una morruda piedra que las aguas no habían podido arrastrar todavía, ya sobre los bancos de cascajos aglomerados en el medio del río, ganó terreno; tomó por los fondos del suburbio de la *Chimba*: dejó á su derecha las pendientes de *San Cristóbal*, de cuya corona de nubes, según es fama, se desatan las tormentas que barren aquellos valles; y haciendo un rodeo hacia la izquierda, hizo rumbo hacia el portezuelo de *Colina*, como si llevara intención de ir á la costa de Chacabuco.

XVI

La casa ó palacio del gobierno presidencial /[114] de Chile ocupaba entonces un extremo del costado norte de la plaza mayor de Santiago. En aquel momento veíanse aglomerados á sus puertas muchos caballos ensillados, algunas carretillas, y como trescientos soldados y oficiales que le hacían guardia; al mismo tiempo que muchos hombres de campo, en traje más ó ménos militar, veían y salían de galope, como si hicieran servicio de expresos y correos para los distintos puntos del territorio; revelándose en todo aquello el movimiento tumultuoso y agitado que producen siempre al rededor de la autoridad, estas situaciones de combate entre dos causas ó sistemas irreconciliables, próximos á decidirse por un grande hecho de armas.

Llamaban mucho la atención entre esta aglomeración de hombres y de bestias, la existencia de seis carretas grandes á las que estaban uncidas tres yuntas de bueyes por cada una, y que estaban cargando un abultado y rico menaje, que sacaban hombres silenciosos por una puerta excusada, al parecer con grande reserva para que no fuese notado. Uno de los peones, le dijo al oído á un curioso que habiéndolo conocido se había acercado á preguntarle qué significaba aquello—Es el equipaje del Presidente—Y para dónde vá—A Valparaíso.

El curioso, que era un jovencito como de /[115] veinte años, ágil y despierto, se alejó apresuradamente de allí.

Dentro del palacio había tambien gran número de gentes. Unas verdaderamente preocupadas de la suerte que podía caberles si los argentinos vencían la cuesta de Chacabuco y se echaban sobre la capital: otras dudosas é inquietas que buscaban luz y conocimientos para tomar su parido á tiempo y congraciarse con los que vinieran á quedar vencedores; y no pocas atraídas por la curiosidad, protestando una lealtad á los mandatarios realistas que estaban muy lejos de tener. Todos ellos ocupaban los patios interiores, los corredores, y los aposentos de ménos importancia.

En el despacho y en el salón principal del palacio, hallábanse reunidos, á puerta cerrada, los personajes prominentes del gobierno y de sus consejos.

Llevaba la voz entre ellos un fraile dominico, el Padre José María Torres, que con un desparpajo cínico é imprudente, se deshacía en arengas de grande efecto y de alta voz sobre las altas prendas militares, la experiencia y la bravura del Presidente de Chile, el Mariscal, Cruz de San Fernando, de Isabel la Católica, de Calatrava y otras comendaciones,[87] don Francisco Casimiro Marcó del Pont, que tomaba todo aquello, de la boca del padre Torres, como si /[116] fuera la voz de la posteridad y de la historia, que hacía justicia á sus méritos excepcionales.

Era el padre Torres una especie de teólogo burdo y ramplón de ademanes audaces y de voz tonante, lleno de confianza en su propia suficiencia, por lo mismo que era un ignorante sin un ápice de valor ó mérito intelectual. Tenía ínfulas de literario y aires de histrión; que se había ganado el ánimo de Marcó del Pont, no sólo por sus imprudentes zalamerías y por lo zafado de su lenguaje, sino tambien por la perversidad de su carácter, y por las viles traiciones con que se había pasado del servicio de los patriotas al servicio de los realistas, echándose á los excesos más infames como recate de sus anteriores prevaricaciones.

—Señor Mariscal Presidente del Reino, decía el padre Torres, estirando los labios y haciendo revolotear los extremos del cordón con que ajustaba la cintura de sus hábitos. Las cosas.... á mí.... no me inspiran gran cuidado, desde que V. E. salga mañana á ponerse á la cabeza de nuestro ejército.... El coronel Maroto.... mozo de ayer, y bastante insubordinado como sabemos, carece pués de la experiencia necesaria, y no ha dado todavía grandes pruebas de bravura.... y de competencia en el mando superior de las naciones y de los ejércitos, como las que tiene dadas

---

[87] **comendaciones**: alabanzas, encomios, recomendaciones. En el DRAE de 1817 ya figura como voz anticuada.

y consignadas en la /[117] historia nuestro Presidente el señor Marcó del Pont.

—No vaya V. R. tan adelante, le contestaba Marcó del Pont echándose para atrás, porque aunque es verdad que Maroto es un jefe de pocos años, tengo informes de que ha servido bien.... Por lo que hace á mí, diré sin embargo que no lo he conocido en ninguna de mis campañas: ó si ha estado, habrá sido en algún rol insignificante á donde no lo alcanzaba mi vista. No me parece que estuvo en la campaña del Rosellón, donde me batí cuerpo á cuerpo con el general francés Dugommier;[88] y al irlo yo á rendir me encontré que en la ceguedad del arrojo, estaba yo rodeado de toda la escolta del jefe enemigo. Me batí sin embargo hasta romper mis armas.... En tres partes se me tronzó la espada: tenía el morrión y el uniforme atravesado de balas; y no había reparado en nada.... pues.... con la fiebre del combate, hasta que un oficial francés tomándome de la mano me gritó—señor coronel, usted no tiene armas; esto no es valor sino temeridad—Alto! soldados les gritó á los suyos: honor á la bravura del vencido. Con esto yo volví en mí, y ví que realmente estaba prisionero. Y como la experiencia es madre de la ciencia, comprendí desde entonces, que un jefe debe ser reflexivo, y no halagarse con las emociones del peligro, sino su-/[118]jetar su arrojo para proceder con la cordura que exige el mando.

—¿Qué dicen ustedes caballeros? dijo el padre Torres, dirigiéndose con una provocativa satisfacción á las diez ó doce personas que estaban allí en aquel coloquio. Quisiera que ustedes me dijesen si hay un rasgo igual en las vidas de Plutarco.... Igual habrá porque todos sabemos lo que eran los héroes antiguos.... además de que todos esos prodigios

---

[88] **Dugommier**: Jacques François Dugommier, militar francés (1738-1794); siendo general del Ejército de los Pirineos, recupera Rosellón, que había caído en manos españolas (1794).

que cuentan de ellos tenían su cábula, porque los Dioses paganos tomaban el partido de éste ó de aquél, y echaban tambien su manito en cada batalla para ayudar al que más querían, porque era hijo de la Diosa tal, ó del Dios cual; y naturalmente.... con el amor de padre.... ponían el resto en favor del hijo.

—Eso no, le contestó el canónigo Zamboada. Nuestra fe nos enseña que todo se gana tambien en las batallas por el favor de Dios.

—De acuerdo: de acuerdo; pero.... lo que es nosotros no sabemos lo que sucederá, porque.... Dios guarda.... pues.... sus reservas; y algunas veces....

—Pero no me negará S. P. que los que combaten por su rey, y por su religión, con una alma pura de pecado, triunfan.... ó por lo ménos deben triunfar.

—Sí, señores, dijo Marcó del Pont: como /[119] creyente y como católico, yo siempre he procurado ir con esa idea á las batallas. Pero ustedes comprenderán que no hay seguridad, y que todo depende del valor y de la competencia de los jefes. Miren ustedes: en el primer sitio de Zaragoza, era indispensable defender el *Portillo*. El general sabía que aquello era desesperado, pero contando por algo los albures de la guerra conferenció con los altos jefes sobre cual sería el oficial de más entereza para hacer allí lo posible; y tuve el honor de que me señalaran. Por desgracia, me dieron un segundo imprudente y atolondrado. Al caer la noche, creíamos que convenía inspeccionar la posición de los franceses, y mandé á mi segundo. Pues señor.... se mete donde no debía.... lo matan sin que yo sintiera nada; y estaba yo tomando quietamente mi jícara de chocolate cuando se me presenta un oficial francés seguido de mucha tropa; voy á tomar mi espada.... para morir.... porque no tenía escape.... pero antes de que pudiera armarme me toman y vuelvo á caer prisionero....[89] Yo espero que no suceda nada de esto con Maroto.... Pero ustedes no duden que en el éxito tienen mucha parte los subalternos. Así es que ahora, esperaré que se me incorporen Barañao, Quintanilla,[90] el batallón Chillán y las demás fuerzas para ir á tomar el mando; y será cosa de una hora llevarme por de-/[120]lante toda esa canalla. Ese San Martín es un soldadito de ayer: un aventurero. No ha podido hacerse carrera en España, por cobarde y por inepto, y es por eso que se ha venido á esta guerra: ya verán ustedes como lo voy á volver turumba.[91]

En esto, se acercó á Marcó del Pont el mayordomo del palacio; y llamándolo aparte le dijo al oído—¿en cuál de las carreteras quiere V. E. que alcemos la plata labrada, y los cajones del dinero?

—Ya he dicho, le contestó Marcó en voz muy baja tambien, que se pongan en la carreta que está á la puerta traviesa del palacio; y ordene usted que salga ahora mismo, sin esperar á las otras, custodiada por el capitán Ibañez y por los treinta dragones que están allí. Ahora mismo, eh? cuidado con demorar una hora: ahora mismo.

—Muy bien, señor Presidente, contestó el mayordomo y salió de prisa.

Cuando Marcó del Pont volvió á la rueda de sus allegados, estaba el padre Torres entregado á los elogios más exagerados del presidente, y haciendo y deshaciendo del ejército argentino como si lo tuviera en su mano.

—Yo decía, señor Presidente, agregó—y esta es la opinión de todos estos amigos, que V. E. debía sujetar á un

---

[89] Cuenta la historia que ese 15 de junio de 1808 los franceses cruzan la puerta del Portillo, pero son rechazados por el pueblo, incluidas las mujeres. El sitio a Zaragoza dura dos meses.
[90] **Quintanilla**: Antonio de Quintanilla, brigadier realista que mandaba el escuadrón de carabineros de Abascal.
[91] **turumba**: tarumba; volver a alguien tarumba: "atolondrarlo, confundirlo" [DRAE].

consejo de guerra al coronel /[121] Atero.[92] Él no ha debido venir á Santiago después de la vergonzosa derrota que ha sufrido. Debía haber seguido el ejemplo de V. E. en el Rosellón y en Zaragoza: morir ó quedar prisionero.

—Eso no es para todos, padre Torres! dijo Marcó del Pont con visible fatuidad. Pero yo voy á tomar medidas....

Antes de que dijera cuales medidas, resonaron allí, causando un pavor indecible, los fusilazos que la partida del Cerrito había disparado sobre el bulto de la Loca.

De modo que cuando los soldados de esa partida se reían á carcajadas al rededor del burro que había caído víctima de sus balas, todo era alboroto y espanto en el salón y en el palacio del gobierno realista de Chile; porque después de todo, el bravo y temerario prisionero del Rosellón y de Zaragoza, era un gran cobarde, conocido y ridiculizado en todo el ejército español; y lo ménos que se figuró al oír aquellos balazos fué que el ejército argentino caía de improviso sobre él y se apoderaba de la Capital.

XVII

Esos fusilazos, en el silencio de la noche y bajo el influjo de una situación azarosísima con el enemigo á las puertas de la ciudad, y en un des-/[122]concierto completo por la sorpresa, produjeron, como era de esperarse, un pánico indescriptible en el palacio presidencial. En el primer momento el mariscal Marcó del Pont se quedó estupefacto con la boca abierta y mirando con tamaños ojos á los circunstantes, mientras estos lo miraban á él igualmente aterrados y sorprendidos. Los unos corrieron á las puertas de las antesalas para escabullirse ó para preguntar lo que era aquel tremendo lance, mientras otros, sin saber que

---

[92] **Atero**: Miguel María de Atero, militar realista, coronel de ingenieros, vencido en el combate de Las Coimas.

hacer ni que pensar, estaban como clavados en el lugar y en la postura en que los había tomado[93] el incidente.

—Nos han sorprendido!.... dijo Marcó del Pont.... Estamos perdidos!.... Así fué en Zaragoza!

—Me parece, dijo el domínico Torres, que debemos abandonar el palacio. No hay tiempo que perder, señor Presidente.... Ocupe V. E. el cuartel de la escolta.

—¿El cuartel de la escolta?.... y para qué?... La defensa sería allí insostenible!.... Desgracias inútiles y sin objeto.... Aqui nos verán desarmados, y al ménos no habrá sangre....

Pero, cada vez más agitado y tembloroso, trataba de entrarse á las piezas interiores y de que no lo siguieran los otros.

—Bernedo![94].... Bernedo!.... Ayudante Bernedo! / [123]

A estos gritos se presentó un joven oficial. Marcó del Pont lo tomó á parte; y le dijo en voz baja:

—Vaya usted inmediatamente al cuartel de la escolta, y dígale usted al capitán Magallar[95] que haga marchar inmediatamente para Valparaíso la carreta cargada que está allí, y que la haga custodiar con treinta hombres al mando de Del Río. Ordénele usted que tome el camino de la izquierda, y que la haga andar á toda prisa: que monte en el acto toda la escolta, y que me tenga pronto mi caballo, pues voy ahora mismo á ponerme á su frente.... Pronto, pronto, Bernedo!.... acredítese usted como siempre en este terrible momento.

Entretanto el padre Torres y algunos otros, ya se habían escabullido. Al volver hacia el grupo que había quedado sin saber que hacer, Marcó del Pont, les dijo:

---

[93] D: había cogido
[94] **Bernedo**: mayor del ejército realista [Gay: 206].
[95] **Magallar**: Joaquín Magallar, capitán de Caballería [Gay: 207].

—Me dice Bernedo, que no hay duda que han sorprendido á la ciudad. Su opinión es que una división enemiga se ha corrido por las faldas de *San Cristóbal*, dando la vuelta por *Elqui*, para burlar á Maroto y tomarlo entre dos fuegos después de apoderarse de Santiago. Es preciso, señores, que ustedes se retiren. Voy á ponerme á la cabeza de la Escolta: he reflexionado que esto es lo mejor; trataré de resistir, ó de /[124] replegarme al ejército. Adios, señores!.... Retírense ustedes.

—Pero, señor Presidente, dijo el Oidor don José Antonio Caspe, será mejor esperar un momento.

—No, señor: no hay momento que perder. Los momentos son todo en los acasos de la guerra.

—Es que á medida que reflexiono, se me hace más difícil comprender cómo pueden habernos sorprendido; aunque, por desgracia mía, conozco demasiado á esos demonios de Buenos Aires! El infierno no ha producido jamás pillos más atrevidos, ni perdularios de peor clase.

En esto volvió Bernedo, diciéndole al oído á Marcó del Pont, que la carreta tan recomendada salía en ese momento para Valparaíso, custodiada por el capitán Del Río, y que la escolta quedaba ya pronta y á caballo.

—Queden ustedes con Dios, señores.... Voy á ponerme en campaña....

—Pero, señor Presidente, le dijo el Asesor de Gobierno, don José María Luján, poniéndosele por delante, repare V. E. que el fuego no continúa.

—Razón de más para creer que la resistencia ha cesado y que han tomado el puesto.

—Tal vez que nó, y que sea una falsa alarma, dijo el Asesor bastante enfadado. /

[125] —Y así es! así mismo es! dijo el Padre Torres que volvía al salón con aire satisfecho, y que había oído al entrar las juiciosas palabras del señor Luján. No hay nada, señor Presidente. Todo proviene, según me dice el jefe

del Reducto de Santa Lucía de un aviso dado por el padre Quilez de Recoletos acerca de una mujer perdida y de otros individuos que se han sentido en la ciudad y que se sabe que son espías y bomberos del enemigo. Parece que hay grande interés en tomarlos. Se sabía que andaban por las cercanías del cerrito, y las centinelas han hecho fuego pero no se les ha tomado todavía. Ahí está en el patio el oficial dando estas noticias á los que lo tienen rodeado; y viene á comunicárselo todo á V. E.

La reacción del pánico desvanecido se hizo patente en todas las fisonomías. Marcó mandó entrar al oficial del Reducto, volviendo á sus baladronadas características, sobre todo lo que había pensado efectuar para hacer morder el polvo á los audaces que se hubieran atrevido á intentar una sorpresa sobre la Capital, hallándose él á su cabeza.

Introducido el oficial al salón, informó á todos de lo que había ocurrido; y dando grande importancia á la existencia de bomberos argentinos dentro de la capital, se resolvió hacer venir inmediatamente al padre Quilez para que acla-/[126]rara lo sucedido con los datos que al parecer tenía de buena fuente.

Al efecto, el Presidente Marcó de Pont, que además de su caballo y mulas de equipaje, tenía también pronta su calesa, ordenó que esta marchase al convento de la Recoleta en busca del Padre Guardián.

El padre Quilez informó á Marcó del Pont de que el leal é impertérrito mayor don Vicente San Bruno, Presidente del Tribunal de Vigilancia y de Seguridad Pública, que además de todo esto era el favorito más íntimo del señor Presidente, le había mandado un hombre de toda confianza á decirle que acababa de saber que una mujer muy peligrosa que se hacía la loca, y que tenía relaciones numerosas en Santiago, se había desprendido del ejército insurjente y había entrado á la Capital con el propósito evidente de concertarse con los partidarios de los rebeldes para dar un golpe de mano. El padre Quilez no quizo hablar de la carta de San Bruno, ni de los papeles que había extraído, porque conociendo que no hay secretos entre tres, y no pudiendo calcular lo que sería de la fidelidad de tantas personas como las que estaban allí con Marcó del Pont, creyó más conveniente reservarlo. Pero dijo sí que á San Bruno le constaba que la mujer que había dirigido á los espías y que había entrado con ellos, se había /[127] ocultado por las cercanías y alrededores del cerrito de Santa Lucía, probablemente para facilitar la sorpresa y toma de aquel reducto y de su artillería. Agregó que con esto, él se había dirigido personalmente esa noche al dicho cerrito, y había informado de todo á su jefe.

Siguiendo en estas investigaciones se hizo venir también al soldado que hacía la centinela, y que había disparado el primer tiro sobre la loca. Este insistió en que lo que él había visto era real y verdaderamente una mujer ó un espectro de mujer. Desmintió todas las bromas de sus camaradas, asegurando que ellos eran los que habían hecho fuego sobre el burro, en una dirección muy distinta de la que llevaba la mujer que él había visto; y que si ésta se había escapado, era porque ellos habían corrido hacia otro lado al ver caer al burro creyendo que era gente; con lo cual lo habían dejado sólo, y le habían también perturbado el rumbo que él quería tomar. Pero que estaba cierto, de que era una mujer; y de que no tenía duda que por aquellas casas existían cómplices que la habían ocultado.

Después de comparar todos estos datos, convinieron todos en que la mujer, los bomberos, los cómplices y el complot, eran cosas ciertas é inminentes; y decidióse mandar fijar y /[128] repartir por toda la Capital un Bando tremendo que decía así:

"Don Francisco Casimiro Marcó del Pont, Presidente del reino de Chile y de las costas del Sud por un acto y gracia honorífica de Su Majestad nuestro amo y señor el señor don Fernando VII, rey de las Españas y de las Indias, de Jerusalem, y de otras partes, Gran cruz de Calatrava, y Comendador de la orden de San Fernando—secretario de la gran comendaduría de Santiago, y oficial condecorado con la gran cruz de Isabel la Católica, etc., etc. (Aquí una serie de titulajos más ó ménos bombásticos y ridículos). Por cuanto ya son insufribles los atentados y traiciones que los salteadores y los insurgentes favorecidos por los rebeldes y facinerosos que imperan al otro lado de la cordillera, y por cuanto hemos sido bien informados de que se han visto y conocido en esta capital del reino los espías y tránsfugas que de allá han venido á fraguar complots y revoluciones inicuas contra el gobierno paternal y divino de nuestro rey, amo y señor; entre cuyos facinerosos y espías figura como vaqueana y guía de primera clase una depravada mujer, sin ley ni rey, sin costumbres y sin hogar, que llaman Teresa, y que se hace la loca para mejor cubrir sus maldades, la perversidad de sus mane-/[129]jos, y escapar á las pesquizas y persecución de nuestra autoridad, he tenido á bien disponer:

1º Que sea castigada con la pena de muerte, sin forma ni procedimiento, toda persona, ya sea hombre ó mujer, de cualquier edad, clase ó situación, que habiendo visto, hablado, ó encontrado á la dicha loca Teresa, ó alguno de sus cómplices y cooperantes, no se presente en el acto á declarar donde se hallan, donde se ocultan, donde estaban ó fueran vistos.

2º Que si alguna persona, hombre ó mujer, de cualquiera clase ó entidad que la haya visto y conocido, no hubiere dado parte á las autoridades, sabiendo que esta maldita perdularia, se había ausentado del reino, y residido en Mendoza, sea castigada la dicha persona con cien azotes, á lomo de burro, ejecutados por el verdugo por cuartas partes en cada uno de los ángulos de la plaza mayor; y que si fuere mujer se le destine además á barrer las calles por el término de un año; y si es hombre, á la compostura de caminos y de pantanos.

Y en esta virtud, para que lo contenido tenga efecto, y para que ninguno alegue ignorancia, publíquese por bando, fíjese esta noche misma en todas las esquinas, y nadie sea osado á arrancarlo bajo las mismas penas; y además fíjese también en todas las puertas de las casas inmediatas al Reducto fortificado de Santa Lu-/[130]cía; entregándoseles un ejemplar á los que transiten por aquellas calles y en la plaza de abastos: fecho en Santiago de Chile á nueve de febrero de 1817. *Marcó del Pont.* (1)[96]

XVIII

En la mañana del diez de febrero, una de esas vecinas parleras é informadas de todas las noticias y chismes de sensación, que corren anónimos por una población preocupada por grandes novedades, acertó á entrar en la casa de la familia que tenía oculto el niño levantado por Teresa del charco en que San Bruno lo había arrojado. Y con la satisfacción del que lleva cuentos, que deben dar pábulo para una nutrida é interesante conversación, entró tratando de tú á las muchachas; y al sentarse con la satisfacción de la importancia que tenía su visita,

—Ha visto comadre (dijo, dirigiéndose á la anciana dueña de casa) qué tiempos estos? Una no sabe cómo ha de vivir, ni cómo ha de hablar, ni á quien ha de mirar en la calle. Los pobres hombres andan trastornados.... Yo, ni á mis hermanos admito en mi casa.... y ya se los he dicho—No, amiguitos! en casa no quiero visitas /[131] ni conversaciones; porque mire, comadre—en estos tiempos, no se debe uno olvidar de que en boca cerrada no entran

---

[96]   A, ¿B?, D: (1) Bueno será que el lector sepa, que son numerosísimas las piezas de este jaez, y aún otras mucho más crueles vejatorias que dejó en Chile el gobierno de Marcó del Pont. [Nota del autor]

moscas. Habla usted con toda inocencia.... y después resulta un crimen! que contó, que dijo, que no contó, que no dijo. Si dijo, porque dijo: y si no dijo, porque no dijo. Esto es terrible, comadre!.... Yo estoy desesperada!.... Cuatro días de encierro!.... Me he fastidiado; y he dicho ¡oh! me voy á conversar un rato con mi comadre Ramona y con las muchachas.

—Y la verdad es que estamos bien tristes, comadre, dijo la anciana. Figúrese usted uno de los muchachos que se quedó aquí, ahí ha tenido que presentarse al coronel Barañao, porque ya iban á declararlo desertor. Es verdad que ha estado escondido más de seis meses; las muchachas lo quieren tanto!.... y así han llorado!.... Los otros tres se fueron con el señor O'Higgins, y no sabemos nada de ellos.

—¡Ah, comadre, por Dios, no hable de eso! mire que no se lo van á perdonar.... ¿Ha visto el alboroto de anoche?.... Qué incendio!.... Las balas silvaban por los techos de nuestra casa; y mi pobre viejo se asustó tanto, comadre, que hasta esta madrugada he estado dándole friegas de manzanilla con sebo frito para que se aliviara de los chuchos que tenía. Qué tiempos, comadre! /
[132]

—Es verdad: aquí hemos estado en vela, dijo una de las muchachas; porque los tiros nos hicieron creer que era una batalla ó una revolución; y nos pusimos á rezar por el pobre Joaquín, que es tan muchacho!... y también por...

—No digas, muchacha, que has rezado por los otros! ¿No has visto el bando? tiene pena de muerte y de azotes que es un contento!.... y todo por la loca de la Teresa!

—De la Teresa? exclamaron todas con sobresalto.

—Qué Teresa? dijo Tomasa reponiéndose, y haciéndoles á las demás una indicación apenas perceptible para que anduvieran cautas.

—Pero, mujer, (le dijo la vecina) ¿no te acuerdas de la Teresa S.......: la que se volvió loca cuando mataron á Rafael Estay?

—Ah, sí: dijo Tomasa afectando indiferencia. Y qué hay?

—¿Pues que ustedes no han visto el Bando del señor Presidente?

—No!—contestaron todas con evidente zozobra.

—Pero, muchachas; si lo han puesto por todas las puertas de las inmediaciones del Cerrito; y lo han repartido. Precisamente traigo aquí uno que le dieron á Tiburcia la chinita que fué hoy temprano á comprarme la carne para el puchero.... que por cierto está flaca y horrorosa, porque como no hay quien la traiga, piden /[133] un sentido[97] por un pedacito como la mano. Aquí está el Bando!.... y cuidado que los castigos que dice son terribles contra los que hayan hablado con la tal Teresa.

—Y usted cree, doña Casimira, que ha de haber venido Teresa?.... ¿A qué?

—Como es loca.... todo es posible.

—Yo no lo creo.

—Pero Tomasa, le dijo la madre: si el señor Presidente dice que la han visto, ha de ser cierto.

—Qué quiere, mamá?.... yo no lo creo.

—No digas eso muchacha! le observó doña Casimira. Si el que gobierna dice que es cierto, tú debes decir que es cierto. Mi comadre tiene mucha razón. Toma el bando y verás.

La lectura del bando hizo una impresión mortal en aquella pobre familia. Dos de las muchachas se fueron adentro á llorar y á esconder el niño en lo más hondo de la casa para que no se le oyera la voz. Tomasa y la madre fueron las únicas que sostuvieron la visita de doña Casimira

---

[97] **piden un sentido**, pedir un sentido por una cosa: "Llevar o pedir por ella un precio excesivo" [DRAE].

soportando toda la angustia en que se hallaban, hasta que agotadas sus noticias se despidió prometiendo volver muy pronto para distraerse y pasar un rato de conversación con que atenuar "la amargura de los tiempos".

Apenas se fué doña Casimira, la familia aquella dió rienda suelta á sus terrores, sin saber que hacer, ni cómo conjurar el peligro que la /[134] amenazaba. Después de mucho vacilar, Tomasa tomó el aire de inspirada por un recurso salvador.

—Ya está! dijo: ya sé lo que debemos hacer!.... Yo voy ahora mismo con mamá á lo de misia Pepita M......., y le declararemos todo. Ella nos conoce: nos quiere, y cuando nos oíga [sic], ha de ver que somos inocentes. Si como espero, nos toma bajo su protección, nada tenemos que temer, porque ella puede más que el Presidente, y nadie se ha de atrever á disgustarla, ni á ir contra lo que ella disponga. Vamos, mamá! vamos pronto!

—Y qué hacemos del niño? dijo otra de las muchachas.

—Nada por ahora, Le diremos todo, todo, á misia Pepita; y ella dirá lo que debemos hacer con el niño. Nosotros haremos lo que ella diga; y ya verá usted, mamá, que todo ha de salir bien. No se aflijan: Misia Pepita es una gran señora, generosa y hábil. Nos pondremos en sus manos; y ella lo arreglará todo muy bien. Vamos, mamá! dijo Tomasa, arrebozando á su madre, y cubriéndose ella también con su manta.

—Yo tengo miedo de andar por la calle en días como estos, dijo la anciana.

—Cómo ha de ser, mamá! Es preciso hacer un esfuerzo para salir de este apuro; y tomando á su madre por el brazo tomaron la dirección /[135] de la casa de la señora doña Pepita de M....... mujer del coronel don Antonio M.......

XIX[98]

—¡Ah *señorita!*.... Qué donosa está su merced! le decía una sirvienta de tipo mixto, bastante agradable por cierto y no poco zalamera, á una dama joven, y muy bella en efecto, que se preparaba á hacer su tocador á eso de medio día. (1)[99]

Cómo la dama estuviera muy acostumbrada á oír estos elogios, de todas partes, y aún de labios mucho más interesantes para ella que los de la sirvienta que se preparaba á ayudarle en sus atavíos, se contentó con colocarse delante de su espejo, dirigiendo á su propia imagen una sonrisa de complacencia ingénua.

Vestía un largo batón de foulard[100] color rosa y estilo pompadour,[101] floreado de jazmines blancos que imitaban ricamente la verdad de la naturaleza. (2)[102] Abierto por delante, y descuidada la abo-/[136]tonadura que debiera haberlo cerrado, dejaban verse tras de él las formas de una escultura admirable, que trasladada al mármol de Paros, habría podido rivalizar con las que sabía crear el artista desconocido que nos ha dejado la maravilla de Milo[.]

En su fisonomía, abierta y franca, dominaban los rasgos de la energía y de la soberbia, templados sin embargo por la blancura *nívea* de la tez, y por un nítido matiz color de rosa, que sin marcar punto alguno de la faz parecía esparcido en toda ella, con el arte májico del más delicado pincel. Pero

---

[98] B: Folletin de EL NACIONAL, 4 Julio 1882 / 12 / LA LOCA DE LA GUARDIA / — / XVIII

[99] A, B, D: (1) En aquel tiempo, y aún mucho después, se tenía en Chile por una falta imperdonable de cortesía, llamar de otra manera que *señorita* á una dama de rango, ya fuese casada o soltera, joven ó vieja. [Nota del autor]

[100] **foulard**: fular, tela de seda muy fina, generalmente estampada [DRAE].

[101] **estilo pompadour**: moda impuesta por la marquesa de Pompadour (1721-1764); el vestido consta de tres partes: la bata abierta por adelante y que termina en cola, la falda y una pieza superior triangular que cubre el torso. El rosa es uno de los colores preferidos en este estilo.

[102] A, B, D: (2) La necesidad de ser modernos, nos obligará muchas veces á usar el lenguaje aceptado por el lujo predominante de aquel tiempo, que ya comenzaba á ser enteramente francés. [Nota del autor]

el ojo negro y centellante, las pestañas largas, las cejas bien separadas y de un arco irreprochable, la nariz aguileña y afilada como una daga del mejor acero, arrancando sin doblez desde su origen, el óvalo correcto; el pómulo de la barba pronunciado como el batón de una diamela, la frente unida, ancha en la base é inclinada hacia la raíz del pelo, daban á esa fisonomía, bella en su conjunto y en sus detalles, un tono hidalgo y audaz, una fuerza de idealidad visible, sin disminuir en nada, con apariencias varoniles é impropias de su sexo, la esquisita conformación del tipo femenino en su más galana espresión.

No contribuía poco á la atenuación de la energía impresa en esos rasgos, la blancura del conjunto, los labios esquisitamente formados y on-/[137]dulados, con la sonrisa más fina y más natural que haya iluminado jamás el trato habitual de una mujer. Tal era la esposa del coronel don Antonio M.......[103], jefe de campanillas en el ejército realista que ocupaba á Chile; y que según es fama no tenía la elevación de ideas y de carácter ni los talentos que habría necesitado tener el marido de tal mujer, para llenar las emociones y los intervalos de la vida conyugal.

La Pepa M.......[104] (que así era conocida entonces en Chile) era hija del risueño cielo de Andalucía; y reunía á su belleza todas las gracias y las actitudes de ingenio natural con que están dotados los que nacen en ese prodigioso pedazo de la España. Elegante en su andar había aprendido desde niña todas las destrezas con que una refinada coquetería les enseña á lucir ese pie árabe que por su pequeñez y por sus curvas no tiene igual en ninguna de las otras razas del mundo; y en el momento en que la estamos retratando, ya fuera por hábito morisco, ya por el calor de la estación, llevaba los suyos sin medias, sobre

---

[103] B: Morgado
[104] B: Morgado

unos pantuflos de terciopelo color celeste bordados de plata y oro, que parecían sobre el cútis, espigas de trigo sobre un lecho de rosas.

El aposento estaba adornado con aquel esmero y proligidad en que se revela la mano de una mujer inclinada á las delicadezas y al acomodo /[138] de los detalles. Sobre la mesa del tocador, cubierta con ricos paños bordados y cribados en el Perú, además de todos los utensilios destinados al adorno y al retoque de la persona, se levantaba á lo alto de la pared, hasta el techo, una magnífica luna de Venecia, con un ancho bisel por marco en cuyas faces del mismo cristal estaban cincelados pavos reales de la India y pájaros del Paraíso con otras cien maravillas. Cuatro escenas tomadas del libro IV de la *Eneida* ocupaban grandes medallones al centro de cada uno de los lados del cuadro. En el pié—Dido enamorada se abrigaba en los brazos de Eneas dentro de la obscura gruta, mientras la tormenta rugía por de fuera. En uno de los costados Eneas le refería á Dido la ruina de Troya. En otro, Cupido, bajo la faz engañosa de Azcanio, inoculaba en la reina el veneno del amor; y en el de arriba—Dido entregándose á las llamas, maldecía al pérfido Troyano, que desde sus trirremos veía arder la pira funeraria con el dolor consiguiente al mal que había hecho. (1)[105]

Una rica estera de junquillos formaba el enta-/[139] pizado del piso; y por muebles se veían cómodas, camoncillos, canapés y sillones de jacarandá, tallados en *pié-de-cabra*,[106] como entonces se decía.

---

[105] A: (1) En Buenos Aires y toda la América había en las casas ricas bastantes ejemplares de esta clase de espejos; y si no estamos engañados se conservan todavía en lo de Escalada: y quizás son los únicos que quedan de esta antigua magnificencia. [Nota del autor]

[106] **pié-de-cabra**: Pie tallado en forma de pezuña de cabra [*Tesaurus*...]; también denominado "pata cabriolé", porque imita el salto de una cabra; estilo de muebles más representativo del siglo XVIII europeo.

La Pepa M.......[107] tenía entonces de veinte á veintidós años. Y aunque por el aplomo de su porte revelaba todas las iniciaciones de su estado, la rica sávia de su naturaleza no se había gastado con los árduos trabajos de la maternidad; de manera que la estátua humana conservaba intacta toda su esbeltez primitiva con todos los atractivos de la transformación nupcial.

El carácter y el genio de la mujer correspondían á su figura. La timidez y el encogimiento virjinal no eran por cierto cualidades que ella hubiera de lucir. Pero en compensación, tenía una alma elevada, ideas romancescas; y así como era simpática y dúctil para todas aquellas manifestaciones del espíritu y del corazón que revelaban heroicidad, talento, ternura, delicadeza y decisión, era rehacia[108] y soberbia en todo lo que bajaba del nivel sublime é ideal en que ella comprendía el mérito de las personas, y el de los hombres, sobre todo.

Por desgracia suya su marido no correspondía al modelo con que ella se habia figurado el hombre digno de su amor. Un singular acaso y ciertas coincidencias de familia la habían unido al señor M.......[109], joven oficial, de bastante /[140] valor personal, pero de una insufrible petulancia cuando ella era niña de diez y seis años, á lo sumo, que carecía, de discreción ó de previsión para comprender todo el error que cometía cediendo á los influjos que la llevaron á ese primer enlace.

M.......[110] era soldado: pero tenía una educación descuidada, que él trataba de cubrir con el garbo audaz é insolente de los modales. En todo trataba siempre de ponerse en evidencia y de imponer sus caprichos. Era duro hasta en las formas arrogantes que él confundía con la elegancia

---

[107] B: Morgado
[108] Grafía habitual en el siglo XIX [DRAE: 1817 y 1884].
[109] B: Morgado
[110] B: Morgado

y con el aire militar; y había perdido el sentimiento de la realidad desde que había ascendido en el ejército de Chile por el favor del general Osorio,[111] vencedor en Rancagua, y por el de Marcó del Pont que lo miraba después como una de las principales columnas de su poder.

Ya fuesen celos, incompatibilidades de carácter, ilusiones desvanecidas, agravios de detalle, maneras diversas de comprender el ideal de la vida, esterilidad conyugal, ó desconfianzas sobre el poco aprecio que el uno hacía el otro; el hecho era que la petulancia genial del coronel M.......[112] se estrellaba á cada momento, y por cualquier incidente, con la rebelde energía de su mujer. El marido había llegado á comprender que ella se tenía por muy superior á él: y que había /[141] [l]legado á tomar tal influjo en la sociedad chilena, por sus dotes ,que era hasta cierto punto una entidad propia capaz de resistirle en todos los terrenos.

La Pepa conocía en efecto todos sus méritos y toda la importancia que ellos le daban en el trato social. Gustaba de lucir. Su figura le daba confianza, y sus talentos encontraban una profunda satisfacción en el efecto que hacían. M.......[113] se devoraba con los celos. La Pepa no se daba el trabajo de tranquilizarlo; y valía tanto para con los personajes del país y de la situación, como M.......[114] mismo, ó mucho más que M.......[115], porque no había nadie que no pusiera su esmero en complacerla: que le negara una gracia, ó que ya no hubiera tomado parte por ella, contra el coronel, que, al decir de todos, pretendía sustraerla á la sociedad de Chile, en donde ella era el primer encanto, y el prodigio buscado con más anhelo.

---

[111] **Osorio**: Mariano Osorio Prado, militar español (Sevilla, 1777-La Habana, 1819), vencedor en Rancagua y en Cancha Rayada; gobernador de Chile entre 1814 y 1816.
[112] B: Morgado
[113] B: Morgado
[114] B: Morgado
[115] B: Morgado

Fuera de su marido todos hablaban con elogio de su bondad. Era complaciente y solícita con todos. Los pobres la tenían por su providencia; y jamás salían descontentos ó desconsolados de su lado, pues en aquellos tiempos de martirio y de persecuciones, en que su marido era uno de los más duros instrumentos de la tiranía de Marcó del Pont, la Pepa no se había escusado en ocasión alguna de tomar sus /[142] tapados y su mantilla, á cualquier hora, para acercarse al Presidente y pedir con sus halagos y finezas, con la gracia de su lenguaje, con el prestigio de su belleza, actos de favor y de clemencia.

De modo, que aún en los casos en que nada obtenía, ella dejaba al ménos el rastro consolador de su bondad, sin preocuparse de la ira y del despecho de su marido, que la tenía por más amiga de Chile y de los patriotas, que del imperio español en la América del Sur.

Y, tal vez, M.......[116] tenía razón. Sea por el antagonismo que se había producido sobre él y ella, sea porque las inclinaciones de la mujer eran elevadas, y su carácter independiente, el hecho es que ella veía heroicidad y justicia en los que guerreaban por la independencia de su patria; y no podía resistir á los sentimientos nobles de su alma, sin darse cuenta quizás de la tendencia en que se ponía mucho antes de que los acontecimientos la vinieran á unir á esa causa por el amor del hombre cuyo modelo había siempre soñado. (1)[117]

Esta era la mujer que al ponerse neglijentemente delante de su espejo, desataba los nudos que ligaban su negra cabellera durante las horas del sueño, dejándola caer como una inmen-/[143]sa madeja de sedas que inundó materialmente sus hombros, desde la cabeza á los piés.

---

[116] B: Morgado
[117] A, B, D: (1) Unida al general N...... por un amor harto histórico, se casó al fin con él [Nota del autor] # B: Necochea

La sirvienta tomó con sus dos manos aquella masa de cabellos, y poniendo por debajo una rica tohalla[118] de Guayaquil, comenzó á aderezarlos con gran esmero.

—Es incomprensible, señorita (le dijo), que el Coronel no viva postrado á los piés de su merced!

—Gran diversión sería para mí, por cierto. ¿Te parece que es muy divertido vivir en el nicho de una virgen ó de una santa? Ninguna gracia que me haría.

—Pero no quiero decir eso, sino que debería amarla á su merced para hacerle el gusto en todo; y nó que apenas viene y está una hora aquí, ó que pasa una noche, al otro día ya es una pelea furiosa que me hace temblar.

—¿Y me has visto temblar á mí? ¿Me has visto llorar?

—Eso nó! Su merced lo mata riéndose.... Pero él....

—Él? qué?

—Él se pone terrible, señorita!....

—Y bien?

—Es que siempre tiene á manos sus pistolas y su espada! Su merced no lo mira; pero mil veces lo he visto yo ir frenético á sus armas, é ir yá á tomarlas. ¡En uno de sus furores la vá /[144] á matar á su merced! —El otro día se paseaba como loco por la cuadra (1)[119] y apretando los puños decía—no puedo vivir con ella, ni sin ella: es un demonio que me tiene desesperado; no tengo más remedio que matarla para sacármela de aquí, de las entrañas donde me devora como una víbora! decía, y se paseaba apretando los dientes como un tigre.

—Bien lo sé! dijo la Pepa: mil veces me lo ha dicho; y es capaz de hacerlo; pero ¿qué hacer?.... Hazme dos trenzas, y adórnalas con las cintas celestes que están en aquella gabeta.

---

[118] **tohalla**: seguramente por "toballa", forma antigua de "toalla" [DRAE 1817].
[119] A, B, D: (1) El salón. [Nota del autor].

—Por Dios, niña! cintas celestes?.... El coronel ha mandado que su merced no se las ponga jamás, y su merced vió que el otro día prometió matarme "como á una rata", si yo se las volvía á poner.

—Esa es otra! No comprende este hombre que el celeste me viene bien, y sobre todo que es el color de mi preferencia por lo bien que viene con los trajes blancos del verano; y se le pone que es por injuriarlo, como si á mí me importara cosa alguna del color de las banderas para adornarme!

—Pero de lo que yo tengo miedo es de esta riña perpétua que puede acabar por un pistole-/[145]tazo á causa del color tal ó cual, ó de otra pamplina, señorita.

—Yo no he de ceder á sus caprichos! Trae esas cintas y colócame los moños en las dos trenzas. Que me mate; así se acabará este infierno. Él dice que me ama, pero me ama como un tigre, ó más bien dicho no me ama á mí como soy, sino á otra yo, que no soy yo, y que él quisiera hacer de otro modo que como soy.... y se enfurece, y me odia al mismo tiempo que quiere atarme á él, como si yo pudiera hacerme lo que no soy, lo que él quiere que sea sin que sea! Bonita ley! eso quiere decir que no me ama á mí, y que quiere matarme porque no soy lo que no puedo ser.... Esto no tiene remedio, Mariana.... sino la muerte ó qué sé yo qué.... Si me mata, que me mate.... Lo que es yo no tengo intenciones ni ganas de matarme yo misma ó de darme por muerta.... Dios proveerá, y vamos viviendo que el mundo es grande! dijo ella al fin con una carcajada de risa oportuna y moderada.... Pónme las cintas celestes, que hoy no ha de venir M......[120]. Está lejos y muy ocupado.... Nadie ha de venir, porque la gente no está para visitas.... y yo quiero tener el gusto de adornar con cintas celestes mi cabello y mi vestido blanco de batista....

—Va á parecer una novia, su merced.

---

[120] B: Morgado

—Y si M.......[121] muriera como un bravo en /[146] la batalla, crees tú que no habría quien me quisiese?
—A millares, señorita.... Bastantes celos tiene el coronel de....
—No me hables de esos disparates.... A pesar de todo lo que él se imagine en sus locuras, nadie ha ocupado mi corazón.... ni hombre alguno me ha dado que pensar dos minutos.... Bailo, me divierto, paseo, gozo de la sociedad, los hombres distinguidos me complacen y los acepto con gusto; pero precisamente, porque no tengo nada que reprocharme, es que tengo más energía para resistir á las locuras de M......[122]. Mira, Mariana! Yo soy de tal temple que si alguna vez hubiera tenido, ó tuviera una pasión que me alejara de mi marido, tendría por la mayor de las infamias el engañarlo, ó en hacer de la perfidia la ley de mi vida. Claro y pronto tomaría una situación digna, y sería toda entera, y por toda la vida del hombre á quien me ligara, de él sólo, y jamás de dos, porque no he nacido para tener asco y vergüenza de mí misma. Si M.......[123] fuera menos brutal, me habría comprendido.... Pero, le falta esto (dijo la Pepa, tocándose la sien) y me confunde con las mujeres miserables que no tienen valor ni virtud. A mí, puede faltarme la virtud, porque todo es de temer en la suerte que me ha cabido; pero el valor.... el valor no me faltará jamás, /[147] para ser y mostrarme toda entera, sin bajezas, sin mentiras, sin perfidias, y sin cobardías.... Ah!.... Si yo hubiera nacido hombre!
—Dios nos libre, señorita, de que llegase ese caso!.... El coronel comenzaría por matar al hombre que lo privase de su merced, y después la mataría á su merced misma, aunque tuviese que atravesar el infierno para llegar á los dos.

---

[121] B: Morgado
[122] B: Morgado
[123] B: Morgado

—Si llegara ese caso, no sería eso tan fácil! Es tal la idea que yo tengo del hombre que podría llenar mi corazón, que no sólo habría de ser bravo para defenderme, sino elevado y sublime para justificarme de las vulgaridades de las gentes.

—Ya sé, señorita, en quien piensa su merced: dijo la mucama dándola de sagaz y entendida.

—Sí: lo sabes tanto como yo!.... Cuando te digo que no conozco á nadie que pueda tomarse por el hombre que yo me imagino, te digo, con toda ingenuidad, y tomando por testigo á Dios, que es la pura verdad!.... Déjate de tonterías.... Así están bien los moños celestes; no me recojas las trenzas: déjalas caídas todo á lo largo: levántame estos encajes en el cuello, préndelos con ese moño celeste. Bien, así.... Ponme las medidas.... No: esas medias /[148] no! las de seda caladas y con lentejuela.... Esas!.... Ahora el vestido.

Estaba Mariana poniéndole el vestido, cuando tocaron á la puerta; y anunciaron que Tomasa y su madre tenían una grande aflicción y venían á implorar el favor de la *señorita*.

—Que entren aquí, dijo ella con mucho cariño y benevolencia.[124]

XX[125]

—Hazlas entrar, Mariana.

Mariana volvió al momento introduciendo á Tomasa y á su madre.

—¿Cómo está Sinforosa? Estás buena, Tomasa?.... He quedado muy contenta de la ropa blanca que me has hecho: está muy bien bordada, y del filete nada hay que decir. ¿Qué andan ustedes haciendo? ¿No tienen zozobra del estado de las calles?

---

[124] B. benevolencia. / *(Continuará)* //
[125] B: Folletin de EL NACIONAL, 5 Julio 1882 / 13 / LA LOCA DE LA GUARDIA / — / XIX

—Ah, señorita! venimos muy afligidas á buscar un consuelo en usted, misia Pepita.

—En todo lo que yo pueda, soy de ustedes: ya saben cuanto las estimo; y á la verdad que no es hacerles favor porque ustedes todo lo merecen por su virtud y su contracción al trabajo.

—Gracias, misia Pepita.

—Gracias, misia Pepita. /
[149]
—¿Y qué hay? que es lo que las aflige?.... Alguno de los muchachos....

—No, señorita, nó: es algo muy terrible, y estamos con un grande cuidado....

—Pero veamos pues.

—Quisiéramos hablar sólas con la señorita, porque es un secreto muy grave....

—Sólas estamos! Mariana y yo somos una sóla persona.... ustedes la conocen, y son amigas.

—Es verdad, señorita. Así pues, diremos lo que nos trae á incomodar á la señorita.

Y tomando la voz Tomasa como más ladina refirió todo lo que les pasaba, y el conocimiento que el Bando les había dado del peligro que corrían por un crimen ó falta que habían cometido con toda ignorancia de las consecuencias en que se veían envueltas.

—Han hecho ustedes muy bien de venir á verme á tiempo: y yo creo que todo lo puedo remediar. ¿De quién es hijo ese niño que les ha dejado á ustedes la Loca?

—No sabemos nada, señorita. Teresa se apareció con él en los brazos en nuestra casa. No quiso darnos informe ninguno, sino que era de la familia de los Cóndores.

—¿Será hijo de esa desgraciada?

—Cuando nosotros le preguntamos si era hijo suyo, nos contestó con enojo visible que –/[150] "no era hijo suyo". Y parecía que decía la verdad, porque el tono que usaba era terminante, y lo decía con mucha seriedad; así es que aún cuando vimos que estaba loca, se lo creímos. Y como se salió dejándonos el niño. ¿Qué íbamos á hacer nosotras, señorita?.... No lo habíamos de tirar; porque ni sabíamos que Teresa fuese espía. Ella nos dijo que cuidado con que no lo encontrase en casa cuando volviera á buscarlo. Ya ve usted, señorita.... la compasión y todo nos hizo tomarle el niño y alimentarlo, porque venía en un estado miserable de hambre y de inmundicia; parecía que hubiera salido de un pantano.

—Y que fisonomía, que color tiene?

—Es precioso, señorita!.... Blanco, rosado, y de pelo castaño. Tiene unas manos preciosas, y el pie muy fino. Casi no hay duda de que sus padres son decentes.

—Entonces la Loca lo habrá robado?.... No puede ser de otro modo.

—Quién sabe, señorita?.... Pero después del Bando, nosotros hemos dicho si vamos á declararle al prefecto todo esto, tenemos que confesar que hemos recibido ayer á Teresa, y estado con ella; y quien sabe que perjuicio se nos sigue; y hemos dicho: —lo mejor es ir á ver á misia Pepita ¡que es tan buena! y ella nos dirá lo que debemos hacer. /

[151] —Muy bien pensado, Tomasa; y muy bien hecho.

En el transcurso de esta conversación, la Pepita M....... había tenido tiempo de fijar sus ideas; y dijo:

—Mariana, vé que me pongan pronto la calesa.

Mariana salió con premura á dar la orden; y regresó al momento.

—Lo primero que hay que hacer es que yo me vaya con ustedes á su casa, y que me traiga al niño conmigo. Aquí estará seguro y salvo de todo.

—Señorita ¡por Dios! dijo Mariana. Su merced se olvida de lo que pasó en Concepción ahora tres años, poco más ó ménos, y de que el Coronel no ha dejado de cismar con aquel pobre don Exequiel.... Si viene y encuentra que su merced tiene un niño de esa edad....

—Y qué.... por un absurdo como ese, imaginado por un loco violento, voy yo á negarme á salvar una criatura expuesta á todo?

—Pero ¿no sería mejor, señorita, que el niño se quedase con Tomasa?

—No, porque Tomasa no tiene como defenderlo, y á la menor tropelía, se lo arrancarán, quien sabe quién, ó la Loca misma.

—Así no más es, señorita! dijo Tomasa. Nosotros estamos temblando, de que algo se /[152] sepa, de que alguna vecina oíga [sic] llorar al niño, ó de que suceda cualquier otra cosa que nos delate.

—Y tienes razón! dijo la Pepa. Después de todo ahora no son momentos para averiguar todo este misterio; y un niño de esas condiciones no puede volvérsele á entregar á una loca andariega y vagabunda, como Teresa, sin exponerlo á perecer.... Y ya que Dios no ha tenido á bien bendecirme dándome hijos, me bendecirá al menos cuando haga de madre para los que no la tienen.

—Señorita, dijeron de afuera, está pronta la calesa.

—Muy bueno, dijo la Pepa: lo primero es que yo me traiga el niño á casa. Vayan ustedes á esperarme en la suya para que me lo den.

—Iré yo con su merced? dijo Mariana.

—No hay necesidad! lo traeré en mis faldas; y tendremos esta deliciosa novedad para pasar el tiempo. ¡Oh, ser madre!....

—Y si nos delatan á nosotros, dijo Tomasa; y si nos viene algún trabajo?

—Es que luego que me traiga al niño (ya me parece que lo veo!) me voy á hablar con el señor Presidente del Reino; y sin darle razón ni conocimiento de nada, haré que me dé un resguardo absoluto, y en toda regla, para que ninguna /[153] autoridad entre á casa de ustedes, ni las moleste ó toque en lo más mínimo. Además voy á mandarles al negrito Antonio, con su casaca de militar, para que ustedes me puedan dar por él cualquier aviso en caso de urgencia: y yo acudiré. No tengan cuidado de nada: duerman y coman tranquilas.... Vayan ustedes de prisa, que yo voy en la calesa.

En efecto: un momento después llegaban casi juntas á la puerta de la casa las dos mujeres y la calesa de la señorita. Así que le presentaron al niño, ella exclamó ¡Oh, que bonito es! y lo llenó de besos cariñosos; mientras que la criatura, acostumbrada ya á andar en brazos estraños la miraba con una inocencia angelical, y le tomaba los vistosos moños celestes que brillaban sobre el traje blanco con la espontaneidad y el anhelo propios de su edad.

—Bueno, muchachas: me lo llevo! Quiera Dios que no parezca[126] la madre.... Oh nó, por Dios.... Perdón, Dios mío, por estas palabras impensadas!.... Pobre madre.... Pero lo que es á la Loca yo no se lo entrego, mientras no recobre el juicio, ó lo reclame su familia.... Adios! me lo llevo; y voy al instante á sacar el resguardo para ustedes. Adios!

En la calesa, la Pepa no se cansaba de mirar al niño y de halagarlo con todas las caricias imaginables: le hablaba, lo besaba; le ofrecía /[154] darle manjares, juguetes, y se conocía que iba encantada con el hallazgo que había hecho.

—Al bajar en su casa, no pudo ménos que exclamar: ¡Qué dolor voy á tener si me lo quitan!.... Pero quién sabe! quizás, si los padres son pobres, quizás convengan en dejármelo.... Mariana! Mariana!.... Aquí traigo al niño; mira que lindo! Tómalo y acomódalo: pasaremos la noche haciéndole vestidos: Quédate con él, mientras yo voy pronto á pedir el resguardo para esas pobres muchachas.

—Y así va su merced, señorita?

---

[126] **parezca**: aparezca [DRAE].

—Así: ¿qué tiene?
—Con adornos celestes?
—Y qué me importa!
—Ah señorita! ¡se lo van á reparar todos!..., y después un cuento, un chisme, para el coronel.... puede mirarlo como un ultraje.
—Que piense lo que le parezca. Yo me adorno como mejor me conviene, y con lo que más me asienta.
—Ninguna gracia le van á hacer esos adornos al señor Presidente!
—Y es verdad! dijo la Pepa reflexionando. Tienes razón! Desde que voy á solicitar favor para otros, es preciso que no dé pretextos para que me los nieguen.
—Le pondré, señorita, las cintas aquellas de /[155] listones punzóes y amarillos con que hicimos las pases el mes pasado con el coronel?
—Esas ú otras: contestó ella desprendiéndose los colores celestes para tomar los de la bandera española, que, á la verdad le asentaban tan bien, y ponían en tanto realce su belleza con los otros, Y se dirigió en seguida al palacio presidencial.

Los centinelas del palacio, influidos por el estado de alarma y de profundas desconfianzas en que estaba todo á su alrededor, quisieron detener á la *señorita* con las formalidades de cuartel y de plaza de guerra. Pero el oficial de guardia que la conocía particularmente, y que no tenía poco gusto en que la ocasión le permitiese rendirle banderas y homenaje, vino presuroso á la puerta de la calesa; le dió la mano para que bajase, sin poder privar que sus ojos se fijaran en el admirable pie, que al apoyarse en el estribo, puso de manifiesto todos sus encantos con algo más de su escultura. Una agraciada sonrisa fué la recompensa de esta galantería.

—Señorita, tengo el mayor gusto de ponerme á los piés de usted; ¿qué es lo que puedo hacer para complacerla?

—Ya que tengo la fortuna de encontrarme con un caballero tan galante, deseo que usted me dé su brazo, y que haga de modo que Su Ex/[156]celencia el señor Presidente del Reino me reciba.

—Señorita.... con el mayor placer!.... No todos los días puede uno contar con estas dichas!

—¿Por qué no?.... Ya usted vé, que lo que es ahora, soy yo la que tengo que agradecer su fineza.

—Oh, señorita!.... es simplemente mi deber.

—Y que, cree usted que es poco mérito comprenderlo y llenarlo como usted lo hace?

—Ignoraba que lo hubiera en los acasos de la fortuna.

—Muy bien!.... pero en todo caso, es usted quien se hace digno de ella, si es que el llevarme del brazo vale tanto para usted: dijo ella con una sonrisa de carácter dudoso que más bien parecía una ironía por su exceso.

Habían subido en esto la ancha escalinata del palacio compuesta de grandes piedras de granito. En la galería de entrada, había grupos de militares y de otras personas, entre las cuales, el oficial que llevaba á la Pepa distinguió al mayor Bernedo, ayudante de S. E.; y acercándose á él, mientras todos saludaban y miraban á la dama con marcada atención, le dijo:

—Mayor Bernedo, madama M.......[127] desea ser introducida; y volviéndose á la señora le /[157] hizo un saludo de la más rigurosa etiqueta y urbanidad.

—Pase usted á la antesala, señorita: le dijo el edecán conduciéndola de la mano; y acercándole á un rico canapé, la hizo sentar—Voy en el momento á anunciar á usted.

Y apenas se había ella sentado y acomodado su traje angosto y pegado al cuerpo con un formidable rodeón[128] de municiones aplastadas al rededor del extremo de la pollera,

---

[127] B: Morgado
[128] **rodeón**: guarnición.

cuando el edecán Bernedo volvía del salón presidencial con la orden de hacerla entrar al momento.

XXI

El señor Marcó del Pont era un hombre de edad madura sin ser todavía un anciano. Acostumbrado á la alta sociedad, y á los modales galantes de la corte, era amigo de vestirse bien, aunque se había quedado con las modas y los modelos del tiempo de Carlos III.[129] Pero, en aquel día, sus afeites andaban bien descuidados. No había dormido, y hacía dos días que la situación de su espíritu era harto angustiosa y agitada para que hubiese tenido tiempo y humor de ocuparse de sus atavíos. Además de que su fisonomía era muy vulgar, de que tenía ojos redondos y parados, con un pestañeo incómodo y desairado, estaba pálido, ojeroso y desen-/[158]cajado; la boca temblorosa y seca, como cuando crueles ansiedades y el miedo descomponen los jugos del paladar y del estómago. Sus movimientos y sus ademanes eran febriles pero atontados é inconcientes. Vestía (como tres días antes) una lujosa casaca verde; sin cuello, á manera de chaleco, bordada de oro en todas las caídas, en los anchos faldones, en las solapas y en las faltriqueras. Seis ú ocho condecoraciones colgaban de su pecho; cruzado por una rica banda de seda roja y amarilla. Calzón corto y braguta de alzapón,[130] con dos gruesas cadenas de oro, y grandes sellos, colgadas á cada lado hasta el muslo: medias de seda colorante, algo ajadas ya, y tomadas por las piernas del calzón con dos hebillas á oro y de brillantes, y zapatos de paño negro con otro par de valiosísimas hebillas de igual clase. Tenía en

---

[129] Se refiere a la normativa sobre vestimentas que el monarca español impuso sobre todo en las colonias americanas a finales del siglo XVIII.

[130] **alzapón:** "En los pantalones, la jareta donde se colocan los botones, y por ext. la bragueta" [*Diccionario manual...*: 47].

una mano el bastón puño de oro de que jamás se separaba desde que se bajaba de la cama: en la cabeza una peluca blanca con abultada trenza y moño negro á la espalda, y el tricorne[131] ribeteado con finos galones de oro, en la mano izquierda, y en la derecha un pañuelo blanco con el que á cada momento se enjugaba los ojos y la boca.

Cuando madama M.......[132] entró al salón, Marcó del Pont estaba parado junto á una mesa donde el Padre Torres escribía bandos, pro-/[159]clamas, y notas que según él iban á salvar al Reino de las garras de los argentinos. Al verla se adelantó á ella con su cortesanía habitual; y mientras ella saludaba en *círculo,* á estilo de corte, á todos los circunstantes, la tomó de la mano y la hizo sentar á su lado. El Padre Torres que no perdía ocasión de hacer de su parte todo lo que veía hacer al Presidente, se levantó tambien llevando la pluma en la mano, y vino á ofrecer sus agasajos á la dama.

—Cuánta dicha, señorita, de tan donosa visitante: dijo Marcó del Pont.

—Pero sentado, dijo el fraile, nos trae usted algunas buenas nuevas de M.......

—No, padre! Nada sé de él: ¿saben ustedes algo?

—Pero no esté usted inquieta, señorita Pepa! Todo marcha bien! En este momento la cuesta y la hacienda de Chacabuco está ya guarnecida, y es impenetrable. Esos miserables vienen buscando su sepulcro.... y la horca. El señor Presidente saldrá hoy ó mañana á campaña; y puesto á la cabeza de nuestro ejército: *irá, verá* y *vencerá,* como dijo.... *Pompeius magnus,*[133] sin que yo haga otra cosa al citarlo que cambiar el tiempo; porque ha de saber usted

---

[131] **tricorne**: tricornio, sombrero de tres picos.
[132] B: Morgado
[133] Es bien sabido que esa frase –"*Veni, vidi, vinci*"– es atribuida a Julio César y no a Pompeyo Magno; con este error, el novelista satiriza los falsos conocimientos del Padre Torres.

que.... *Pompeius magnus,* lo dijo pasado, y yo lo arreglo de futuro.

—Ah, Reverencia! dijo la dama con mucho /[160] donaire—no és chica la diferencia!—Si Su Reverencia hace una profesía, y el otro hablaba de pasado ¿no es así?

—Así es! así es! dijo Marcó pestañando, y enjugándose los ojos con el pañuelo.... Esta señorita tiene cosas admirables.... Nunca se desmiente la hija de Andalucía.... Este Padre Torres arregla las cosas á su modo.... y yo.... pues.... peso todas mis responsabilidades.... y....

—Así será, señor presidente! dijo el Padre... Pero que quiere V. E.? tengo plena confianza en un ejército mandado por el Mariscal don Francisco Casimiro Marcó del Pont, gran cruz y gran cruz de todas las grandes órdenes del reino, en el que militan también un M......., un San Bruno.

La dama hizo un gesto de asco.

—Mire usted, señorita, continuó diciendo el Padre Torres, el señor Presidente hace gran caso de la capacidad y de los servicios del mayor San Bruno.

—Así será Reverendo Padre, dijo ella.... pero como el señor Presidente ha sido tan bueno y cortez conmigo que me ha recibido al momento....

—Bueno fuera que nó, madama M......[134]. Usted es la joya de este Reino, y yo un humilde servidor á sus pies en todo lo que pueda sin fal-/[161]tar al servicio y beneficio del Rey nuestro amo.

—Yo le doy las más sinceras gracias á V. E.; porque deseando, como deseo, que se cumplan las profesías del R. P. Torres, cuyos sabios consejos hace V. E. muy bien de recojer....

—Gracias, señorita! Oh! gracias por esa justicia!.... Qué podrá usted pedir que no le sea debido?.... pero déjeme usted concluir mi profesía, ella se realizará; y estoy cierto

---

[134] B: Morgado

que el señor Presidente le va á pedir á usted la mano para el primer pas-pié ó para el primer rigodón[135] que se baile en este salón, en festejo de la victoria.

—Oh, si!.... Eso colmará el júbilo del triunfo.

—Acordado, señor! con tal que M.......[136] no vaya á tener celos de V. E., porque es un turco....[137] Y muy bien pudiera ser que los favores que V. E. me acuerda y su galantería esquisita movieran mi gratitud de tal manera, que M.........[138] pues, creyera que las exigencias de tan gran señor, como V. E., tienen su peligro.

—Oh! qué encantadora! que festiva criatura.

—Es, señor, que yo vengo á pedir, y el que pide, debe ser humilde y respetuoso.

—No diga usted eso señorita ¿qué es lo que usted pide?

—Señor, un resguardo de seguridad absoluta para unas pobres mujeres que dependen de mí, /[162] que están muy asustadas, y á quien yo tengo que protejer.

—¿Y son realistas?

—Dependiendo de mí, señor!

—Tiene usted razón. Escriba usted padre Torres, ese resguardo, absoluto, y sin limitación ninguna: ¿cómo se llaman, señorita? No hay hombres?

—Nadie más que ellas. Una anciana y cuatro muchachas que son sus hijas: honradas y buenas todas á carta cabal. La anciana se llama doña Sinforosa Anadero y sus hijas....

---

[135] **pas-pié** [*passe-pied*] y **rigodón**: danzas cortesanas de origen francés.
[136] B: Morgado
[137] Alusión a Otelo, el moro de Venecia, prototipo del hombre celoso, según la tragedia de Shakespeare (1603). La identificación moro-turco deviene de las distintas luchas entre cristianos y musulmanes, sobre todo durante la Edad Media (dominación árabe de la mayor parte de la Península Ibérica, iniciada desde el norte de África, entre los siglos VIII y XV) y el avance del imperio Turco-Otomano por el sudeste de Europa (en la Edad Moderna).
[138] B: Morgado

—Basta! Se dará para doña Sinforosa Anadero y cuatro hijas jóvenes ¿no es así?
—Perfecto, señor Presidente!

Luego que el resguardo estuvo escrito fué sellado con el sello presidencial, refrendado, apostillado en toda forma, y entregado original á la dama, que se retiró muy complacida, y cortejada hasta la antesala por los personajes que estaban en el salón.[139]

XXII[140]

El triunfo de la *Guardia* tenía un valor relativo de bastante consideración; porque, si bien no era decisivo para el éxito definitivo de la campaña, por lo ménos, le abría al coronel Las Heras el valle de *Santa Rosa*, permitiéndole flan-/[163]quear la derecha del enemigo, mientras la vanguardia bajo las órdenes del general Soler bajaba amenazándole de frente, y triunfaba tambien en el puesto de *Las Achupallas*. Para desembarazarse de esta peligrosísima situación, los realistas no tenían más recursos que retroceder hasta la cuesta de *Chacabuco*, único punto en donde podían concentrarse, y asegurar sus flancos, para contener al ejército invasor. Pero esta retirada forzosa los obligaba á hacer abandono de todo el valle de *Putaendo*, entrada capital de la rica provincia de *Aconcagua*, donde los Argentinos podían montar su artillería, proveerse de magníficos caballos y encontrar toda clase de recursos con la adhesión y con la cooperación de todos los habitantes, que estaban decididos, como era natural, por la causa de la independencia contra el yugo colonial.

El coronel Las Heras, jefe de la división invasora de la izquierda, ocupó pues sólidamente el reducto de la *Guardia*

---

[139] B: Salón. / *(Continuará)* //
[140] B: Folletín de EL NACIONAL, 6 Julio 1882 / 14 / LA LOCA DE LA GUARDIA / — / XX

con una fuerza avanzada y estableció su campamento en las faldas occidentales del *Paramillo*, pronto á bajar las Cordilleras por allí, cuando el general Soler se hubiese hecho sentir sobre el valle de *Putaendo*. Al saber que á su derecha nuestras tropas habían sorprendido y triunfado también en *Achupallas*, Las Heras se movió hacia abajo y ocupó el pueblo de *Santa Rosa* con cerca de mil /[164] hombres, al mismo tiempo que Soler, seguido del general San Martín con todo el Estado Mayor General, ocupaba el vallle [sic] de *Putaendo*, montaba la artillería, dotaba de acémilas el parque, y adelantaba al comandante don Mariano N.......[141] con dos escuadrones de *Granaderos á Caballo* hasta las *Coimas*, donde este bravo oficial destrozaba literalmente al coronel realista Atero, poniendo toda la provincia de Aconcagua bajo el dominio de nuestro ejército.

El 9 de febrero, las tres divisiones que formaron el cuerpo de batalla de la invasión, se incorporaron bajo las órdenes del general en jefe en *San Felipe* de Aconcagua.[142] San Martín supo allí, como ya lo había previsto, que los enemigos se proponían hacerle frente en la cuesta de Chacabuco.

Bien informado de la topografía del lugar, dispuso su ejército en dos cuerpos, prontos á tomar diversa dirección en el momento oportuno para atacar de frente y flanco las posiciones en que el enemigo se había fortificado. El coronel Las Heras con toda división que había traído por la izquierda, pasó á ponerse bajo las órdenes del general Soler, que estaba destinado á operar por los cerros de la derecha sobre la izquierda de los realistas; el resto de las tropas, formó otro cuerpo á las órdenes del general O'Higgins, que debía embestir la cuesta por el /[165] frente, siguiendo el

---

[141] B: Necochea # **Mariano Necochea**: militar argentino (Buenos Aires, 1792-Miraflores, 1849), reconocido en el Perú como uno de los próceres de la Independencia.
[142] **San Felipe de Aconcagua**: localidad de la región de Valparaíso, en el valle del Aconcagua, al norte de Santiago.

camino real que va á Santiago. El general en jefe con su Estado Mayor y una reserva marchaba en seguida para atender á que estos movimientos se ejecutaran con la debida oportunidad.

En esta disposición, aunque sin efectuar todavía estas operaciones, el ejército argentino, pronto á la batalla, con las municiones repartidas: y sin mochilas, vino en la noche del 11 de febrero de 1817, á campar[143] al pie de la Cuesta de Chacabuco, cuya cumbre estaba ya acordonada por el famoso batallón de *Talaveras* y otros cuerpos realistas, habiendo quedado el coronel Maroto con el cuerpo principal de su ejército, en el caserío de la hacienda de Chacabuco, que ocupaba la garganta de salida al otro lado de la Cuesta, pronto para apoyar la vanguardia situada arriba. Un juicioso y correcto historiador, dice: "las tropas que componían el ejército realista, eran sin duda lo mejor que había entonces en Chile, y los jefes que las mandaban, poseían bastante tino y arrojo para batirse con acierto y valor."[144]

Los cuerpos argentinos camparon al pie de la cuesta. Habían comido en ese día fuera de la vista de los enemigos, y se les había prohibido encender fuego y fumar. Lo único que llevaban, además de sus armas, era una pequeña cantimplora, con una dósis moderada de aguar-/[166]diente, y una buena dósis de *peumos* cocidos de que les había provisto en San Felipe, y que son como se sabe, un alimento apetitoso y suculento. (1)[145]

Al tomar cada cuerpo la posición que le correspondía para emprender las operaciones de la próxima jornada, el coronel Las Heras adelantó hacia la derecha, por orden del general Soler algunas avanzadas; y en una de ellas

---

[143] **campar**: "Lo mismo que acampar" [DRAE 1817].
[144] El hecho de que López no especifique el nombre del historiador, como ha hecho en otros casos, es un indicio de que la cita no es textual.
[145] A, B, D: (1) El peumo es la almendra que produce una especie de pino muy estimada y muy cultivada en Chile [Nota del autor].

compuesta de quince hombres de la compañía de granaderos, y de otros quince de la de cazadores, al mando del teniente Dehesa, adelantada como hemos dicho á una de las gargantas de la derecha, estaba el sargento Ontiveros platicando en voz baja con sus compañeros en rueda, cuando á eso de las diez de la noche se levantan todos desaforados y toman las armas en tumulto, sin que el centinela que ocupaba una pequeña eminencia hacia adelante hubiera dado la menor voz de alarma.

Un bulto estraño estaba por delante de ellos, silencioso y tranquilo como si fuera una esfinge de piedra.

—Ontiveros, tu Loca! gritó el cabo que era el que primero se había lanzado sobre aquel ente que los había sorprendido. /
[167]
—La Loca!.... La Loca! siguieron gritando los demás sin poder contenerse ni recordar en el primer momento las órdenes estrictas de silencio que se les había dado.

El teniente Dehesa levantó su reserva y vino á paso de trote al lugar del alboroto, y aunque encontró ya á la avanzada repuesta, y riéndose de la aventura, no se sorprendió poco de que la Loca hubiese podido burlar las precauciones tan cuidadosas que se habían tomado para colocar centinelas y resguardar el recinto que se le había encomendado. Un momento después venía también un ayudante del coronel á inquirir lo que había pasado; y poco después, el mismo coronel Las Heras se presentaba allí para informarse; y tenía motivo de admirar tan raro incidente, no pudiendo negarse á aceptar las explicaciones que Dehesa le daba en descargo de sus responsabilidades. Dehesa había hecho formar la avanzada, y la Loca, sin preocuparse de nada, se había sentado al pie del sargento Ontiveros, como si no comprendiese todo lo que pasaba á su alrededor.

—Véamos, muchacha! ven acá, le dijo el coronel Las Heras.

Más como ella no se moviera—Acércate te digo.

Ella no hizo movimiento alguno para obedecer. /
[168]

—Qué demonios! dijo el coronel: esta loca tiene el diablo en el cuerpo—Acércate te mando, ó de no....

Ontiveros contenido por la disciplina permanecía mudo é inmóvil y mirando á su frente, aunque en el fondo estaba bastante inquieto de ver la autoridad suprema de su coronel comprometida delante de los soldados por la inobediencia de la Loca.

—Señor coronel: le dijo entonces el teniente Dehesa—si no la levanta Ontiveros, me dice este cabo que la matarán antes que moverse— ¿Me permite V. S. ordenar?

—Ordene usted.

—Sargento: levante usted á esa mujer y acérquela al coronel.

Ontiveros la tomó por el brazo diciéndole—venga, niña! y algo avergonzado de las sonrisas burlonas de los demás soldados. Ella se dejó levantar y acercar al coronel.

—Pregúntele usted, sargento, por donde ha pasado hasta aquí. Ontiveros obedeció; y ella señaló hacia atrás del lugar en que estaba la avanzada; lo que impresionó mucho al coronel porque comprendió que no estaban bien colocados.

—De dónde viene?—Ontiveros repitió la pregunta.

—De ver á los lagartos: le contestó ella señalando la cumbre. /
[169]

—Los lagartos?.... ¿Qué dice esta mujer?

—Señala, señor, á la cumbre.

—Dígame, niña.... ¿y los San Brunos? le preguntó Ontiveros recordando que ella daba este nombre á los soldados realistas tomados en la Guardia.

—Allá! con los lagartos! dijo ella señalando siempre la cumbre.... Ya les he quitado el hijo de los cóndores.

—Pregúntele, sargento si por el camino que ella ha traído se puede ir á matar á los lagartos.

—Venid conmigo! le contestó ella á Ontiveros. Vamos por acá, le dijo señalando siempre hacia atrás con inclinación al lado derecho, y yo te voy á mostrar los lagartos de arriba (señalando á la cumbre) y los otros que están abajo, dijo señalando con la mano lo que daba al otro lado de la cumbre.

—Ah! dijo Las Heras: por lo visto forman dos divisiones. Habrán acordonado la Cuesta con una fuerte vanguardia, y tendrán las demás fuerzas en la garganta donde están las casas y los corrales de la Hacienda. Es claro!.... así debe ser!

—Dí, muchacha ¿dónde están los Talaveras?

—No fué necesario que Ontiveros interviniese: los ojos se le pusieron enfurecidos á la Loca pero no salió de su aplomo, y con una voz ronca, /[170] siniestra:—Los Lagartos y San Bruno, allá arriba! dijo señalando la altura de la cuesta.

—Teniente Dehesa, conserve bien segura aquí á la muchacha; y dando vuelta á su caballo, el coronel se dirigió á la tienda del general Soler.

A poco rato vino el sargento mayor del 11, don Enrique Martínez con cincuenta cazadores, encargado de reconocer bien el camino por donde la Loca había penetrado al campamento sin ser sentida; y para obligarla á que lo enseñase, fué necesario encomendar á Ontiveros el mando la partida exploradora y el cuidado de hacer andar á la Loca, que, en efecto, se puso á su lado y marchó sin vacilar, retrogradando hasta un cauce seco pero muy encerrado y angosto, que las aguas del invierno se habían abierto entre dos serranías subalternas, y que apenas dejaba lugar para dos hombres de frente bastante oprimidos. La Loca siguió esa senda por el espacio de diez minutos: de allí ascendió á las pendientes de un cerro que quedaba á su izquierda, para tomar hacia la cuesta de Chacabuco; y haciendo un camino circular sobre una meseta, bajó por la derecha al fondo de una quebrada; y subiendo después otra pendiente, colocó á la partida exploradora en otra altura, desde la cual se distinguía como á cinco cuadras el bulto de la Cuesta.[146]

Las asperezas y fragosidades de los otros ca-/[171] minos, quedaban todas á la izquierda de la partida exploradora, y perfectamente evitadas por allí, pues desde aquella meseta la Cuesta podía ser flanqueada por la izquierda, á la vez que atacada de frente por el camino real.

En este momento, la luna se mostraba á lo largo de las cordilleras orientales, iluminando horizontalmente la Cuesta: de modo que Martínez, acercándose tanto cuanto la prudencia lo permitía, pudo inspeccionar bien los accidentes del lugar, y convencerse de que por allí podía atacarse el flanco de la posición enemiga sin ningún obstáculo serio. Con esto, regresó al campamento, y dió cuenta de las ventajas que había encontrado y de las facilidades que ofrecía la nueva senda que acababa de practicar.

Impuesto de todo el general Soler, y siendo ya muy cerca de las 12 de la noche, que era la hora que se había señalado para moverse por la derecha á fin de flanquear la izquierda del enemigo que acordonaba la Cuesta, encomendó la vanguardia de su división al coronel Las Heras y emprendió la marcha por el cauce estrecho de que hemos hablado, siguiendo exactamente el camino que acababa de explorarse.

Al amanecer, la División del General Soler se presentó á la izquierda de la Cuesta de Chacabuco sin grandes dificultades para caer de flanco sobre la vanguardia enemiga

---

[146] Para comprender el desplazamiento de las distintas tropas y los escollos que tienen que vencer, véase la descripción topográfica que realiza, por ejemplo, Cara [93-97].

cortándole la ba-/[172]jada al Caserío de la Hacienda, que era donde el general Maroto había colocado el punto fuerte de la resistencia; y al mismo tiempo, la otra división argentina al mando del general O'Higgins que se había movido dos horas después, ascendía de frente, tocando las músicas el Himno Nacional argentino,[147] y arrollaba así con su masa, todas las guerrillas, que mandadas por los coroneles realistas Eleorraga,[148] Marquelli,[149] Calvo[150] y mayor San Bruno, se habían desprendido á contenerla. Al replegarse estos jefes á la Cuesta delante de las fuerzas que los empujaban, encontraron toda su línea en confusión, y una gran parte de los *talaveras* y demás tropas que la guarnecían huyendo en desorden hacia abajo por el otro lado para ganar el Caserío de la Hacienda. Era que la división flanqueadora del general Soler marchaba ya sobre el flanco izquierdo de la Cuesta haciéndoles imposible allí toda resistencia, á términos que Maroto no tuvo [t]iempo siquiera de mandar los refuerzos necesarios para que se sostuviesen.

O'Higgins tomó la Cuesta, pero quedaba intacta todavía la posición que el enemigo había ocupado con toda habilidad en el Caserío de la Hacienda.

El camino de la bajada estaba ocupado ya por la división de O'Higgins, de manera que para el general Soler no era oportuno meterse tambien /[173] en él, inutilizando sus fuerzas en una sóla masa de frente; y le mandó aviso al general San Martín, de que iba á continuar su movimiento

---

[147] La música del "Himno nacional argentino" es compuesta por el español Blas Parera; la letra le pertenece al padre del novelista, Vicente López y Planes.

[148] **Eleorraga**: Ildefonso Elorreaga, militar español (Aspurú, 1782-Chacabuco, 1817), segundo jefe del Ejército Real de Chile.

[149] **Marquelli**: mayor Miguel Marquelli o Marqueli, militar realista, sargento mayor de Talavera. Al mando de un destacamento integrado por tres oficiales y cincuenta soldados, había vencido a los patriotas en Picheuta días antes, el 24 de enero.

[150] **Calvo**: Ángel Calvo, hacendado chileno del bando carrerino; luego, al servicio de los realistas desde el sitio de Chillán [Barros Arana 1857: 286]; es también vencido en la batalla de Maipú.

primero para caer de flanco sobre la Hacienda, al mismo tiempo que el general en jefe le ordenaba tambien que lo hiciera así, y que le daba órdenes al general O'Higgins de que no se lanzara al ataque decisivo sobre el general Maroto, hasta que Soler estuviese sobre su flanco.

Soler tuvo que volver á tomar á su derecha con toda precipitación; y para no alejarse demasiado del campo de batalla se aprovechó de las primeras indicaciones del terreno para inclinarse á la izquierda y aproximarse á la Hacienda por ese lado.

Pero con asombro general divisaron á la Loca de pie como un fantasma sobre la cuesta de un cerrito que quedaba como á tres cuadras más á la derecha. El coronel Las Heras, se lo hizo notar al general Soler.

—Pero el vaqueano me dice que se puede pasar por aquí.

—Dije que "tal vez" señor general; porque V. E. me ha apurado por lo más pronto!

—C....! Lo más pronto no es por donde no se pueda, só animal!

La Loca estaba inmóvil y sóla, á la vista de la división.

Y al mismo tiempo, el sargento mayor Martí-/[174] nez mandaba aviso que tenía por delante una quebrada profunda por donde no podía atravesar la artillería ni la caballería.

El coronel Las Heras picó su caballo esponiéndose mucho por los pedregales de la serranía; vió por sus ojos que la dificultad era grande y con su informe la división tomó de nuevo á la derecha siguiendo al rumbo en que la Loca se mantenía de pie é inmóvil.

Pero cuando ella notó la variación del movimiento, comenzó á correr hacia abajo, deteniéndose en los puntos donde podía ser vista, y corriendo otra vez desde que conocía que la habían visto. Con esa precipitación ella y la columna, entraron en una quebrada, que los llevó á una pequeña meseta, inmediata á la Hacienda, cuando parecía ya, por el fuego y el cañoneo, que la batalla estaba en lo vivo.

Si hubieran tardado un cuarto de hora más estaba perdida!!![151]

XXIII[152]

<Al oir el nutrido tiroteo, las descargas, y el fuego de la artillería que tenía lugar sobre su izquierda, el general Soler veía con una profunda ansiedad, que la batalla se había comprometido á destiempo: y que |todo| el éxito dependía de que él pudiera llegar cuanto antes sobre el flanco ene-/[175]migo; así es que puesto á la cabeza de la columna, no cesaba de repetir sus voces —*Al fuego, muchachos!*—*Al fuego*, avanzando al trote de su caballo seguido de los batallones que á toda prisa corrían tambien en la misma dirección por entre barrancos y precipicios.>[153]

Lo que había sucedido era que el general O'Higgins, bravo pero irreflexivo había creído inútil atenerse á las órdenes terminantes que le había dado el general San Martín; para dar tiempo al movimiento capital de la columna del general Soler.

O'Higgins, luego que se había visto dueño de la Cuesta, y que había arrollado las fuerzas enemigas obligándolas á desalojar la altura, no comprendió que este resultado era hijo de la marcha hábil y eficaz ejecutada en el flanco derecho por la columna del general Soler. Exaltado por el tiroteo, por el ataque y por el empuje que llevaba su columna, no vió más sino lo que él había hecho, olvidando á los demás que, aunque no habían entrado al encuentro, habían operado de modo á hacer imposible la resistencia.

---

[151] B: perdida!!! / *(Continuará)* //
[152] B: Folletin de EL NACIONAL, 7 Julio 1882 / 15 / LA LOCA DE LA GUARDIA / — / XX
[153] [C: 693]

Infatuado pues por el primer triunfo, alborotada su sangre irlandesa con las emociones del combate y desprovisto de dotes militares para un mando superior, creyó que lo más hábil y conveniente era—"no dar tiempo al enemigo para *rehacerse*"—sin reflexionar que el enemigo ocupaba /[176] una posición sólida en la que estaba *hecho* y fuerte; y que las fuerzas que él había arrollado, habían entrado á esa posición donde quedaban en aptitud ya de recibirlo.

Sin ver nada de eso había lanzado su columna pendiente abajo para atacar la hacienda de Chacabuco: y había tenido la temeridad de llevar á la bayoneta sobre la línea enemiga los dos batallones 7 y 8 mandados por Crámer y Conde.[154] Recibidos por los fuegos de la artillería, y por la infantería abrigada en la posición, estos batallones fueron rechazados; pero cayeron los dos jefes enemigos Elorreaga y Marquelli, cuya falta era una catástrofe irreparable para los realistas. El rechazo de nuestra primera columna se había agravado con la imposibilidad que el terreno le opuso al coronel Zapiola[155] para operar con los Granaderos á Caballo.

El general en jefe se había apercibido desde la reserva del mal estado de la acción. El peligro de perderla era supremo. San Martín no distinguía ni veía la columna de Soler, y lleno de zozobra se arrojaba al campo de batalla con la reserva, creyendo que apenas le sería posible retirar sus fuerzas de la posición insostenible en que el general chileno las había comprometido[156].

<En ese momento el general Soler llegaba á la meseta que dominaba el flanco izquierdo de la /[177] posición

---

[154] **Crámer**: Ambroise Jérome Cramer, militar de origen francés (París, 1792-Chascomús, 1839), conocido en Hispanoamérica como Ambrosio Crámer; desde su llegada al Río de la Plata en 1816, lucha por la independencia americana. **Conde**: Pedro Conde, militar argentino (Buenos Aires, 1785-Sayán, Perú, 1821).

[155] **Coronel Zapiola**: José Matías Zapiola, marino, militar y político argentino (Buenos Aires, 1780-1874); además, miembro de la Logia Lautaro.

[156] [Narrado de modo similar en C: 692-4. Ver Anexo II]

enemiga, y que Maroto había creído imposible de ser ocupada por la falta de camino para llegar á ella.[157]

Una sóla ojeada le bastó al general Soler[158] para hacerse cargo de lo crítico del momento; é indignado de que el general O'Higgins hubiese procedido sin tenerlo en consideración trató[159] de reparar la falta cometida.

Llevaba la cabeza de la columna el batallón de Cazadores á las órdenes de Alvarado,[160] y en el momento el capitán de la primer compañía don Lucio Salvadores[161] recibió[162] orden de descolgarse sobre el flanco de los realistas, siguiéndolo por allí las demás fuerzas de infantería, al mismo tiempo que por debajo de la pendiente, entraba en acción, sobre el mismo flanco, el coronel don Mariano N.......[163]—el Murat[164] argentino—á la cabeza de sus *Granaderos á caballo.*>[165]

La Loca de pie sobre la meseta que dominaba el campo de batalla parecía ver todo aquello con la impasibilidad de las masas de granito en que pisaba.

<La acción tomó[166] en el instante otro carácter. El enemigo abrió[167] su flanco derecho por la turbación que sufría su línea en el izquierdo. El coronel Zapiola pudo pene-

---

[157] C: Sube el general Soler á una meseta donde domina el flanco izquierdo de la posicion de Maroto. [Punto seguido]
[158] C: le basta para
[159] C: trata
[160] **Alvarado**: Rudecindo Alvarado, militar argentino (Salta, 1792-1872), participa tanto de las acciones bélicas en el norte argentino, con Belgrano, como de las del ejército de los Andes; en Lima es jefe del Estado Mayor de San Martín.
[161] C4: Lucas # **Lucio Salvadores**: militar argentino (Buenos Aires, 1791-Valle Fértil, 1820).
[162] C: recibe
[163] B, C: Necochea
[164] **Murat**: Joachim Murat, mariscal y cuñado de Napoleón; rey de Nápoles. La relación que establece el novelista entre Murat y Necochea puede deberse a la condición de ambos de ser comandantes de caballerías y al arrojo que mostraban en las batallas; no así al accionar cruento que hizo famoso al francés.
[165] [C: 694]
[166] C: toma
[167] C: abre

trar entonces[168] con otros tres escuadrones de Granaderos á caballo: acuchilló[169] la caballería realista y ocupó[170] la retaguardia de la Hacienda[171], al mismo tiempo que la columna de /[178] O'Higgins, bajo las órdenes ahora del general San Martín, y reforzada por la reserva, acometía otra vez[172] de frente llevándoselo[173] todo por delante.

La persecución fué tan tenaz que no quedó[174] absolutamente cuerpo ninguno de las fuerzas del general Maroto que no fuese deshecho del todo,[175] ó prisionero; y de todas ellas no pudo rehacerse ni una compañía siquiera que pudiera[176] incorporarse organizada á las fuerzas que venían del sur á toda prisa para defender la capital.

Decidida y terminada la batalla á eso de la una del día, el general San Martín, sentado en un tosco madero á la sombra de una frondosa y soberbia *patagua*,[177] descansaba de la fatiga y conversaba con Arcos,[178] con Álvarez Condarco,[179] sus edecanes y otros muchos oficiales que lo rodeaban;[180]>[181] cuando el comandante Melián,[182] el oficial más tunante y más bondadoso del ejército, uno de aquellos

---

[168] C: Zapiola penetra por allí con
[169] C: acuchilla
[170] C: ocupa
[171] C: retarguardia del caserío,
[172] C: acomete de
[173] C: llevándose
[174] C: no salvó absolutamente
[175] C: no quedase deshecho ó
[176] C: que consiguiese incorporarse
[177] **patagua**: especie arbustiva siempreverde, propia de Chile; puede alcanzar una altura de diez metros.
[178] **Arcos**: Antonio Arcos y Arjona, ingeniero militar y banquero español (Málaga, 1762-París, 1851); en 1814 se suma a las luchas independentistas americanas, aunque en algún momento es acusado de desertor y en otro, de fraude al ejército.
[179] Álvarez Condarco: José Antonio Álvarez Condarco, militar y cartógrafo argentino (San Miguel de Tucumán, 1780-Santiago de Chile, 1855); realiza tareas de ingeniería y fabrica pólvora para el ejército de los Andes; es el secretario privado del general San Martín.
[180] C: que venian á saludarlo.
[181] [C: 694-5]
[182] **Melián**: José Melián, militar argentino (Buenos Aires, 1784-1857).

que viven con el día, del amor y de la guerra, y que gozan, como de cosa conquistada por derecho propio, del cariño de sus compañeros y de la condescendencia absoluta de los jefes para hacer de todo una gracia, salió alegre de lo interior de la Hacienda, con un barrilito pequeño cargado al hombro; y gritando ¡Jerez, mi general!.... Jerez!.... Vea que hallazgo!

—Cuidado, Pepe!.... No lo revuelvas! dijo el general con sumo interés. ¡Qué ganga!..... /[179] Lorenzo! ven acá, espicha este barril con mucho cuidado y pónle una canilla.

—No, general! dijo Melián. No hay espiche á mano, ni canilla; y como yo no se lo regalo todo á V. E. sino me reservo una botella, lo mejor es que cada uno prepare su jarro, y que le metamos un barreno cualquiera hasta vaciarlo. Don Matías (1)[183] me dá orden de incorporarme al instante al escuadrón y de marchar á seguir la persecución. Si V. E. se tarda mucho me quedo sin mi parte.

—Bien! Lorenzo; pronto una barrena!

—Y una botella, agregó Melián.

Obedeciendo la orden, Lorenzo, que era un mulato diligente, y acostumbrado al servicio personal de su general, vino al minuto con el barreno, colocó debidamente el barril y le abrió un agujero.

Melián llenó la botella, se la dió al asistente y montó á caballo.

—Pepe! le dijo San Martín, haz que me llamen á don Bernardo, (2)[184] á Soler y á Las Heras.

—Ahora mismo! contestó Melián y partió á galope.

El general quería saborear con ellos el *jerez* que le había regalado Melián. (3)[185] /

---

[183] A, B: (1) Zapiola [Nota del autor].
[184] A, B: (2) O'Higgins [Nota del autor].
[185] A, B: (3) Histórico, según conversaciones posteriores del autor con el general Las Heras [Nota del autor].

[180]
<Al[186] recibirlos con la jovialidad que le era habitual[187] en estos casos, |para celebrar la felicidad del día con una buena copa del rico vino cuyo barril tenía por delante,| notó con sumo disgusto que algo muy grave pasaba entre los generales Soler y O'Higgins. El primero traía el rostro visiblemente enfadado y siniestro. Dió la mano á todos los compañeros que se apresuraron á felicitarlo por su oportuna aparición en el campo de batalla, ménos á O'Higgins, marcando bien la voluntad que tenía de ofenderlo con este desaire.

O'Higgins lo notó también |y tomó un aire arrogante|, produciéndose con esto un incidente que aunque mudo y contenido, perturbó visiblemente la cordialidad de la reunión.[188]

San Martín hizo distribuir los cántaros que más á mano había para tomar el vino, y poniéndose de pie, dijo:[189] Señores! ¡A los guerreros del frente y de la derecha.[190]

Y sin dar tiempo á más, con aquella sagacidad y viveza de percepción con que sabía obrar en los momentos difíciles, agregó tomando el tono del mando oficial[191]:

—General Soler: tome V. S. el[192] mando de la vanguardia con toda su división, incorporando |á ella,| los cuatro escuadrones de Granaderos á Caballo; y ordene V. S. que la persecución no pase del portezuelo de *Colina;* porque es muy /[181] probable que las fuerzas enemigas que

---

[186] C: [punto seguido]
[187] C: era natural en
[188] C: [punto seguido]
[189] C: San Martin se puso de pié, levantó una copa de vino y dijo:
[190] C: —Señores: á los bravos de la derecha, y á los bravos del frente! Todos aplaudieron; y sin dar
[191] C: tono oficial del mando.
[192] C: póngase V. S. al mando

quedaban[193] al sur, estén concentrándose[194] en Santiago, para presentarnos otra batalla. (1)[195]

—Otra batalla, señor General? dijo O'Higgins |con su arrogancia natural, y con la idea que ya tenía de que iba á ocupar el poder en pocos momentos más, como que era ya el personaje más preeminente y benemérito de Chile.|

—Es natural|, general O'Higgins|: abandonarnos la capital, quedándoles todavía intactas las fuerzas que tenían[196] al sur,—los tres escuadrones de Barañao, los batallones de Chiloe y de Chillán, el de la Palma[197] y quince cañones que pueden mover con 300 artilleros, me parece que sería el colmo de la imbecilidad. Tienen que[198] aventurar otra batalla, porque si se retiraran,[199] tendrían que replegarse á Concepción; |y| todo quedaría perdido para ellos, pues[200] tendríamos el país entero con nosotros.

—Yo digo, general, que V. E.[201] no los conoce...

Los jefes que oían este diálogo se afectaron mas[202] al oir esta observación impertinente del general O'Higgins[203]. |Soler levantó la cabeza haciendo un gesto provocativo.|

—Creo, señor general, agregó O'Higgins, que estamos hablando entre amigos ¿no es cierto? /
[182]

—Por supuesto! contestó San Martín dando una forma llana y fácil á sus palabras.

---

[193] C: quedan
[194] C: concentrándose ahora en
[195] A, B: (1) Histórico, según los mismos informes [Nota del autor].
[196] C: tienen
[197] **Palma**: Cipriano Palma, comandante del escuadrón Dragones de Chillán.
[198] C: Han de aventurar
[199] C retiraran ahora tendrían
[200] C: ellos y tendríamos
[201] C: General, V. E. no
[202] B: mal # C: gefes presentes se sorprendieron al
[203] C: observacion que les pareció impertinente.

—Pues en ese[204] caso me permito insistir en que no hemos de tener otra batalla.... Si V. E. quiere me comprometo á marchar sobre Santiago, y ocuparlo mañana al amanecer.

—Puesto que la conversación es amistosa, señor general, dijo Soler, permítame decirle que opino como V. E.[205]; que si V. E.[206] me retira el honroso puesto de dirigir la vanguardia para encargárselo al señor general O'Higgins, que lo desea[207], cuide |mucho| V. E. de que una fuerte división pueda operar de flanco en el momento oportuno, bien apercibido de lo que puede[208] ocurrir en esta noche.

—Señor general Soler! dijo O'Higgins. Explique V. E.[209] si esas palabras tienen doble sentido?[210]

—Tienen, señor general O'Higgins, el que V. S. les ha dado.

—|Señor| general! dijo San Martín incorporándose y tomando el tono del mando[211]. Acaba de recibir V. S.[212] una orden perentoria y urgente! Marche V. S. á cumplirla que los[213] momentos son preciosos, y ya que V. S. sabe lo que preveo, obre |V. S.| del modo conveniente para que el enemigo no lo encuentre desprevenido.

Soler era entonces un hombre de treinta años á lo más. Era el oficial más alto[214] y más arro-/[183]gante del ejército argentino. Derecho y esbelto como un álamo. Militar[215] consumado en su andar, en la severidad de su gesto, y en la cortesía reservada de sus modales. Pasaba por el[216] más

---

[204] C: en este caso
[205] C: Soler, yo me permitiré opinar como V. S.
[206] C: y decirle que si V. E.
[207] C: que parece desearlo,
[208] C: oportuno y bien apercibida de lo que puede ocurrir
[209] C: V. S.
[210] C: sentido!
[211] C: incorporándose con ademan supremo
[212] C: V. S. acaba de recibir
[213] C: cumplirla. Los
[214] C: oficial de una talla mas elevada y
[215] C: álamo, militar
[216] C: modales, pasaba por ser el

entendido de los jefes de división que tenía entonces nuestro ejército, y en la reciente campaña había desempeñado la importante parte que le había encargado el general en jefe con una habilidad notoria y con una competencia de primera clase.

El rompimiento del general Soler con el general O'Higgins, la intransigente soberbia de su carácter, y la idea que el primero se había formado de la poca capacidad militar del segundo, iban á ser causa de su separación del ejército de los Andes desde que este general[217] O'Higgins ocupase en Chile el puesto supremo[218] que le estaba destinado por los propósitos políticos y necesarios del general San Martín[219]. (1)[220]

La escena anterior dejó muy[221] preocupado al general San Martín, y aunque procuraba[222] disimularlo todos estaban tambien más ó menos /[184] afectados del[223] sinsabor que estos incidentes ocasionan[224].

—Las Heras! dijo el general sentándose de nuevo |debajo de la patagua|—Téngame al corriente de lo que pasa

---

[217] C4: Andes en cuanto O'Higgins
[218] C: puesto de SUPREMO DIRECTOR DEL ESTADO, que
[219] C: Martin. Ambos jefes eran ya incompatibles en el *Ejército de los Andes*. / Entretanto: era cierto que cuando el general San Martin preveía con buen juicio una nueva batalla, y se preparaba á ganarla, el coronel Barañao recien llegado a Santiago promovia la necesidad de tentar ese nuevo ataque y de caer esa misma noche sobre los Argentinos. Juntóse sobre eso consejo de jefes, pero prevaleció el parecer de que la operacion era aventurada por que no podia suponerse que se tomasen desprevenidos á jefes de tanta importancia y experiencia como los que habian ejecutado la invasion y ganado la batalla de la cuesta de Chacabuco.
[220] A, B: (1) Al mismo tiempo que el general San Martín preveía una nueva batalla, Barañao de parte de los realistas, insistía en darla, y en caer esa misma noche sobre el ejército argentino. Lo que no tuvo lugar porque se creyó que este ejército estaría prevenido, y que la operación era aventurada. Barañao que era entonces el jefe más importante del ejército realista, era porteño y oriundo del pueblo de las Conchas [Nota del autor] # **Las Conchas**: hoy partido de Tigre, a orillas del actual río Reconquista (provincia de Buenos Aires).
[221] C: anterior puso preocupado
[222] C: aunque procuraban [todos, no San Martín]
[223] C: afectados por el
[224] C: que causan siempre los íncidentes de este género.

entre O'Higgins y Soler: y trate de aquietarlo |por ahora,| hasta que entremos á Santiago.

—Hablamos como amigos, ó como de general á subalterno?[225]

—Completamente como amigos.[226]

—Entonces, no me encargo de eso, general!....[227] yo no[228] tengo ninguna intimidad con el señor general Soler: ni nos tocamos ni quiero tocarme[229] con él sino en cosas de servicio.[230]>[231]

—¿Qué demonio, dijo el general San Martín echando á otra parte su enfado,—anda haciendo esa mujer?

—Anda mirando, señor, á todos los prisioneros y registrando á los muertos y heridos enemigos.... Andará buscando algún hermano, ó á su marido....

—Arrójenla del campamento. Álvarez Condarco, vaya usted á ver si es espía, y remítala presa á la retaguardia.

Las Heras, que conversaba con Arcos, no dió atención por el momento á este incidente; pero cuando Alvarez Condarco regresó al grupo diciendo que era loca al parecer, que pretendía /[185] que era de la familia de los Cóndores, y que buscaba un gran lagarto, le dijo al general:

—Esa es una mujer rara, señor general!.... Parece que se ha enamorado de un sargento de mi batallón; y desde la *Guardia* viene haciéndonos grandes servicios como guía. Hoy mismo, fué ella quien nos dirigió por el mejor rumbo para caer sobre la Hacienda.

—Pero qué anda haciendo con los muertos?.... Andará buscando si el sargento está vivo ó muerto.

---

[225] C: Me permite V. E. una simple observacion?
[226] C: ¿Cómo nó?
[227] C: Entonces suplicaré á V. E. que no me encargue ese cuidado. No
[228] C: No tengo
[229] C: Soler; y no deseo tocarme con # C4: deseo rozarme con
[230] C: servicio. Por lo demas, estoy cierto que el Sr. general Soler no se ocupará por ahora de otra cosa que de cumplir las órdenes que V. E. le ha dado.
[231] [C: 695-9]

—No debe ser así, señor, dijo otro edecán, porque lo que busca es un enemigo; y ahora mismo repare V. E. que recorre aquella hilera de prisioneros que pasa á retaguardia.

—Vaya á traerla.

Cuando la Loca llegó á la presencia del general, traída y tomada por los brazos, aunque sin hacer resistencia, tenía en la cabeza ocho ó diez plumas de Cóndor atadas de sien á sien por una tira de trapo.

—Qué buscas, muchacha?

—Al Lagarto! le contestó ella, sacándose una ó dos plumas, y adelantándose á San Martín con todo desembarazo, se puso á colocarle dos plumas en los dobleces del sombrero de ule [sic] del general.

Como este la dejó hacer, ella manifestó en /[186] su mirada y en su rostro la más íntima satisfacción.

—Cómo se llama el Lagarto?

—San Bruno! dijo ella.

San Martín saltó de su asiento, como levantado por un resorte. ¿Dónde está ese infame? exclamó el general con el gesto y con el ademán del enojo más terrible.

—Yo te lo voy á traer, y te lo voy á poner en tus uñas, Cóndor Viejo.

—Esta mujer es preciosa! Álvarez Condarco, que la lleven al campo de los prisioneros, y que se los muestren todos para que vea si está San Bruno, y que un oficial con diez soldados registre el campo de batalla para ver si está entre los muertos ó los heridos.

—No quiero! dijo ella.... Yo ye lo voy á traer.

—Mi general! dijo Las Heras—Es loca; pero ella sabe lo que hace y lo que quiere. Conmigo ha hecho lo mismo.... pero dejándola de su cuenta y libre se porta admirablemente.

Entretanto, la Loca se alejaba ya del grupo sin hacer caso de nadie; y con un paso natural tomaba otra vez el

camino de los cerros, como si no quisiese seguir la dirección de las tropas vencedoras.[232] /
[187]

XXIV[233]

<En la tarde del 12 de febrero, que tan glorioso[234] había sido para el ejército argentino, el general Soler llegaba[235] al portezuelo de *Colina*. Establecido allí sólidamente con toda la vanguardia, hacía[236] replegar |á las líneas| al coronel N.......[237], que había llevado una tenaz persecución, hasta dos leguas más adelante.

Esta persecución había sido terrible para los vencidos. Porque, como recordará el lector,[238] la caballería argentina, al mando de Zapiola por la izquierda, y de N.......[239] por la derecha, había penetrado hasta tomar posesión de la retaguardia realista, al mismo tiempo que Soler doblaba el flanco izquierdo del enemigo, y que O'Higgins, |favorecido por estos movimientos,| rehacía[240] sus columnas[241] y lo arrollaba por el frente. Con esto los enemigos habían perdido su formación y se habían declarado en una derrota espantosa. Pero al huir hacia la ciudad, en el más completo desorden y confusión, habían encontrado que los Granaderos á caballo les cerraban el paso; y como les faltara ya la disciplina, al marchar así revueltos en grandes

---

[232] B: vencedoras. / *(Continuará)* //
[233] B: Folletin de EL NACIONAL, 17 Julio 1882 / 16 / LA LOCA DE LA GUARDIA / — / XXI
[234] C: glorioso dia habia
[235] C: ocupaba
[236] C: hizo
[237] B, C: Necochea,
[238] Esta apelación al lector se justifica en la pausa de diez días que ha tenido la publicación de los folletines. No obstante, permanece en el fragmento repetido en la *HRA*.
[239] B, C: Necochea
[240] C: que la division O'Higgins dirigida por el General en Jefe rehacia
[241] C: columnas al favor de esos movimientos y

grupos, tuvieron[242] la imprudencia de hacer fuego, para abrirse camino; de modo que los Granaderos á caballo, lanzados á fondo, los sablearon por más de cuatro leguas en los callejones de la vía, dejando detrás de sí, una /[188] enorme cantidad de enemigos muertos, heridos y prisioneros, sin que alcanzaran á salvarse sino algunos pocos fugitivos, que, trepándose á los cerros, ó escondiéndose en las asperezas, lograron sustraerse por el momento al sable de los vencedores, pero no salvarse de caer en sus manos hora más ú hora ménos.

Serían ya como las seis[243] de la tarde,[244] cuando el general Soler |le| avisó |al general San Martín,| que quedaban[245] en posición de contener cualquiera tentativa que el enemigo pretendiese hacer en la[246] noche, |para tomar desquite de la derrota que acababa de sufrir|; y que, habiendo sido estudiada la topografía del lugar, por los ingenieros Arcos y Álvarez Condarco, estaba ya señalado[247] el campo en que todo el ejército debía venir á acampar[248], para estar reconcentrado y[249] prevenido á todo evento.

El general San Martín se adelantó entonces con el Estado Mayor hasta la vanguardia; y después de unas cuantas horas dadas á la reorganización de los cuerpos,

---

[242] C: grupos se permitian algunos la
[243] C: las ocho de
[244] C: tarde (p. m.) cuando
[245] B, C: quedaba
[246] C: en esa noche
[247] C: indicado
[248] C: ejército podía acampar, # C4: debía acampar,
[249] C: para reconcentrarse y quedar prevenido

al refrigerio de la tropa y al descanso, el ejército se puso en marcha en aquella dirección entrada ya la noche[250].>[251]

<<Detrás de las últimas columnas de la retaguardia cabalgaban con negligencia, lado á lado, dos hombres seguidos de un piquete de /[189] soldados que arrastraban un cañón de montaña.

El uno era un jovencito de diez y siete años, escribiente por el momento[252] de la Secretaría del General en Jefe, que por primera vez en su vida atravesaba un campo de batalla.

El otro era un hombre como de treinta años: figura grotezca y aire siniestro; que parecía encantado con el horrible espectáculo que se desenvolvía á su vista; y que había tomado una parte viva en la carnicería de la jornada.

Algunos grupos de campesinos silenciosos,[253] provistos de[254] faroles y de angarillas de cañas hechas á la ligera, recogían heridos en aquel campo de muerte y los trasportaban á las casas de la Hacienda. Los que dirigían aquel piadoso trabajo, les gritaban de cuando en cuando:[255] —"Carguen primero á los patriotas!"—"A los godos después."

—¡Zeñor por *Dioz*!.... Un *vazito* de agua! que perezco de *zed*!.... exclamaba un infeliz que yacía por allí[.]

---

[250] C: marcha en las primeras horas de la aurora (14).
(14) Voy á narrar aqui por via de amenidad una anécdota característica de algunos actores, que tiene un perfecto sabor histórico, y que salvo la forma literaria en la que la voy á verter, es perfectamente idéntica al suceso tal cual lo he oido al Sr. D. Juan Godoy, gran sabedor de aventuras, y que los generales Dehesa y Las Heras me decian que en efecto habia corrido ese cuento en el ejército. [A continuación, en esta misma nota 14, López incorpora en C el fragmento que señalamos mediante dobles corchetes angulares << >>] # **Juan Godoy**: Juan Gualberto Godoy, payador, poeta y periodista argentino (Mendoza, 1793-1864), autor del poema gauchesco-satírico *El Corro*; hacia 1840 está radicado en Chile como exiliado político y publica –por ejemplo- en *El Progreso* y *Revista de Valparaíso*, como lo hace Vicente F. López por esos años; si bien en 1819 era teniente del Regimiento de Cazadores a Caballo de Mariano Necochea, no participa de las luchas en Chile.
[251] [C: 699-701]
[252] C4: escribiente por aquel entonces
[253] C: silenciosos, dirigidos por agentes subalternos, provistos
[254] B, C: de algunos faroles
[255] B: gritaban de cuando—

Al oírlo, dos ó tres campesinos procuraron acercarse á él para auxiliarlo. Pero el hombre que cabalgaba con el joven, les gritó—Eh, béstias! ¿no están oyendo que dice *zeta*? A los patriotas primero! dijo entrometiéndose en lo que no le incumbía.

—Mal rayo te parta!.... y el alma y el cuer-/[190]po se te pudra,[256] hijo de una tal por cual! exclamó el herido.

—Antes te vas á podrir tú, raza de moros! le contestó el ginete, riéndose complacido |de aquella desgracia|.

De todos los lados del estrecho camino se oían salir ayes lastimeros.

—Ay por Dios! socórranme[257] presto! decía el uno con una voz moribunda.

—Por los clavos del Señor[258]! mizericordia, mizericordia[259]!.... tengo traspazado[260] el pecho!.... Me ahoga la zangre[261], gritaba otro.

Y los horribles lamentos daban un lúgubre aspecto á las tinieblas de la noche, y al vago andar de los escasos faroles con que las partidas de campesinos andaban inspeccionando y recogiendo los heridos.

Una voz angustiada se alzó por delante de los dos ginetes, y en tono[262] de la más grande desesperación les gritó:

—Por la Virgen Santízima de Dolores, zeñor oficial! me van á aplastar los caballos y el cañón!.... tengo las dos piernas destrozadas! no me puedo mover!.... por piedad! por piedad! que todos zomos cristianos!

—Pues mejor!.... Te despenará[263] cuanto antes!.... le dijo el mayor de nuestros dos hombres, mientras los sol-

---

[256] B: se te pudra # C: *ze* te pudran
[257] B: por Dioz! ¡zocórranme presto! # C: Dioz! zocórranme presto!
[258] C: del Zeñor!
[259] C4: ¡misericordia, misericordia!
[260] B, C: traspasado
[261] B: sangre
[262] B, C: en el tono de
[263] B, C: despenarás

dados continuaban impasibles arrastrando el cañón hacia el herido. /
[191]

Pero el más joven tirándose prestamente del caballo, corrió al herido, y tomándolo por debajo de los dos brazos lo sacaba[264] de la vía, y lo ponía[265] á un lado contristadísimo de los espantosos quejidos que lanzaba al ser arrastrado.

—No puedo hacer más por usted, *amigo!* le decía[266] el joven, y se volvía[267] lijero á su caballo dejándolo en sus atroces padecimientos y clamando *agua! agua! agua,*[268] por todos los santos del cielo!

—Mira: le dijo el otro—si vas á ocuparte de eso con cada uno de los que te llamen, vas fresco!.... Aprende! agregó señalándole con el dedo un bulto, que á la orilla del camino estaba dándole vuelta á un cadáver para ponerlo boca arriba—Mira esa mujer, que en vez de enternecerse por los quejidos, anda haciendo provecho y robando á los muertos, que dén gracias también si no los despena para aumentar la cosecha.

—Miserable! Harpía! deja esos infelices! le gritó el joven adelantando á ella su caballo.

Pero al oirlo, la Loca de la Guardia[269] se incorporó arrogante como una fantasma, y |levantando su mano| le dijo con imperio—¡sigue tu camino y deja á los cóndores su presa! ¿qué sabes tú de lo que yo busco, ni de lo que yo hago.

—Ah! dijo el otro riéndose á carcajadas. Es la Loca![270] /

---

[264] C: lo sacó de
[265] C: lo puso a
[266] C: le dijo
[267] C: y volvióse
[268] C: clamando agua! agua! por
[269] C: la muger
[270] C: Loca del Nº. *Once* (*). / (*) Decia la Leyenda que buscaba por todas partes el cadáver de Zambruno, el feroz capitan de *Talaveras*, autor y actor en las fechorías de *Rancagna* [sic], á quien descubrió y denunció en la crujia de los prisioneros.

[192]
—La Loca? preguntó el joven con sorpresa.
—Sí, hombre! déjala[271] |no más que está protegida!|.... y tomándolo de la rienda de su caballo |lo trajo á sí, y| lo[272] obligó á seguir el camino.
—No hay duda, |dijo el joven|, que un campo de batalla es una cosa tremenda: en este momento quisiera ser sordo.[273]
—Pamplina! |le contestó el otro.| Horrible[274] es cada día que pasa!.... O se te figura, inocente criatura, que el mundo no es tambien un campo de batalla en que van al hoyo, con dolores y lamentos espantosos, no digo yo quinientos ó seiscientos pobres diablos como aquí, sino quinientos ó seiscientos mil por día.[275]
—Pero uno no los vé.
—Vaya con el consuelo! Pero los ven sus hijos, sus padres, sus hermanos, el que....[276] los confiesa.... el médico que los mata sin refregarse los ojos.... Los asesinos que los despachan y qué sé yo que otros mil.
—Pero á esos[277] los auxilian y los atienden otros; mientras que estos desgraciados quedan ahí postrados y mueren sin más compañero que el abandono, la soledad, las tinieblas y el frío de la noche, clamando por un dedal de agua que nadie les dá.
—Pues mira:[278] mañana saldrá[279] el sol como todos los días. Los muertos se podrirán[280] enterrados ó no enterrados: los que no sean devorados /[193] por los gusanos serán

---

[271] C: dejála
[272] C: caballo le obligó
[273] C: sordo, dijo el jóven.
[274] C: Horrible y tremendo es
[275] C: sinó millones por dia?
[276] C: el... que los
[277] C: esos desgraciados los
[278] C: mira: duerme bien esta noche: y mañana
[279] C: mañana verás salir el
[280] B, C: pudrirán # **pudrir**: "Lo mismo que podrir" [DRAE 1817].

devorados por los cóndores. Se entrará[281] el sol después, saldrá la luna y brillarán las estrellas como siempre. Y por último ¿para qué hemos tomado servicio y cargamos esta espada?.... Para matar y para matar, mientras no nos maten otros á nosotros. Y como nosotros tambien hemos de morir, sin que el sol se pare por eso, ni dejen de parir las mujeres, todo se traduce[282] al fin á morir unos cuantos años antes ó unos cuantos años después. Con que[283] así, deja tú á los que mueren que mueran, y véamos si[284] el tiempo que hemos de vivir, logramos ser nosotros de los que matan y gobiernan y gozan.... Por lo que hace á mí, eso es lo que voy buscando, y para eso pongo en riesgo mi vida.... A mí me gusta matar y mandar; y maldito si se me importa un bledo de los que caen, con tal que yo sea de los que quedan!

—Pues yo me he decidido á tomar parte en el ejército[285] para defender á la patria....

—Matando!

—Matando, no; |sino| peleando por el triunfo, y por la victoria de la tierra en que hemos nacido, para ser libres en ella y hacerla feliz.

—Y todo eso matando!.... La prueba está en[286] esos quejidos y lamentos que estás oyendo y que te horrorizan.

—Así será! pero lo que |yo| sé es que yo tengo /[194] aquí en el corazón otra clase de sentimientos y de ideas que no son esas.... Libertar á Chile y triunfar de la España[287], es algo más que matar! La gloria y la gratitud de los pueblos!

---

[281] C4: Se pondrá el
[282] B, C: se reduce al
[283] C: Conque así
[284] C: si en el
[285] C: ejército solo para
[286] B, C: en todos esos
[287] C4: de España

—Sí.... Ya verás la gratitud de los pueblos!.... y en cuanto á la gloria, no es gratitud sino agravios y rencores lo que te ha de dar!....[288] Para los pavos!

—Si todos viesen el mundo como usted, sería mejor haber nacido pampa,[289] Fray Félix! le dijo el joven con un enfado visible y con acrimonia.

Pero no bien había pronunciado estas últimas palabras, cuando el otro[290] acercándole su caballo con un movimiento violentísimo, levantó la mano con todo el ímpetu de la rabia como para descargarla de revés sobre su compañero. Y lo hubiera hecho, si éste, sorprendido pero ágil, no hubiera separado á tiempo su caballo[291] y echado mano al puño de su espada.

El fraile Aldao se contuvo entonces, y le dijo[292]:

—Mira, mocoso! si no te hubiera visto nacer, y si no fuéramos los dos de Mendoza, te daría una lección que no olvidarías[293] jamás.... Pero te advierto que si otra vez me injurias te has de arrepentir.

—No quiero contestarle, teniente Aldao, porque reconozco mi falta y porque estamos delante de la tropa. Pero usted comprende que el hábito........ /

---

[288] C: dar si un tonto como *vos* llega á verla....
[289] **pampa**: "Se dice del individuo de un pueblo amerindio de probable origen tehuelche, que habitó la llanura del centro argentino" [DRAE 2001; esta acepción no aparece en el diccionario oficial de la lengua española hasta el siglo XXI].
[290] C: cuando el fraile
[291] C: su cuerpo y
[292] C: dijo (**):
(**) Don Félix Aldao, era un fraile mendocino que dado por genio á las aventuras consiguió que lo hicieran capellan del batallon N°. 11. En el ataque de la *Guardia*, se sacó los hábitos, se metió en el piquete de los Granaderos, y tomó una parte cruel en la matanza. Desde entonces comenzó á figurar como teniente y no habia para él mayor injuria que decirle *el fraile*; por lo cual se lo repetian siempre los demas oficiales. Sabido es que ascendió hasta coronel y que fué el tirano mas atroz y siniestro de Mendoza á su vuelta del Perú.
[293] C: no olvidaría jamás...

[195]
—El hábito? ¿Vuelves |á insultarme|? dijo el *fraile* Aldao como si quisiera contenerse antes de estallar.
—Quiero decir la costumbre. No he tenido la menor intención de ofenderlo; ni pensé de lo que decía.
—Pues ten cuidado para en adelante, porque estoy resuelto á meterle cuatro pulgadas de acero al que pretenda seguir con esa[294] costumbre, sin tener en cuenta lo que soy ahora y lo que quiero ser en adelante.
Después de esta escena, los dos compañeros marchaban en silencio, cuando á poco tiempo se sintió el galope de un caballo que venía de la vanguardia[295] y que detuvo su carrera junto á ellos—¿Qué hay, Juan Apóstol? le preguntó Aldao. (1)[296]
—Orden de que todos los piquetes se pongan al trote; y que usted se incorpore á su cuerpo, Fray Félix.
—Fray tu madre, loco de m....!
El oficial soltó una carcajada; y dando vuelta su caballo tomó otra vez hacia el cuartel general.>>[297]
<El general San Martín acababa de tener las primeras noticias de que las fuerzas enemigas se habían desorganizado completamente, |y| de /[196] que la Capital estaba abandonada y en completa acefalía. Aunque bastante vagas y poco auténticas[298] todavía, había sin embargo algunos datos que parecían fundados, y que hacían[299] presumir la necesidad de que el ejército argentino se adelantase á ocuparla tan pronto como fuera posible.

---

[294] C: con esta costumbre
[295] C4: venía de adelante
[296] A, B, C: (1) Don Juan Apóstol Martínez, uno de los oficiales más bravos y más desparpajados del ejército [Nota del autor].
[297] [C: 701-7]
[298] C4: bastante vagos y poco auténticos todavía [En A, B y C los adjetivos se refieren a "noticias", mientras que en C4, a "datos"]
[299] C: fundados, para presumir

Y[300] en efecto: en aquellos mismos[301] momentos, Santiago era[302] un caos, entregado al desorden más espantoso.

Las fuerzas venidas del sur aquel mismo día, |que| al mando de Barañao[303] habían tenido la intención de atacar al ejército vencedor, creyéndolo[304] desprevenido y entregado á la confianza de su triunfo,[305] habían tenido que desistir de la aventura; y se habían replegado[306]. La desmoralización se había apoderado de los cuerpos; |y| relajada la disciplina, los derrotados no obedecían órdenes de nadie, y corrían en grupos en la dirección de Valparaíso[307] sin otra[308] mira que huir y que embarcarse en los buques que pudieran encontrar; |mientras que| los otros[309] cuerpos que no habían entrado en la acción, contagiados también del pánico general, y sin contar con la cohesión necesaria, y[310] con la autoridad de un mando superior para hacer pie, volvían á tomar á toda prisa el camino del sur para replegarse[311] á Concepción y á Talcahuano, y[312] tener tiempo de conocer la situación general en que habían de /[197] quedar las cosas, y tomar medidas para defenderse[313] ó esperar refuerzos del Perú.

---

[300] C: posible. En efecto
[301] C: efecto: era en esos momentos, que Santiago # C4: efecto: en esos momentos, Santiago
[302] C: Santiago ofrecía el aspecto de un caos,
[303] C: Barañao y de otros gefes habian
[304] C: vencedor esperando encontrarlo desprevenido
[305] C: triunfo pero habian
[306] C: aventura prefiriendo replegarse.
[307] C: Valparaiso y de otros puertos sin
[308] C: sin mas mira
[309] C: encontrar. Los demas cuerpos
[310] C: necesaria ni con
[311] C: sur replegándose á
[312] C: Talcahuano, para tener
[313] C: medidas de defensas ó esperar

El Mariscal Marcó del Pont había salido[314] con tiempo de la ciudad; |y| desde mucho antes hizo[315] marchar en dirección á[316] Valparaíso las carretas en que había hecho cargar todo su equipaje[317], |un gran número de| los papeles de los archivos, y todos los valores líquidos, en barra y en dinero, que había podido tomar del tesoro; situándose, pronto y liviano, para disparar al momento, en las orillas de la ciudad que dan al camino de Valparaíso[318].

Cuando el pueblo se apercibió[319] de todo eso[320] serían como las nueve de la noche. Alborotada la plebe, se lanzó á las calles armada de hachas, barretas y picos, vociferando en un desorden atroz, y atacando á mano armada las casas que tenían[321] por más opulentas y ricas, sin distinción de partido. A esta horrible confusión se agregó que las bandas[322] de realistas derrotados, creyéndose atacados ya por el ejército vencedor[323], corrían por[324] las calles, disparando sus fusiles y atacando también todo lo que encontraban al paso, en su deseo de ganar pronto los caminos por donde pensaban[325] escapar. Andaban[326] revueltos con los unos y con las otras familias enteras[327], mujeres y niños, que trataban de seguir[328] á sus deudos; y mujeres y pilluelos de la clase baja que robaban y mataban[329] sin piedad. /

---

[314] B: Pont se habia salido # C: habia huido con
[315] B, C: antes habia hecho marchar
[316] C4: Dirección [sic] de
[317] C: carretas de su gran equipaje,
[318] C: tesoro; sin pensar en otra cosa que en embarcarse.
[319] C4: se dió cuenta de
[320] B, C: todo esto
[321] C: que se tenian
[322] C: que los grupos de
[323] C: creyéndose en peligro,
[324] C: atravesaban las
[325] C: donde trataban dé [sic] escapar.
[326] C: Andaban así revueltos
[327] C: revueltos con las familias, mujeres
[328] C: que ansiosos seguian a
[329] C: y agredian sin

[198]
En tan crueles angustias, unos cuantos de los patriotas[330] principales se reunieron con urgencia en la casa del vecino más opulento del partido,[331] don Francisco Ruiz Tagle;[332] |y| con la firma de éste lograron hacer venir á la reunión á muchos otros, y constituir por el momento una especie de autoridad que tomó á su cargo el restablecimiento del orden. La empresa era árdua por cierto; fué preciso[333] muchas horas antes de poder organizar y armar algunas patrullas de vecinos, sirvientes y paniaguados[334] de confianza[335] antes de ponerse en acción.[336]

Pero, desesperando de tener |fuerzas y| medios con que llevarla[337] á cabo, despacharon expreso sobre expreso al general San Martín para que apurase[338] su marcha sobre la capital, y ocurriese[339] á salvarla cuanto antes del saqueo que por momentos tomaba formas colosales[340], y del incendio de edificios que ya comenzaba á pronunciarse en muchos puntos de importancia.[341]>[342]

---

[330] C: los vecinos principales
[331] C: casa del opulento don
[332] **Francisco Ruiz-Tagle**: político chileno (Santiago, 1790-1860).
[333] C: preciso emplear muchas
[334] **paniaguados**: servidores o allegados a una casa, en la que reciben comida.
[335] C: sirvientes, y gente buena
[336] C: buena con que tratar de restablecer algun órden. [Punto seguido] Pero
[337] C: llevarlo [el orden; en la novela, "llevarla" se refiere a la 'empresa']
[338] C: apresurase
[339] C4: y acudiese á
[340] C: formas terribles,
[341] B: importancia. / *(Continuará)* // # C: importancia. / El general San Martin mandó adelantar al general Soler con órden de ocupar la capital. [Esta frase agregada en C aparece reelaborada al comienzo del cap. XXVII de A y del cap. XXIV de B]
[342] [C: 702-9]

XXV[343]

Serían como las diez de aquella noche terrible, cuando un piquete de dragones como de ochenta hombres, bajando á galope tendido la calle de la *Bandera*,[344] vino á detenerse con un ruido estrepitoso en la última cuadra de esta calle que toca en la grande y ámplia avenida de la Ca-/ [199]ñada.(1)[345] Y desmontándose con rapidez del brioso zaino que montaba, entró precipitadamente en su casa el coronel don Antonio M.......

—Pepa querida! dijo abrazando á su mujer, que bastante agitada había salido á recibirlo: Pepa querida, es menester abandonar ahora mismo á Santiago y que partas para Valparaíso. Hemos sido completamente derrotados: el enemigo marcha sobre la capital, y no hay como contenerlo. El populacho se está alzando, y por todas partes comienza el saqueo de nuestras casas, y el incendio. ¡Pepa querida! Olvidemos todos nuestros disgustos. En este momento, aciago para mí, quiero repetirte que te amo: que tengo aquí dentro de mis entrañas, y que eres el único tesoro de mi vida! agregó dándole un ardiente beso sobre la frente.

Pero ella, al oirlo se quedó helada: echó una mirada vaga é indecisa á su alrededor; y pasándose la mano desde la frente á lo largo de los cabellos que tenía desatados y sueltos:

—Ahora mismo! ¿A Valparaíso? dijo:

---

[343] B: Folletin de EL NACIONAL, 18 Julio 1882 / 17 / LA LOCA DE LA GUARDIA / — / XXII

[344] **calle de la Bandera**: en el centro de Santiago, entre la Avenida Libertador Bernardo O'Higgins y el río Mapocho. Su denominación se debe a que en ella el comerciante Pedro Chacón izó "la bandera diseñada en octubre de 1817 por el ministro José Ignacio Zenteno durante el gobierno de O'Higgins", según reza la placa colocada por el Instituto de Conmemoración Histórica de Chile en 1967.

[345] A, B: (1) La Cañada, que parte hoy por el medio la ciudad de Santiago, era entonces su límite edificado por el sur. Es una vía como de tres mil metros de largo que corre de oriente á poniente, y como de cien metros de ancho entre las dos aceras [Nota del autor].

—Sí: ahora mismo! Por Dios y por nuestro amor: no me hagas observación ninguna! Com-/[200]padece la situación en que me vés, Pepa querida! No me ha sido posible venir á buscarte antes; porque todo el día he estado envuelto en un infierno y buscando la muerte antes que dar la espalda á nuestros enemigos. He hecho cuanto he podido por rehacer nuestras tropas y por volverlas con otro ataque sobre ellos. Todo ha sido inútil!.... Todo se ha perdido por el momento; y no tenemos más recursos que replegarnos á Concepción para reorganizarnos! decía el coronel paseándose agitado por el salón; mientras su mujer con la mirada en el suelo, y consternada de la perspectiva que se le ofrecía reflexionaba con el puño cerrado sobre los labios.

—Pepa querida! media hora para tomar algunas ropas de abrigo y para partir!

Más como la viera inmóvil y fría, le dijo sacudiéndole el brazo:

—No me oyes, Pepa? Mira que es preciso partir pronto ¡alma mía! pronto y al instante!

—Pero M.......[346]! es que no comprendo como voy yo á partir contigo! ¿Puedo yo seguir el galope de tus Dragones? ¿puedo yo hacer campamento con ellos; y exponerme á la persecución de los rebeldes, que no te dejarán descansar en esta derrota? ¡Es imposible, *hijo de mi alma*, que exijas esto de mí! Llévame por lo pronto al convento de las *Cármenes*; allí esperaré tus órdenes. /
[201]
—No, Pepa querida: todo está previsto. Tú marcharás en la calesa con Mariana, en la comitiva de Marcó del Pont (animal...) Veinte Dragones con el teniente Amenino[347] te servirán de escolta y resguardo hasta Valparaíso. Allí hay

---

[346] B: Morgado
[347] **Amenino**: más abajo, el propio personaje se presenta: "Manuel Amenino, Teniente de Dragones del Rey, y español de nacimiento" [1896: 232].

buques prontos y seguros para que te embarques y vayas á Talcahuano. Yo me retiro por tierra con Barañao y con los demás compañeros que debemos reconcentrarnos allí. Ya vés, Pepa mía, que no hay peligro, ni obstáculo. Unos cuantos días de mareo y nada más[.]

La dama reflexionaba, pero no parecía resuelta porque callaba.

—Hija mía! mira que se pasa el tiempo.... Teniente Amenino! la calesa está en el corral, haga usted que le aten dos caballos y que la saquen á la calle ahora mismo: dijo M.......[348] dirigiéndose al teniente desde la puerta de la sala.

La orden debió ser cumplida muy pronto; porque cinco minutos después, la calesa pasaba rodando rápidamente por el patio hasta la puerta de la calle, quedando á uno y otro lado entre la tropa que la ocupaba.

—Mariana!.... Mariana! ¿Dónde está Mariana que no la veo por aquí?

—Señor? dijo presentándose con todos los síntomas del terror. Aquí estoy! qué ordena su merced?

—Lleva pronto á la calesa dos ó tres fraza-/[202]das; y un buen tapado para la señora.... Vamos, Pepa, vamos! que no tenemos tiempo que perder!

—Yo no puedo decidirme M......[349]! Es imposible que me ponga en viaje con esta precipitación!.... Reflexiona! y verás que esto es tremendo!.... Llévame por Dios á las Cármenes, y te juro ir á reunirme contigo cuando pueda hacerlo de un modo decente.

—Imposible! imposible!.... Pepa! no me precipites! dijo M.......[350] abandonando el tono de la ternura y entrando en el de un enojo visible.

---

[348] B: Morgado
[349] B: Morgado
[350] B: Morgado

—Vés, M.......³⁵¹, cómo eres tú!.... Ya me amenazas! Ya te preparas á hacerme alguna violencia sin querer oir la voz de la razón.

—Pepa, por Dios! mira que el momento es terrible para mí.... No puedo perder un instante!

—Y para mí es más terrible todavía, M......³⁵²! ¿Cómo quieres que yo siga á Marcó del Pont cuando los enemigos lo han de perseguir, y lo han de perseguir tan de cerca como han de perseguir á tus Dragones? ¿Quiéres que salga ahora á media noche: entre tinieblas?

—Por donde vá Marcó del Ponte puede ir una mujer.... Y te aseguro bajo palabra de honor que van muchas otras que valen tanto como tú!.... ¿Quieres hacerme creer ahora, tú.... /[203] que tienes miedo?.... Miedo tú!.... dijo M....³⁵³ frunciendo el ceño con desprecio.... ¡A otro con esas, Pepa!

—Y Mariana, M.......³⁵⁴?

—Mariana vendrá contigo.

Después de un momento de reflexión,

—Óyeme con calma M.......³⁵⁵, y hasta el fin: le dijo la dama con un tono singular de entereza y de valor—tenemos que llevar también un niño....

—Un niño! exclamó M.......³⁵⁶ sorprendido, precipitándose hacia su mujer.

—Óyeme hasta el fin, te digo! ó dejo que me mates antes de moverme de aquí!.... Sí! un niño: es un huérfano cuya madre no conozco, y que una familia desvalida ha puesto en mis manos en estos días de tremendas angustias que hemos pasado....

---

[351] B: Morgado
[352] B: Morgado
[353] B: Morgado
[354] B: Morgado
[355] B: Morgado
[356] B: Morgado

—¡Manda ese niño á las Cármenes!... Allí lo han de cuidar, y no se morirá abandonado.... Tú irás sóla.... con Mariana.
—Pues no iré!
—No irás? exclamó el coronel sofocado por la rabia y como si quisiese destrozar á su mujer.... ¿No irás?
—No iré!!!
En ese momento, M.......[357] se precipitó sobre ella. Era un atleta con las fuerzas de un Cíclope; y tomándola de sorpresa por la cintura, la /[204] levantó en peso y la llevó por el aire hasta la calesa, sin hacer caso de los golpes y de los arañazos que ella le daba en la cara gritándole ¡Bárbaro! *inhumano!*.... Yo te prometo que me las has de pagar!!! y cuando la hubo arrojado de golpe dentro del carruaje; dió orden á sus soldados de mantenerlo cerrado; y volvió precipitadamente al salón en busca de su morrión y de su capa.

Allí estaba Mariana consternada con el niño en los brazos y con algunas ropas de abrigo que había levantado de prisa.

—Señor! señor!.... Por todos los santos del cielo! ¿Que hago?.... Se va sóla la señora en ese estado? ¿Dejo morir este niño aquí abandonado?.... Que el señor coronel me mate con su propia espada, ó que me haga matar si miento!.... Es un huérfano, señor! la señora le ha dicho á su merced la pura verdad.... ¿Qué hago, señor? qué hago? repetía Mariana desolada y abrazándole los piés.

Volviendo en sí de su arrebato, M.......[358] le dijo:
—Anda! corre! y métete en el carruaje!
—Con el niño, señor? le preguntó Mariana poniéndose de pie.
—Anda! le dijo él empujándola hacia afuera: y tomando su morrión y su capa, salió tras de Mariana, y la hizo entrar

---
[357] B: Morgado
[358] B: Morgado

en la calesa. Pero, /[205] en la violencia y en la precipitación de sus movimientos, no pudo reparar que se había dejado caer en el suelo una hoja de papel muy doblada.

La Pepa ya no hacía resistencia. Resignada, pero iracunda, tenía el ceño luminoso de Lucifer. No lloraba, pero había lágrimas terribles en sus ojos; y no dió tampoco la menor señal de satisfacción ó de contento al ver entrar á Mariana con el niño.

M.......[359] daba órdenes entretanto á sus oficiales. Treinta dragones á las órdenes del teniente Amenino debían tomar el camino de Valparaíso, custodiando el carruaje de su señora, y reunirse con la comitiva de Marcó del Pont. Los otros cincuenta dragones, con dos oficiales más debían seguir al sur con el coronel para incorporarse con las fuerzas de Barañao, de Quintanilla, La Palma, y otros jefes que marchaban yá como á dos leguas de la capital con dirección á Talcahuano.

Una vez que dió estas órdenes, M.......[360] tomó la brida de su caballo, y abriendo la puerta de la calesa antes de montar, subió al estribo, y estampó un amoroso beso en la frente de su mujer. Pero ella, inmóvil, impasible como la estátua de Palas ni lo miró siquiera.

—¡Qué demonio de mujer! dijo él entre dientes bajando del estribo; y después de haber or-/[206]denado que la calesa con su escolta partiesen al galope, saltó sobre su caballo y atravesó á escape las tinieblas y el desorden en que estaba envuelta la capital.

Tiempo era, en verdad, de que escapasen. El ruido y el bulto que hacía el piquete de los dragones estacionados á lo largo de la calle, había comenzado á producir una grande acumulación de patriotas y de populacho en los dos extremos de la cuadra. Enardecidos los unos con sus

---

[359] B: Morgado
[360] B: Morgado

ideas políticas, y atraídos los otros por la codicia que les ofrecía la casa; por la fama de su opulencia, de su vagilla de plata y oro, de las alhajas y ricas telas, que, según era fama tenía allí la señora, y de que M.......[361] había hecho ostentación en los días de favor y de prepotencia de que había gozado, premeditaban todos un ataque, y se armaban á la ligera para cercar la casa, con tanto más ahinco cuanto que, para todas las clases de Chile, M.......[362] era uno de los jefes realistas más odiados por su petulancia, por su soberbia y por su dureza.

Pero el joven A....... que fué después uno de los generales más estimados de Chile, había logrado contener el imprudente arrojo de aquellas gentes, haciéndoles ver que si se metían mal armados en el cajón de la calle iban á ser víctimas del sable de los dragones, y que antes era menester proveerse de armas de fuego y /[207] formar dos líneas compactas en los dos extremos.

En Santiago no había entonces una sóla azotea, un sólo balcón desde donde pudiera atacarse con ventaja á los realistas que ocupaban la calle. Todos los edificios se hallaban corridos á sus frentes por interminables tejados, sobre los cuales era imposible formar una buena línea de fuego.

Hubo pues que emplear mucho tiempo para recoger algunos pocos fusiles y escopetas, antes de emprender el ataque y de entrar á la calle; y estaban muy distante todavía de haberlo conseguido, cuando la escolta de dragones formó sus dos columnas para desembocar en la *Cañada*, y tomar desde allí el camino respectivo por donde debía escapar cada una de ellas.

Así fué que cuando los dragones, sable en mano, emprendieron su galope, los grupos que pretendían contenerlos

---
[361] B: Morgado
[362] B: Morgado

por el lado de la *Cañada*, hicieron algunos disparos sobre ellos, pero al ímpetu de la carga se envolvieron al instante y se desparramaron despavoridos á uno y otro lado de la ancha avenida; mientras que los grupos del otro lado de la calle, viéndola desalojada, avanzaron en desorden haciendo fuego tambien, y con aquella gritería salvaje y descomunal con que las multitudes alborotadas pre-/[208]sentan su tremenda fisonomía en estas angustiosas situaciones.

Antes de un minuto, la casa de M.......[363] estaba entregada al más espantoso saqueo. Era en vano que la juventud decente que había entrado en ella mezclada con la canalla, pidiese orden y moderación en aquel furioso arrebato.

El padre Ureta, al verse libre de los realistas había salido también á la calle; y esforzándose por contener los desacatos de la multitud, predicaba que se obedeciese á la autoridad de más urgencia y procuraba hacer ménos dolorosa la ruina inútil de las familias, y las atrocidades del bárbaro desorden. Subió á una preciosa cómoda de admirables incrustaciones y de ricas chapas cinceladas en oro y plata, quiso hacerse oír con el influjo de su vestido y de su carácter sacerdotal. Pero no bien había comenzado á pedir á voces que le prestaran atención, cuando cien hachas y picos se descargaban sobre el hermosísimo mueble que caía destrozado entre los que se echaban frenéticos sobre él, para apoderarse de un pedazo cualquiera de sus riquezas.

Los escaparates y las gabetas no caían sino que saltaban y rebotaban entre los miles de brazos que se las arrebataban con furor. Los opulentos trajes de la señora, los grandes pañuelos de la India volaban arrancados y hechos giro-/[209]nes, entre las garras de los que se los disputaban; y se veían rodando por el suelo, en un repugnante pugilato, grupos de hombres famélicos, más feroces que una jauria de perros, golpeándose é hiriéndose por recoger las cuentas

---

[363] B: Morgado

de oro de un grueso rosario desgarrado, las piedras de los anillos y de los zarcillos, las varillas incrustadas de los abanicos, los destrozos de un reloj, las camisas de batista, los pañuelos, los candeleros de plata, las cucharas, los platos, las fuentes en fin. (1)[364]

Y el alboroto y el saqueo crecía, cada vez más bárbaro á medida que se agotaban los objetos, con los nuevos grupos de gente baja que acudían de los diversos puntos de la ciudad.

Derrepente el estallido de un inmenso derrumbe dominando sobre la gritería y el alboroto, dejó á todos consternados y suspensos. Parecía que los techos se hubiesen partido y que la misma bóveda celeste se hubiese rajado al golpe de un rayo. Siguiéronse gritos de espanto: ayes y lamentos de gentes heridas. Los unos corrieron al ruido desde las otras piezas, mientras los otros huían y se salían á los patios em-/[210]pujados y estrujados á la vez por los unos y por los otros.

Era que el colosal y expléndido espejo que antes hemos visto en la cámara de la elegante dama, sacado de sus asientos, sabe Dios como, había caído cuán grande era, estrellándose y haciéndose añicos sobre las cabezas de los grupos voraces que saqueaban la pieza; y que centenares de las afiladas lajas del fornido y grueso cristal habían estallado como una bomba contra el rostro de un sinnúmero de víctimas.

No se había serenado aún la terrible emoción que había causado este accidente, y yacían todavía por el suelo los heridos y la sangre que había ocasionado, cuando otras voces despavoridas gritaban—*Fuego! Fuego!!! La casa se quema!!! La casa se quema!!!*

---

[364] A, B: (1) Como en aquel tiempo era de un difícil transporte la loza del servicio ordinario, y aún del más bajo, las casas ricas no usaban sino utensilios de plata y oro; y los pobres, de barro cocido ó de fierro [Nota del autor].

Y en efecto: una humareda negra y condensada invadía todas aquellas piezas privadas de aire por la aglomeración de la multitud; y ya una que otra llamarada amenazante, avanzándose de golpe buscaba alimento y rápida salida hacia afuera por las puertas y las ventanas.

La fuga fué entonces general, atropellada y difícil por las estrechas salidas del edificio para ganar la calle.

Al atravesar el salón huyendo del incendio el joven A....... pisó en el suelo el papel doblado que se le había caído al coronel M.......[365]: y /[211] movido de la natural curiosidad, aunque sin saber lo que pisaba porque la pieza estaba á oscuras, lo alzó y salió á la calle llevándolo en las manos.[366]

XXVI[367]

El joven que había levantado ese papel, trató de leerlo desde que pudo verse libre de la batahola en que se había visto envuelto; y como encontrara que su tenor era interesante, se fué inmediatamente á la casa de Ruiz Tagle, donde los principales patriotas estaban reunidos, y donde se había constituido, como antes hemos dicho, un gobierno de urgencia que había comenzado á funcionar y hacerse obedecer, en los establecimientos públicos al ménos, como cárceles y policía de que se habían apoderado los amigos en las primeras horas de libertad.

El papel era un billete firmado por el comandante realista Calvo, y dirigido á M.......[368] que decía:—"Comprendo tu ansiedad por saber del mayor San Bruno, y son en efecto serios los motivos que tienes para estar inquieto. He hecho

---

[365] B: Morgado
[366] B: manos. / *(Continuará)* //
[367] B: Folletin de EL NACIONAL, 19 Julio 1882 / 18 / LA LOCA DE LA GUARDIA / — / XXIII
[368] B: Morgado

cuantas averiguaciones he podido. Dos oficiales de su cuerpo con quienes he hablado, me dicen que debe haber salvado del campo de batalla, porque lo han visto entre los dispersos de nuestra derecha, haciendo un gran rodeo por en-/[212]tre los cerros. Es de suponer que si ha logrado quedar libre hasta la noche, haya buscado la vuelta para introducirse en Santiago; porque al empezar la acción él creía que si éramos derrotados, podríamos dar otra batalla, con las fuerzas que acudían del sur, y que no habían tenido tiempo de incorporarse,[369] Con esta esperanza habrá procurado ganar la ciudad. Pero le habrá sido difícil, y mañana, si entra, tendrá que ocultarse ó caerá en manos del enemigo, porque ya habrás visto que no hay cosa con cosa, y que no podemos hacer nada sino desbandarnos y retirarnos á toda prisa. Conversando antes con San Bruno me había dicho que en caso de una desgracia y de que no pudiese replegarse á tiempo ocurriría á su amigo Imaz donde tenía oculta á la mujer que vivía con él, y que ese señor lo salvaría á toda costa dándole medios de escapar, porque era muy su amigo."

Como el joven A....... conocía toda la importancia que tenía el apresamiento de San Bruno, para castigar los crímenes y alevosías (indignas de un verdadero militar) con que se había manchado, se dirigió como hemos dicho, al centro de patriotas constituido en lo de Ruiz Tagle, á darles conocimiento de su hallazgo. É informados que fueron, ávidos tambien, como todos, de echarle mano al facineroso que tanto los había ofendido, comisionaron á A....... para /[213] que con una partida improvisada se dirigieran á la casa de Imaz y prendiese á éste, á San Bruno y á su mujer, si los encontrara allí, ó tomara todos los datos necesarios para hallarlos.

---

[369] [Esta misma errata aparece en B]

Por fortuna de Imaz, A....... era como lo fué en toda su vida, un joven de sentimientos elevados y nobles, que no bien entró á la casa de este honrado vecino, tuvo ocasión de compadecerse del espantoso terror en que estaba. El infeliz se arrojó á los piés de A.......

—Yo, señor A....... (le dijo) soy un pobre hombre trabajador; San Bruno á quien conocí mucho cuando era *fraile franciscano* en Zaragoza, era mi amigo, y venía de continua á mi casa aunque yo no tenía trato con la suya. ¿Qué podía hacer yo, señor A....... teniendo él tanto poder como tenía, y sin tener yo queja ninguna contra él, ni mezclarme allá en las cosas que él hacía? ¿No le parece á usted[370]?

—Pero usted tiene aquí oculta la mujer de San Bruno y se prepara usted á darle escape á él mismo.

—En cuanto á la mujer, es verdad, señor A....... pero no está oculta. Mucho antes de la victoria de los patriotas, la trajo aquí el padre Quilez de la Recoleta y me pidió que la tuviera en mi casa, porque había quedado abandonada y sin recurso alguno para vivir. Compadecido yo de su estado.... todo el día tuece y escupe san-/[214]gre.... me movió la caridad á recibirla. Ahí está, señor A....... Yo no hago ninguna dificultad en entregarla á la autoridad: no la tengo, ni la he tenido oculta.... ni he creído que cometía un crimen con esta buena acción. ¿No le parece á usted, señor A....... que esto me justifica?

—Veremos lo que dice el gobierno.

—Pero, señor A....... dijo Imaz con una voz en extremo angustiada.... no me lleve usted preso, por Dios! Se lo pido por su mamá y por su anciano y venerable padre que siempre me ha estimado! Si en estos momentos me llevan á la cárcel ¿quién me oye? quién me hace justicia? ¿quién se apiada de mí y de mi pobre familia?.... Señor A....... yo le doy á usted mi palabra de honor de no moverme de

---

[370] B: Vd.

mi casa, y no admitir á nadie en ella.... Hágase usted mi defensor delante de sus amigos, y no me traten como á criminal! Después que se serenen las cosas infórmense de mi conducta, y me encontrarán pronto á todo.

—Bueno, Imaz; me jura usted informarme del paradero de San Bruno?

—Cuando lo sepa?

—Sí, cuando usted lo sepa ó lo *sospeche*.

—Sí señor: cuando lo sepa ó lo sospeche.

—Pero sin moverse usted de su casa.

—Juro que no me moveré señor A....... por /[215] esta cruz en que pereció Nuestro Salvador! dijo Imaz besándolos dedos que había cruzado, y anegado en lágrimas de pavor.

—Convenido! Voy á disculparlo á usted: y á interceder para que lo dejen tranquilo porque quedo convencido de su inocencia. Pero es preciso que usted me entregue á la mujer de San Bruno, porque ella tiene que declarar cuales han sido los paraderos y relaciones de ese facineroso, y donde tiene sus papeles.

—Muy bien, señor A..... Llévela usted, pero llévela usted en mi litera de manos, porque la pobrecilla está desecha y muy enferma. Un constipado terrible y violento la tiene postrada.... tengo dos *rotos* que la pueden cargar.

—Bien! abríguela usted y que me sigan.

—Pobrecita, señor A.......

—Cómo ha de ser, Imaz! En estos casos cada uno tiene que cumplir su deber, y hay cosas terribles!

—Es cierto, señor A.......! ¡Es cierto.... Yo le quedo á usted eternamente agradecido.... Cree usted que ya no se me seguirá ningún perjuicio?

—¿Qué puedo yo decirle sobre eso? Hago lo que puedo; y lo dejo á usted en su casa; lo demás será incumbencia del gobierno que se forme; y nada puedo yo asegurarle.

Cabizbajo, pero consolado al mismo tiempo, /[216] Imaz se ocupó de acomodar y de abrigar á la infeliz *mujer de San Bruno*, con toda la bondad y compasión que pudo.

Ella, resignada y sumisa siempre á purgar las faltas que se reprochaba, y teniéndose hasta por criminal según el criterio de los demás, contra el que no osaba levantar su espíritu ni su propia conciencia, obedeció como una víctima propiciatoria; y se dejó conducir á las casas consistoriales; que situadas en la plaza, tenían al extremo de la acera el edificio de la cárcel.

Cuando A....... regresó á dar cuenta de su comisión, Ruiz Tagle y los patriotas se habían instalado ya en esas Casas de Gobierno; y en la confusión y la premura con que se hacía todo en aquellos instantes; en la multitud de diligencias urgentes, de idas y de venidas, sin tener donde depositar á la infeliz mujer en otro lugar seguro donde se le pudiese tener á mano para interrogarla, se le introdujo por lo pronto en una de las piezas más habitables y reparadas de la cárcel. Pero, como al día siguiente comenzóse á meter allí grupos de prisioneros y de presos por crímenes y atentados de todo género, Manuela quedó olvidada en su calabozo, aunque atendida por la buena mujer y familia del Alcaide, que compadecidas de su estado, la asistían con remedios y cuidados, sin conocer su historia, y sin saber una palabra de los motivos ó de /[217] los fines con que había sido llevada. Para los carceleros era una presidiaria, y para los de afuera era como si no existiese ni hubiese existido en el mundo de los vivos.

Nadie se acordó más de ella. Imaz con sus labios sellados, no se atrevió á hablar con nadie ni se movió de su casa; y el mismo A....... arrebatado por el torrente de la vida nueva que se le abría, por los quehaceres, y por los deberes militares á que se entregó desde el primer momento, perdió completamente de la memoria el recuerdo de aquel incidente, por las nuevas y las más grandes preocupaciones de su espíritu y de los gloriosos sucesos en cuyo curso tomó parte.

¡No solamente son bárbaros y atroces los HOMBRES: algunas veces el Destino lo es mucho más!

XXVII[371]

Informado el general San Marín de lo que pasaba, le ordenó al general Soler, que se adelantase á ocupar rápidamente la capital: y todas las columnas de la vanguardia rompieron su movimiento[372].

Como á unas cincuenta varas[373] por delante de las primeras mitades, marchaba también la Loca de la Guardia, con aire de triunfo, y con /[218] semblante severo como siempre. Se había envuelto, de la cintura á los piés, y á manera de túnica griega, un poncho mendocino de listones blancos y azules, que probablemente había encontrado, abandonado ó perdido, en el campo de batalla. Cubríale el busto nada más que la trabajada camisa que había tomado cuatro días antes, de la casa de Manuela, y que bastante desabrochada, dejaba ver los hombros, casi desnudos como en los modelos de la estatuaria antigua. Se había colocado sobre la cabeza una especie de corona de plumas largas de cóndor, sostenidas de sien á sien, por una *vincha* de trapos colorados, cuyos dos extremos flotaban á un lado; y en la mano derecha blandía, á manera de lanza ó de trofeo, una alta caña rematada por otro mechón de idéntico plumaje.

A pesar de tan grotescos atavíos, había en el conjunto y en el aire con que marchaba, algo de imponente, algo de armonioso y de homogéneo con tan raro ser, con el carácter especial de sus demencia, con las pasiones misteriosas

---

[371] B: XXIV
[372] C: El general San Martin mandó adelantar al general Soler con órden de ocupar la capital. [C: 709]
[373] **cincuenta varas**: casi cuarenta y dos metros.

que escondía en las tinieblas de su alma, y con el convencimiento que parecía tener de su propia misión, en esta grande evolución que hacía su patria al amparo del ejército argentino.

Era un poco más de medio día, cuando el primer escuadrón de Granaderos á Caballo, al mando del coronel N.......[374] penetró en la ciu-/[219]dad por el *Puente*, y pasó á situarse al otro extremo en la *Cañada*. Mandaba el primer piquete ó avanzada, el teniente don Félix Aldao: quien, al desfilar para formar en línea, tropezó de cerca con la Loca; y como tuviera que hacer trastrabillar su caballo para no llevársela por delante, se enfadó; y con un leve cintarazo la echó á un lado para que le diera lugar. Pero ella, irritada con el vejámen, blandió su plumero con una rapidez admirable, y lo hizo caer con violencia sobre el rostro del *fraile*. El caballo se le espantó; y como en el sacudimiento viniese al suelo el morrión, descubriósele en la cabeza la corona sacerdotal, que no había tenido tiempo aún de cubrirse con el cabello para hacer desaparecer esa señal poco militar que denotaba su anterior estado.

Enfurecido con el contratiempo, y sospechando el ridículo en que lo ponía delante de los otros oficiales, iba ya á acometerla, cuando su hermano el capitán don José Aldao,[375] que mandaba la compañía, y que tenía órdenes estrictas de tratar al pueblo con toda moderación y respeto, vino de prisa á contenerlo.

—Repara (le dijo) que es una mujer, y loca por lo que se vé!.... Sargento; separe usted á esa mujer de la línea.

Pero ella sin dar lugar á que la tomaran, comenzó á alejarse, caminando con el mismo gar-/[220]bo, y tomó hacia arriba de la *Cañada*, sin cuidarse de lo que dejaba atrás.

---

[374] B: Necochea
[375] **José Aldao**: militar argentino (Mendoza, 1788-1830), hermano de José Félix y de Francisco Aldao, con quienes interviene en las luchas civiles argentinas, luego de su actuación en los Auxiliares Argentinos y en el Ejército de los Andes.

A ese tiempo, ya recorrían la ciudad numerosas partidas de vecinos organizados y armados, y de algunas de las tropas que iban entrando por diversas calles, destacadas para restablecer el orden, para recojer objetos robados, prender facinerosos, y contener los desacatos que todavía seguían cometiéndose en algunos barrios apartados.

La Loca siguió su camino, sin interrupción, hasta la casa de Tomasa: y se entró en ella como una fantasma silenciosa, buscando por todos los cuartos y aposentos al niño que cinco días antes había dejado. El terror y la angustia de la familia fué grande al verla; porque, aunque creían que habían procedido bien poniéndolo al amparo de la señora de M.......[376] no podían desconocer la falta en que estaban para con ella, que era quien lo había puesto en sus manos.

No hallándolo en ninguna parte, la Loca tomó un aspecto siniestro; y asiendo á Tomasa por el pañuelo que tenía cruzado en el pecho le preguntó secamente.

—¿Y mi hijo?

—Tu hijo? ¿No me digiste Teresa, que no era hijo tuyo?

—Y á tí que te importa? Tú lo conoces? ¿sa-/[221]bes que sea de otra? Yo te lo dí, devuélvemelo.

—Mira, Teresa: no lo tenemos en casa: los españoles.... ¿entiendes.... óyeme bien!.... los españoles querían quitárnolos: te buscaban á tí para matarte, y lo escondimos en otra parte.

—Dónde? preguntó ella secamente.

—En dónde? en lo de la señora doña Pepa M.......[377]

Un rayo de ira iluminó la fisonomía de Teresa y descargando la caña sobre Tomasa exclamó:

—En la cueva de los lagartos!.... para que lo devoren?.... Ladrona.... Ladrona! devuélveme al niño, gritaba como una

---

[376] B: Morgado
[377] B: Morgado

desaforada; y prendida de las ropas de la Tomasa, con una fuerza tremenda, la arrastró hacia la puerta de la calle en medio de la gritería y de la alarma de las otras mujeres que procuraban defenderla.

—Ladrona!.... Ladrona!.... ¡Has entregado el niño á San Bruno!.... exclamaba ella en altas voces cada vez más enfurecida, y más violenta, llegando así hasta la calle; en donde el alboroto llamó la atención de los vecinos, y de una patrulla que al oír la palabra, *Ladrona!* ocurrió de prisa á informarse de la causa de aquellas voces y á contener el desorden.

Como el individuo que encabezaba esa parti-/[222]da viera que se trataba del robo de un niño y que se hablaba de San Bruno, cuya cabeza acababa de ser puesta á precio en ese momento, comprendió que en todo aquello se ocultaba algún grave misterio, y tuvo por conveniente prender á Tomasa y á la Loca, y llevarlas ante las autoridades del momento.

Tomasa entregada á la más cruel desesperación al ver á sus hermanas y á su anciana madre en aquel trance amargo, pedía que la llevaran á casa de la señora de M.......[378], donde estaba el niño, y donde lo entregarían. Pero este mismo nombre lanzado allí con una imprudencia impremeditada é inocente, no sirvió sino para agravar las sospechas de los hombres de la partida, y para afirmarlos en la necesidad de prenderla, puesto que aparecía con semejantes connivencias con dos nombres tan siniestros y tan ociados como el de San Bruno y el de M......[379]

Nada fué pues bastante para hacerles cambiar de resolución: fué vano el testimonio favorable de los vecinos sobre aquella familia: fueron vanas las súplicas de las amigas del barrio; y como la Loca no cesaba de gritar— Ladrona!

---

[378] B: Morgado
[379] B: Morgado

Ladrona!.... Le has entregado mi hijo á San Bruno y á M.......[380], no hubo recurso; fué necesario marchar á la plaza mayor, sin que Tomasa tuviera tiempo para otra cosa, que para suplicar anegada en lágrimas á una de las más ínti-/[223]mas vecinas que fuera á lo de la señora de M.......[381] á informarle de lo que pasaba.

Cual sería su aflicción y su terror al oír que de otra parte le decían—que la señora de M.......[382] había huido de la ciudad en la noche anterior, y que su casa había sido saqueada é incendiada hasta quedar en cenizas y en escombros![383]

XXVIII[384]

Alarmado por el estado de la Capital, donde, como hemos visto, se habían desencadenado todos los horrores del desorden popular, el general San Martín puso en movimiento todo el ejército; y sus diferentes cuerpos comenzaron á entrar en ella una hora, á lo más, después de la vanguardia del general Soler.

<Las fuerzas realistas que habían alcanzado á entrar en acción, se retiraban hechas y compactas por los caminos que daban al sur al mando de Quintanilla, Barañao y M....... Pero las que habían sido derrotadas no habían podido reorganizarse, ni tomar siquiera la menor cohesión. Convertidas en grupos incoherentes y anarquizados, no atendieron, ni pudieron atender á otra cosa que á fugar hacia la costa más inmediata; y en este estado informe y tumultuoso, producido por el pánico y el rompimiento / [224] de todos los vínculos de la disciplina, tomaron, los

---
[380] B: Morgado
[381] B: Morgado
[382] B: Morgado
[383] B: escombros! / *(Continuará)* //
[384] B: Folletin de EL NACIONAL, 20 Julio 1882 / 19 / LA LOCA DE LA GUARDIA / — / XXV

unos desde la ciudad, y los otros desde el portezuelo de *Colina*, el camino de la cuesta de *Prado*, con dirección á Valparaíso, donde el general Maroto se había detenido con el ánimo de hacerse obedecer y de restablecer alguna formación que le permitiera asegurarse de ese puerto, para ejecutar el embarque con método y con esperanzas de poder llevar á Talcahuano una base regular de tropas.

Apenas pudo el general San Martín darse cuenta de lo que ocurría en una y en otra dirección, comprendió todo el interés que tenía en no darles tiempo á los unos para dominar las provincias del sur, ni á los otros para organizar su embarque. Y como el general Soler le hubiera manifestado que no estaba dispuesto á seguir la campaña del sur bajo las órdenes del general O'Higgins, que, como Jefe Supremo del país, día más, día ménos, parecía naturalmente indicado para esa campaña, el General en Jefe dispuso que el coronel Las Heras saliera al día siguiente á la cabeza de una fuerte columna de las tres armas, á perseguir á los cuerpos enemigos que habían tomado el camino de *Concepción* hasta encerrarlos en Talcahuano, y poner sitio á esta plaza; ordenándole al mismo tiempo al coronel N....... que partiese esa misma noche, en los mejores caballos que se pudiesen recoger, á des-/[225]hacer y atacar los grupos que con Maroto se habían dirigido é [sic] Valparaíso por la cuesta de Prado.

Entretanto, los rumores de la expléndida victoria de *Chacabuco*, se habían ya esparcido por todo el país: y no sólo los principales hacendados y patriotas de las campañas inmediatas, sino turbas libres de campesinos, se habían puesto en movimiento para saquear y capturar los carruajes, carretas, familias, y personas de los realistas que huían á escape por todos aquellos caminos.

En la mañana del día siguiente, la mayor parte de estos grupos habían sido detenidos al pie de la Cuesta de *Prado*, por los jefes españoles que aún persistían en reorganizarlos>[385].

Como aquella cuesta es una subida estrecha en zig-zag, que no daba paso por ninguna otra vía, fácil les había sido contener allí á los dispersos; é impedir que los particulares y los convoyes de carretas, carros, calesas, virloches[386] y otros vehículos, en que las familias que fugaban[387] llevaban sus equipajes, viniesen á mezclarse con los individuos de tropa que querían reorganizar. Y al efecto, ordenaron que todo ese alborotado tráfago de la fuga, se detuviese como á cuatrocientos metros del campamento en que querían arreglar los grupos de la tropa.

El general Maroto presidía esta operación con /[226] suma diligencia haciendo esfuerzos increíbles para llevar á cabo su empeño. Pero era evidente la mala condición moral en que se hallaban los soldados. Lo que ellos querían, era adelantar camino hacia la costa. No conocían como jefes de sus respectivos cuerpos á una gran parte de los oficiales que se les imponía. Los unos habían servido en

---

[385] C: Entretanto, las fuerzas realistas que no habian alcanzado á entrar en accion, se retiraban aprisa por los caminos que van al Sur, al mando de Sánchez, de Quintanilla, de Barañao y Morgado. Elorreaga y Marqueli quedaban muertos en el campo de batalla con muchos oficiales subalternos.
Los cuerpos que habian tomado parte en la batalla, estaban deshechos: los *Talaveras* casi todos prisioneros, y de sus oficiales, no escapó uno solo. El feroz *Zambruno* y su cómplice Villalobos, fueron encausados como facinerosos: y destituidos de la calidad de militares en razon de la notoriedad de sus crímenes, fueron fusilados y colgados en la horca, sin que el Virrey ni los realistas hubiesen reclamado jamás, ni ejercido represalia, tal era el conocimiento que todos tenian de sus infames atentados y de la justicia de la sentencia.
El Presidente Marcó del Pont fué aprehendido en las inmediaciones del puerto de *San Antonio*; y traido á presencia del general San Martin, enviado á la provincia argentina de San Luis, con órden de no impedirle la libertad de su persona, mientras no tratara de salir de los límites de esa villa provincial.
El general Maroto pensó un momento en reunir á los dispersos y embarcarse con ellos hácia el Sur. Pero en la cuesta de *Prado*, camino de Valparaiso, se desorganizó todo al sentir las primeras avanzadas de *Granaderos á caballo* que se aproximaban. Maroto llegó á tiempo para embarcarse y llevar al Perú la noticia de que el Ejército Argentino quedaba dueño de la capital y del centro de Chile. [C: 709-10]
[386] **virloches**: birlochos.
[387] D: huían

tal ó cual batallón, en tal ó cual escuadrón, y los otros en otro. La menor cosa los alarmaba; y parecían más prontos á subordinarse para proseguir la fuga, que á obedecer para hacer pie, ó para rechazar al enemigo victorioso, que de un momento á otro veían todos venir sobre ellos. Si este era el estado de la tropa, el de las familias era infinitamente más doloroso y alarmante. No había mujer que no gritase indignada, contra la tropelía que se cometía tanta infeliz familia que anhelaba escapar cuanto antes y llegar al puerto. Las exclamaciones, los lamentos y las protestas llenaban el espacio y repercutían con sus ecos lastimeros en las montañas inmediatas.

Se trató por un momento de hacerlas pasar adelante para que dejasen desempeñar con tranquilidad la tarea de los militares. Pero, fuera de que tantas carretas y tantos vehículos como formaban el convoy de Marcó del Pont, y de sus otros amigos, exigían largo tiempo para pasar por aquella angostura al paso de los bueyes /[227] que las arrastraban, la tropa dió muestras al instante de grande inquietud y de enojo; pues no podía dejar de ver que todo aquel tiempo en que allí la detenían, daba lugar al enemigo para alcanzarla y exterminarla.

Había á un lado de la subida unos pantanos bastante extensos y fangosos, formados como sucede siempre por la caída de las aguas de lluvia hacia el terreno más bajo, que no dificultaban poco la marcha desordenada que llevaba aquel convoy.

Derrepente se alzó una inmensa gritería entre aquella multitud, y aún entre la tropa que se estaba arreglando en esa especie de campamento que se procuraba formar. Veíanse sobre los cerros, y aún en el llano, numerosas partidas de gente armada, á pie y á caballo, que comenzaban á rodear á los fugitivos.

Al grito de —*el enemigo!—el enemigo!!*—todo aquello se revolvió. Ya no hubo cómo contener á nadie. La soldadesca tomó cuesta arriba, llevándose por delante á sus jefes, que se vieron obligados á renunciar á su empeño, y á seguir el empuje del pánico general.

Las carretas y los demás vehículos se movieron como pudieron. Los unos alcanzaron á tomar la cuesta con infinito trabajo; otros eran abandonados por los que los ocupaban, que tomaban caballos y se enancaban de á dos y de /[228] á tres, hombres, mujeres y niños, para fugar[388]; mientras otros, tratando de pasar por los lados, caían en los pantanos, y quedaban encajados en su profundo barrial. (1)[389]

Tocóle esta última suerte á la calesa en que iba madama M.......[390] con Mariana y con el niño. El teniente Amenino hizo esfuerzos heroicos por sacarla de allí. Pero por detrás y á los lados se habían empantanado tambien otras calesas, y algunas carretas que en el pánico no habían podido discernir bien el camino que tomaban; de manera que no era posible retroceder. Se hizo la prueba de amarrar caballos á la cuarta; pero el pantano, más profundo cuanto más adentro, no daba base para que los caballos hicieran pie, y no podían por consiguiente tirar. Desesperado de este contraste, el bravo y caballeroso español, propuso á la señora que tomase la anca de su caballo para huir. Pero ella opuso la situación de Mariana y el niño.

—Irán, señora, llevados por los dragones, le dijo él con la ansiedad propia del momento.

—Pero en este alboroto y confusión es imposible que no se nos pierdan!

—Yo respondo que nó, señora!

—Usted no puede responderme aquí de eso, /[229] ni yo tendré como hacerle á usted responsable después si sucede.

---

[388] D: huir
[389] A, B: (1) Nos parece necesario establecer aquí que este cuadro es estrictamente histórico [Nota del autor].
[390] B: Morgado

—El coronel M.......[391], señora....

—El coronel M.......[392], no le exigirá á usted nada en ese caso,

—Pero, señora, estamos quedando sólos.... ¡Voto al infierno! dijo al reparar que la mayor parte de sus dragones le habían desamparado, y que huían tambien mezclados ya con el tumulto.

—Señora; por Dios!.... Un instante más y quedamos cercados!

Con la entereza de un hombre resuelto, y con el ademán de una suprema energía, le dijo ella:

—Huya usted, teniente!.... Ya ha cumplido su deber hasta donde es posible.

—Dragones del Rey! gritó el teniente á los cinco hombres que le quedaban, huyan á la cuesta, y sálvense.

No necesitaron los dragones que les repitiese esta orden; y se pusieron á escape.

—Yo quedo al lado de usted, señora; y conservo esta espada y mis armas para morir haciendo respetar su honor y el nombre que lleva.

—¡No, teniente!.... Sálvese usted!

—Señora! le contestó él visiblemente airado. Una mujer no me enseñará jamás lo que me impone el honor y las órdenes de mis jefes; y separando su caballo, se colocó silencioso á cierta /[230] distancia de la calesa, sin querer dar oídos á las voces que la dama le dirigía diciéndole: Sálvese usted! sálvese usted!!!

Y ya no era tiempo tampoco!

Un grupo de campesinos, aprovechándose del desamparo en que habían quedado, se echaban á galope sobre los carruajes que habían sido abandonados. Al embestir

---

[391] B: Morgado
[392] B: Morgado

ellos la calesa de madama M.......[393], el teniente les hizo fuego con sus dos pistolas, y la defendió desesperadamente con su espada. Pero acometido con *libes,* (1)[394] y con los *estribos baules*[395] que[396] son una arma terrible en Chile, fué prontamente derribado, desarmado y rendido: mientras que otros se arrojaban al carruaje para saquearlo.

Sabe Dios la suerte que habría corrido el teniente Amenino, y la que le habría tocado á la bella dama que él había querido defender, si en ese mismo momento no hubiese aparecido allí, sable en mano y á galope una mitad de Granaderos á caballo, que acudía á toda prisa á desparramar, y separar de los carruajes abandonados, los grupos famélicos que los saqueaban; y un momento después llegaba de prisa tambien todo el escuadrón con el coronel N.......[397] á su cabeza.

Después que se restableció el orden en aquel /[231] tumulto, un oficial le dijo al coronel señalándole el carruaje de madama M......[398].

—En aquel carruaje hay una señora con un niño, que parece en extremo afligida y angustiada.

Y en efecto: no tanto por sí, cuanto por la suerte del heroico teniente que se había sacrificado por ella, madama M.......[399] pedía á gritos que no lo matase, que la oyesen.

Reparólo entonces el coronel, y metiendo su caballo en el pantano hasta el estribo de la calesa, con el garbo de un ginete consumado, y con el que era natural á la esbelta y gigantesca talla que le hacía tan hermoso como era galán y

---

[393] B: Morgado
[394] A, B: (1) *Libe* es el nombre de las boleadoras en Chile [Nota del autor].
[395] **estribos baules**: estribos tallados en madera, ornamentados, con forma de baúl, propio de Chile [*Estribos y espuelas chilenas*].
[396] B: q'
[397] B: Necochea
[398] B: Morgado
[399] B: Morgado

cumplido: arrastrando la vaina de su espada mientras que su terrible hoja colgaba de la dragona en su mano derecha.

—Señora! dijo con una extremada cultura. No se alarme usted: esté usted segura de ser respetada y servida. En este momento no es posible que usted pueda continuar hacia Valparaíso con la debida seguridad.... Pero diga usted lo que desea que será usted complacida al momento.

—Lo que deseo, señor coronel, es que no sea martirizado ese oficial que me custodiaba. Por defenderme se ha sacrificado! No ha querido salvarse, y se ha expuesto á perecer á la puerta de mi carruaje. /
[232]

Algo de indescifrable y malicioso debió pasar rapidísimamente por la fisonomía del bravo jefe de Granaderos á caballo al oir estas palabras. Madama M......,[400] que tenía las percepciones vivas y centellantes del talento, debió percibirlo, pues agregó al instante.

—Sí señor! sin conocerme, sin haberme tratado, sin haberme hablado; y sólo cumplir el encargo de escoltarme que le había dado mi marido el coronel M.......[401]

—El coronel M.......,[402] señora?..,. ¿Es usted madama M.......?[403]

—Sí, señor; y créamelo usted! Ese joven, sin conocerme, sin haberme tratado jamás, sin haberme visto hasta ayer, se ha rehusado heroicamente á abandonar mi carruaje. Sus soldados han huido; pero él ha preferido hacerse matar aquí, antes que salvarse con ellos, como podía hacerlo.

Necochea[404] tomó un aire circunspecto; y después de haber reflexionado un segundo, como si obedeciese á una

---

[400] B: Morgado
[401] B: Morgado
[402] B: Morgado
[403] B: Morgado
[404] [Obsérvese que, en esta frase, no se inicializa el apellido, revelándose así el nombre del personaje histórico.]

noble inspiración, dirigió su voz al oficial prisionero, y le preguntó su nombre.

—Manuel Amenino, Teniente de Dragones del Rey, y español de nacimiento, contestó.

N.......[405] sacó entonces un papel, y sobre sus pistoleras escribió:—"Certifico que el teniente de Dragones del Rey, don Manuel Amenino, se /[233] ha negado á salvarse; y que aún abandonado por su tropa, ha permanecido al lado de la calesa de madama M.......:[406] que la ha defendido con su espada hasta ser herido y desarmado. Y en honor á su heroica conducta le pongo en libertad; y le doy este salvoconducto valedero hasta Valparaíso.

El comandante de Granaderos á caballo
Mariano N.......[407]

Después de haber firmado, alargó el papel á madama M.......,[408] y dijo:

—Será esto bastante para complacer á usted, señora?

Ella leyó: se le llenaron los ojos de lágrimas; y devolviendo el papel con una mirada gratísima, contestó:

—¿Qué puedo yo decir para expresarle la admiración de que es usted digno, señor coronel?

—Mi recompensa, señora, es el honor que usted me hace en esas palabras, le dijo él con el tono de la más esquisita cortesía. Pero como era demasiado diestro y habituado al mundo para permitirse la menor galantería, se dirigió con gravedad al teniente Amenino, le tomó la mano, y felicitándolo por su comportamiento, le dió el certificado que acababa de extenderle.

La sorpresa del teniente fué grande; y al verse libre y honrado con semejante testimo-/[234]nio, estrechó con

---

[405] B: Necochea
[406] B: Morgado
[407] B: *Necochea.*
[408] B: Morgado

efusión la mano del enemigo que lo[409] favorecía de una manera tan inesperada.

—Teniente Suárez! dijo N........:[410] —El mejor caballo que haya á mano para el teniente de Dragones del Rey don Manuel Amenino.... Teniente! tiene usted libre el camino para incorporarse con los suyos.... ¡Buena suerte, y hasta otra vez! agregó con un tono indefinido, que no podía decirse si era amistoso ó problemático.

El teniente realista recibió su sable de manos de Suárez, arregló su caballo y partió.

Decir lo que talvez pasaba en aquel momento, por el alma romancesca y exaltada de madama M.......[411], es imposible. La figura, la discreta cortesía y la generosidad del bizarro jefe argentino, la tenían evidentemente conmovida bajo la impresión de una profunda gratitud; y debían tener un influjo poderoso en su destino y en los futuros sucesos de su vida.

Del mismo modo, la belleza excepcional de aquella tan hermosa dama: su entereza en tan amargo conflicto; lo fantástico del encuentro, debían haber impresionado tambien (á pesar de su disimulo) el corazón de un joven tan señalado ya en los crudos combates de la guerra como en los tiernos asaltos del amor.

La escena había sido altamente dramática: los procedimientos — nobles y generosos.... /[235] ¿Qué más para dar origen á la grande y peligrosa crisis de la vida?

De la estimación y de la gratitud, al trato y á la intimidad: de la intimidad.... ¿Para qué decirlo, cuando el héroe de la aventura era un guerrero como el coronel N....... que jamás había perdido la ocasión de.... dar una carga á fondo, y á su tiempo?[412]

---

[409] D: le favorecía
[410] B: Necochea
[411] B: Morgado
[412] B: tiempo? / *(Continuará)* //

XXIX[413]

Sin manifestar más solicitud que la que el estricto comedimiento le impone en estos casos á un caballero discreto y culto, el coronel N.......[414] volvió á acercarse á la calesa.

—Señora, le dijo: me parece indispensable que ustedes desocupen el carruaje. Al arrastrarlo hacia terreno seco podría volcarse.

—Muy bien:..... pero no me gustaría verme obligada á salir á caballo.

—Veremos si es posible evitarlo, contestó el coronel. Tendrá usted que esperar algunos minutos, porque mis deberes me obligan á tomar antes otras medidas.

Se ocupó pues, de dar algunas órdenes; y en virtud de ellas, dos compañías del escuadrón entraron en la cuesta y se situaron en su altura.

En seguida ordenó que los campesinos que /[236] se habían reunido allí, deshicieran una ó dos carretas, y que con los maderos, palos y cañas, formaran una especie de puente bastante elevado para que madama M.......[415] pudiese caminar sobre él, y salir de aquel barrial.

Mientras que unciendo algunos bueyes arrastraban la calesa á buen piso, apareció por el extremo del llano, en dirección tambien á la cuesta, un batallón argentino destinado á ocupar á Valparaíso; y un momento después se adelantaba al lugar en que se hallaban los *Granaderos*, el comandante Alvarado, jefe del batallón de Cazadores de los Andes, montado en un soberbio caballo.

—Mariano, le dijo Alvarado, entregándole un oficio á N.......[416] Esa es una orden para que te repliegues á la

---

[413] B: Folletin de EL NACIONAL, 21 Julio 1882 / 20 / LA LOCA DE LA GUARDIA / — / XXVI
[414] B: Necochea
[415] B: Morgado
[416] B: Necochea

capital. Yo tengo orden de marchar rápidamente sobre Valparaíso, y de ocupar hoy mismo el puerto para impedir el embarque de los dispersos. El general espera que haciendo diligencia podré apoderarme de Marcó y de Maroto.... ¿Qué ha habido aquí?

—Nada de particular; una parte del escuadrón está ya arriba de la cuesta; y apurando tu marcha, de seguro que tomarás muchos prisioneros.

—Y aquella señora?

—Es la señora de M......[417]. Se le empantanó el carruaje como á todas esas otras familias /[237] que están más allá; y se le ha hecho salir mientras se lo preparan.

—Y para dónde vá?

—No tiene más remedio que regresar á Santiago. Tú comprendes, siendo la mujer de M.......[418] yo tengo que considerarla como prisionera.... Cuando ménos puede servirnos como rehen....

—Por supuesto! sabe Dios lo que esos diablos harán por el sur!.... y bueno es que tengan este freno.

—Quieres que te presente?.... No has visto mujer más hermosa en tu vida.

—Por ahora nó! Después la veremos en Santiago, si acaso.

Llegaban ya al pie de la cuesta de las primeras compañías de cazadores; y Alvarado les ordenó subir inmediatamente.

—Yo creo que el general (dijo) ha de haber contado con que tú estarías ya en las inmediaciones de Valparaíso cuando yo te alcanzase, y me parece que sería conveniente que llevase conmigo una compañía por lo ménos de tu escuadrón.

---

[417] B: Morgado
[418] B: Morgado

—Lo creo muy conveniente; y en todo caso es cosa de una hora hacerla regresar.

—Bien! Cuando llegues á Santiago infórmalo al general; y dá orden á tus capitanes para que se pongan á mis órdenes. /
[238]

Hecho así, se iban ya á separar los dos jefes, cuando Alvarado golpeándose la frente, dijo—Qué diablos!.... ¿No me has dicho que aquella dama era la mujer de M.......?[419]

—Sí!

—Pues, mal vá á encontrar sus cosas en Santiago! Anoche le han saqueado la casa hasta barrerla del todo: no le han dejado ni un pañuelo, ni un trapo: espejos, muebles, ropas, vajillas, todo ha sido destrozado; y para colmo de fiesta, se ha incendiado y está en escombros.

—Y quién ha hecho eso? preguntó N.......[420] indignado.

—El populacho: Los *rotos*.

—Es un oprobio!.... Pero en fin ¿qué vamos á hacer?.... razón de mas para que regrese á atender sus intereses.... Lo mejor es no decirle nada.... y que sepa su desgracia cuando llegue.

—Son muy mal queridos.

—En cuanto á ella.... no creo que sea justo.... Me ha hecho muy buena impresión.

—Ya lo creo!.... Siendo tan bella como dices.... ¿Qué te importa lo demás? Protéjela tú: y al diablo los M.......[421] y los otros! Adios!

—Adios!

—[422]Compadecido ya de una manera particular de lo que Alvarado acababa de decirle; y reparando que la calesa

---

[419] B: Morgado
[420] B: Necochea
[421] B: Morgado
[422] B: [Sin raya de diálogo, como corresponde]

de madama M.......[423] esta-/[239]ba ya fuera del pantano, y pronta á rodar, N....... se acercó á ella, y le dijo:

—Señora, vamos á ponernos en marcha. La calesa de usted seguirá á retaguardia del escuadrón custodiada por un piquete para evitar todo contratiempo. El país está bastante alborotado como usted ha visto, y debe haber partidas alzadas que andarán cometiendo desórdenes.

—Permítame usted, Coronel, le dijo ella, que le pida á usted un favor insignificante; y tan vulgar que hasta vergüenza tengo de verme obligada á pedírselo á usted.

—¿Y por qué, señora?.... Diga usted!

—Hace muchas horas que esta pobrecilla criatura no ha tomado alimento; y quisiera acercarme á algún rancho, á alguna casa en donde pudieran darme leche y alguna otra cosa para él; ya usted vé que no es justo que me lo traten como á prisionero.

—Es muy fácil, señora, complacer á usted. Dentro de un momento vamos á estar en la posta: allí haré alto para que coman mis soldados; y usted podrá procurarse lo necesario.

N.......[424] se separó de madama M.......,[425] y se puso á la cabeza de su tropa; la calesa siguió á retaguardia; y media hora después entraron á la *posta,* donde los soldados se ocuparon de su comida; y la señora, de proveerse de / [240] los alimentos que necesitaba para el niño, para ella y para Mariana.

Al poco rato entró el coronel al cuarto en que estaba madama M.......;[426] y le dijo:

—Ha descansado usted, señora? Vamos á continuar la marcha.

---

[423] B: Morgado
[424] B: Necochea
[425] B: Morgado
[426] B: Morgado

—Cuando usted guste, señor coronel! El niño ha tomado ya su alimento, que era lo principal.
—¿Es hijo de usted?
—No, señor! Dios no me ha bendecido con esa gracia. Es un huérfano cuya madre no conozco. No tiene más amparo ni más madre que yo, por ahora; y estoy obligada por lo mismo á cuidarlo como si fuera mío.

Madama M.......[427] le refirió entonces todo lo que sabía del niño; que, á la verdad, era bien poco, y la manera cómo lo había recogido en su casa.

—No sé ni como se llama siquiera: agregó ella.

El coronel, entonces, con una sonrisa llena de malicia, le dijo:

—Eso es grave! Será preciso que lo bauticemos.
—Quizás tenga usted razón!
—Pues, señora: permítame usted desde ahora que solicite ser su padrino, si, como es de esperar, ha de ser usted la madrina.

—Y no lo tome usted á broma! dijo la anda-/[241]luza: le tomo á usted la palabra! No se necesita de la pila y del cura, para tomar bajo su protección un niño desvalido; y por lo que le he dicho á usted, bien vé usted que este pobrecillo bien lo necesita: ¡Una madre perdida, ó que lo ha perdido, y una loca vagabunda por única dueña!.... Y mire usted, coronel, si me lo quisieran quitar sin derecho de madre ó de familia, voy á ocurrir á la protección de usted; porque lo que es yo, bien sé lo poco que he de valer en el nuevo orden de cosas que ha imperado. Lo único que puedo darle yo es el techo de mi casa; y sabe Dios si puedo contar con él!.... Y eso, coronel, que jamás he tenido pasiones de partido: que quiero como míos á los americanos, y que he hecho por ellos cuanto he podido. Pero mi marido.... Dejemos esto! me duele y me incomoda hacerle á usted protestas

---
[427] B: Morgado

de este género, en semejantes momentos.... De mí, que sea lo que el destino quiera!.... pero en cuanto al niño, queda desde ahora bajo la protección de usted.... ¿No me hará usted el gusto de darle un beso, para dejarme tranquila de que ha de ser usted su padrino, con pila ó sin pila, como usted me lo ha dicho?

Dijo madama M........,[428] tomando el niño de los brazos de Mariana, y presentándolo al coronel.

No teniendo como negarse, aunque con un /[242] evidente encogimiento, el coronel acercó sus labios á la frente de la criatura. Sin darle la mano, porque entonces no era permitido tomarse esta libertad, con una dama, el coronel le hizo una cortez reverencia, y se despidió en seguida pidiéndole que le permitiera el honor de presentarse á ella en Santiago. Madama M.....[429] se lo acordó[430] y bien seguro estaba él de que la dama tendría que acudir á sus servicios cuando viera el estado á que la había reducido el saqueo y el incendio de su casa.

XXX[431]

Feliz había sido madama M........[432] en ser detenida antes de llegar á Valparaíso; porque no puede darse situación más desastrosa y lamentable que la que les cupo á las desventuradas familias, que huyendo de un mal imaginario, buscaron una salvación ilusoria en Valparaíso, contando con que lograrían reunirse con los suyos en Concepción y en Talcahuano.

Seguidos de cerca por el batallón de cazadores y por las dos compañías de Granaderos á caballo, los prófugos

---
[428] B: Morgado
[429] B: Morgado
[430] B: lo concedió y
[431] B: XXVII
[432] B: Morgado

que más se habían adelantado llegaron al puerto. Pero muchísimos otros detenidos por el cansancio y por la falta de medios para proseguir, cayeron á poco andar en poder de los patriotas; y fueron remitidos á /[243] Santiago, donde no tardaron en ser puestos en libertad, y en volver á sus respectivas casas.

Marcó del Pont tuvo miedo de huir incorporado á sus amigos y satélites. Creyendo que era mucho más acertado y más seguro separarse del convoy, y dirigirse á San Antonio, fué sentido, cercado y tomado por las partidas que se habían formado en la hacienda de las *Tablas*. Remitido al general San Martín, fué destinado á la provincia de San Luis, donde quedó confinado y oscuro para el resto de su vida.

Los otros grupos, compuestos de hombres, mujeres, niños y soldados, todos revueltos, alcanzaron á entrar en Valparaíso; pero á la vez que los patriotas, presos desde antes en algunos de los buques realistas se sublevaban en ellos, se hizo imposible tambien obtener el menor orden para hacer el embarque en los otros. Las tripulaciones, tan anarquizadas como los fugitivos, hicieron lo que quisieron al impulso de la alarma y del pánico general. La confusión fué tal, que en vez de hacerse á la vela para el sur, los marinos creyeron que no había salvación sino yéndose á Lima; y se llevaron toda aquella multitud completamente desprovista de preparativos para ese viaje, y de medios para vivir allá, donde no tenían deudos ó relaciones que los recibieran.

A eso de las nueve de la noche llegaba á San-/[244]tiago el escuadrón del coronel N......., [433] conduciendo una larga comitiva de prisioneros y de prófugos, que tomados y detenidos por las diversas partidas y fuerzas que recorrían el país, había ido reuniendo en el camino.

---

[433] B: Necochea

Conociendo él la catástrofe que dejaba á madama M.......[434] sin la habitación con que ella contaba, se acercó á su calesa, y le dijo:
—Señora ¿dónde quiere usted que se le conduzca?
—Pues qué, dijo ella con sorpresa, me tratarán ustedes como prisionera de guerra?
—De ningún modo, señora!
—Pues entonces que me lleven á mi casa: calle de la *Bandera*, última cuadra, al tocar en la *Cañada*.
—Es, señora, que voy á tener el dolor de darle á usted una triste noticia.
—¿Qué triste noticia puede darme usted, coronel? Todo lo que me interesa está aquí conmigo.... No tengo más familia.... Ah! Habrán tomado ó muerto á M.......?[435] y aún en ese caso, no habría razón para privarme de ir á mi casa. ¿Sabe usted algo de M.......[436] coronel?
—Nada, señora; y no creo que le haya sucedido desgracia alguna; pues yo ya lo sabría.
—Y entonces?.... Diga usted! Yo puedo saberlo todo sin desesperarme, coronel!
—Pues bien, señora! el populacho ha saquea-/[245] do la casa de usted antes que entraran nuestras tropas. Todo ha sido despedazado, robado y la casa misma está en ruinas: fué incendiada.
Madama M.......[437] hizo un gesto de enojo, pero reponiéndose al instante dijo con desprecio:
—Y eso es todo, coronel?
—Lo bastante al ménos, señora, para que yo quisiera saber de usted á donde quiere usted que se le conduzca.... alguna casa amiga?....

---
[434] B: Morgado
[435] B: Morgado
[436] B: Morgado
[437] B: Morgado

—Déjeme usted pensar un momento; porque en estos casos no conviene aterrar ó incomodar á los amigos.
—Si usted gusta, yo procuraré encontrar....
—No, coronel: le doy á usted las gracias, y cuento con su amistad para después ¿no es cierto?
—Y para siempre, señora!
—Cree usted que de aquí puedo ir sin peligro al alojamiento que quiero tomar?
—Sí, señora.... y en todo caso irán dos soldados acompañando la calesa.
—Mariana! dijo la señora: bájate tú, y que la calesa te siga á la casa de Tomasa, de doña Sinforosa: pasaremos allí la noche, y mañana veremos como arreglarnos. No te aflijas, hija! Estos son contrastes pasajeros de la vida. Unos días más y todo se repara! Coronel, está todo arreglado: que la calesa siga á esta mu-/[246]chacha.... Adios, coronel! le quedo á usted sumamente grata.[438]
—Permítame usted dos palabras, señora! serán más serias y sinceras de lo que usted podrá creer en este momento. Después de haber visto á usted mi espíritu queda profundamente perturbado....
—Coronel, por Dios: ¿me va usted á hacer una declaración?

Era evidente que por más que lo quisiera ocultar, madama M.......[439] estaba enojadísima con la noticia del incendio y ruina de su casa.

—No, señora. Me voy á permitir un desahogo, porque no puedo separarme de usted sin....
—Santos del Cielo!.... y al pie del estribo como en tiempo de los caballos andantes!.... ¿Sabe usted que no me disgustaría si fuese en un torneo?.... ¿Y en un sólo día, ya padece usted de ahogos?

---
[438] D: agradecida.
[439] B: Morgado

—Pero qué día, señora!
—Muy largo?
—Muy lleno al ménos para todo el resto de mi vida!
—Dios mío!.... y así mide usted la vida de sus pasiones?.... pues será preciso tener cautela con ellas. ¡Cómo se conoce que es usted coronel de caballería!
—Señora, yo no tengo talentos para luchar /[247] con usted en el terreno de las gracias; pero soy impresionable, y tengo un corazón.... Por otra parte, señora, yo no le he dicho nada más sino que quedo profundamente perturbado; y sólo quería pedirle á usted una gracia, dijo el coronel con la más esquisita cultura[440] y afectado candor.
—Pero siendo usted el acreedor ¿quiére usted ser duro y usurero conmigo?
—¿Y sería serlo, señora, pedir á usted que me permita frecuentar su trato?
—No lo sé!.... Pero cómo evitarlo?.... Deje usted el porvenir al cuidado de la providencia y de los sucesos. No hablemos más en este tono: le dijo ella alargándole el revés de la mano.
El coronel la tomó con efusión, y depositó un delicadísimo beso en ella.
—Dígame usted ¿dónde se le hallará á usted si me persiguen y si tengo la *desgracia* de verme obligada á recurrir á usted?
—Ignoro, señora, cual será mi cuartel. Creo que esta noche camparemos en la plaza. Mañana procuraré ver á usted, si tiene la bondad de indicarme la casa en que piensa alojarse.
—En la misma acera del *Cármen Alto*, en la primera casa terminando la pared del convento.
—Permítame usted apuntarla, porque todavía no conozco á Santiago. /

---

[440] D: exquisita dulzura

[248]
Al despedirse de nuevo, el coronel quiso volver á pisar en el estribo de la calesa; pero ella le puso la mano en el pecho con afabilidad y con entereza, y lo detuvo diciéndole—Adios, *mi amigo*.[441]

XXXI[442]

Como era natural, la madre y las hermanas de Tomasa, habían pasado el día en la mayor desolación. Por mucho que se habían afanado, no habían encontrado medio alguno de hacerse oír para demostrar la injusticia de su prisión, ni para explicar siquiera el terrible *qui-pro-quo*,[443] que las hacían responsable de la pérdida del niño, y de connivencias con M.......[444] y con San Bruno, que jamás habían tenido. Cuantas personas habían procurado ver ellas, les habían respondido: "por ahora, es imposible". "Es menester esperar que eso se aclare" con otras evasivas que las habían descorazonado. Así es que vueltas á su casa, y rodeadas de las vecinas que compadecían su desgracia, no tuvieron otro recurso que congregarse todas por la noche, rezando y orando delante de una imagen de la virgen de Mercedes, que les trajo una vecina, asegurándoles que era tan milagrosa, que muchas veces había resucitado muertos, cuando /[249] los que la rogaban eran verdaderamente religiosos y ponían su confianza en ella.

—Una vez—les dijo la vecina, pasaba un hermano mío por una calle solitaria, y salió un perro á morderlo. Él sacó al instante su cuchillo, se defendió y logró herir al perro, que huyendo, ganó el cercado de la quinta ladrando.

---

[441] B: *amigo*. / *(Continuará)* //
[442] B: Folletin de EL NACIONAL, 22 Julio 1882 / 21 / LA LOCA DE LA GUARDIA / — / XXVIII
[443] **qui-pro-quo**: *quid pro quo*, locución latina que significa 'una cosa por otra', confusión, error.
[444] B: Morgado

Pero quien les dice á ustedes, que unas varas más adelante tropezó con un cuerpo: se agacha para ver lo que era, y al ver que era un muerto, sale disparando horrorizado y con un susto terrible. Pero tropieza allí con la partida de la *Hermandad*,[445] que al verlo con un cuchillo ensangrentado en la mano, lo arrestan, y descubren al muerto que estaba más allá bañado de sangre. No se les ocurrió más, sino que nuestro hermano era el asesino. En vano rogó, pidió: ¡Nada! ¡A la cárcel! Pero, dice mi hermano que cuando le amarraban los brazos, vió en la oscuridad de la noche una señora toda vestida de blanco que poniéndose los dedos en los ojos, dijo: ¡Yo he visto! y se alzó en una nube á los cielos. En el acto conoció á la imagen de Nuestra Señora de[446] Mercedes, que teníamos en casa, y que es esta misma que les traigo, para que le rezemos por Tomasa. Cuando el Alcalde se informó de lo que le dijo la partida, mandó ponerle grillos y meterlo en un calabozo. Pero en esta misma noche, y cuando /[250] dormía á pierna suelta, acostumbrado como estaba el maldito á cometer injusticias todos los días de la semana, recibió un terrible latigazo por la cara; y al despertarse asustado, se encontró con la Virgen de Mercedes que echaba fuego por los ojos; y que levantándolo por los cabellos le refirió lo que había visto, ordenándole poner en libertad á mi hermano en el acto mismo, so pena de hacerlo morir de repente y en estado de pecado mortal para que lo purgase en el infierno. El mismo alcalde se lo contó así á mi hermano al ponerlo en libertad. Infinitos milagros de esta y de otras clases, ha hecho esta imagen poderosa. Prendamos velas, muchachas, y pongámonos á rezar! decía la buena vecina acomodando el cuadro de la estampa sobre una mesa entre todas las velas que se

---

[445] **Hermandad**: la Santa Hermandad, cuerpos militares con funciones de policía, creados por los Reyes Católicos en 1476 para combatir el delito y preservar la seguridad pública.
[446] D: Señora de las Mercedes

pudieron hallar á mano.—Ya verán cómo Tomasa sale en libertad. ¿Usted cree, misia Sinforosa, que Tomasa estará sin pecado mortal?—De cierto! doña María! si es la virtud misma!—Pues arrepiéntanse ustedes de los que tengan; y rezemos toda la noche: que mañana estará ya en libertad; ya verán ustedes lo que es esta imagen.

Y todas en efecto, se pusieron á rezar con el fervor más sincero, y con la esperanza más grande de puesta en la milagrosa imagen que adoraban. /
[251]

Habían ya rezado dos rosarios, el trisagio[447] y otras dos advocaciones, cuando la vecina dueña de la imagen, que dirigía aquellas plegarias les dijo:—Ahora, muchachas, descansaremos un poco, y tomaremos unos mates de leche con canela; porque "á Dios rogando y con el mazo dando." Haciéndose dueña de casa, como que era la administradora de los favores, dones y milagros de la santa virgen, echó mano al mate con los demás adminículos, hizo hervir la leche en el brasero, roció con ella la veneranda imagen para consagrarle las primicias, se tomó el primer mate para solazar el paladar que lo tenía demasiado seco con tanto rezar; y después lo distribuyó en los demás; pero la madre de Tomasa le dió las gracias diciéndole que no tenía apetito.

—Pues es preciso que usted tome aún sin gana. A esta virgen no le gusta que desconfien de ella; y un mate caliente la va á confortar á usted para que sigamos rezando.

Siguióse así el turno, tomándose siempre doña María dos mates, bien llenos por cada uno escasamente cebado, que repartía á los demás, hasta que dió fin á la leche, y limpiándose los labios,

—Eh!.... Vamos ahora á rezar un *padrenuestro*, cinco *salves*, y las letanías; que es lo que más la encanta á Nuestra Señora de Merce-/[252]des. Estoy cierta que la Santísima

---

[447] **trisagio**: himno en honor de la Santísima Trinidad.

Virgen se ha puesto ya al lado de Tomasa para salvarla. Confianza y fe, querida amiga! le dijo á doña Sinforosa dándole un beso perfumado todavía con hierba y canela.

Todas se postraron y comenzaron los rezos con nuevo fervor.

En lo mejor de las letanías y del *ora-pro-nobis*;[448] y cuando doña María entonaba con voz inspirada el *Stella matutina: Consolatrix afflictorum*[449]— oyéronse muchos golpes á la puerta de la calle—Albricias, muchachas! Albricias, doña Sinforosa! ¡El milagro está hecho! Esa es la Virgen Santísima de Mercedes que trae á Tomasa! Hínquense todas mirando á la puerta, que voy á recibirla! Hínquense y levanten las manos al cielo!

Las diez ó quince vecinas que habían estado orando, hicieron lo que les ordenaba la fervorosa devota de la virgen de Mercedes; y se pusieron todas con las manos levantadas hacia la puerta, esperando ver entrar la milagrosa aparición.

Aunque no santa, no fué ménos bella la galana dama que, sin hacer caso de las genuflexiones y de las estravagancias con que doña María la tomaba por la virgen de Mercedes, se entró á la casa de Tomasa. Era madama M.......[450], como lo sabe el lector, que aunque febril y agita-/ [253]da por las emociones de aquel día extraordinario, venía muerta de cansancio creyendo hallar un poco de quietud que le permitiera reflexionar sobre el cúmulo de cosas y de ideas que se atropellaban en su mente. No fué poca su sorpresa al encontrarse con todas aquellas mujeres, desconocidas para ella que la recibían postradas como si le dirigiesen plegarias.

---

[448] ***ora-pro-nobis***: frase latina que significa 'ruega por nosotros'; letanía de alabanza y súplica.
[449] ***Stella matutina: Consolatrix afflictorum***: 'Estrella de la mañana, consuelo de los afligidos', letanías del rosario.
[450] B: Morgado

Al verla, la madre de Tomasa corrió á ella, y abrazándole las rodillas, exclamó; señora! señora! anegada en lágrimas. Las demás se decían unas á otras: Es nuestra señora de Mercedes! y se golpeaban el pecho mirando azoradas.

Doña María, que toda sofocada entraba tambien detrás de madama M.......[451]

—¡Virgen Santísima! Virgen *inmaculata!* ¡Has oído nuestras plegarias! ¡Regina martyrum![452]

—¿Están ustedes locas? dijo la Pepa con sorpresa y con disgusto, porque aunque sabía las letanías, no era muy dada á rezarlas, ni á devociones. Qué[453] loquero es este, Sinforosa?.... ¿Qué hay aquí?

—Señora, señora!.... *Misia Pepita* querida! dijeron la madre y las hermanas de Tomasa.

Al oír este nombre tan poco propio de la Santísima y milagrosa virgen de Mercedes, doña María, y todas las demás devotas se quedaron estupefactas y confundidas. Pero doña María /[254] que no se dejaba derrotar así no más por cualquier accidente de poca monta, interrumpió con enfado á doña Sinforosa:

—Vecina, vecina! mire usted lo que se dice! ¡Está usted delirando! No le hagáis caso, *Divina Mater*:[454] el dolor la estravía, Santísima Virgen: ninguna de nosotras está en pecado mortal (gritaba) y ya es tiempo de que hagáis, señora, el milagro que esperamos.

—Esta mujer es loca!.... Véamos, Sinforosa, ¿qué pasa? Dígamelo usted pronto, que estoy fastidiada y no estoy para bromas.

---

[451] B: Morgado
[452] **Regina martyrum!**: frase latina que significa 'Reina de los mártires'; es una de las advocaciones de la Virgen María que se mencionan en las letanías.
[453] B: devociones. / –Que
[454] **Divina mater**: frase latina que significa 'divina madre'.

Fué tal el tono imperioso con que madama M.......[455] pronunció esta orden, que las que la tomaban por la Virgen de Mercedes enmudecieron sumisas; y las de la familia que la conocían y respetaban, la informaron de como Tomasa había sido llevada á la cárcel á causa de la desaparición del niño.

—Acabáramos!.... Muy bien! Lo principal del milagro está hecho: el niño está ahí dormido en los brazos de Mariana, como ustedes lo ven; y aunque sea propio de tontas y de locas figurarse que nuestra Señora de Mercedes ande en la tierra por gusto de ustedes, Dios, Dios el padre de todos los mortales, no necesita de hacer viajar su divina madre, ni de velas para honrar y premiar la virtud y para consolar á los afligidos. Muchas veces prepara las co-/[255]sas.... por medios muy humanos, que nada tienen de milagrosos, á fin de que unos y los otros nos hagamos el bien en la tierra. Yo creo, que puesto que el niño está aquí, todo lo demás se conseguirá pronto, y que Tomasa será puesta en libertad.

—Usted, señora (dijo doña María) dirá lo que quiera y pensará lo que se le antoje. La aparición de ese muchacho es un milagro de mi *Virgen:* y si Tomasa sale en libertad no es por usted, señora mía, que, por lo que dice de los Santos, muy bien puede ser que esté usted en pecado mortal, y sin confesión, que es peor; sino por *mi Virgen!* Y por último, no quiero estar más aquí! me llevo mi *Virgen*, y mis candeleros y mis velas! agregó apagando las luces, cargando con todo lo suyo y repitiendo—miren qué *sugeta*, qué Magestad, para hacer el milagro, si no hubiese sido por *mi* Virgen!— Gracias, doña Sinforosa, por el pago que ustedes me dan!

---

[455] B: Morgado

—Oye, mujer: le dijo madame M........:[456] espérate! y sacando de un bolsillo un *escudo de oro*, le agregó: toma! ahí tienes con que hacerle decir ocho misas á *tu Virgen*: ya ves respeto sus milagros!

Esta generosa dádiva consoló un poco á doña María; pero no obstante eso, se retiró reclamando siempre el poder de su Santa Virgen; y agre-/[256]gando el nuevo milagro al catálogo de los otros muchos que ya había hecho. Bien es verdad, que se hacia pagar dos *duros*[457] por cada vez que prestaba su cuadro; y que no le convenía que se amenguase el crédito con que ella pregonaba sus preciosas virtudes.

Cuando la madre de Tomasa oyó que madama M......[458] le daba esperanzas de que su hija estaría en libertad al otro día, se sintió consolada; pero no tanto como para no exclamar:

—Y qué, señora mía, la pobrecita tendrá que pasar esta noche en la cárcel entre presos y bandoleros?

—Es que á estas horas.... más de las diez.... Pero (agregó reflexionando) quizá sería mejor hacerlo lo más pronto posible! mañana.... no estoy segura de que esté mañana en Santiago la persona á quien pienso interesar por la libertad de Tomasa.... Y fuera de él, no cuento por ahora con nadie más.... No hay remedio! es menester que vamos[459] ahora!.... Mariana, quédate con el niño: cuidado como se lo entregan á la Loca! Mariana, tú eres fuerte y guapa; resiste y échala á la calle si aparece aquí, aunque grite como un demonio.... Ahora me acuerdo! con el ruido y la confusión que todas ustedes hicieron á mi llegada, me olvidé de dar orden de que llevasen la calesa, y los /[257] dos soldados que me custodiaban deben estar ahí.

---

[456] B: Morgado
[457] **duros**: moneda de la época; dos duros equivalían a un escudo de oro y a dieciséis reales.
[458] B: Morgado
[459] D: vayamos

Con esto salió la Pepa precipitadamente á la puerta de la calle, y encontró que todo permanecía como ella lo había dejado al entrar. Dirigiéndose á uno de los militares, le preguntó qué órdenes tenían.

—Tenemos orden de estar aquí hasta que V. S. nos despida.

—Bien, hijo! Hazme el favor de entrar con tu compañero, para que les dén algo de comer y unos mates: espérenme aquí hasta que yo vuelva, y defiendan esta pobre familia si algo sucede.

—Desde que V. S. lo manda: dijo el soldado encogiéndose de hombros, así lo haremos.

—Yo voy en la calesa á ver al coronel.

—Pero es que tenemos orden señora de acompañar á V. S.: y no podemos faltar.

—Bueno: entonces lo que haremos, será que uno de ustedes se quede y que venga el otro conmigo.

Los dos soldados se consultaron; y después de bien examinado el caso, resolvieron que así cumplían la orden de acompañar á la señora y la de obedecerle tambien.

Madama M.......[460] volvió á tomar la calesa haciendo subir en ella á doña Sinforosa, y se hizo conducir á la plaza mayor. /
[258]

Después de las dificultades y requisitos de orden para entrar en el cuadro, vino á saber que el coronel N........ estaba en ese momento con muchos otros jefes en la casa del general O'Higgins. No se desanimó por eso; antes bien logró hacerse llevar allá; y hacerse anunciar al coronel, como—*La prisionera de la mañana* que tenía grande urgencia en verlo.

---

[460] B: Morgado

El coronel salió inmediatamente hasta la calle; y después de hacer bajar á madama M.......[461] la tomó del brazo y la introdujo á una de las piezas de la casa, que toda entera estaba alumbrada y llena de gentes y militares que se movían entrando y saliendo con grande actividad.

Después de haber hecho desocupar la pieza de los que estaban en ella para quedar sólos, madama M....... le refirió la desgracia en que había encontrado á la pobre familia en cuyo seno había ido á buscar un albergue, ya que su casa estaba en ruinas y cenizas; y le presentó á la madre desolada que tenía allí por delante.

—Precisamente, señora, le dijo N....... me ocupaba de usted en este momento, con el señor don Bernardo—el general O'Higgins— y habíamos convenido que era un deber del gobierno patriota reparar el contraste....

—Yo le agradezco á usted muchísimo, ese interés. Por ahora, coronel, tengo otro motivo más urgente que el de mis propias cosas.... pa-/[259]ra venir á ver á usted; mi grande anhelo es que usted haga poner en libertad á esa pobre joven de que le he hablado á usted. El niño de que se trata, es ese mismo niño que usted ha tomado bajo su protección: su ahijado de usted. La pobre muchacha, como usted comprende, no ha cometido crimen ninguno al entregármelo á mí bajo el terror que le ocasionó el bando de Marcó del Pont. Ni es, ni ha sido jamás realista: no ha tenido en su vida contacto alguno con San Bruno, á quien ni conoce, ni ha visto jamás....

—Así es, así es, señor! repetía doña Sinforosa: no le hemos visto, ni sé si es bajo ó alto; más bien nos daba miedo su nombre cuando lo oíamos!

—Créalo usted, coronel, es la pura verdad.... y usted comprenderá que una noche de cárcel entre bandoleros y prisioneros desalmados, es cosa....

---

[461] B: Morgado

—Madama *Pepita*, me está usted demorando en el deseo que tengo de complacerla. Por grande que sea el encanto que tengo de verla y de oirla, más grande es el que tengo de colmar sus órdenes. Voy ahora mismo á hablar con el señor don Bernardo: espérenme ustedes aquí—y el coronel salió de la pieza con suma diligencia.

—Esto es hecho, Sinforosa! dentro de algunos minutos, tendrá usted á Tomasa en sus bra-/[260]zos y la llevaremos á su casa.... Pero yo!....

—Usted cree, misia Pepita, que soltarán á mi hija ahora mismo?

—De seguro! dijo: y murmuró entre dientes, como si hablase consigo misma— Y yó? ¿podré defenderme?.... Eh! haré lo posible y en todo caso.... que se cumpla mi destino! ¿cómo evitarlo?

Habían pasado apenas diez minutos, cuando el coronel N.......[462] entró por la puerta del patio trayendo de la mano á Tomasa. Aquello fué un alboroto de llantos, de júbilo y de ternura entre la vieja madre y la hija. Las dos se postraron á los piés de madama M.......[463] con las demostraciones más espontáneas de gratitud y de cariño; y cuando ella las hubo calmado pidiéndoles que dieran gracias á su verdadero salvador, este encontró la ocasión de decirle en voz baja—Ah, si yo hallase gracia tambien. Señora! quizás es más grande mi tormento, y mayores las ansiedades con que la duda destroza mi corazón!

—Coronel: sea usted generoso, por Dios! ¿no vé usted cuanto le debo? ¿no quiere usted reservarse siquiera el derecho de saber si soy digna de su estimación?.... Seamos amigos! sea usted mi amigo: conózcame usted bien, y déjeme el derecho de conocerlo y de juzgarlo.

---

[462] B: Necochea
[463] B: Morgado

—*Pepita*: merezco la lección: perdónemelo /[261] usted.... El señor general O'Higgins desea tener el honor de verla á usted y de decirle algunas palabras.

—Es tan tarde N.......[464] que yo preferiría dejar para mañana el honor y el favor que me hace el señor general O'Higgins. ¿Quiére usted rogarle de mi parte que me conceda ese plazo?

—¿Cómo nó?

—Entonces, será hasta mañana á medio día. ¿Estará usted para introducirme?

—De seguro.... *Pepita*.

Y se despidieron vinculados ya en los ensueños vagos de la fantasía por un no sé qué de misterioso, al que ninguno de los dos osaba dar su nombre todavía.

Visiblemente preocupada y taciturna, madama M.......[465] iba en la calesa agitada por un conjunto de ideas fugaces que se le deslizaban en el momento mismo en que quería tomarlas. Pero una surgía sobre todas las otras, y se fijaba en su mente con letras de fuego—*El destino me arrastra. ¿Qué será de mí?.... De uno, pero jamás de dos!.... Víctima, puedo ser!.... pérfida jamás!*[466]

XXXII[467]

La dueña del milagroso cuadro de la Virgen no había podido resolverse á abandonar la casa /[262] como había amenazado hacerlo en el primer momento de su despecho; y apenas había llegado á su habitación, y puesto en su lugar los candeleros y las velas con que había ayudado á las plegarias, se sintió movida por la curiosidad y se

---

[464] B: Necochea
[465] B: Morgado
[466] B: *jamás*! / (*Continuará*) //
[467] B: Folletin de EL NACIONAL, 24 Julio 1882 / 22 / LA LOCA DE LA GUARDIA / — / XXIX

creyó con el derecho de volver, con su imagen debajo del brazo, para ver si la señora M.......[468] lograba ó nó sacar á Tomasa en libertad.

Algo mohina, pero indecisa, entró pues de nuevo protestando que si madama M........,[469] traía á Tomasa, era porque *su* Virgen de Mercedes le había permitido representarla.

—Alguna de las que están aquí—dijo mirando de soslayo á una vecina que por cierto no tenía mal talente,—está en pecado mortal y sin confesión, que de no, la misma Virgen hubiera hecho el milagro y nos hubiera visitado en persona. Aquí está (dijo mostrando el cuadro) y aquí la tengo para que nadie se atreva á despreciarme. Y juro de nuevo que si esa señora no viene trayéndonos á Tomasa, es preciso que yo conjure todas las sabandijas que puede haber en esta casa para que se vayan á infestar en otra parte; y que las que estemos en gracia sigamos rezando hasta conseguir el milagro. Sí: ya sé yo quien ha andado diciendo que soy una fanática, y qué....

En esto se levantaron todas de golpe, y ella /[263] misma se interrumpió. Habían oído el rodar de la calesa; y cuando salían á la puerta, Tomasa entraba de carrera.

La vuelta de Tomasa á la casa materna produjo, como era de esperarse, la más tierna escena.

Las hermanas la abrazaban, la besaban y corrían de ella á la madre y de la madre á ella, llorando de júbilo. Las vecinas hacían lo mismo y cada una se empeñaba en ser la primera, y en señalarse más que las otras por el fervor de sus felicitaciones y de su alegría.

Si la misma Virgen Santísima de Mercedes, se hubiera presentado en medio de aquel cuadro vivo, no hubiera sido tratada con más respeto y adoración que madama

---

[468] B: Morgado
[469] B: Morgado

M.......[470] La eficacia y la suma bondad de sus servicios en momentos en que todo el régimen antiguo había venido al suelo, levantándose uno nuevo en que parecía que no pudiera haber tenido tanto influjo, era la admiración de todas aquellas mujeres, que, al contemplar su belleza, sus gracias, y la magestad de sus modales, la creían dotada de una virtud más que humana, en el alto nivel en que se levantaba sobre ellas.

Cuando la dueña de la virgen pudo acercarse á la madre de Tomasa, le dijo:

—Doña Sinforosa, usted me debe dos *duros*, porque este milagro es obra de *mi* virgen: y ya /[264] usted vé, yo tengo que abonarle dos misas al padre agustino fray Emeterio; y si no se las mando decir poniendo *mi* virgen en el altar, la divina señora se irritaría contra mí, porque este milagro lo ha hecho ella sóla, doña Sinforosa!

—Así lo creo yo, doña María: la divina señora ha sido piadosa con nosotros y nos ha oído; pero no le podre pagar á usted sino cuatro reales cada sábado, cuando cobremos las costuras.

—Por eso no hay cuidado!.... es lo mismo.

—No hay necesidad de eso, dijo madama M.......[471], que había oído este último diálogo: mañana mismo tendrá usted sus dos *duros*, buena mujer.... ¡Ah (dijo para sí) si yo pudiera creer como ellas!.... milagro! milagro! En fin, es lo mismo, *milagro* para ellas, *destino* para mí!... pero es duro siempre caer después.... ¿quién puede penetrar los misterios del *después*?.... Mis amigas, dijo dirigiéndose á todas las demás mujeres, estoy cansadísima, postrada, y voy á tomar una cama para reposar unas horas.

—Está pronta, señora! por aquí: dijo una de las muchachas de la casa.

---

[470] B: Morgado
[471] B: Morgado

Contenta y reconciliada ya la dueña de la virgen, con el milagro y con el abono de su renta, levantó la voz, é hizo que la oyesen en silencio.

—Ya ven ustedes, amigas y vecinas: la seño-/[265]ra reconoce que es mi virgen la que ha hecho este milagro, de la salvación de nuestra querida Tomasa. Ella misma lo ha dicho. ¿No es verdad, doña Sinforosa? ¿No le acaba de decir á usted que la virgen es la que la *ha movido* y la que ha hecho el milagro, sirviéndose de ella?

—Si, señora, doña María: me lo acaba de decir.

—Ahí está! ya ven ustedes como no miento. ¿Y cómo mentir, ni pecar en mi casa ó fuera de mi casa, teniendo en las manos esta santísima imagen? Eso está bueno para otras.... pero en fin, es preciso perdonar porque "de arrepentidas se sirve Dios". Así, pues, yo no miento! ¿No le ha dicho tambien la señora, á usted doña Sinforosa, que pagaría las dos misas porque el milagro era hecho por *mi* virgen?

—Es verdad: si señora doña María; así es!

—Ya ustedes ven: de mi boca no ha salido nada que no sea una verdad. Pero ahora, les digo yo á ustedes que conforme antes rezábamos para rogar y pedirla su gracia á *mi* Santísima Virgen, ahora es preciso rezar otra vez para darle gracias de corazón por el beneficio que hemos recibido. Pongamos, pues, la imagen con sus velas en el altar: lo mismo es esa mesa de planchar, porque la Madre de Dios tiene su trono sobre cualquier cosa, entendámonos—su trono místico (que yo no sé como será porque /[266] no lo he visto todavía) pero así lo llama, y me lo ha dicho fray Emeterio el Agustino, que es el que le dice la misa á *mi* Virgen cada vez que ella hace un milagro como este.... ¿Qué iba diciendo?.... Se me ha olvidado!.... Ah! ya me acuerdo: decía que teníamos que dar gracias por el milagro que nos ha hecho *mi* Virgen: vamos pues á rezar tres rosarios, un trisagio con letanías y la advocación que fray Emeterio le ha compuesto, de su propia letra á *mi* Virgen. Aquí la tengo bien dobladita en el seno que es donde siempre la llevo, por si me viniera la muerte derepente en pecado mort.... quiero decir en pecado venial, porque yo.... En fin de rodillas, muchachas; y vamos á dar gracias.

Como todas eran devotísimas, doña María armada de *su* Virgen hacía y deshacía con ellas según quería; y se pusieron á rezar con el fervor de la gratitud y del contento, elevando su corazón al cielo, que es lo que en el fondo constituye la idea del Dios ó de la Causa Suprema á quien las criaturas, por un misterio inexcrutable, tienen ligada su suerte en la tierra.

XXXIII[472]

En lo más fervoroso estaban de sus oraciones, cuando sin haber sentido[473] ruido alguno abrióse /[267] de par en par la puerta del cuarto, al violento empujón que le dieran de afuera, y apareció de pie entre aquel grupo de mujeres hincadas, la Loca de la Guardia, blandiendo su plumero sobre todas aquellas cabezas. Asombroso fué el terror y los gritos de espanto que produjo. Mientras se desparramaban huyendo y se encerraban todas por las otras piezas de la casa, doña María tomó su virgen y le salió al encuentro á la loca presentándosela de faz y diciéndole "Vade retro satanás",[474] como se lo había oído decir al padre Agustino fray Emeterio cuando conjuraba los ratones y las sabandijas que infestaban alguna casa. (1)[475]

---

[472] B: XXX
[473] D: haber oído ruido
[474] **"Vade retro satanás"**: frase latina que significa '¡Apártate [ve detrás de mí], Satanás!'; proviene de Mc 8, 33.
[475] A, B: (1) Era frecuente en Chile hasta ahora pocos años servirse del clero para conjurar los ratones de las casas y liberarlas de sabandijas. Es de esperar que la aclimatación de los perritos ingleses, mucho más eficaces para este fin, haya aliviado al sacerdocio de esta tarea, aunque habrá perdido las propinas que se hacía pagar por ellas [Nota del autor].

"Vade retro satanas"—dijo más fuerte. Pero la Loca que al ver el movimiento brusco con que doña María alzaba su cuadro, creyó que le iba á pegar con él en la cara, descargó pronto su larga caña sobre el cuadro y sobre la dueña; de manera que mientras el uno caía al suelo haciéndose pedazos el vidrio, la otra, desolada, huía—exclamando: sacrilegio! sacrilegio!

Excesivamente alarmada con este alboroto y con los gritos de terror que oía, madama M.......[476], /[268] que apenas había aflojado sus vestidos para descansar, se dejó caer de la cama en que se había recostado, y salió precipitadamente á la pieza donde había tenido lugar la aparición de la Loca. Mirándose de frente á frente la una y la otra, se examinaron de arriba abajo durante algunos segundos; y la Loca irguiéndose con el imperio especialísimo que le daba su demencia, le dijo:

—Te conozco, mujer M......[477].

Pero la señora, viniendo en cuentas, tomó una actitud dulce y persuasiva.

—Yo tambien te conozco: te amaba antes de haberte visto, y me alegro infinito que hayas venido á ver á tu niño, porque vamos á ser muy amigas, le repitió tomándole la mano, y dándole un beso en la frente, antes que Teresa hubiera podido ablandar el ceño severo con que había entrado.

Pero al mismo tiempo en que madama M.....[478] dirigía á la Loca de la Guardia estas insinuantes palabras, entraba también á[479] la pieza el padre Ureta, que, según parece, seguía de prisa los pasos de Teresa.

---

[476] B: Morgado
[477] B: Morgado
[478] B: Morgado
[479] D: también en la

El padre Ureta y madama M.......[480] se conocían, y se estimaban. Durante la dura y baja tiranía de Marcó del Pont, el padre Ureta había conseguido muchas veces limosnas y gracias para alivio de las familias patriotas por interme-/ [269]dio de madama M.......[481]; y él mismo encarcelado y puesto en gran peligro por una infame delación del padre Quilez y del lego Chaves, había logrado vindicarse por los empeños que madama M.......[482] había hecho para que el Asesor de Gobierno, el licenciado don José María Luján, le fuese favorable y lo sustrajese al juicio político y sumario que le hacía el *Tribunal de Seguridad Pública* presidido por San Bruno. (1)[483]

La sorpresa del padre Ureta fué muy grande al encontrarse con madama M.......[484] en aquella casa en donde él creía que hallaría el hilo para descubrir el paradero del niño y de la desgraciada Manuela, su madre, á quien buscaba, para salvarla de San Bruno; con el interés de un confesor que busca la rehabilitación de una víctima del más atroz destino que puede caberle á una pobre mujer, que había sido distinguida en mejores tiempos, aunque demasiado *buena* y débil por su negligencia y sumisión de su temperamento.

—Señora mía! exclamó el padre, ¿usted aquí?

—Y por fortuna, con usted, querido y virtuoso *padre!*

—Se había dicho que usted había tomado el camino de Valparaíso. /
[270]
—Pero me han tomado prisionera y aquí me tiene usted con el niño que quiere ver esta querida criatura; dijo sacudiéndole las manos á Teresa con muchísimo cariño.

---

[480] B: Morgado
[481] B: Morgado
[482] B: Morgado
[483] A, B: (1) Histórico [Nota del autor].
[484] B: Morgado

Entre usted, padre Ureta, entre con ella; el pobrecito niño está durmiendo; y usted comprenderá que yo lo cuido como una madre hasta que encontremos á la suya....

—No! dijo la Loca: es mío!

—Sí, amiga mía: le dijo madama M.......[485]: ya lo sé; pero después que hablemos con tu amigo el padre Ureta, te llevarás el niño, si acaso él te lo dá.... Usted comprende, padre!.... como entregárselo á ella, estando así.... le dijo la señora en voz baja y disimulada.

El padre guardó silencio por un momento, y dijo después de un rato :

—Lo que Teresa quiere.... y en lo que yo deseo ayudarla—es que el niño no caiga en manos de San Bruno, y de....

—Y de M.......[486] ¿no es verdad?.... Es una ilusión, un vano temor! A M.......[487] no le da nada de eso: ni conoce á esta criatura; y en cuanto á San Bruno—yo me dejaría matar, matar cien veces, agregó con una voz exaltada y con un tono solemne, antes que entregárselo á semejante bandido, ó antes que ponerlo á su alcance! /
[271]

La Loca la miró entonces sorprendida, pero con evidente satisfacción.

—Sin embargo, (dijo el padre) usted se llevaba el niño á Valparaíso, y á....

—¿Y que había de hacer? ¿Sabe su reverencia como tuve que dejar mi casa? Yo no quería salir de ella. Me resistí cuanto pude; pero M.......[488] con sus dragones me obligaron y cargándome como un atado me metió en la calesa y me hizo partir al galope.... ¿Podía yo dejar el niño en una casa abandonada? ¿No sabe usted lo que sucedió después? La han saqueado: la han incendiado ¿y qué hubiera sido de

---

[485] B: Morgado
[486] B: Morgado
[487] B: Morgado
[488] B: Morgado

la infeliz criatura, si yo no la hubiese llevado?.... No había tiempo para nada; y yo no tenía á quien volverme. Mi idea fué dejarla en Valparaíso en manos de alguna familia; y escribir á Santiago.... y le aseguro á usted, padre, que habría hecho un sacrificio, porque me había acostumbrado á la idea de criarlo y educarlo como mío: usted sabe que Dios no me ha bendecido dándome hijos, y por cierto, que los habría necesitado.... hasta para salvarme!.... ¿Me has oído, hija? agregó dirigiéndose á Teresa.

La Loca no contestó. Estaba taciturna y concentrada.

—Ya verás como vamos á ser buenas amigas! le repitió la señora de M......[489]. El niño /[272] tiene ya un gran protector; un padrino: un héroe del ejército de los argentinos.

—Mi intención, señora, dijo el padre Ureta, era recoger este niño y ponerlo al cuidado de una familia de mi amistad, para tranquilizar á esta pobre muchacha que pone una pasión vehemente en recobrarlo, porque es hijo de un hermano suyo que ha perecido trágicamente en una traición que se le hizo. Ella y yo conocemos á la madre.

—Ah! dijo madama M.......[490] visiblemente contrariada. ¿Conocen ustedes á la madre?

—Es una desgraciada.... digna de toda conmiseración y de clemencia del cielo! pero indigna de la familia á que pertenece por su cuna, y del nombre de su benemérito marido, que fué víctima de esa misma traición.

—Y entonces, padre Ureta ¿por qué no lo dejarían ustedes en mis brazos mientras se aclaran todos esos derechos que pueda haber sobre él.

—Señora, porque usted puede tener que dejar á Santiago y salir de Chile.... permítame usted ser franco.

—Ah! puede usted estar seguro de que no! Ni seré desterrada por otros; ni me moveré de aquí por mi gusto....

---

[489] B: Morgado
[490] B: Morgado

¿Quiere usted que le diga más? agregó madama M.......[491] tomando la gruesa cruz de madera que pendía del rosario /[273] del fraile y besándola—le juro á usted que estoy resuelta á seguir la fortuna de los americanos!.... y que, aún cuando quisiera hacer otra cosa, ya me sería imposible.

—Me sorprende usted, señora, con sus estrañas palabras.... Su marido....

—Sí, padre: oíga usted la voz que sale de lo profundo de mi corazón!.... Mi marido, M.....[492] ha muerto para mí.... y antes que faltar á lo que acabo de jurarle, iré á morir en un convento de aquí, de Buenos Aires, ó de Europa!... Créamelo usted! no puedo darle más explicaciones..... Mire usted: y reflexione sobre lo que le digo.... tomo sobre mí la suerte de ese niño.

El padre Ureta miró á Teresa indeciso y sin saber que hacer. Pero la Loca estaba impenetrable, austera y callada.

—Conoce usted, padre, al coronel N.......?[493] le preguntó madama M.......[494]

—No, señora; pero sé que es uno de los héroes de nuestras tropas más dignos del renombre que tiene.

—Yo lo conozco! dijo la Loca: lo he visto volar en las cordilleras: va siempre por delante de los cóndores; y lo he visto echarse sobre los Lagartos y devorarlos. Tu marido huía como un guanaco delante de él.

—Pues bien! ese es el padrino de tu hijo, Teresa! ¿No ves como vamos á ser amigas? Yo /[274] puse á tu hijo bajo su protección. Él le dió un beso en la frente y dijo *es mío!* Él me encargó que te lo cuidara, que yo lo tuviera.... Todo lo que le digo á esta muchacha, querido padre, es cierto: todo eso ha pasado.... usted me conoce, padre Ureta: usted sabe como he sido de servicial y amistosa para con

---
[491] B: Morgado
[492] B: Morgado
[493] B: Necochea
[494] B: Morgado

ustedes cuando estaban en desgracia. ¿Dudará usted de lo que le digo?

—Ni por un momento, señora!

—Pues bien! Dejemos este asunto para mañana:—usted no puede figurarse como estoy de postrada, de fatigada, de desecha!.... Mañana hablará usted con N.......;[495] y estoy segura que quedará usted convencido de que el niño debe quedarse conmigo por ahora.... ¿Qué noticias tiene usted de la madre?

—¡Ningunas, señora: ningunas!... Ha desaparecido! Hasta este momento no he podido encontrar rastro ninguno de ella.

—Yo le ayudaré á usted á buscarla: la hemos de encontrar!..... Dejémoslo para mañana: tenga usted esta condescendencia conmigo; y mañana hablaremos con N.......[496]

Cuando el padre, indeciso, echó su mirada hacia la Loca, esta se salía ya de la pieza y de la casa con su garbo imperturbable y sin pronunciar una palabra.

El padre la alcanzó en la puerta de la calle y /[275] le dijo:—¿Has oído, hija?.... Y ella moviendo la cabeza frunció los labios como cuando se quiere escupir y dijo:—"M......,[497] nó—N.....! N......![498] y soltó una singular y estraña carcajada."

Entretanto madama M.......,[499] se tiraba sobre una silla y exclamaba: ¡Cuándo podré descansar, por Dios! y darme cuenta de lo que pasa por mí!

Las demás mujeres y muchachas, que se habían encerrado bajo llave, fueron saliendo poco á poco; y la dueña de Nuestra Señora de Mercedes recogió religiosamente los

---

[495] B: Necochea
[496] B: Necochea
[497] B: Morgado
[498] B: Necochea! Necochea!
[499] B: Morgado

vidrios de su cuadro, y los guardó como reliquias mientras lo hacía restaurar al día siguiente.[500]

XXXIV[501]

En los sucesos complicados de la vida, necesita muchas veces el actor, ó el narrador, explicar ciertas coincidencias del momento; y se hace indispensable para ello, retroceder á lo que ha pasado antes. Tenemos, pues, que decir ahora como es que la Loca estaba libre después de haber sido llevada á prisión con Tomasa; y cómo es que el padre Uretra la acompañaba cuando la hemos vuelto á ver aparecer.

Precisamente, cuando Teresa y Tomasa eran introducidas á la cárcel como cómplices ú ocul-/[276]tadoras de San Bruno, por la partida que las había tomado en el desorden que la primera había promovido en la casa de la segunda, daba guardia en la cárcel un piquete del regimiento núm. 11, en donde no había un sólo soldado que no conociese y que no amase á la "Loca de la Guardia". Muy pronto supo el sargento Ontiveros, lo que ocurría; y convencido no sólo de que aquello no podía ser otra cosa que un insigne desatino de los que habían hecho esa prisión, sino indignado tambien de que se cometiese semejante tropelía con una sublime mujer á la que "La Pátria" le debía tan señalados servicios, se fué á ver al sargento mayor de su cuerpo, el señor Martínez; y con el lenguaje vehemente que le dictaba su interés, y su cariño, templado por las formas de la disciplina, le dió cuenta de lo que pasaba, y le pidió su intervención .

El hecho fué que á la tarde, la Loca era puesta en libertad, y dejada al ardiente anhelo con que se ocupaba de encontrar el rastro de San Bruno.

---

[500] B: siguiente. / *(Continuará)* //
[501] B: Folletin de EL NACIONAL, 25 Julio 1882 / 23 / LA LOCA DE LA GUARDIA / — / XXXI

Por una de aquellas pendientes naturales del espíritu, la Loca se dirigió instintivamente á la casa que había habitado San Bruno con Manuela, y se entró en ella. Hallándola sóla y sombría, se sentó en un rincón cabizbaja, y mústia, repasando con su mirada todas las paredes y /[277] todos los objetos que aún estaban allí como antes; y revolviendo allá en lo profundo de su mente y de su memoria, todo lo que le había pasado y lo que había visto en aquellos lugares.

El padre Ureta, á su vez, recordaba con dolor el estado y la desolación en que había dejado á la infeliz Manuela, el día aquel en que buscaba desesperada al hijo que San Bruno había arrojado al pantano, y que ella creía devorado por los perros. Pero, perseguido por los realistas, é informado de que habían resuelto remitirlo á Valparaíso y encerrarlo en un pontón, el padre tuvo que ocultarse; y le fué imposible, por consiguiente, ocurrir á buscar y salvar á Manuela como se lo había prometido después que esta le había hecho á sus pies el doloroso acto de contricción que conocemos.

Declarada la victoria de Chacabuco, y producido el derrumbe de todo el poder de los realistas, el padre Ureta se había visto demasiado envuelto y complicado en el alboroto y en las exigencias de los primeros momentos; así es que aunque no olvidaba un instante las ofertas que le habían hecho á Manuela, y aunque tenía los mismos deseos de socorrerla, nada había podido hacer por ella, hasta que, más dueño de sí mismo se propuso ir á verla, con la esperanza de que algunas vecinas ó gentes caritativas /[278] la hubiesen ayudado y sostenido en los días de tumulto y de peligros que habían precedido.

Tristemente afectado del sepulcral silencio y de la soledad melancólica en que vió la habitación, pensaba ya en retirarse para averiguar entre los vecinos si algo podían decirle que le diese alguna luz sobre la suerte y el paradero de la infeliz mujer que buscaba, cuando vió incorporarse de uno de los rincones del tercer aposento, una sombra indefinible que se hacía más vaga y más confusa por el crepúsculo de la caída de la tarde, y por la lobreguez media en que se hallaba la pieza.

—Manuela!... querida hija! ¿estás ahí? dijo el padre, fijando sus ojos medio ceñidos como cuando se trata de percibir algo que no se vé bien; más como el bulto que se movía, no le contestara ¿será algún perro? se dijo para sí mismo: y trató de retirarse con cautela hacia la puerta de salida.

Entretanto, el bulto se adelantaba tambien hacia el padre, sin aparecer agresivo ni deseoso de ocultarse; y el padre, que retrocedía con mesura, podía distinguir algo así como una fantasma con altas crestas, ó con morrión, y con una cosa rara y alta en las manos, como lanza.

La primera idea que le vino al padre Ureta fué que había topado con San Bruno, oculto allí de sus enemigos y decidido á defenderse con /[279] su lanza; así es que para darse tiempo de arrancar del conflicto, dijo:

—Señor mayor San Bruno: me retiro, y cuente usted con mi secreto.

La Loca, que al ver de lo oscuro á lo más claro, podía ver bien que el que entraba era un fraile, se figuró que fuera el padre Quilez, el lego Chaves, ó algún otro de los frailes del círculo de San Bruno; y se adelantó á él decidida á seguirle y hacerle prender tambien dando sobre él voces de alarma. Pero al bajar de la puerta del cuarto á la media luz que había en el patio, el padre Ureta pudo ver claro, por la corona de plumas, por el traje y por el plumero, que aquella debía ser la Loca de que Manuela le había hablado; y como antes la había conocido, reparó mejor en sus rasgos y se convenció muy pronto de que era la misma Teresa.

Apercibido de esto, le dijo: Hija mía! me había engañado: creí en el principio, á causa de la oscuridad, que fuese un enemigo nuestro, ó el facineroso San Bruno. Pero ahora ¡cuánto gusto tengo en encontrarte aquí! Deseaba verte. ¿Me conoces? Reconóceme bien; soy el padre Ureta, aquel á quien San Bruno metió en la cárcel. ¿Me conoces?

La Loca se adelantó á él: lo miró de hito en hito; y poniéndole la mano sobre el hombro le dijo: /
[280]

—Sois mi amigo: y el amigo de mis cóndores.... San Bruno, San Bruno!!! Aquí ya no hay lagartos por afuera; están metidos en las cuevas: es preciso sacarlos de la cola; y yo ando cavando, cavando, cavando, para agarrarlos, y... que los ahorquen ¿Te gusta, padre? ¡Há, há, há! Los lagartos, colgados de la cola! ¡Há, há, há!; y se reía de una manera estraña y quizás por primera vez después de muchos años. ¿Te gusta, padre?.... De la cola! Y San Bruno mordiendo las plumas de mis cóndores, colgado de la cola, ¡Há, há, há, há!; y blandía su plumero como si quisiese meterle las plumas á alguien que estuviera colgado de la cola y boca abajo.

—Sí, hija mía: sí! Entremos adentro: y Manuela? Has visto á Manuela? yo quisiera encontrarla: ¿dónde estará Manuela, hija mía? Pobrecita!

—Manuela! Manuela? repitió la Loca cambiando completamente de fisonomía, y poniéndose grave.

—¿Sabes tú dónde estará Manuela? Es menester que la encontremos tambien, y que encontremos su hijo.

—No es su hijo!.... Ya no es su hijo, dijo ella enfurecida—Es mío, Padre! Manuela no tiene hijo. San Bruno se lo quitó, se lo arrojó al pantano: yo lo levanté.... me lo ha robado /[281] Tomasa, se lo ha llevado M.......;[502] Tomasa está en la cárcel.

El padre Ureta no podía penetrar en los sentidos de estas palabras.

---

[502] B: Morgado

—Se lo ha llevado M.......?[503] Imposible, hija mía! Te han engañado! El niño está aquí en Santiago, y lo vamos á encontrar.... Yo voy á ayudarte, ayudarte, ayudarte hasta que lo encontremos! No creo que se lo haya llevado M.......;[504] te han engañado; pero á mi no me han de engañar. Ya lo verás, hija mía. Díme dónde está Manuela, es preciso que la encontremos primero para encontrar después al hijo.

—Manuela? dónde está Manuela?.... Un padre como vos.... el padre *Chile,* el padre *Chile,* decía Teresa como si balbuceara y no acertase á dar con el sonido que buscaba. Esperate, voy á ver! y sacando el trapo en que había hecho algunos nudos la noche en que los dos frailes se llevaron á Manuela, dejándola á ella en la tinaja, repasaba de arriba abajo los nudos y decía entre dientes *Chile, chile.. chilé....*

—Quilez, quieres tú decir?

—Sí, Quilez! Ese mismo: con otro....

—Con el padre Chaves?

—Sí! esos dos: esos dos! se llevaron á Manuela donde.... donde.... y repasaba otra vez los nudos tratando de dar con el otro nombre—/ [282] Donde *Tiomas, Tumos, Tomas!* dijo al fin como si hubiera dado con lo que buscaba.

—¿Dónde Tomas?..... Qué Tomas, hija mía?.... Donde Tomasa quieres decir? dónde tú dejaste al niño que te ha robado M.......?[505]

—No, padre; no!.... donde Tomasa, nó: donde *Tomas, Tío Mas.*

—*Tumás* de qué, hija mía?

—*Tumás, Tiomás,* dijo ella con enfado repasando los nudos que tenía en el trapo que le servía de recuerdo. Ven acá, padre, agregó tomándolo de la mano y llevándolo al

---

[503] B: Morgado
[504] B: Morgado
[505] B: Morgado

aposento de San Bruno donde había quedado abierto el hueco de la pared en que habían estado ocultos los papeles.

La oscuridad de la pieza no permitía ya distinguir nada; pero Teresa condujo al padre Ureta; y haciéndole introducir el brazo en el agujero, le dijo:

—Ahí estaban escondidos los papeles de San Bruno: el padre *Chilé* abrió la pared con un cuchillo, y se los llevó todos á lo de *Tiomas*. A Manuela se la llevó también.

—¿Y cómo sabes tú todo eso?

—Ya te lo he dicho, Padre: yo estaba escondida…. en esa tinaja.

—Y Manuela te veía?

—Sí.

El padre *Chilé* pidió agua, Manuela sacó /[283] agua: yo la miré: ella me miró; puso la tapa y se fué; el padre *Chilé* escupió el agua; y Manuela le dió el vino de San Bruno. Después se fueron todos; y yo salí de la tinaja.

—Pero Manuela no te descubrió? ¿no te pidió el niño siquiera?

—Yo lo saqué del charco…. los perros se lo han comido, dijo Manuela.

—Aquí hay algún gran misterio! se dijo el padre Ureta; y es menester que yo averigüe bien lo que ha pasado.— Hija mía: espérame aquí: voy á la vecindad á buscar una vela, para que registremos bien todo esto.

—No encontrarás ya nada.

—Por qué?

—Porque yo no encontré nada: todo, todo se lo llevaron.

—No importa: vamos á buscar otra vez. ¿Me vas á esperar?

—Sí.

—Después yo voy á buscar contigo al niño. ¡Lo hemos de encontrar!

—Y después…. yo voy á matar á Tomasa!

—No!..... no pienses en eso todavía!..... Espérame—que ya vuelvo.

El padre Ureta salió, no sólo para volver con la luz que se proponía traer, sino tambien para buscar algunos datos en las casas vecinas. Así fué que se demoró bastante tiempo preguntan-/[284] do aquí y allá, en cada casa, si no habían visto, observado, ó apercibídose de algo que hubiera pasado en la casa de San Bruno, ó en los alrededores: si no habían visto á Manuela, ú oído algo de ella y de San Bruno.

En todas partes le contestaban refiriéndole lo de los tiros y el alboroto que había tenido lugar aquella noche, y que, como sabemos, había sido causado por la evasión y fuga de Teresa. Después (le dijeron los vecinos) la casa de San Bruno había permanecido absolutamente muda y solitaria: no se había visto entrar ni salir á nadie; y nadie se había atrevido á entrar en ella, porque los hombres del barrio habían andado ocultos en aquellos terribles días, habían huído los más; y las mujeres, aunque muy curiosa una que otra, se habían contentado con espiar desde las hendijas de las puertas y ventanas, sin haber logrado ver ni descubrir cosa alguna.

El padre Ureta volvía pues algo desanimado á donde había dejado á Teresa, y la encontró sentada contra la pared, tranquila, pero adusta.

El padre sacó fuego en un yesquero, y prendió luz.

Difícil es pintar el solemne y melancólico aspecto que en su soledad y en su silencio, ofrecían aquellas habitaciones, en donde habían tenido lugar las dolorosas escenas del drama /[285] sombrío de Manuela y de San Bruno. Parecían las celdas de un sepulcro tocadas apenas por la vacilante vislumbre de una débil vela; y que por sus lóbregos rincones vagara todavía la sombra descarnada de la víctima infeliz, exhalando los ayes de su tormento, más elocuentes y más terribles á los oídos del alma, cuanto ménos perceptibles y más fantásticos eran al difundirse por aquel negro vacío que los confinaba. Si no escrita, estampada estaba en aquellas destrozadas y manchadas paredes, la historia de las brutalidades y de los martiros que el hombre impío y cruel, que las había habitado, había impuesto, sin compasión y sin delicadeza, á la débil mujer que le había sacrificado su honor y los respetos de su familia. Los grandes trozos descascarados, y las manchas de la humedad, las habían invadido deformando la unanimidad de los reboques y produciendo figuras monstruosas al capricho de la imaginación : tigres, perros, caballos á galope, culebras, leones, gigantes exasperados los unos contra los otros, campos de matanza, borrascas, nubes, mujeres y niños caídos y destrozados, riscos, precipicios y familias enteras levantadas y echadas en ellos por la furia del vendabal que hacía flotar sus cabellos como en el centro caótico de aquel infierno. Y si es cierto, como se cuenta, que en una de estas paredes teñidas por el tiem-/[286]po y por la incúria, fué donde Rubens encontró el modelo de su tela—*La Discordia Civil,* el que se presentaba en las paredes de San Bruno, animadas así por su tétrica historia, habría bastado para que con unos cuantos rasgos de carbón, hubiera hecho resaltar cualquiera el cuadro espantoso que presentaban en su confuso y miserable estado.

En el primer momento, no pudo sacudir el padre Ureta la dolorosa aunque indefinible impresión que le hizo todo aquello; y acordándose de su Virgilio (al que era muy dado) exclamó:

> Antrum immane.........................
> His erudelis amor tauri, suppostaque furto
> Pasiphae, mixtumque genus proles que biformis
> Minotaurus inest, Veneris monumenta nefánd
> His labor ille domus, et inextricabilis error.[506]

---
[506] "antrum immane [...] / hic crudelis amor tauris suppostaque furto /Pasiphae mixtumque genus prolesque biformis / Minotaurus inest, Veneris monimenta nefandae, / hic labor ille domus et inextricabilis error". *Eneida,* VI, vv. 11, 24-27. En

La Loca se mantenía impasible; pero su ceño ágrio y su mirar terrible mostraban bien todos los rencores y todos los odios que aquellos infaustos recuerdos levantaban en su alma.

Al oír las reminiscencias clásicas del padre Ureta comprendió bien que hablaba en latín; pero, como creyera que el padre hacía un conjuro de las sabandijas antes de dar principio al registro de los aposentos, hizo una mueca de menosprecio y dijo: Aquí ya no hay lagartos, padre; están metidos, metidos, metidos en las /[287] cuevas,... y yo voy á sacarlos de la cola: ya verás.

—No importa, hija mía, no importa: yo también quiero buscar.

El padre Ureta removió en todos sentidos el escondite de la pared en donde habían estado los papeles de San Bruno; pero fué en vano, nada encontró. Oh! dijo:—el padre Quilez tiene tan finos los dedos, como los ojos: ha trabajado bien aquí! y continuó registrando cosa por cosa. Al tirar un cajón poco dócil de una mesa vieja, pero que aparecía vacío, se vino de golpe todo entero hacia afuera y cayó un pedacito de papel.

El padre Ureta lo tomó al instante; y dándolo vuelta en todos los sentidos vió que contenía una parte de tres renglones impresos, y que parecía fragmento de un periódico español; pero en la parte blanca, del margen superior se veían escritas con tinta algunas palabras incompletas por el sesgo que el papel había tomado al romperse, de las que sólo había quedado—*igo....aldua*.

Después de examinarlo con todo esmero y meditación, el padre Ureta dedujo que *igo* era parte de *su amigo*; y que *aldua* debía ser un apellido *Saldua, Caldua, Peñaldua,* ú

---

traducción de Eugenio de Ochoa: "inmensa caverna [...] allí están representados los horribles amores del toro, el delirio de Pasífae y el Minotauro, su biforme prole, monumento de una execrable pasión. Allí se ve también aquel asombroso edificio donde no es posible dejar de perderse" [Virgilio: 109].

otro así; y que lo importante era inquirir si entre los amigos de San Bruno había alguno en Santia-/[288]go cuyo apellido terminara con esas letras. Se guardó pues el pedacito de papel, y continuó buscando por todas partes con la mayor proligidad sin encontrar nada más que trapos y ropas viejas que no daban indicio de nada.

Cuando hubo terminado, le dijo á la Loca que era menester que le enseñase la casa de Tomasa.

—Tomasa, nó: dijo ella. *Tio-mas, Tumas.*

—No importa: vamos á lo de Tomasa primero: yo quiero hablar con ella.

—Tomasa está en la cárcel.

—Después iremos á la cárcel. Primero vamos á su casa: hablaré con la madre y con las hermanas.

—Vamos! dijo la Loca. Tomó la delantera.

Y ya hemos visto lo que pasó.[507]

XXXV[508]

Al día siguiente, madama M.......[509] se preparaba á presentarse en lo del general O'Higgins, como lo había ofrecido, cuando se oyó el rodar de un carruaje que se detenía á la puerta de la calle. Era el coronel N.......[510] que venía á buscarla; ya por falta de la paciencia necesaria para esperar á que la señora ocurriese de por sí á la cita que se le había dado, ya porque /[289] se hubiera tenido por obligado á la cortesía de acompañarla él mismo.

Madama M.......,[511] como antes hemos podido verlo, estaba acostumbrada á un esmerado tocador, y hacía una técnica diferencia entre el atavío de *recibo*, y el atavío de

---

[507] B: pasó. / *(Continuará)* //
[508] B: Folletin de EL NACIONAL, 26 Julio 1882 / 24 / LA LOCA DE LA GUARDIA / — / XXXII
[509] B: Morgado
[510] B: Necochea
[511] B: Morgado

salida. Pero en aquel momento carecía de todo, porque nada más le había quedado que el traje que vestía desde la noche en que, sin sospecharlo ni estar prevenida, había sido violentamente arrebatada por su marido.

Pero como tenía bastante entereza y elevación de espíritu, para no mirar los simples contratiempos como desgracias irreparables, y como conocía las compensaciones que con su belleza y sus veinte años, suplían la falta de sus adornos habituales, había contraído todo su cuidado en aquel día á disponer con arte su espléndida cabellera.

La palidez y el quebranto mismo que se notaba en su mirada, producido por las ojeras del insomnio, que había conturbado su corazón, le daban por otra parte, un no sé qué de insinuante y de blando, una cierta negligencia melancólica, y aquel aire de postración que se apodera de las almas apasionadas y tiernas, cuando mortalmente heridas en su lucha contra el destino, presienten su caída y la ineficacia de su resistencia. /
[290]

¿Estaba enferma? Nó. Lo que sentía era el lánguido deleite que acompaña casi siempre á las grandes emociones amorosas en aquellos espíritus delicados para quienes la pasión es puro sentimiento moral, y un mundo que, aunque ilusorio las más veces tiene sus realidades, sus grandes alegrías y sus grandes dolores.

Difícil sería decir, si madama M.......[512] estaba triste ó nó. Ella misma no lo sabía: estaba sensitiva, laxa..... vencida. Su mismo tormento era su placer; y de cierto, que pudiéndolo, no habría vuelto á desandar el camino que había andado; ni habría cambiado sus melancólicas meditaciones por el más animado, ó por el más festivo de sus pasados días.

—Yo no era así! Exclamó en uno de esos desahogos que le pedía el corazón, y dió un suspiro. Ah! yo no era

---

[512] B: Morgado

así! repitió. En fin, dijo después de unos segundos, con un ademán de resignación: Yo no lo he buscado!.... no lo puedo evitar y qué hacer?

Madama M.......[513] tenía uno de esos caracteres que no pueden vivir dudando ni vacilando: que cuando ven su camino necesitan andarlo y llegar.

Pero á pesar de su fortaleza, cuando Mariana vino á decirle que estaba allí el coronel N.......[514] para conducirla á lo de O'Higgins, un temblor nervioso á involuntario se apoderó de /[291] toda ella y tuvo que sentarse para recobrar un poco de serenidad. Mariana también había comenzado á cavilar; porque, aunque reservada y silenciosa, no se le ocultaba que estaba yá entablado el romance de su señorita y que aquello podía muy bien acabar por donde acaban todos los romances del corazón.

Una vez repuesta, madama M.......[515] salió del aposento en que había descansado hasta esa hora, tomando la fisonomía convencional de una amistad inocente y despreocupada, y al encontrar al Coronel que se paseaba inquieto tambien, pero firme en su propósito, de extremo á extremo en el modesto salón de la casa de Tomasa, le alargó la mano, y le dijo:

—Si es usted tan galante y solícito con todos sus amigos y sus amigas, no hay duda que ha de ser adorado por ellos y por ellas.

—Me pone usted en una situación difícil, *Pepita*.

—¿Por que?

—Por que aunque es cierto que mis amigos me quieren, y que conocen mi diligencia para prestarme á todo lo que puede serles agradable, y en lo que yo pueda servirlos, sin reparo ni condiciones, no tengo amigas que puedan

---

[513] B: Morgado
[514] B: Necochea
[515] B: Morgado

mirarme con el cariño que usted supone. Y por cierto que en este momento, es para mí un gusto muy grande, porque de ese modo.... /
[292]
—No tendrá usted más amiga que yo.... ¿No es lo que usted iba á decirme? Ah! ah! ¡ah!.... No me haga usted cumplimientos y vamos.

—Pero usted me atormenta: me cierra usted los labios, y me condena á no hablar, á no desahogar mi alma!.... y ni siquiera puedo saber lo que piensa usted de mí.

—¿Y que quiere usted que piense? ¿Puedo hacer más que abrirle mi amistad y mi gratitud con un corazón franco, y con el más vivo deseo de que usted me *estime?*

—Pepita, no me hable usted más de gratitud, si no quiere usted ofenderme y ser ingrata.

—Pero, como soy franca, y.... algo atrevida, dicen por ahí, me permitiré decirle á usted tambien, que á una dama como yo, un caballero como usted le concede siempre el derecho de hacerse estimar.

—Y que no estima el rendido, señora, que se postra delante de su ídolo?

—Los hombres, no aparecen rendidos sino para ser tiranos: ni apasionados, sino para solazarse con el mal que hacen á las víctimas que les entregan su corazón, creyendo que ellos tambien lo tienen para consagrar su vida á la mujer que les consagra la suya. Por desgracia mía, N....,[516] aunque estoy en un camino de peligros: valgo mucho más de lo que creen los otros; y si /[293] mi vida no hubiera de ser un dechado de perfecciones superior á todo reproche, quiero, por lo ménos ser llevada hasta mi sepulcro por la mano de amigos seguros, nobles, que sepan *valorar* mi amistad y *respetarla*. Así pues, no me vuelva usted á hablar de galanterías! Tiene usted todo el

---

[516] B: Necochea

tiempo que quiera tomarse para estudiarse á sí mismo, y para decirse en el fondo de su conciencia, como noble y generoso caballero, si es usted capaz de responder á ese modelo que yo contemplo en mis ensueños, tiene usted todo el tiempo que quiera para estudiarme y para conocer si soy yo la que puede realizar ese milagro en su alma. Déjemelo usted á mí también para juzgarlo á usted en el sentido de mi modelo; y para conocerlo el día que usted, sin galanterías, sin formas de convivencia, sin.... otro propósito que el de nuestra recíproca estimación, venga usted á decirme que soy lo que usted buscaba. Ni una palabra más, N.......[517] hasta entonces! ¿Me conoce usted ahora? ¿Quiere ser mi amigo?

—Sí, señora: tiene usted razón! Sus palabras son nobles, sus sentimientos sublimes, y la justicia de sus reflexiones me doblega. Vale usted más que yo! y cualquiera que sea el hado que nos separe, ó que nos una, le protesto á usted, Pepita, que todo mi anhelo será merecer la estimación de usted. /
[294]
—No puede usted figurarse cuanto me complacen esas protestas.... Empieza usted á ser lo que yo deseaba. Así pues: déme usted el brazo y vamos!

Unos momentos después entraban á la casa de O'Higgins. En el salón, el general se ocupaba de coordinar la marcha del nuevo gobierno. Estaba pues rodeado de ayudantes con quienes despachaba urgentes y variadas órdenes á todos los puntos de la República. Esperaban su turno para verlo, en las piezas contiguas solicitantes de todo género. Los militares entraban los unos y salían los otros, con el semblante animado y alegre que se lleva en los días de victoria y de grandes satisfacciones públicas.

---

[517] B: Necochea

N.......[518] hizo sentar á madama M.......[519] en una de las piezas de espera y entró al salón para anunciarla.

El general O'Higgins era un hombre culto que había sido educado en las tradiciones de su distinguida familia. Irlandés de origen, tenía la fisonomía chata y saltante que dá un carácter tan peculiar á los hombres de su raza; y tambien, como casi todos ellos, abierto y solícito en su trato, era abundante y vehemente en sus palabras y en sus ademanes.

Cuando el coronel le dijo que madama M.......[520] quedaba esperando en la antesala, el general O'Higgins le dió una llave, y le dijo que abriera /[295] en el otro frente del patio un gabinete particular en donde se encerraba á trabajar cuando quería estar sólo, protestándole que pronto iría allí. Y en efecto—á los cinco minutos apareció con todas las manifestaciones del afecto y de la amistad, y dirigiéndose á madama M.......[521] le estrechó la mano y le dijo:

—No quiso usted anoche complacer el vivísimo deseo que tenía de ver á usted?

—Señor! no pude figurarme que de parte de V. E. hubiera otra cosa que pura generosidad y clemencia para una prisionera.

—Prisionera: sí! dice usted bien! y de tanta importancia (dijo riéndose) que para usted no hay cange posible! Nada, nada puede ablandar nuestro ánimo á ese respecto; y es preciso que usted lo sepa desde ahora para que se resigne á no pensar en eso jamás, jamás, madama mía! ¿Sábe usted para lo que la he llamado?

—Calculo, señor general, que para ser bueno y magnánimo conmigo.

---

[518] B: Necochea
[519] B: Morgado
[520] B: Morgado
[521] B: Morgado

—No tal!.... para todo lo contrario:.... para que me dé usted su palabra de honor de guardar la ciudad por cárcel.

—Ni á mi quinta podré salir?

—Bajo *guardia*, ó con fianza bastante, sí, dijo el general con tono festivo. Pero entiendo /[296] que la quinta ha sido tambien saqueada ¿usted no lo sabe?

—No, señor! pero en todo caso, poco habré perdido: allí no había sino colchones, catres ordinarios y algunos muebles viejos que nada valen.

Mientras esto se decían, el coronel N.......[522] había salido de la pieza dejando sólos en ella al general O'Higgins y á madama M.......[523]

—Ha estado usted desgraciadísima! le dijo el general.

—Puede ser, señor! y no sé por qué, he tenido la fortuna de no afectarme, y de mirar todo lo que se ha desbaratado en mi casa con una perfecta indiferencia; y en cuanto á mi contraste[524] en el camino de Valparaíso, me dicen que han pasado por tales angustias los que siguieron hasta allí, que comienzo á creer que ha sido mejor para mí esperar entre ustedes prisionera, á que llegue el tiempo de recobrar mi libertad.

—Eso nó! madama mía: eso nó!

—Pero por qué, general?.... Y si tomo partido por Chile?

—Entonces no hay que hablar! Razón de más, para que nos empeñemos en resarcir á usted de la tropelía vandálica que ha privado á usted del hogar que tenía entre nosotros.... Para mí eso es un deber.

—V. E. sabe que todo eso, lo mismo que la /[297] propiedad de la casa, era mío y no de M.......[525] Yo me casé con bienes propios....

---

[522] B: Necochea
[523] B: Morgado
[524] **contraste**: "Metafóricamente, contienda o combate entre personas o cosas" [Caballero: 396].
[525] B: Morgado

—Por supuesto que lo sé, y entiendo que ahora dos años, más ó ménos, heredó usted una parte considerable de la fortuna de su tío don Melchor Villamar, que murió en Lima ¿no es así?

—Cómo nó? Toda la vajilla y el servicio de plata que yo tenía, llevaba su cifra, M. S. V. (Melchor Santiago Villamar).

—Ah! entonces se va á recoger toda: muchas piezas han aparecido yá según me han dado parte y se están depositando en la Hermandad de policía.

—Algunos otros valores y dinero tenía tambien en manos de mi apoderado el señor J.... T..... que no pocos disgustos me ha causado con M.......⁵²⁶

—Eso está seguro; está en buenas manos.

—Así lo creo, señor general; y en Lima tengo algo que recibir.... aunque me temo que eso sea como perdido.

—No tal: muy pronto tomaremos á Lima, y no perderá usted nada de lo que sea suyo: allí como aquí, el gobierno mira como un caso de honor resarcir á usted de sus pérdidas y recoger todo lo que se pierda: cosa que no es difícil como usted comprende: todo anda por ahí en manos de *rotos*. Por lo pronto, ya he dado orden /[298] de que pase usted á ocupar la casa que ha abandonado don Antonio Olazorriera. Es un hombre que ha cometido muchas tropelías y despojos iníçuos mientras fué socio de San Bruno en el maldito tribunal de Seguridad Pública, como le llamaban con escarnio. Ha huído dejando su casa puesta: el gobierno tiene el derecho de apoderarse de todos los bienes para hacerlo responsable del mal que ha hecho; y usted pasará hoy mismo á ocupar la casa con todo lo que tenga, mientras se refacciona la de usted y se pone en estado de que usted la habite.

Madama M.......⁵²⁷ pareció indecisa y como reflexiva.

---

⁵²⁶ B: Morgado
⁵²⁷ B: Morgado

—Veo que usted vacila: fíjese usted bien en que tomando á su cargo todos los enseres de la casa tal como la han dejado, se encarga usted de su conservación, y les hace usted un gran servicio á los prófugos más bien que daño.

—No vacilo, señor!.... Al principio me vinieron ciertos escrúpulos; pero he reflexionado, y ya he visto que puedo hacerlo sin ningún remordimiento.

—He ordenado que se le dén á usted mil y quinientos duros para los primeros gastos de alojamiento, hasta que véamos á cuanto asciende el valor de lo que usted ha perdido en el saqueo é incendio de su casa.... deduciendo lo de la /[299] plata labrada (que se encontrará) creo que todo será cosa de cuatro ó cinco mil duros?

Madama M.......[528] se sonrió, y le dijo—en alhajas y muebles ricos tenía mucho más; pero no hago mérito de eso: lo digo únicamente para no dejar á V. E. en error.

—Oh! pero la parte mayor de todo eso se va á encontrar. ¿No ve usted que los rotos tienen que mostrarlo ó venderlo?.... y la intendencia de policía está ya recogiendo grandes cantidades de los objetos robados: día más, día ménos, todo vendrá á poder de usted.

—Me dá usted una buena noticia, señor general!

—Tomo eso sobre mí! no sólo por usted sino por el honor de las armas y del gobierno de la Patria.

—Voy á pedirle á V. E. un favor.

—Cuál?

—Y es que V. E. me permita, hoy ó mañana, ó cualquier día de estos, visitar la cárcel, donde se dice que hay gran número de desgraciados prisioneros españoles, en la más grande miseria y acosados por el hambre.

—Algo puede haber de eso!.... usted comprende que en los primeros momentos no se puede atender á todo.

---

[528] B: Morgado

—Es natural, señor; y por lo mismo.... al fin /[300] *fueron* mis paisanos.... quisiera poder llevarles una limosna que aliviara su tormento.

—Muy bien, muy bien: voy á ordenar que le estiendan á usted el permiso de entrada, ámplio y completo: y que le entreguen á usted quinientos duros de la compensación que debe usted recibir.

—Se lo iba á pedir á V. E.

De allí pasó madama M.......[529] á instalarse en la casa de Olazorriera.

Con un minuto de reflexión se le habían quitado todos los escrúpulos que al principio la habían asaltado, á la idea de ir á habitar una casa agena; y había pensado que puesto que la casa había sido abandonada con todos sus muebles, y que el propietario no podía tener esperanzas de recuperarla por el momento, pues que había huído á Lima, ella podía ocuparla entendiéndose con él; por medio del apoderado que tenía en esa ciudad, para comprarle todo su mueblaje y abonarle el alquiler que la casa devengase, haciéndole un gran servicio sin daño ni abuso.

Lo primero que hizo desde que entró allí, fué hacer llamar al señor J..... T. depositario y administrador de sus fondos. Este ocurrió, y le dió la cuenta más cabal y satisfactoria de los valores que tenía en su poder; pero le observó /[301] que siendo mujer casada, él no podría cumplir sus órdenes sin la licencia marital.

—Pero ¿cómo haremos, amigo mío? le dijo ella. ¿Cree usted que M.......[530] me va á dar semejante licencia?.... Será bastante una orden del gobierno?

—Yo obedeceré la fuerza mayor si me lo imponen.... Pero creo inútil recurrir á ese extremo. Usted puede hacerse suplir esa licencia por los jueces: yo me permitiré resistir

---

[529] B: Morgado
[530] B: Morgado

hasta que la fuerza pública me obligue, para salvar toda responsabilidad en el porvenir.

—Pero eso es largo, larguísimo! y yo necesito á lo ménos quinientos duros por el momento.

—Por una cosa así, no hay dificultad. Usted los tomará como prestados por mí, en razón de las necesidades de su vida, asegurando su pago con lo que yo tengo cuando la autorice su marido; y así....

—Bien, muy bien; mándemelos usted pronto, porque quiero socorrer hoy mismo á los prisioneros del Rey que están en la cárcel.

—Señora, por Dios!

—Nada, nada; no se asuste usted. Estoy autorizada por el mismo señor O'Higgins.

El apoderado se encogió de hombros, y salió para mandarle el dinero que la señora le pedía.[531] /
[302]

XXXVI[532]

Acomodarse en la casa de Olazarriera, fué cosa fácil y breve para madama M......,[533] porque como hemos dicho, la casa había sido abandonada por sus dueños en un estado completo de servicio á la primera noticia del suceso de *Chacabuco*; y sin esperar más, se había embarcado toda la familia en un buque propio para el Perú. Lo que podía faltar era una ú otra cosa de muy poco momento, cuya provisión quedó al cargo de Mariana.

A poco rato entró el apoderado T....... con los quinientos duros; y se formalizó la entrega y el documento.

---

[531]   B: pedia. / *(Continuará)* //
[532]   B: Folletin de EL NACIONAL, 27 Julio 1882 / 25 / LA LOCA DE LA GUARDIA / — / XXXIII
[533]   B: Morgado

—Dígame usted T....... (le dijo la señora) conserva usted sus negocios con el Perú?
—Hasta este momento, si señora.
—¿Qué puede valer todo lo que tiene esta casa? vamos á verla bien. Yo quiero comprar todo lo que es de servicio y que se pueda usar, porque no quiero servirme de nada ageno. Vamos á verla.

Después de vista, el apoderado calculó que el precio justo de todo, andaría como por tres mil duros; lo que para aquel tiempo era un valor considerable.

—Usted vé, amigo: todo esto vá á ser confis-/[303]cado. Siendo mío, espero que se salvará. ¿Quiére usted hacerle una propuesta á Olazarriera, por esa suma?

—Pues nó, señora mía! y estoy cierto que la aceptará, porque para él es una lotería. ¿Quiere usted comprar la casa tambien?

—Nó: por ahora nó. Escríbale usted que fije un alquiler mensual, en caso que acepte los tres mil duros por el menage; y yo le daré á usted las órdenes para hacer esos abonos desde la fecha de hoy mismo.

—Previa la licencia judicial, no señora?

—Se entiende: con todo lo que usted exija para su completa seguridad. ¿Cree usted que procedo bien, y que no habrá lugar á reprocharme cosa ninguna, la menor demasía ó abuso?

—Nada, nada, señora!.... Por el contrario: le respondo á usted que se hace usted digna de la más merecida gratitud de parte de Olazarriera.

—Así lo creo yo; y de otro modo, no habría aceptado el entrar en la casa. Así, pues, no me vuelva usted á hablar ya de esto: obre y arregle según lo hablado. Todo, desde la fecha de hoy mismo, eh? Quiero tener la confianza de que soy dueña.

—Perfectamente.

Cuando el apoderado salió, esperaban yá á madama M......,[534] Tomasa y todas sus her-/[304]manas con telas y géneros para rehacerle su ajuar, prometiendo que ayudadas por muchas otras costureras que habían llamado, tendrían pronta una gran parte de lo más necesario al fin de cada día.

La Pepa se dirigió en seguida á la cárcel donde estaban apiñados como trescientos prisioneros españoles, y luego que se hizo admitir en virtud de la orden, pidió que le trajeran á la alcaidía, donde había sido recibida á algún oficial de Dragones del Rey.

A poco rato el alcaide le presentó al capitán Azarolas; quien, al reconocerla exclamó:

—Señora! usted entre nosotros?

—Sí y nó: fuí tomada prisionera en el camino de Valparaíso, pero estoy libre; y como he salvado alguna parte de mis bienes, aunque es poco por ahora aquello de que puedo disponer, he obtenido permiso para traerles á ustedes algunos auxilios.

—Es usted un angel de misericordia, señora! Aquí nos hace falta todo, todo! y cualquier cosa, un pedazo de pan y un poco de agua clara, serían, señora, para nosotros un valioso regalo.

—Muy bien: usted me va á servir de guía para distribuir algún dinero entre los prisioneros; el señor alcaide, ha visto la orden que tengo para poder hacerlo. /
[305]
—Yo me permitiré aconsejarle á usted, señora, le dijo el Alcaide, que no entre con semejante mira en las crugías. Usted comprende que se armará un alboroto entre tanto necesitado como hay en ellas, y que el resultado puede ser muy vergonzoso. Creo que será mejor que se le traigan tres ó cuatro prisioneros á la vez, para que les dé usted lo que quiere repartirles.

---

[534] B: Morgado

—Muy bien, eso es lo mejor! Azarolas, haga usted venir primero los oficiales.... No: no los haga usted venir: sería impropio. ¿Cuántos hay?
—Somos quince, señora?
—Nada más que quince?
—Los que estamos en este depósito de la cárcel somos quince no más; pero debe haber muchos otros en otras partes.
—Sí, dijo el alcaide: en la *Ollería*[535] hay muchísimos que van á marchar con ustedes á la provincia de San Luis.
—Es decir, dijo la señora, que por ahora son quince. Muy bien; tome usted, Azarolas, setenta y cinco pesos, y que disimulen esta cortedad. Después que haya usted entregado esto á cada uno, tráigame usted los soldados poco á poco.
—Mire usted, señora, le dijo el Alcaide: eso que usted hace no da resultados y es malo para esos pobres diablos; todo lo van á jugar hoy /[306] mismo. Mucho mejor es que deposite usted aquí algo por cabeza, para hacerles comprar lo que pidan, y con el resto les mande usted carne y pan; y si acaso un poco de tabaco. Si usted quiere, el proveedor de la cárcel, que ha suspendido sus entregas, porque no le pagan lo que se le debe, irá á entenderse con usted.
—Pero, amigo mío ¿cómo voy á entrar yo en eso?
—Hay un medio, dijo Azarolas, y es que usted deje el dinero en manos del alcaide: es un buen hombre, señora, su familia es muy caritativa; y yo me encargaré de hacer la distribución y el servicio.
—Eso sí! tome usted pues, señor alcaide: aquí tiene usted trescientos duros, y entiéndase usted con Azarolas.
—Eso es lo mejor, dijo Azarolas. Le recomiendo á usted, señora, á este señor alcaide y su familia; son muy caritativos y nunca nos olvidaremos de lo bueno que son

---

[535] **Ollería**: antigua chacra de los jesuitas, ubicada en calle homónima de Santiago, actual Portugal.

con nosotros. Ahí tienen una infeliz mujer tísica que es una santa mártir, y que parece imposible que esté presa con justicia. Si no fuera por este hombre y su familia, ya se habría muerto como un perro.

—Y porque está presa esa desdichada? ¿Por qué no la llevan á un hospital? preguntó compadecida la Pepa. Eso es una barbaridad! /
[307]

El alcaide se encogió de hombros, y dijo. Yo ya lo he hecho presente más de cien veces, pero "donde manda capitán no manda marinero", me han mandado que la tenga en la cárcel y en la cárcel está: poco ha de vivir! es una vela que se apaga: pálida y flaca como una muerta, y tos, y tos, y más tos, todo el día y toda la noche. De lástima la hemos llevado á nuestras piezas, señora: que lo que es escaparse, si no se va el alma antes, de seguro que no tiene ni como dar un paso parada: dá horror verla y oirla toser: por lo demás es un ángel, no se queja, no llora, no pide nada; todo lo recibe con humildad.

—Pero que dice ella de su prisión?
—Nada, nada: ni su nombre ha dicho siquiera!
—Puedo verla? preguntó madama M.......[536]
—Por cierto que sí! y talvez pueda usted contribuir á que se aclare su causa, y resuelvan algo sobre ella.
—Oh que sí lo haré!

El Alcaide hizo entrar á madama M.......[537] en sus habitaciones; y después de haber atravesado una especie de sala en donde su mujer y dos hijas estaban hilando y tegiendo, la introdujo detrás de otro aposento, en una especie de alcoba lóbrega y sombría, á causa de los murallones de piedra de más de una vara de ancho con que /[303] estaba edificado todo el edificio, y tambien porque apenas entraba una débil

---

[536] B: Morgado
[537] B: Morgado

luz por una ventanilla que daba á un pasadizo bastante obscuro tambien. En un rincón ardía una vela de sebo que hacía difícil distinguir los objetos. Pero madama M......,[538] dirigida por el eco de una tos cavernosa, alcanzó á ver un lecho y en él un bulto que apenas levantaba las ropas de la cama, y que en efecto parecía rígido é inmóvil como un cadáver. La mujer y las dos hijas del Alcaide habían dejado su tarea y entrado tambien detrás de la señora.

—*Vecina, vecina!* le dijo el alcaide—Aquí hay una dama que quiere verla á usted y saber en qué puede aliviarla.

La desventurada levantó unos ojos vitrificados por la enfermedad, echó una mirada que parecía salir de las cavernas del cráneo, y cuando los hubo fijado en la dama que la visitaba:

—Dios mío! Dios mío! exclamó con la voz hueca y temblorosa de los tísicos ¡Pepa! Pepa! Repitió.... ¡Perdón, señora! agregó inmediatamente *perdón!*

—Qué es esto? ¿Quién me nombra? exclamó madama M.......[539] confundida y aterrada.

—Una infeliz que en otro tiempo....

—Hermana mía! le dijo madama M.......[540] poniendo su cara anhelante sobre el cadavérico rostro de la enferma—Hermana mía! ya que no /[309] tengo otro nombre que dar á usted ¿quién es usted, por Dios? Dígamelo usted, que tengo el alma desgarrada.

—Una infeliz que en otro tiempo tuvo el derecho de decirle á usted *Pepa!* pero que lo ha perdido, á no ser que el martirio y el sufrimiento le devuelvan lo que perdió.

—No, hermana mía!.... Es imposible! yo no puedo haberle quitado á usted ningún derecho! Por Dios! dígame usted quien es, de que soy yo responsable, que le he hecho

---
[538] B: Morgado
[539] B: Morgado
[540] B: Morgado

yo á usted, y si alguna vez usted me llamó *Pepa, Pepa* siga usted llamándome, que jamás ha sido más santo para mí ese derecho que en los labios de la desgracia.... Yo?.... Dios mío!.... Estoy cierta que jamás he podido ofender á usted, hermana mía.... ¿Quién eres? dimelo al fin, hermana querida! le dijo madama M.......[541] anegada en lágrimas de compasión, y poniéndole el oído en los labios.

—Soy.... le dijo la enferma.... Manuela Solarena.

—Manuela! ¡Manuela! Hija del alma: amiga querida! ¿y por qué te hallas en este estado?

—No lo sé, Pep... no lo sé, señora.

—No me destroces el alma, Manuela! yo soy Pepa, siempre Pepa para tí—y quiero saber por qué te tienen en la cárcel.

--No lo sé: á nadie he hecho mal.... con /[310] nadie he hablado.... me han traído.... y al fin, querida Pepa, lo mismo estoy aquí.... no: mejor estoy aquí que allá.

—*Qué allá?*.... Ah, hija mía, comprendo, comprendo!.... Ni una palabra más.... pero yo tengo mi casa, y tú vendrás conmigo! ¿De qué te acusan? ¿de haberlo ocultado?

—¡Ni lo he visto! ni más quiero verlo, porque yo tengo ya todos mis pensamientos en el cielo.

—Y entonces ¿de qué te acusan? ¿de haber sido la víctima de su barbarie?.... No, Manuela! yo te salvaré, y tú irás á mi casa. Es imposible que los hombres que mandan ahora en Chile sepan lo que te pasa, ni conozcan tu prisión. Yo voy ahora mismo á aclarar todo esto. Aquí hay algún misterio, algún error.

—Pero él me reclamará.... estoy cierta que me reclamará!

—Él?.... Nó! él anda prófugo y lejos: en Chile gobiernan ahora los patriotas; y él no te reclamará ni te puede reclamar.

---

[541] B: Morgado

—Gobiernan los patriotas?.... y M........?⁵⁴²
—M........⁵⁴³ tambien se ha replegado á Concepción....
No me preguntes más, hermana querida: estás demasiado
débil.... Voy á pedir tu libertad para llevarte á mi casa.... No
hay tiempo que perder: ya vuelvo!.... y madama M.......⁵⁴⁴
salió de prisa.

De la cárcel se dirigió á [l]o de O`Higgins, y /[311]
después de haberse hecho anunciar por medio de un billete apremiante, tuvo la satisfacción de ser recibida y de
imponer al general con palabras vehementes y calurosas
del motivo que la había movido á verlo.

—Madama: le dijo O'Higgins—no es tan llano ni tan
justo lo que usted me pide. Esa mujer ha sido la compañera,
por no decir otra cosa, de San Bruno, cuya cabeza hemos
puesto á precio, porque usted sabe que ha sido un facineroso y no un militar de honor. Esa mujer está complicada
en la traición horrible en que murieron los hermanos Estay
y La Concha, su propio marido....⁵⁴⁵ ¿No lo recuerda usted,
madama M.......?⁵⁴⁶

—Señor, esa infeliz mujer no está complicada en nada
de eso! Ustedes los hombres tienen una manera atroz de
juzgarnos, Esa infeliz mujer cayó, es verdad, en las manos
de ese mónstruo, porque ustedes dejaron caer su país
en las manos de sus enemigos. ¿Tiene ella la culpa, de
que quedase como cosa, ó como mueble, abandonada é
inerme, sin pan y sin hogar, cuando ustedes perdieron la
batalla de *Rancagua*? ¿Podía ella desacirse de las garras
del tigre que la tomó como se toma la cosa tirada ahí por
las calles? ¿Podía ella resistir á lo que ese bárbaro le imponía?.... ¡Debía haber perecido antes que infamarse!....

---

⁵⁴² B: Morgado
⁵⁴³ B: Morgado
⁵⁴⁴ B: Morgado
⁵⁴⁵ B: marido... / ¿No
⁵⁴⁶ B: Morgado

Bonita frase /[312] por cierto, señor general!..... Eso se lo hemos visto hacer á *Lucrecia*[547] en el teatro, y Dios sabe si será verdad! Pero esa no es la regla ni la ley de la triste humanidad; y donde quiera que hay peligro de muerte, ó temor de un castigo feroz, hay la más atenuante de todas las circunstancias para quitar las responsabilidades de un crimen. Manuela Solarena no es criminal, señor general, delante de los hombres, sino delante de Dios.... Y por último ¿quién la ha juzgado? Está cadavérica y moribunda ¿está acaso condenada á morir sin asistencia en una cárcel? ¿No tendría el derecho de hacerse llevar á un hospital?

—Señora ¿qué es lo que usted quiere? le dijo O'Higgins algo inquieto por el tiempo que perdía.

—Llevármela á mi casa, señor don Bernardo, para que muera en mis brazos, porque tiene pocos días de vida: mándela usted ver con un médico y se convencerá usted de que tengo razón, de que digo la verdad. Si sana, allí la tendré yo para que ustedes la juzguen: si muere, la juzgará Dios; y ustedes no habrán consumado una iniquidad.

—Señora, llévesela usted! le dijo O'Higgins medio convencido y tambien fatigado.

—Oh! si fuera por mí no le fastidiaría á usted tanto, señor don Bernardo.... Pero por esa /[313] infeliz, que un día fué mi amiga, nada me arredra, ni el enojo ni el fastidio de usted.

—Ya lo he dicho madama M.......[548]—llévesela usted!.... Centeno[549]—estienda usted una orden para que la presa Manuela Solarena sea entregada á madama M.......[550]

---

[547] **Lucrecia**: alusión a la protagonista del poema *La violación de Lucrecia* (1594), de William Shakespeare, inspirado en Ovidio. La mujer es ultrajada por Sexto Tarquino y, por ello, se suicida.
[548] B: Morgado
[549] **Centeno**: José Ignacio Zenteno, militar y político chileno (Santiago, 1786-1847), secretario de Guerra de O'Higgins.
[550] B: Morgado

Así que recibió la orden, saludó con cariño al general; y le dijo al salir—Ya verá usted como después que reflexionen han de reconocer ustedes, que tan lejos de hacerme en esto un servicio, soy yo quien los he salvado á ustedes de que cometan una grande iniquidad.

O'Higgins la saludó tambien con cariño; y después que ella salió, dijo—Tiene razón! es un rigor inútil y evidentemente injusto.... es diablo esa mujer!.... pero es buena.

Madama M.......[551] puso un esmero prodigioso en preparar y abrigar el catre en que hizo trasladar á Manuela en hombros de cuatro hombres; y la acomodó en una de las piezas más abrigadas y confortables que tenía la casa. Hizo venir inmediatamente al médico del ejército Argentino, que gozaba de mucha fama, y que era un tal Zapata—negro de Lima, que por patriota había escapado de aquella ciudad, y logrado alcanzar á refugiarse en Mendoza, de donde había á Chile con el general San Martín.[552] /
[314]

Apenas la examinó, declaró que el caso era perdido.

Sin embargo, los nuevos y esmerados cuidados de que se veía rodeada, habían levantado algo su espíritu, y parecía más confortada.

—¡Ah, querida Pepa! dijo la enferma con una voz llena de gratitud, si pudiera encontrar á mi hijo moriría feliz!

—Encontrar á tu hijo, Manuela! exclamó la Pepa con una sorpresa extraordinaria, y levantándose del asiento ¿Has perdido un hijo? ¿De qué edad?

—El único que tenía año y medio, no era hijo de él, sino de.... mi marido.... Él me lo arrebató, y lo arrojó al pantano de la calle.... lo habrán devorado los perros! agregó sollozando con amargura.

---

[551] B: Morgado
[552] Más datos sobre Zapata los proporciona el novelista en una nota del capítulo LVIII [1896: 477].

—Qué horror! qué horror!.... Y nadie lo vió? nadie lo pudo salvar? le preguntaba madama M.......[553] con una agitación visible.

—Debe haberlo visto Teresa, mi cuñada!

Madama M.......[554] le tomó las manos con un temblor febril—¿Teresa, dices?

—Pero tú sabes, Pepa querida, que Teresa está loca, y nadie le puede sacar una palabra de lo que vió.

Madama M.......[555] se echó entonces sobre la enferma, y abrazándola con una sublime espansión del alma, le decía llorando tambien de jú-/[315]bilo y de ternura:—Yo tengo á tu hijo, Manuela querida!.... Yo lo tengo! Aquí en esta casa está!—Mariana! Mariana! trae al niño: hemos encontrado á su madre! y cayendo de rodillas levantó las manos al cielo y exclamó: ¡Dios de piedad! gracias: gracias! mientras la enferma incorporada en la cama hacía un esfuerzo supremo por bajarse gritando: ¡mi hijo! mi hijo! quiero ver á mi hijo! y caía desmayada y exánime sobre sus almohadas[.][556]

XXXVII[557]

Se cree generalmente que las grandes crísis morales prorogan [sic] por algún tiempo la vida de los tísicos, con la energía nueva y ficticia que le dan á la circulación de la sangre. Será ó no será cierto; pero el hecho, en nuestro caso, fué que al volver de su desmayo, y al estrechar á su hijo contra su pecho, Manuela parecía una nueva mujer.

El júbilo sublime de la maternidad había vuelto á sus labios la sonrisa del contento, y una vitalidad espansiva animaba su descarnada fisonomía, como si el día hubiera

---

[553] B: Morgado
[554] B: Morgado
[555] B: Morgado
[556] B: almohadas. / *(Continuará)* //
[557] B: Folletin de EL NACIONAL, 28 Julio 1882 / 26 / LA LOCA DE LA GUARDIA / — / XXXIV

recobrado nueva luz para sus ojos, y como si todo fuera risueño en derredor suyo.

Madama M.......,[558] no ménos satisfecha, gozaba del inefable placer de haber hecho un bene-/[316]ficio de aquellos que enaltecen el espíritu humano hasta las regiones donde mora el espíritu divino. Se sentía algo así como el instrumento predilecto de que Dios se había servido para atenuar una grande desgracia; y no se cansaba de mirar y de acariciar á la madre que le debía el hallazgo de su hijo; y al hijo, que ya fuera que hubiera de perder ó que hubiera de conservar á su madre, era ahora como si fuese dos veces hijo suyo, por haberlo recogido antes sin madre, y por haber encontrado después á la amiga que le había dado el ser.

—Querida Manuela, le decía, es preciso que hagas ahora un esfuerzo para vivir: tienes á tu hijo, y me tienes á mí, que soy tu hermana y que soy su madre como tú. Dios te hace al fin feliz; y ya no tendrás que separarte jamás de él, ni de mí.

—Todavía no me atrevo, generosa amiga, á levantar mis miradas hasta su santo trono. Me parece que cuando le quiero dar gracias con la profunda humildad de mi corazón y de mis desgracias, me miran todavía con enojo.... Ah, Dios mío, que criminal y que indigna de tí, Señor, he sido.... dijo y soltó el llanto.

—No, Manuela, nó; tú te formas una idea falsa de la infinita bondad del ser supremo; piensa que él es todo misericordia y clemencia: que él no nos juzga con la estrecha y brutal ley del /[317] mundo; y que delante de él están abiertos nuestros corazones, y patentes las causas más ocultas que justifican y explican las debilidades y los errores de nuestra vida! Manuela mía: levanta tus ojos hasta él, contémplalo en toda su grandeza, y no confundas la inmensidad de su saber, con los juicios necios y raquíticos

---

[558] B: Morgado

del mundo. Su ley está en tu conciencia y en tu corazón. Ya lo ves! te ha devuelto tu hijo, y te ha puesto en los brazos de una hermana. ¡Harto has sufrido! y harto purgadas están las faltas que te reprochas! De hoy en más, que la alegría y el consuelo vuelvan á tu alma; y que cada beso de los que pongamos en los labios de ese niño, sea para tí un testimonio de que Dios te ama, y de que por que te ama te ha devuelto toda la felicidad que una madre puede pedir en la tierra.

—Hazme llamar, querida Pepe, al padre Ureta: él me había perdonado, y yo me he mantenido en el camino que él me puso. Yo estoy contenta; pero tengo miedo de mi propia felicidad, y necesito de un sacerdote aquí á mi lado.... Yo no puedo vivir: estoy inquieta.... sin embargo la muerte no me aterra, porque mi hijo quedará en tus brazos: y tú lo querrás como tuyo, ¿no es verdad, Pepa?

—Pero hija mía, te lo he repetido: te lo juro: y no creas que tengo grande mérito en eso: yo /[318] había adoptado ya á ese niño, sin saber quienes eran sus padres. Temblaba de encontrarlos para que no me lo quitasen: ya ves, pues, con qué gusto lo hago mío desde hoy y para siempre. ¿Cómo se llama, Pepa?[559] Yo no había querido que le dieran nombre hasta no dar con sus padres; y le llamábamos *el niño*. ¿Cómo se llama?

—No tiene nombre!.... él no me permitió jamás hacerlo bautizar, ni quiso que se le llamase sino: *el muchacho!*

Madama M.......[560] se puso reflexiva,—qué coincidencia! qué misterio! dijo.

—Por qué? preguntó la enferma.

---

[559] D: Manuela [Nombre correcto del personaje]
[560] B: Morgado

—Porque el coronel N.......[561] me había prevenido que si el niño no estaba bautizado, quería que fuésemos sus padrinos.

—N.......? quién es N.......,[562] Pepa?

—Un coronel Argentino: uno de los jefes más influyentes y poderosos de la nueva situación: un cúmulo de cosas que sería largo explicarte ha hecho que yo le deba servicios de un valor inmenso: es mi amigo, y no tardarás en verlo.

—Has hecho que me llamen al padre Ureta?

—Sí.... y ha contestado que vendrá al momento.

Y en efecto, conversaban todavía las dos amigas, y madama M.......[563] había conseguido se-/[319]guir retemplando el alma dolorida y oprimida de la enferma, cuando anunciaron la llegada del padre Ureta, que no se quedó poco sorprendido cuando madama M.......,[564] que había salido á recibirlo, le informó de que había hallado á Manuela Solarena en la cárcel, y que la habían puesto allí sin más motivo que el de haberla encontrado oculta ó aislada en la casa de don Manuel Imaz.

Al oír este apellido, el padre Ureta se golpeó la frente como el que resuelve de pronto un problema.

—Imaz, Imaz!.... dijo: pues eso es lo que quería decirme Teresa cuando me hablaba de *Tumás, tío mas* ó algo así. ¿Y San Bruno estaba allí tambien?

—Oh, nó señor! Me ha dicho Manuela que no ha vuelto á verlo desde que Su Paternidad la absolvió

—Gracias sean dadas á Nuestro Señor Jesu-Cristo! exclamó el Padre.

—Está moribunda, Padre!.... Difícil es que se salve: el doctor Zapata la ha visto, y me ha dicho que no tiene remedio.

---

[561] B: Necochea
[562] B: Necochea? Quién es Necochea,
[563] B: Morgado
[564] B: Morgado

—Y de qué?
—Tísica.
—Pobrecilla! Será menester consolarla al ménos y abrirle el camino del cielo.... ¿y el niño? /
[320]
—Oh, el niño está con ella. Dios ha sido clemente y se lo ha devuelto por mi intermedio.
—Qué dirá Teresa? Se va á enfurecer! — Allá en las pasiones tenebrosas de su demencia, ella cree que Manuela no tiene derecho á ese niño, porque aunque es hijo suyo, su conducta.... pues.... ya comprende usted, señora....
—Padre, por Dios, no le diga usted nada de eso á la pobre enferma! Por lo demás, usted comprenderá tambien que Teresa está loca, y que no puede reclamar la entrega de ese niño. Creo por otra parte que su ahinco no tanto es quitárselo á la madre, cuanto que no viva ni se críe entre *realistas* ó españoles.... Y si el coronel N.......,[565] lo adopta, si yo lo adopto tambien.... y si ella vé que esto es hacerlo feliz y criarlo entre patriotas.

Como el padre Ureta mirara con sorpresa á madama M......,[566] ella agregó con serenidad:
—Digo la verdad, señor: y puede V. R. estar seguro de que criado á mi lado, el niño se criará entre *patriotas* y para ser *patriota*. ¡Cada uno tiene sus secretos, señor!

Acababa de pronunciar estas palabras madama M.......,[567] cuando entraba el coronel N......[568] en el salón donde ella estaba parada todavía con el padre Ureta.

El coronel, como sus amigos y compañeros, no era nada amigo, que digamos, de los hábi-/[321]tos talares y mucho ménos del sayal de los conventuales; pero, como era muy culto y asáz cumplido, disimuló perfectamente el

---
[565] B: Necochea
[566] B: Morgado
[567] B: Morgado
[568] B: Necochea

disgusto que le había causado aquel encuentro, sin poderse explicar el motivo con que el padre estaba allí con la señora. Ella que conoció al instante lo que por él pasaba, le presentó al padre Ureta como uno de los sacerdotes más decididos por la causa de la independencia, y que mayores persecuciones había sufrido de parte de los realistas; lo informó después de todo lo que había ocurrido y de como la madre del niño había aparecido y se hallaba en la casa, con todo lo demás que ya sabemos.

—Vea usted, señora, que singular previsión la mía!.... Ya sabe usted que yo quiero ser su padrino.

—Pues vea usted, le contestó la dama; yo he pensado después en otra cosa; y preferiría que el padrino fuese el general O'Higgins.

—Y de veras, que tiene usted razón.

—Me alegro que estemos de acuerdo! Y cree usted que el señor general O'Higgins aceptará?

—Por cierto que sí! ¿No me dice usted que este niño es hijo de un patriota sacrificado por San Bruno? (1)[569] / [322]

—Sí: Manuela Solarena era casada con Samuel de la Concha, y el niño es hijo de ese infortunado patriota.

—Pues entonces, el señor don Bernardo aceptará con un placer sumo; y tomará como un deber de patriotismo el padrinazgo y la protección de ese niño, que se llamará Bernardo de la Concha.

—Y esto, padre Ureta, será del agrado de Teresa, dijo la señora dirigiéndose al padre, ya usted ve como todo va en el camino que deseamos.

—Señora: desde que vive la madre, contestó el religioso, y desde que los grandes de la tierra encuentran la resolución

---

[569] A, B: (1) M...... y San Bruno fueron los inícuos ejecutores de la bárbara matanza de presos políticos que se hizo en la cárcel de Santiago, en enero de 1815 [Nota del autor] # B: Morgado

del problema, nada tengo que decir. Mi ministerio me llama á la cabecera de la enferma que desea verme; y creo que en cualquier otra parte estoy demás.

Ofendida, pero sin darlo á conocer, madama M.......[570] condujo al padre Ureta al aposento de Manuela; y al volver al salón donde había quedado el coronel, dijo con enfado:

—Esta gente de sotana piensa siempre en el diablo más que en Dios!

—Y me habrá tomado á mí por Satanás?

—Habrá creído al menos que Satanás es quien nos ha hecho conocer y estimar. Ellos tienen por principio que las mujeres andamos siempre /[323] adelantadas en el camino del mal.... sobre todo si.... y si deshicieran el mundo que Dios ha hecho ¿cómo lo arreglarían ellos?

—Oh! dijo el coronel: no hay cuidado! para ellos, lo harían como para ellos! como si no conociéramos su historia y lo que son!.... Y al fin ¿quién es este fraile? y que le importa de todo esto?

—Es, en verdad, un sacerdote virtuoso: ¡de eso no se puede dudar!.... Pero dejemos esto.... Es menester, N.......,[571] que nos ocupemos del bautismo de nuestro niño; y que así que usted obtenga la conformidad del señor O'Higgins para ser su padrino, señalemos el día. La pobre madre no nos dará mucho tiempo para que le proporcionemos este inmenso gusto.

Que el padre Ureta tuviera ó no razón, el hecho era que la fuerza de las cosas iba estrechando demasiado la intimidad del coronel con madama M.......;[572] y que el sacerdote no había podido ménos que notarlo con el dolor propio de sus principios. Pero, sin otra misión allí que la de dar sus cuidados religiosos á la enferma que lo había

---

[570] B: Morgado
[571] B: Necochea
[572] B: Morgado

hecho llamar, hubo de limitarse á cumplir con ese deber, guardando la reserva austera que le correspondía. / [324]

XXXVIII[573]

El bautismo tuvo lugar, con un ceremonial modesto y privado, en el aposento mismo de la enferma, previas las dispensas requeridas.

El padre Ureta oficiaba; y cuando repetía tres veces el nombre de Bernardo Samuel (de la Concha) con que el catecúmeno entraba entre los fieles de la Iglesia Católica Romana, vióse aparecer de repente á la Loca de la Guardia y tomar su puesto en la rueda que formaban los asistentes. La Pepa Z.......[574] (madama M.......[575]) no pudo contener el ademán de zozobra que le causara esta aparición: Manuela quiso incorporarse en su lecho, pero no pudo sostenerse y se cubrió los ojos con las manos. Pero Teresa se desentendió de estas alarmas, y parecía tener contraida toda su atención á los actos del ceremonial y á los personajes que intervenían en él, austera y grave, como si fuera un testigo de piedra.

Terminado el acto, madama M.......[576] llamó á si el niño que aún tenía en sus manos el general O'Higgins, y llevándoselo á Teresa le dijo:

—Tómalo, abrázalo, bésalo, que tú fuiste la que lo salvaste primero.

Teresa la miró un momento, y como si su corazón le hubiese dicho algo, tomó al niño con /[325] un anhelo repentino, y se puso á pasearlo á grandes pasos por la pieza, cantándole la cancioncita dormidera que le cantaba el día

---

[573] B: XXXV
[574] B: Zuloaga
[575] B: Morgado
[576] B: Morgado

en que San Bruno la había sorprendido y arrojado el niño en el pantano. Al fin le dió un beso, pero rehusando entregárselo á la Pepa Z.......,[577] se lo dió á O'Higgins diciéndole: *es tuyo!* y soltó una carcajada estridente ¡M.......! M.......![578] repetía: —La mujer M.......![579] *Ha! ha! ha! ha! ha! ha!* y salió dejándolos bastante confusos á todos.

—Qué mujer es esa? preguntó O'Higgins con enfado.

—Es una loca, señor general: es parienta del niño, y toma por él un interés raro: su pasión era sustráerselo á.... San Bruno, y criarlo entre *patriotas*.

—Señor general: le dijo el padre Ureta. Es probable que V. E. haya oído hablar de ella: en el ejército la conocían por *La Loca de la Guardia,* según me han dicho algunas personas con quienes he hablado.

—La Loca de la Guardia? ¿Esa es la Loca de la Guardia?—Necesito hablar con ella: que me la traigan: Romo, Romo, corra usted y tráigame á esa mujer, le dijo á uno de los ayudantes que lo acompañaban. Precisamente había dado orden de que la llevasen al despacho porque me dicen que ella es la que puede des-/[326]cubrir mejor que nadie el paradero de San Bruno.

—Por Dios, señor general!.... el estado de esta infeliz no es como para soportar estas emociones! dijo la Pepa señalando á Manuela, que en efecto había pegado su boca á las almohadas, y sollozaba con un profundo dolor.

—Es cierto, madama! no lo había reparado.... voy á la cuadra, porque tengo que hablar con esa muchacha.

—Tal vez crea, señor general, que la buscan para castigarla por lo que acaba de hacer; y me parece conveniente que yo vaya para tranquilizarla: observó el padre Ureta.

---

[577] B: Zuloaga
[578] B: ¡Morgado! Morgado!
[579] B: Morgado

Pero Teresa, no se había resistido, á la primera indicación que le había hecho el ayudante, de que el general O'Higgins deseaba hablar con ella, se detuvo y contestó—vamos!

El general la recibió con cariño diciéndole—Tengo noticias de que eres muy patriota, muchacha; me dicen que has acompañado la vanguardia de nuestro ejército enseñándole el camino. ¿Es cierto?

—Sí: he volado desde allá (señalando al lado de las Cordilleras) con los cóndores que me trajeron en sus álas: y los lagartos huyeron.... ¿Por qué le has quitado tú las plumas al cóndor que venía volando por delante de los demás?... Yo lo había puesto donde tú lo necesitabas. /
[327]

—No te entiendo, muchacha: ¿yo le he cortado las alas á un cóndor que venía volando por delante de los demás?

—Y has hecho mal: porque te ha de hacer falta cuando los otros tengan que tomar su vuelo para allá! agregó señalando al sur.

—Ah! dijo el general sonriéndose, eres amiga del general Soler?

—Yo lo había puesto donde tú lo necesitabas; y él te abrió el camino.

—Te he llamado para que me digas si sabes dónde está San Bruno: le preguntó el general, cambiándole el asunto.

—Los lagartos quedaron tendidos boca arriba cuando el cóndor que yo traía por delante te abrió el camino: he puesto mis ojos sobre todos. Los otros han ganado unas cuevas muy hondas; es preciso meter la mano; y mañana he de agarrar la cola de San Bruno para llevártelo colgado en el palo de una escoba y hacerlo bailar en el aire.

—Pero para eso necesitas de mí. Es menester que yo te dé mi gente para que te ayude á tomarlo, y para que no se nos escape.

—Déjame buscar y cavar: yo quiero buscar y cavar sóla: tu gente mete mucha bulla con sus talones, y los lagartos oyen desde lejos porque tienen miedo; yo no meto bulla: á mí no /[328] me oyen, ni me ven, porque ando sóla: — Déjame—Adios!

—Espérate: quiero decirte que San Bruno está en una cueva aquí: no está entre los muertos, ni entre los prisioneros ni se ha escapado con los que se fueron para allá. ¿Sabes guardar un secreto?

La Loca le dirigió al general una mirada estraña, y le dijo ¿puedes tú ver mi lengua, si yo no quiero abrir la boca?

—Muy bueno! Óyeme bien y contéstame, ¿conoces á un tal Imaz?

—Ah! exclamó Teresa levantando la mano ¡Imaz! ¡Imaz!
—Lo conoces? ¿sabes dónde vive?
—Nó!

—Vive en la callejuela que queda detrás de San Agustín: escarba por allí; mete bien la mano en la cueva, pero que no te sientan; y cuando hayas tocado la cola del lagarto, avísamelo; mis soldados meten mucho ruido con los talones, como tú dices muy bien, y no conviene que anden por allí, porque el lagarto podría oirlos y escaparse por otra cueva más lejos y más honda. ¿Me has entendido?

La Loca meditaba: había reconcentrado en el fondo de su alma misteriosa toda la perspicacia de que era capaz: de pronto, le tendió la mano al general:—Adios! le dijo; y salió con /[329] resolución como si hubiera encontrado la luz que buscaba.

Dirigióse á lo de Tomasa, y entrándose como siempre, sin ninguna ceremonia ni permiso, se sentó en el estrado que circuía las paredes de la cuadra, á distancia de todas las costureras que allí estaban ocupándose con afán en confeccionar los trajes de madama M.......[580]

---

[580] B: Morgado

La alarma y la desconfianza que ocasionó al principio la entrada de la Loca, se calmó cuando vieron que tan lejos de mostrarse agresiva parecía tranquila y benigna.

Tomasa, cuyo natural simpático la movía siempre á ser servicial y compasiva, se levantó y tomándole la mano, le dijo:

—¿Quiéres tomar algo, Teresa?

—Dáme pan.

—Quiéres leche, quiéres *api*?

—Dáme pan!

Tomasa misma le trajo el pan que pedía—Ya ves (le dijo) como somos amigas; yo no estoy enojada contigo, y te quiero mucho, mucho: nunca pensé en robarte tu.... Hijo: quise salvarlo para que no me lo quitasen.... los lagartos, y ahora está en manos de los.... cóndores. ¿No es verdad que estás contenta?

Sin responderle, Teresa le tomó las cintas celestes y los volados que Tomasa tenía en las manos; y mirándolos con un gesto lleno de /[330] malicia—Para la M.......:[581] le dijo: —*Ha! ha! ha!* M......., M.......![582].... Las mujeres de los lagartos en el nido de los cóndores: *Há! há! há!*.... cintas! cintas!* muy bonitas! *Há! há! há!* apriétalas bien Tomasa, para que queden bien colgadas como la cola de los lagartos: me voy á colgar cintas en la cola de los lagartos: quiero vestirme como tú. ¿Me das un vestido y tu pañuelo?

—Al instante, querida Teresa.

Y después que se vistió con el traje ordinario de una mujer pobre, se echó por la cabeza el pañuelo; y se ausentó sin decir más.[583]

---

[581] B: Morgado
[582] B: Morgado, Morgado!
[583] B: mas. / *(Continuará)* //

XXXIX[584]

Don Manuel Imaz, á quien el general O'Higgins había indicado como ocultador y connivente de San Bruno, era un español vulgar y oscuro que se ocupaba en Santiago del comercio de menudeo. Había tenido en efecto, relaciones frecuentes con los oficiales y soldados de su nacionalidad, ya porque les suplía algunas pequeñas sumas sobre sueldos que él cobraba después con usura, ya porque les compraba para revenderlos, objetos de insignificante interés, y sobre todo, algunas armas de las que andaban sueltas y desparramadas en manos de milicianos y de individuos sin responsabilidad directa. /[331] Tímido y débil de carácter, pero codicioso y algo avaro, se había captado la protección de Marcó, y más que todo el favor de San Bruno, para medrar en estas operaciones de bajo comercio. San Bruno á su vez, con el genio imperioso y brutal que tenía, con el desparpajo y bravura que le había dado tanto nombre y tanto influjo, ejercía una dominación absoluta sobre el ánimo sumiso y avaro de este menguado comerciante, y hacía de él lo que quería, como dueño y señor de su casa, de su persona y de su fortuna: bien es cierto que le daba una protección eficaz para sus cobranzas, aunque con provecho propio, de cuyo peso se desquitaba el otro en sus tratos mezquinos con los demás.

Tenía Imaz un pequeño almacen de baratijas, y una especie de barraca donde vivía, situada en una calle estrecha, detrás de la iglesia de San Agustín, que era entonces un barrio de los más apartados y solitarios; y de cuya lobreguez y silencio, podrán sólo hacerse una idea aquellos que con su imaginación se trasporten á un tiempo en que no había alumbrado público, ni veredas, en la mayor parte de las

---

[584] B: Folletin de EL NACIONAL, 29 Julio 1882 / 27 / LA LOCA DE LA GUARDIA / — / XXXVI

ciudades coloniales, y ménos que en otras en Santiago de Chile, que entonces era una de las más pobres y desprovistas de comercio exterior.

Hacía unos días que Imaz había entregado á /[332] Manuela Solarena, como hemos visto, y serían como las once ó doce de la noche, cuando se incorporó sobresaltado en el lecho en que dormía á los golpes cautelosos, pero urgentes y repetidos, que alguien daba con las manos en la ventana con rejas que tenía su almacén á la calle. Con la zozobra natural en que lo tenían los sucesos políticos que habían volcado toda la situación que antes explotaba, Imaz sintió una profunda alarma, porque apesar de todo, la codicia que rompe el saco, como dice el refrán, y el hábito que forma una segunda naturaleza lo habían hecho cometer ciertos pecadillos de alguna consideración. Y como uno ú otro conocido ó marchante antiguo, lo había tentado ofreciéndole unos dos ó tres sables y un fusil por pocos reales, se había animado á comprarlos, sin saber que el general O'Higgins, Director Supremo de Chile á la sazón, había expedido y mandado fijar por carteles en toda la ciudad un *bando* riguroso y esplícito castigando con pena de muerte, nada ménos, á los colectores oficiosos y ocultadores de armas de fuego y de guerra, de cualquier clase que fuesen. El infeliz no lo sabía, ó si lo sabía creyó que aquel rigor, por escesivo, sería de mero espantajo. El hecho es que apesar de sus inquietudes, incurrió en el vicio de comprar barato para revender á mejor /[333] precio, á que lo impelía fatalmente el largo hábito que tenía de hacerlo.

Sobresaltado pues con los golpes repetidos, pero cautelosos que daban en su ventana, guardó silencio por algún tiempo escuchando con ansiedad.

Pero como no acudía, una voz contenida, pero angustiada, comenzó á llamarlo desde afuera, diciéndole:

—Manuel! Manuel.... Manuel! ábreme la puerta.

Sin animarse á responder todavía, y de más en más inquieto, Imaz se acercó á la ventana; y al querer abrir una endija del postigo, que carecía de vidrios, porque entonces eran tan escasos que sólo los muy ricos los tenían, el de afuera metió violentamente el brazo y lo abrió del todo, diciéndole con la misma voz prudente, pero con rábia. C.....! que no me oyés? Ábreme la puerta te digo!—y vió entonces Imaz á dos hombres vestidos de mujer pegados á la reja.

—Virgen Santísima! exclamo Imaz; San Bruno!

—Ábreme la puerta! repetía el otro con urgencia y con imperio.

—Es imposible, señor mayor! Busque usted otra parte donde esconderse! Aquí no puedo recibirlo sin perderme. / [334]

—Qué dices, canalla? ¿qué no puedes recibirnos? ¿qué no puedes recibirme á mí? y el dinero que me debes? y todos los favores que te he hecho?.... Ábreme la puerta te digo, ó juro que el diablo te va á llevar, infame, traidor!

Pero Imaz aprovechando un buen momento cerró con fuerza el postigo y logró echarle la aldaba quedándose en escucha á un lado de la ventana.

San Bruno prorrumpió en amenazas, pero sin alzar la voz; y el que lo acompañaba le dijo, aterrado ¿qué hacemos?.... vamos á lo de Basaldua?

—Imposible! dijo San Bruno, tiene la casa vigilada desde ayer.

—Entónces que hacemos?

—No hay más remedio que saltar la tapia y meternos aquí quiera ó no quiera ese canalla.

—Y si nos entrega?

—No se va á atrever!.... me parece que no se ha de atrever á tanto! Repitió después de haber reflexionado.... y C....! si me entrega, lo mato! yo no me entrego sin matar: mis pistolas no yerran fuego; y no hay cuidado, le he de apuntar bien!.... y si está de Dios que he de morir, moriré después de matar y de defenderme.... Saltemos la tapia y metámosnos dentro: yo conozco la casa; con una buena patada /[335] contra la puerta chica del frente la echo abajo y veremos lo que hace.

En efecto; mientras Imaz escuchaba ansioso el murmullo de las dos voces sin alcanzar á oír lo que decían, San Bruno y su compañero se corrían hasta un lugar conveniente.

Trepándose á los hombros del otro, San Bruno se tomó del extremo de la tapia y se puso encima. Después de asegurarse bien, le dió las dos manos al compañero y con una fuerza pujante lo levantó y lo sostuvo mientras afirmaba las rodillas en la pared, hasta que pudo prenderse tambien de ella. Se descolgaron en seguida al patio que más bien era un corral por su extensión, y por el descuido en que estaba y dirigiéndose á la puerta que San Bruno había indicado, la sacudieron con tal violencia que hicieron saltar la tosca cerradura en que se aseguraba, y se introdujeron en la casa.

El primer sentimiento de Imaz fué esconderse temiendo la saña de San Bruno; pero aterrado tambien de que se le descubriese en su casa, vino á encontrarlo en un lamentable estado de agitación.

San Bruno que al verse adentro se había calmado, conoció que no debía exasperar á Imaz para evitar que los denunciase; y tomando el tono de un reproche afectuoso, dijo al verlo:

—Imaz, por Dios, es posible que hayas podi-/[336]do negarte á dárme un asilo por una noche? por unas horas?

—Pero, mayor ¿no ve usted que me pierde? ¿Qué va á ser de mí cuando lo descubran en mi casa? Esto es horrible, mayor San Bruno! yo soy un hombre pacífico, y miedoso, señor mayor!.... y usted me pierde! agregó dominado por un profundo pavor y soltando el llanto.

—Es que no nos van á descubrir: yo te lo juro! á dos cuadras de aquí está una árria de mulas de don Juan Alcalde, que tiene permiso para seguir hasta Talca; y mañana á la noche me voy á incorporar con ella: el capataz es mi amigo, muy nuestro, y está convenido ya con nosotros para llevarnos entre los arrieros. No te aflijas, Imaz: recuerda todos los servicios que te he hecho: recuerda que me debes algún dinero, y que con una pequeñez cualquiera que me dés, mañana, yo quedo pago y te quedo agradecido. Tú has sido honrado y buen amigo siempre ¿cómo puedes negarme una sóla noche de asilo, y abandonarme para que los insurgentes me tomen y me ahorquen?.... Vamos, Imaz: veamos donde nos podemos ocultar mejor; y aprovechemos el tiempo.

Débil, cobarde é incapaz de tomar una resolución propia, Imaz no tuvo energía para resistirse y para afrontar el furor de San Bruno; y /[337] después de haber buscado como ocultar á los prófugos, dijo:

—Al fondo del corral hay un pozo como de tres varas que quedó cuando se sacó la tierra para cerrar la tapia; podemos ponerle unas tablas y echar encima el maíz que tengo en el galpón. Es la única parte donde ustedes se pueden ocultar.... pero no cuenten con comida ni con auxilio, porque yo no me acercaré más por allí.

—Nos va á traicionar! le dijo el compañero de San Bruno acercándosele al oído.

—Por lo pronto nó! contestó este: después veremos y tomaremos otras precauciones: lo primero por ahora es ocultarnos.... Me parece bien lo del pozo, Imaz.... ¿Has conocido á mi compañero?.... Es tu amigo el lego Chaves.

Imaz pudo decir apenas. Ah! no lo había conocido!.... Pero en el fondo de su alma se decía ¡que no estuviese en el infierno contigo antes que aquí!

Reconocido el pozo, y los demás lugares de la casa, vieron en efecto que aquel era el único lugar en donde podían eludir el registro y las miradas de los vecinos y marchantes que acostumbraban[585] entrar á todas horas á la casa de trato de Imaz á comprar maíz y los demás artículos de menudeo que él vendía.

Imaz estaba al otro día con el alma oprimida /[338] por el terror más profundo que puede sentir un hombre pusilánime en su caso; y la misma fiebre de la inquietud y del miedo, le daba una rara actividad para atender con solicitud á todos sus marchantes. Cada uno de los que entraban le parecía un espía, y á todos lisonjeaba dándoles *yapas*[586] y haciéndoles el gusto en cuanto le pedían. Si venían á comprarle maíz, él mismo los llevaba á la pila, debajo de la cual estaban ocultos San Bruno y el lego Chaves, y les daba lo mejor y más de lo que le pedían. Sin embargo, por momentos le venía la idea de sacudir una vez por todas el horrible peso que tenía en el alma, y de presentarse á denunciar á los prófugos que tenía en su casa; pero ni se resolvía ni desechaba la idea. Porque no sólo era de un fondo honrado, sino muy *devoto* y muy *realista*; para él—Rey y Religión, eran dos cosas idénticas, y miraba á los insurgentes como enemigos de las dos y como réprobos ante la ley divina; así es que vacilaba sin atreverse á tomar la resolución de salvarse por medio de una denuncia, que de momento en momento le parecía más necesaria y ménos repugnante á medida que le urgía más el miedo que no podía sacudir.

Entretanto, la autoridad tenía ya su ojo terrible sobre él; varios avisos le habían dado de que compraba armas; y por absurdo que fuese, se decía y se creía tambien que con esas ar-/[339]mas se estaba fraguando una horrorosa conspiración para asaltar y destruir el ejército argentino; y se daba á Imaz como el agente que se entendía, para eso,

---

[585] D: acostumbraban á entrar
[586] **yapas**: anadiduras, adehalas. El autor distingue este término mediante la bastardilla porque este vocablo no es reconocido por la Real Academia Española, como americanismo, hasta el siglo XX.

con los realistas, y con un gran número de prófugos escondidos, quien sabe donde, que con San Bruno, Villalobos, y otros nombres no ménos siniestros y audaces, debían dar el golpe.

Entre los que habían tentado su codicia, era uno un vecino y paisano suyo que lo veía con frecuencia. Este vecino había militado con los realistas, pero como era casado en una pobre familia del país, se había salvado de toda pesquiza y peligros metiéndose en la casa de su mujer, cuyas ventanas quedaban á un sesgo de la casa de Imaz. No se consideraba sin embargo, bastante seguro, ni tenía su ánimo tranquilo.

En uno de esos días, le había ofrecido á Imaz venderle el fusil y una pistola que había salvado de la derrota, por una cantidad tan baja que apenas podía tenerse por precio; así fué que el incauto almacenero, alucinado por la ganancia, le compró las dos armas.

Pero en esa misma noche el dicho vecino sintió el rumor que San Bruno y el lego Chaves hacían en la ventana de Imaz; y aunque no alcanzó á ver nada, pudo comprender que allí pasaba algo oculto; y queriendo congraciarse con el nuevo gobierno, se decidió á solicitar del Supre-/[340]mo Director una entrevista secreta para darle cuenta de que á pesar del bando promulgado para impedir la retención de armas de guerra en manos de los particulares, Imaz le había comprado el día antes un fusil y una pistola que él había ido á ofrecerle para descubrirlo; y que á deshoras de la noche había tenido conciliábulos con enemigos de la *patria*, embozados que se habían reunido con él de una manera sigilosa.

No bien se hizo la denuncia, se resolvió la prisión inmediata del infeliz Imaz. Un piquete de tropa veterano al mando de un oficial salió inmediatamente con la orden de prenderlo y de registrar la casa.

Grande emoción causó en el barrio la tremenda invasión que la fuerza pública hizo con una rapidez y con un vigor sin ejemplo en la morada del pobre hombre. La gente conmovida y curiosa al mismo tiempo, se había aglomerado á lo largo de la calle; mas como se había impedido la entrada y aisládose la casa, lo único que se alcanzó á ver fué á Imaz petrificado por el terror cuando cruelmente amarrado los brazos detrás de la espalda, sin sombrero y en mangas de camisa, fué sacado y llevado entre los soldados que lo conducían, ante una comisión de sumarios procedimientos que debía juzgarlo en el día mismo; y que en efecto, lo juzgó condenándolo á ser fusilado en la mañana siguiente y /[341] colgado en una horca como infractor del bando que había prohibido el comercio clandestino de las armas de guerra. Ningún otro cargo se le pudo probar, pero su sentencia se ejecutó al pie de la letra, causando una desastrosa impresión y clamorosas reprobaciones en la opinión pública. Los patriotas mismos la miraron como un atentado atroz.[587]

Nada se encontró por el momento que justificase las sospechas de las conjuraciones y propósitos subversivos que se le habían atribuido á Imaz. Pero la casa permaneció bajo la custodia de un piquete de soldados á las órdenes del alférez Albarracín, y del sargento Ontiveros, mientras se hacía un registro más prolijo de los papeles y de los lugares donde pudieran estar ocultos.

La Loca de la Guardia había tomado poca parte y ningún interés en la prisión de Imaz. No fué de la multitud de curiosos que siguieron á la víctima, y que[588] se aglomeraron después en la plaza atraídos por el terrible espectáculo de su ejecución. Por el contrario, silenciosa y reservada andaba sóla por las piezas sin manifestar signo ninguno de

---

[587] Al respecto, puede verse Barros Arana 1890: 46.
[588] B: q'

curiosidad ó de aprehensión. Sin embargo, parecía que una inclinación particular la llevara de cuando en cuando á la pila de maíz que ocupaba el más lejano rincón del corral; y como Ontiveros la viese reflexio-/[342]nando profundamente al parecer en ese lugar, le preguntó:

—Qué hace usted, niña, por aquí?

—El maíz no se deja así al aire ni á la humedad de la noche! le contestó ella.

—Qué nos importa? El que lo puso ya no está vivo para cuidarlo.

La Loca no le contestó, y se alejó como si no quisiese hablar más. Pero al entrar la noche se vino silenciosa al mismo lugar, y se sentó contra la tapia á inmediación de la pila.

Sus ojos resplandecían con un fulgor raro en medio de la oscuridad que la rodeaba; ni por un momento los separaba del montón que formaba el maíz; y parecía que con una intuición profunda, hubiera adivinado que allí, debajo de aquellas espigas, estaba la cueva del enemigo que buscaba y cuyo castigo era la suprema ambición de su vida.

Pasaron sin embargo dos horas de una inmovilidad completa.

Derepente [sic] la Loca estiró el cuello y puso el oído con una sensación visible de deleite y de orgullo. Había percibido algo así como un rumor lejano de voces sepulcrales, pero tan indefinido, que era imposible determinar su verdad. Después de haber escuchado con ansiedad, Teresa pegó su oído al suelo. De improviso se levantó, y caminando en puntilla de pie, con el /[343] paso cauto de un animal felino que está en momentos de echarse sobre la presa, se dirigió al grupo de soldados que estaban en la puerta de la casa: y tomando á Ontiveros por el brazo, lo sacudió y le dijo—allí está San Bruno! y apuntaba con el dedo el rincón donde estaba la pila de maíz.

Sorprendido el sargento le preguntó—San Bruno?

—Sí: San Bruno! silencio, silencio! El Lagarto estaba en la cueva! Vamos á tomarlo!

Y mientras Ontiveros y otros soldados iban á tomar sus fusiles, ella se volvía con la rapidez liviana de las fieras al lugar que había señalado; miraba al maíz en la actitud de una espectativa febril, y con una concentración poderosa de todos sus sentidos.

En efecto: las capas superiores del maíz habían comenzado á ondular y á hundirse con un movimiento inferior que les hacía cambiar su base; y el cuerpo de un hombre surgía del suelo procurando ver con inquietud si estaba sólo.

Un alarido tremendo de victoria y de furor atronó el espacio. La Loca había reconocido á San Bruno; y al mismo tiempo, sin la menor dilación, un tiro de pistola la derribaba en el suelo bañada en su sangre.

El matador se lanzó á la tapia y la saltó, pero cayó del otro lado tendido en el suelo; y al le-/[344]vantarse para escapar, un formidable golpe de culata asestado sobre la espalda, lo dejaba inmóvil. Ontiveros lo había seguido y alcanzado por el mismo camino, y poniéndole la bayoneta de su fusil sobre la espalda dió tiempo á que otros soldados argentinos acudiesen y trincasen al prisionero.

Entretanto la pobre Teresa, atravesado el pecho por una bala, yacía muerta ó moribunda.

Ontiveros lloraba como un niño; y á no ser la presencia del oficial que lo contenía, hubiera hundido su bayoneta mil veces, hasta saciarse, en el pecho de San Bruno, para vengar—"á la pobrecita niña"—repetía desesperado.

Teresa, sin dar ya señal ninguna de vida, fué llevada á una de las piezas de la casa; mientras se traía un cirujano que hiciese constar su estado.[589]

---

[589] B: estado. / *(Continuará)* //

XL[590]

La prisión de San Bruno produjo en Santiago una general satisfacción. La voz pública lo acusaba de espoliaciones, de asesinatos, de estupros, y de cuantas otras violencias puede ser capaz un bárbaro atroz, que no sólo se consideraba instrumento autorizado de un poder arbitrario opresor, sino que se tenía él mismo por dueño de las vidas y haciendas de todos /[345] aquellos á quienes su exaltada y brutal imaginación le señalaba como enemigos de su causa ó de su persona. En un documento oficial se dijo: "Este vil ofensor de la decencia pública ha ultrajado los más altos derechos, el honor nacional y el decoro privado de los hombres; jamás ha respetado los fueros de la naturaleza y de las instituciones sociales; y es por fin un mónstruo que no puede confundirse con la clase de prisioneros de guerra."[591]

Todo esto corría y se propalaba refiriéndose de él porción de hechos propios en efecto de una de esas almas que no conocen la piedad, y que sin regla moral conservan el tipo del animal carnicero y cínico, aún en el seno de las más adelantadas civilizaciones. Pero faltaban las pruebas escritas y justificadas, mientras no se pusiese la mano sobre los papeles de estado que se habían pasado durante la restauración del gobierno realista, que tuvo lugar después de la derrota de Rancagua en 1814. Y lo singular fué que el mismo gobierno que había sacrificado á Imaz de una

---

[590] B: Folletin de EL NACIONAL, 31 Julio 1882 / 28 / LA LOCA DE LA GUARDIA / — / XXXVII
[591] Se refiere a la proclama del Supremo Director: "Los aleves San Bruno i Villalobos, decia, son extraidos por sus crímenes de la clase de prisioneros de guerra. El vil asesino, el ofensor de la decencia pública, el ultrajante de los mas sagrados derechos, del honor nacional i del privado decoro de los hombres; el que jamás ha respetado los fueros de la naturaleza, de la humanidad y de las instituciones sociales, es un mónstruo a quien desdeña la misma potencia a que pertenece" [cit. en Barros Arana 1890, XI, 49-50].

manera tan violenta y cruel, sin dar lugar á defensa ni á ninguna averiguación, y tan sólo por amedrentar á los realistas, quiso hacer del proceso de San Bruno un juicio de procedimientos justificados y formales; y se empeñó en buscar y sacar á la luz los documentos de prueba que contaba hallar. /
[346]
Al principio, San Bruno se mantuvo pertinaz y soberbio en sus denegaciones. Sostuvo que, como simple mandatario de la autoridad, y sin otra responsabilidad que la que le imponía la obediencia militar, había cumplido las comisiones que se le habían dado de prender unos emisarios del Gobierno de Mendoza, que habían pasado á levantar montoneras en el sur de Chile: que no habiendo podido tomarlos donde se les creía ocultos, los había perseguido y alcanzado en una banda de paisanos armada, con la que se había batido, quedando allí muerto ese Rafael Estay y los otros de cuyo asesinato alevoso se le acusaba.

Se le acusaba tambien de haber ejecutado, en la cárcel, una matanza de presos políticos, indefensos; y contestaba que en ese acto había sido su jefe el actual coronel M........;[592] que los presos estaban armados y en momentos de sublevarse, y que era M.......[593] quien había dado la orden de asaltarlos y desarmarlos, orden que originó la muerte de algunos de ellos que se defendieron.

Entretanto el lego Chaves, ménos experto, y más cobarde, había sido examinado tambien por separado como era del caso, y no había tenido la misma entereza. Careado con el padre Ureta confesó de plano que había acompañado al guardián Quilez, á retirar los papeles de San /[347] Bruno; y que se hallaban ocultos en uno de los subterráneos de Recoleta; de donde en efecto se sacaron.

---

[592] B: Morgado
[593] B: Morgado

Al mismo tiempo se había hecho un registro más prolijo del archivo que se había tomado en el convoy de Marcó del Pont; y se habían encontrado allí las cartas particulares de San Bruno y de M......., [594] que revelaban las perfidias y las alevosías con que habían sacrificado á un gran número de inocentes para robarlos y deshonrar sus familias.

San Bruno que ignoraba todas las averiguaciones que se habían hecho y las pruebas que se habían recogido, persistía en sus negativas.

Al tomársele su confesión con cargos, el presidente del tribunal, le preguntó: ¿Es usted Vicente San Bruno? Sí, contestó él.

El Presidente—Cual ha sido su profesión y su estado antes de ser oficial de Talaveras?

S. B.—Bajo la autoridad del Rey, he sido oficial subalterno de *Talaveras* y después sargento mayor del mismo cuerpo. Lo demás allá, no es de la incumbencia de V. S.

El Pres.—De los documentos y declaraciones que tengo á la vista resulta que un Vicente San Bruno, oficial de *Talaveras*, había sido antes fraile domínico en Zaragoza de España, y el Tribunal quiere saber si usted es el mismo. / [348]

S. B.—He dicho que no es de la incumbencia de V. S.

El Pres.—Niega usted ser el mismo ó lo confiesa?

S. B.—Ni niego ni confieso! Yo tambien me he sentado antes en el lugar en que está V. S. y sé que hay preguntas que no son pertinentes. Por lo demás si fuí fraile antes, como usted dice, hoy soy militar, y si el cambio de estado fué una falta, corresponde juzgarla á los tribunales eclesiásticos que en todo caso me condenarían otra vez á llevar hábitos. He oído que en el ejército *insurjente* hay oficiales que tambien han sido frailes.

---

[594] B: Morgado

El Pres.—De lo único que se trata es de establecer la identidad de la persona; y como Vicente San Bruno está acusado de crímenes y de atentados contra el honor privado de familias y mujeres honestas, el Tribunal tiene el derecho de saber si el que se dice haberlos cometido había hecho ó nó votos religiosos.

El Presidente ordenó entonces al Secretario del Tribunal que leyera las declaraciones de prisioneros españoles y de otras personas que habían conocido á San Bruno en Zaragoza, y que aseguraban que había sido fraile domínico.

El Pres.—Tiene usted algo que negar?

San Bruno guardó un obstinado silencio. /
[349]

El Pres.—En sus declaraciones anteriores ha dicho usted que Rafael Estay y los demás patriotas que lo acompañaban habían perecido en un combate; y tengo aquí á la vista, además de las declaraciones de muchos testigos, una carta firmada por usted y dirigida á su amigo el sargento Villalobos, y confirmada por la declaración de éste, que prueba que Rafael Estay no había venido de Mendoza, ni anduvo jamás con gente armada, aunque es verdad que era perseguido como patriota y que se había ocultado.

S. B.—Yo tenía orden de tomarlo vivo ó muerto; y se resistió.

El Pres.—Usted se ha olvidado de lo que dijo en su carta. De ella resulta que estando usted en *San Fernando* de guarnición, dió un baile al que hizo concurrir con amenazas y violencias á las niñas más decentes y honestas del pueblo, mezclándolas con mujeres de una vida inmoral y desastrada.

S. B.—Era un baile popular en festejo del cumple-años del Virrey Abascal; y yo entendía que todo el pueblo debía divertirse.

El Pres.—Pero consta tambien que para esa misma noche le había usted tendido á Rafael Estay la celada en que pereció. Usted le escribe á Villalobos jactándose de ello, y numerosos testigos ratifican lo mismo que usted ha escrito.

S. B.—A Villalobos le escribí mentiras y jac-/[350]tancias, de aquellas con que un militar suele siempre valerse para divertir á los compañeros y hacerles *coco* con goces y jaranas que no han pasado, y los testigos de que V. S. me habla son enemigos, que aquí no deberían tener entrada.

El Pres.—Entretanto vea usted lo que consta de todas esas piezas. Desde que usted llegó á San Fernando había usted puesto sus ojos sobre una joven llamada Manuela Solarena, que no hacía mucho tiempo que sus padres la habían casado con el hacendado don Samuel de la Concha, comandante de milicias antes del desastre de Rancagua. Usted había conocido á esta *señorita* en la casa de M.......,[595] poco tiempo antes, porque su marido había sido preso por patriota y traído á Santiago. Sirviendo usted los empeños de madama M.......,[596] y queriendo tambien complacer á la joven esposa, con las miras que revelan sus hechos posteriores, hizo usted activas diligencias, y logró que de La Concha fuese confinado en San Fernando, donde usted tenía su fuerza y su cuartel. ¿Tiene usted algo que negar ó que explicar?

S. B.—En el fondo hay algo de cierto: conocí en efecto á la Manuela Solarena en lo de M.......,[597] y le hice los servicios que V. S. indica. Si en eso de *mis miras* quiere V. S. dar á entender que la mujer me gustaba, nada tengo que decir porque eso no es crimen. Era boni-/[351]ta, pero era un verdadero saco de lana sin espíritu para nada, incapaz de decir nó, y á la mano del que la emprendiera como hay

---

[595] B: Morgado
[596] B: Morgado
[597] B: Morgado

tantas.... y como los militares no nos andamos con chicas, yo la busqué, y no me disgustaba que el gobierno mandase á su marido confinado á San Fernando.

El Pres.—Muy bien! Pero á poco tiempo, se forjaron unas cartas del patriota don Manuel Rodríguez[598] dirigidas á La Concha desde Curicó, avisándole que estaba en armas, y que huyera á su hacienda para levantar sus inquilinos.

S. B.—Yo las intercepté. No se forjaron.

El Pres.—El señor Rodríguez, careado con usted ha declarado que son falsas.

S. B.—Ha mentido para perderme: es mi enemigo mortal.

El Pres.—El capitán Arce, ayudante y secretario de usted ha confesado que son de su propia letra, y que usted le ordenó escribirlas, y aquí las tengo á la vista trascritas por el mismo capitán, y no hay duda de que los originales y sus copias son idénticas.

S. B.—Arce es un miserable! Las cartas que V. S. tiene á la vista son copias: los originales fueron remitidos al señor Marcó del Pont.

El Pres.—Pero es que en su propia carta á Villalobos, usted mismo se jacta de toda la intriga, y de haberse apoderado de la mujer de La /[352] Concha, después que por las cartas esas lo hizo usted volver á la cárcel de Santiago, quedando ella en San Fernando enteramente desamparada y á merced de usted.

S. B.—No estaba desamparada.

El Pres.—¿Cómo nó? Su padre había sido remitido al presidio de Juan Fernández. Su madre había seguido á dos de sus hijos que habían sido deportados á Chillán; y ella había quedado sóla en San Fernando con su marido.

---

[598] **Martín Rodríguez**: Martín Xavier Rodríguez y Erdoíza, patriota chileno (Santiago, 1785-Tiltil, 1818), abogado, político, militar; se lo recuerda sobre todo por su trabajo clandestino durante el período de la reconquista española, por el que adquiere fama legendaria.

S. B.—Tenía allí otras parientas

El Pres.—Más desamparadas que ella: una [t]ía anciana, y una prima que á la vez era su cuñada porque era hermana de La Concha, y que se llamaba Teresa.... Ahora iremos á esta otra parte de la confesión. El hecho es que en el desamparo de Manuela Solarena, usted se apoderó de ella, y la puso al fin en su casa como mujer propia.

S. B.—Ella me quería y era mía desde antes. En eso no hay crimen.

El Pres.—Pero lo hay en las persecuciones inícuas y falsas contra el marido, en su prisión, y en su muerte posterior que usted perpetró con sus propias manos.... Pero esto todavía no es del caso; volvamos al baile y á la celda, en que á usted se le acusa de haber asesinado á Rafael Estay, Consta pues por su carta, que por medio de Manuela Solarena, y fingiendo que cedía /[353] á sus empeños, había dado un salvo conducto á Rafael Estay para que visitase á su novia Teresa de la Concha, con tal que lo hiciese de noche, y de que no apareciese en público, para que no hubiese denuncias que lo obligaran á usted á proceder contra él.

S. B.—Es falso: yo no dí semejante salvo conducto! Sabía que Rafael Estay estaba oculto en las arboledas inmediatas, para formar montoneras, y que atraído por los halagos del amor venía con frecuencia á pasar la noche con la muchacha Teresa, sin que lo supiese su tía. Yo no sé si eran novios: lo que sé es que se veían con frecuencia, y que ella no tenía nada que perder. Era una vagabunda que servía de espía y de *bombero* á los montoneros de Rodríguez y del bandido Neira; y con mucha frecuencia andaba yendo y trayendo los asuntos de ellos por el campo y por los cerros.

El Pres.—Pero el salvo conducto que usted le hizo pasar á Rafael Estay para la noche misma del baile, está de la letra de Arce; lo tengo á la vista; y Arce declara que lo estendió por orden de usted, lo que es evidente, pues tiene su firma.

S. B.—Ya he dicho que Arce es un miserable! mi firma es sencilla, y Arce la falsificaba todos los días para mil menudencias de que yo no hacía caso.

El Pres.—Pero la carta de Villalobos no la ha /[354] falsificado Arce: y en ella, se jacta usted de haberlo entrampado á Estay. Allí dice usted que aparentó concederle á la joven Teresa que no asistiese al baile, para que atrajese con más confianza al novio. Dice usted tambien que Teresa era preciosa, y de *rechupete*—son sus propias palabras; pero que cuando sus espías le avisaron que Estay estaba con ella, la hizo venir por fuerza al baile, y un momento después tomó á Estay y á dos amigos que lo habían acompañado y los encerró en el cuartel. Arce declara esto mismo.

S. B.—Es cierto que habiendo tenido noticia de que unos montoneros se habían escondido en el pueblo con la mira de asaltarme durante el baile, los hice prender y traer al cuartel: todo lo demás es falso.

El Pres.—Pero es que usted mismo se lo refiere á Villalobos, y que muchos otros testigos lo confirman.

S. B.—Ya he dicho que fué una broma, y una simple jactancia, por darme crédito de vivo y de diestro en la persecución de los enemigos de mi partido.

El Pres.—Consta tambien que en altas horas ya de la noche y después de haber acalorado á los oficiales y sargentos, y á las mujeres allí reunidas, con bebidas mezcladas con ingredientes excitantes, dio usted la voz de "arreba-/[355]ta–capas!" y que aquello se convirtió en un orgía espantosa.

S. B.—Yo no dí semejante voz.... fueron los otros oficiales y los soldados los que, no sé cómo armaron la batahola; y como estábamos de fiesta y bastante *bebidos*, hubo en efecto un gran desorden que no se pudo contener. Fué entonces cuando me avisaron que la montonera de Manuel Rodríguez nos avanzaba, y cuando armándonos á la ligera encontramos à los enemigos metidos ya dentro del cuarto y los matamos peleando.

El Pres.—No es eso lo que consta del proceso, sino cosa muy distinta.

S. B.—Así será! pero lo que yo digo y juro, es la verdad.

El Pres.—Lo que consta es que usted y otros militares con quien usted estaba convenido, apagaron la luces y arrebataron á Teresa de la Concha llevándosela con otras mujeres á la sala escusada donde tenían maniatado á Rafael Estay, y á sus dos compañeros: que á la vista de estos las deshonraron; y que enseguida ultimaron á sablazos á los tres presos. Usted se jacta de haber tenido la principal y la mejor parte en la fiesta, son sus palabras.

S. B.—Yo estaba ébrio y no me acuerdo de nada de eso.... Lo que sé y juro es que los enemigos se habían metido ocultos en el cuartel. /
[356]

El Pres.—Todas estas circunstancias de su carta á Villalobos están corroboradas como usted ha visto, por numerosas declaraciones de las mujeres y hombres de su mismo regimiento que fueron testigos y actores.

S. B.—Mienten! Lo que yo veo es que se han forjado todas esas mentiras para no tratarme como á soldado y oficial de guerra; y que se ha hecho y escrito todo eso para satisfacer odios políticos y sacrificarme como facineroso.... Digo y redigo que todo eso es mentira; y que si me sacrifican, mis jefes y las autoridades realistas tomarán un desquite digno con los prisioneros insurgentes que tengan en su poder.

El Pres.—Y nada más tiene usted que decir sobre estos cargos?

S. B.—Nada más!

El Pres.—¿Conoce usted la suerte que corrió después la joven Teresa de la Concha?

S. B.—Sé que ha seguido como siempre vagando por los cerros y llevando una vida perdida como antes.

El Pres.—¿No sabe usted que se enloqueció?

S. B.—Loca fué siempre.

El Pres.—No la ha visto usted más?

S. B.—Una ú otra vez la he sorprendido en mi casa, y la he arrojado; y después no la he vuelto á ver más hasta la noche en que me prendieron: ella quiso agarrarme y detenerme cuando /[357] yo fugaba, y de pronto le hice fuego para que me soltara; cayó, no sé si viva ó muerta: en todo caso poco se pierde!

El Pres.—Puede usted darnos noticia de un niño que tenía Manuela Solarena?

S. B.—Nó.

El Pres.—Lo tenía usted por hijo suyo?

S. B.—Nó: cuando yo la tomé en mi casa, estaba en cinta; y como me había engañado, le hice sacar la criatura de mi casa, y no sé donde la llevó, ni quiero saberlo.

El Pres.—No se lo arrojó usted á la calle al salir á incorporarse al ejército de Maroto en Chacabuco?

S. B.—Pero la Loca lo levantó, y no sé donde se lo llevaría.

El Pres.—¿Usted la vió?

S. B.—Me lo han dicho.

El Pres.—Muy bien! Pasemos ahora á otra parte de los cargos.[599]

[600]Se le hicieron y se le probaron á San Bruno, otros muchos tan bárbaros y atroces como los que acabamos de exponer, pero que no hacen á las personas ni á los intereses de nuestra historia. Pero no está en ese caso la horrible

---

[599] B: cargos. / *(Continuará)* //
[600] B: Folletin de "El Nacional" Agosto 1° 1882 / 29 / LA LOCA DE LA GUARDIA / — / XXXVII / *(Continuacion)*

matanza de presos políticos, ejecutada en la cárcel de Santiago por él y por M......., en enero de 1815.[601]

El Pres.—¿Sabe usted donde estaba el patrio-/[358]ta don Samuel de La Concha, después que usted se apoderó de su mujer?

S. B.—Ya he dicho que yo no me apoderé de su mujer: si ella vivió conmigo, fué por su gusto y porque no quería á su marido, porque era *guazo* y viejo para ella.

El Pres.—Muy bien! no disputaremos sobre eso. ¿Sabía usted ó no sabía donde estaba?

S. B.—Todo el mundo sabía que estaba en la cárcel, porque se le habían descubierto comunicaciones y complicidad con la montonera de Manuel Rodríguez.

El Pres.—¿Quién había descubierto esos conatos y complicidades?

S. B.—Eso es cosa de las autoridades que mandaban entonces en el país.

El Pres.—Sin embargo; tengo á la vista, usted la ha visto tambien, una comunicación de la letra de Arce y firmada por usted, de la que resulta que fué usted mismo quien hizo la denuncia remitiéndolo preso. En esta denuncia, usted dá detalles para fundar la acusación, pero no aparece que usted hubiera remitido las pruebas escritas de que La Concha pensara en conjuración ninguna, ni hay tampoco referencia á las personas que le hubieran dado á usted motivos ó datos para esa sospecha.

S. B.—El señor M.......,[602] sargento mayor entonces y jefe militar de la provincia, fué el /[359] que me dió aviso de las malas intenciones de La Concha, ordenándome que lo pasara preso á Santiago, como revoltoso y montonero.

El Pres.—¿Puede usted decir dónde está esa orden?

---

[601] La fecha correcta es 6 de febrero de 1815.
[602] B: Morgado

S. B.—Lo sabrán los que se han apoderado de mis papeles.

El Pres.—Es que todos sus papeles se han encontrado ocultos en el convento de la Recoleta; y como usted sabe, se encontraron allí porque usted se los entregó al padre Quilez.

S. B.—Yo no le he entregado nada.

El Pres.—Al ménos si usted no se los entregó el Tribunal tiene á la vista una larga carta que usted le dirigió desde Colina, el 8 de febrero último, en la que usted le dice al padre Quilez, donde tenía ocultos esos papeles, y le ordena que los saque de allí, y que los ponga en seguridad.

S. B.—Pues entre esos papeles estaba esa orden del coronel M.......;[603] y si ahora no se halla será porque la habrán hecho desaparecer para acriminarme. Si el coronel M.......[604] estuviera preso, ya estaría á la vista la orden que me dió, para caerle á él.

El Pres.—Pero eso es suponer que el Tribunal la ha sustraído; y usted debe comprender que estando seguro el Tribunal de que no ha cometido semejante sustracción, su causa de /[360] usted se empeora, porque resulta que usted no recibió denuncia ni orden para prender y encarcelar á La Concha, sino que fué acto suyo propio y voluntario.

S. B.—Lo que sé y repito es que recibí la orden; si se ha perdido no me toca á mi decir cómo.

El Pres.—Sin embargo, usted está en contradicción con Arce y con dos oficiales de la guarnición de San Fernando, Moroquilla y Antunez. Ellos han declarado que una ó dos semanas después de preso La Concha, usted les dijo que había sido un tonto en prenderlo y remitirlo á Santiago; porque el animal de Osorio (*sic*) no lo había querido fusilar como usted le había dicho que lo hiciera; y les agregó usted que á haberlo pensado bien, usted habría fusilado

---
[603] B: Morgado
[604] B: Morgado

á La Concha para que lo heredase el hijo que Manuela Solarena tenía de él, y hacerse usted tutor y dueño por fin de sus bienes.

S. B.—Es falso: han mentido.

El Pres.—Han mentido? En el careo que usted ha tenido con ellos y con Villalobos, le han recordado á usted todos los incidentes de esa conversación.

S. B.—No he convenido en que no fuese cierta la denuncia y la orden del mayor M........:[605] lo único que dije fué que recibida esa orden, yo debía haber prendido y fusilado á La Con-/[361]cha. Pero como no lo hice, aunque después me arrepintiera de no haberlo hecho, es prueba que no pensé en matarlo para robarlo.

El Pres.—Pero aparece del proceso que después usted corrigió ó aprendió mejor la lección; porque el mismo Arce, con los oficiales Moroquilla, Antunez, Salgado y Robles, declaran que usted tramó con M........,[606] un complot para engañar á los presos políticos que estaban en la cárcel. Para ese complot se sirvieron ustedes de Villalobos y de muchos otros soldados y sargentos de *Talaveras:* que al entrar sucesivamente de guardia en la cárcel, fingían quejas é indignación contra sus jefes y contra el gobierno de los realistas, no sólo porque no se les pagaba, sino porque se les postergaba en su carrera. ¿Puede usted dar algunas explicaciones sobre esto?

S. B.—Y qué quiere V. S. que yo explique?

El Pres.—Lo que usted sepa sobre estas quejas con que se engañaba á los presos.

S. B.—Yo creo que no los engañaban. Nadie ignoraba que en todos los ejércitos hay descontentos á montones de esa clase; y en el nuestro había muchos que hablaban

---

[605] B: Morgado
[606] B: Morgado

y hablaban, y que llegado el caso quedaban fieles siempre á su bandera.

El Pres.—Pero Villalobos, careado con usted, ha confesado y ha sostenido que todo fué /[362] una intriga forjada por usted y por M.......[607] para exterminar á los patriotas, no sólo á los que estaban ya en la cárcel, sino á los sospechosos ó indicados por la saña de ustedes, que se proponían también matar por las calles y en sus casas, á pretexto de la conjuración forjada en la cárcel.

S. B.—Villalobos ha tratado de ver si con esas revelaciones falsas consigue ser perdonado,

El Pres.—Consta tambien que después de la matanza se hizo usted nombrar tutor del hijo de Manuela de La Concha; y que en esos mismos días hizo usted entregar á M.......[608] dos mil duros.

S. B.—Es falso!

El Pres.—No, no es falso; y usted lo va á ver. Señor Secretario, alcance usted este recibo del coronel M.......[609] para que vea el reo.

S. B.—Ahí no dice que yo le haya entregado esos dos mil pesos.

El Pres.—Es cierto que no lo dice; pero estaba entre los papeles de usted.

S. B.—Ya he dicho que esos papeles han andado en manos de mis enemigos, y yo no sé quien ha tenido la feliz idea de meter ese recibo entre ellos. /
[363]

El Pres.—Pero es, ó no es, todo él, de la letra de M.......[610]

S. B.—Será; yo no lo sé.

El Pres.—Pero usted conoce esa letra, y puede decir su opinión.

---

[607] B: Morgado
[608] B: Morgado
[609] B: Morgado
[610] B: Morgado

S. B.—V. S. no tiene el derecho de preguntarme ni de hacerme decir mi opinión sobre el parecido de una letra y de una firma.

El Pres.—Es cierto: así es que pasaré á decirle á usted que Manuela Solarena examinada por su confesor el Padre Ureta, no como confesor sino como comisionado *ad hoc* del Tribunal, en razón del estado de salud en que se halla, ha declarado que usted le hizo firmar una solicitud en esos días, para que mientras se regularizaba la testamentaría de su marido muerto en la cárcel, se le adelantase como á madre legítima del único hijo de aquél, un permiso para venderle al gobierno los trigos y el maíz acopiados en su hacienda.

S. B.—No es cierto: esa mujer miente de miedo, porque es una imbécil que tiembla de todo.

El Pres.—En ese caso tengo aquí el expedientillo seguido al efecto; y de él resulta que los gramos se vendieron en seis mil pesos; y que usted los cobró al gobierno de los realistas.

S. B.—Pero le fueron entregados al general /[364] Osorio, porque los bienes de La Concha estaban confiscados.

El Pres.—No se comprende con claridad, como es que usted cobrase y entregase el dinero al mismo que lo pagaba.

S. B.—Ni yo lo comprendo tampoco; pero los que mandaban con el poder supremo, lo hicieron y ellos responderán.

El Pres.—Pero es que en la misma fecha del pago hecho á usted aparece el recibo que usted tenía de M.......;[611] lo que demuestra que de ese dinero le dio usted á M.......[612] los dos mil pesos que aparecen en el recibo.

---

[611] B: Morgado
[612] B: Morgado

S. B.—No resulta tal cosa, señor Presidente; lo que resultará en todo caso es que el gobierno le pagara á M.......[613] esa suma por sus sueldos.

El Pres.—Pero es que el recibo aparece en manos de usted.

S. B.—Ya he dicho que no contiene mi nombre; y yo no se quien lo ha introducido entre mis papeles.

El Pres.—De modo que usted no trató nada con M.......[614] sobre esto?

S. B.—Nada.

El Pres.—Sin embargo, madama M.......[615] declara que en ese mismo día usted fué á su casa; que M.......[616] lo esperaba á usted en suma agitación, y que le entregó usted una suma de /[365] dinero en efectivo, cuyo ruido al contar pudo ella oír bien desde sus piezas particulares. Dice más, y es que ella había tenido un amargo desacuerdo con su marido por la parte cruel que había tomado en la matanza de los presos de la cárcel; y que ese entredicho duraba desde entonces, sin que ella quisiera ceder y volverá los buenos modos, porque estaba verdaderamente agriada....

S. B.—Esa ha sido siempre una mala mujer: que jamás ha vivido en armonía con su marido; si él la hubiera azotado desde el principio....

El Pres.—No me interrumpa usted para cosas impertinentes; continuaré— madama M.......[617] declara pues que oyó contar el dinero entre usted y M.......[618]

S. B.—Miente!

El Pres.—Que unas horas después, su marido, creyendo halagarla le trajo unas alhajas de valor; y que ella

---

[613] B: Morgado
[614] B: Morgado
[615] B: Morgado
[616] B: Morgado
[617] B: Morgado
[618] B: Morgado

sospechando que un dinero que venía de las manos de usted no podía venir de buen origen, las rehusó con indignación:.... y ahora solicita que se le permita devolver la suma de lo suyo, porque no quiere que quede esa sospecha en el nombre de su marido.

S. B.—Pero ha dicho también que no sabe si el dinero era por sueldos, y que lo demás eran meras sospechas suyas. /
[366]

El Pres.—Es verdad, y consta; pero como usted niega que haya sido usted quien entregara á M.......[619] ese dinero, por sueldos ó por otro motivo, hay siempre una parte falsa en la confesión; y como en los papeles del gobierno no hay constancia ninguna de que se hubiera hecho pago de esa suma á M.......,[620] resulta también que fué usted quien se la pagó por la cooperación activa que le dió para la matanza de los presos políticos de la cárcel.

S. B.—Eso es lo que yo niego, y lo que V. S. se empeña en vano en sacar en limpio.

El Pres.—Muy bien: era cierto ó era falso que La Concha y los demás presos hubiesen tramado una conjuración?

S. B.—Yo creo que debía ser cierto, porque mi cuerpo recibió orden de entrar á la cárcel y de atacar á los conjurados. Ellos estaban reunidos y habían violado los calabozos esperando el momento de dar el golpe.

El Pres.—Con qué medios se preparaban á dar ese golpe?

S. B.—Yo no lo sé.

El Pres.—Villalobos declara que obedeciendo á las sugestiones de usted y de M.......,[621] hacía más de dos meses que él y otros de sus compañeros se fingían irritados

---

[619] B: Morgado
[620] B: Morgado
[621] B: Morgado

y descontentos contra usted y contra M........:[622]—Que de cuando en cuando llevaban algunos soldados chile-/[367]nos incorporados en la guardia, y confabulados para decirles á los presos y sobre todo á La Concha que toda la campaña estaba alzada y llena de montoneras: —Que Neira era ya dueño de todo el Sud hasta *San Bernardo*; y que muy pronto iban á pasar las tropas de Mendoza: —Que con estas noticias excitaban á los pobres presos al mismo tiempo que los desesperaban con el hambre, con los rigores y con los malos tratos de los carceleros: —Que Villalobos se presentaba como pronto á sublevarse con los sargentos del cuerpo, porque ya no podían soportar la tiranía y los extremos á que se abandonaban usted y M........:[623]—Que así fué haciéndose poco á poco el amigo y la esperanza de los presos, para recibir sus confianzas: todo de acuerdo con usted.

S. B.—Esa última parte es falsa. Villalobos estaba verdaderamente ofendido porque no le habían dado ascenso, y porque lo tenían de sargento, mientras que todos los demás éramos ya oficiales. Hablaba pestes de todos los jefes; y yo creo que siendo un bruto como és, creyó realmente que podía hacer una revolución con el influjo de los presos y vengarse. Pero á medio andar vió su desatino: se desanimó y dió parte de lo que sucedía en la cárcel. El hecho es que el señor general Osorio, nos ordenó que / [368] atacásemos la cárcel á sangre y fuego, porque los presos estaban sublevados.

El Pres.—Muy bien: dé algunos otros detalles sobre ese hecho.

S. B.—La prueba de que Villalobos estaba de buena fe, es que conociendo que los presos tenían desconfianza de él, y teniéndolas él tambien de que los presos le cumpliesen

---
[622] B: Morgado
[623] B: Morgado

las ofertas que le hacían de cooperar y de levantar el pueblo, arregló, que para estar seguros, los unos de los otros, era preciso jurar de una manera solemne; y se convinieron en pedir permiso para que se les dijera una misa en la cárcel, y que al alzar el sacerdote la hostia pusieran todos la mano izquierda en la frente, golpeándose el pecho con la derecha, en señal de que juraban por aquel sagrado cuerpo de Jesu-Cristo que serían fieles á su compromiso.

El Pres.—Y usted no sabía nada ni estaba informado de que todo era una intriga para hacer una matanza y escarmiento de patriotas; y sobre todo para deshacerse de La Concha?

S. B.—Sabía que se tramaba una conjuración en la cárcel, porque el mayor M......,[624] hoy coronel, me había avisado que era menester estar prontos á caerles. Si Villalobos dice lo contrario, miente.

El Pres.—Sin embargo, con fecha de diez días antes de la matanza de esos presos, escribió /[369] usted de su puño y letra, una carta al Reverendo Padre Quilez, guardián de los Recoletos, pidiéndole que le evacuara una consulta sobre los dos puntos siguientes: —1.º si un juramento solemnísimo imponía alguna obligación cuando había recaído sobre propósitos subversivos contra el trono y el altar; 2.º Sobre si era lícita y debía absolverse al que lo hubiese hecho para descubrir y castigar á los conjurados.

S. B.—Si Villalobos ha declarado eso, ha mentido; estoy cierto que no tiene esa carta, y que no se ha presentado á la causa.

El Pres.—En efecto, él no la tenía, pero la tenía el obispo Ríos, á quien el Padre Quilez le pidió la consulta; y recien se ha obtenido; señor Secretario, pásesela usted al reo para que la examine.

---

[624] B: Morgado

S. B.—Es mía: yo la he negado porque de todo se quiere sacar cargo para presentarme como facineroso y asesino; y porque aunque sé que se me va á sacrificar al odio de mis enemigos, quiero morir como militar español, víctima, pero no criminal. Lo que hubo fué que Villalobos comenzó á temblar de lo que estaba haciendo contra el gobierno por resentimientos personales, y que vino arrepentido á confesármelo todo, pidiéndome mi opinión sobre el pecado que cometería ante Dios denunciando á sus cómplices. Fué entonces que yo le dije /[370] que consultásemos al Padre Quilez. ¿Qué crimen tengo yo en eso?

El Pres.—Pero es que al trasmitirle usted la consulta del Obispo, en que se le decía que el que servía á su Rey y á Dios contribuyendo á desenmascarar sus enemigos ocultos, no cometía pecado, le dijo usted—"ya ves que puedes jurar en la misa sin escrúpulos".

S. B.—Es falso! yo no hice otra cosa que decirle que fuese á ver al padre Quilez para que le mostrase la opinión del Obispo.

El Pres.—Pero usted lo acompañaba.

S. B.—No es cierto! Si el Padre Quilez no se hubiese ausentado para el sur, declararía que yo digo la verdad.

El Pres.—Villalobos y el lego Chaves declaran que usted acompañaba al primero; que usted le dijo esas palabras y que con esa confianza se prestó á jurar cuando el sacerdote que les dijo la misa á los presos levantó la hostia.

S. B.—Repito que es falso; yo no estaba con ellos.

El Pres.—Quién señaló el día para entrar en la cárcel con la tropa y matar á los presos?

S. B.—En esa noche me ordenó el mayor M.......[625] tener pronta la tropa para sofocar una conspiración; y de madrugada se puso él mismo á la cabeza y nos hizo marchar sobre la cárcel. Villalobos nos dirigió á las piezas al-/[371]

---

[625] B: Morgado

tas donde los presos estaban armados y fortificados para salir á la calle. Se abrió la puerta, y M.......[626] dió la voz de fuego y de á la carga.

El Pres.—Usted mató con su propia mano á La Concha.

S. B.—No lo sé: acometí como se me ordenaba, y murieron muchos de ellos.

El Pres.—Y después ¿no se hizo usted dar la administración de los bienes de La Concha?

S. B.—Le correspondían á su hijo; y los abogados dijeron que la tutora era la madre.

El Pres.—El señor coronel Urréjola,[627] Mayor de Plaza entonces, ha declarado: que sabedor de la matanza que se hacía en la cárcel, y que M.......[628] y usted, habían resuelto continuarla en las casas de los sospechados por patriotas, y en las calles, se apersonó indignado al general Osorio, y logró recabar de este una orden perentoria para que la tropa regresare al cuartel inmediatamente. ¿Qué dice usted sobre esto?

S. B.—No sé nada: yo no era el jefe, sino el mayor M......[629]

El Pres.—El mismo señor Urréjola declara que usted gritó: "No obedezcamos M.......:[630] no hay tal orden", y que M.......[631] rehusó obedecer.

S. B.—Urréjola era enemigo mío, y ha faltado á la verdad.

El Pres.—Dice tambien que horrorizado de lo /[372] que M.......[632] y usted se proponían hacer, consiguió que

---

[626] B: Morgado
[627] **Urréjola**: Luis Urréjola, militar realista (Concepción, 1766-¿?); se lo recuerda por haber pedido clemencia hacia los patriotas vencidos durante la Reconquista española; termina su carrera política en Filipinas.
[628] B: Morgado
[629] B: Morgado
[630] B: Morgado
[631] B: Morgado
[632] B: Morgado

viniese á la cárcel el mismo Osorio, y que se produjo un atentado escandaloso con M.......[633] ¿Usted no lo oyó?

S. B.—Sí oí algo de eso; pero yo no tomé parte, y obedecí la orden de retirar la tropa al cuartel.

El Pres.—Muy bien!—Queda terminado el acto.—Señor oficial de guardia: retire usted el reo.[634]

XLI[635]

Después de tres días acordados á la acusación y á la defensa, en la forma sumaria con que se ven y se sustancian estas causas, San Bruno y Villalobos fueron condenados á morir en la horca por mano del verdugo, y á que sus cadáveres permaneciesen colgados durante siete horas en la plaza principal.

Solemne, dicen los historiadores,[636] que fué la ejecución de los dos reos. En la mañana de 12 de abril, un inmenso pueblo, todo Santiago se puede decir, llenaba la plaza y los lugares desde donde podía descubrirse el patíbulo. El ejército, vestido de gala, y con sus músicas á la cabeza de las columnas, formaban al rededor.

Los dos reos atravesaron desde la cárcel al otro extremo de la plaza en donde estaba la horca, por en medio del concurso, sin que voz nin-/[373]guna, de odio ó de conmiseración, alterase el profundo silencio que reinaba sobre aquellos miles de cabezas, allí amontonadas. No se oía más que el éco de los rezos, con que el religioso, que marchaba al lado de cada condenado, los confortaba á

---

[633] B: Morgado
[634] B: reo. / *(Continuará)* //
[635] B: Folletin de "El Nacional" Agosto 2 1882 / 30 / LA LOCA DE LA GUARDIA / — / XXXVIII
[636] Uno de estos historiadores puede ser Barros Arana, quien cuenta este episodio de modo muy similar, excepto en lo concerniente a los músicos militares, que no aparecen en su relato [1890: XI, 49].

morir arrepentidos y contritos, para merecer la clemencia y el perdón de Nuestro Señor Jesu-Cristo.

Villalobos parecía más solícito de ese perdón; quizá estaba más imbuido que el otro en las creencias católicas. De cuando en cuando le tomaba la mano al religioso que lo exhortaba á morir arrepentido de sus pecados, y se la besaba con devoción, pero sin dar ninguna otra muestra de flaqueza. San Bruno marchaba con paso firme, con semblante ceñudo, pero sin levantar la vista del suelo ni aún en el momento fatal en que subido á la tremenda escala recibía del verdugo el espantoso empujón que lo debía dejar estrangulado entre los dos garrotes de la horca.

Redoblaron los tambores de cada regimiento por un instante, é inmediatamente después, el ayudante mayor de cada cuerpo, le leyó á la tropa, con voz alta y enfática, una elocuente proclama en que el general O'Higgins, Director Supremo de Chile, les hacía sentir á los militares la diferencia que había entre soldado que expone su vida, y que toma la del enemigo defendien-/[374]do su bandera, y el malvado que usa de sus armas y de su poder para asesinar y deshonrar á las familias.

En seguida tocaron las músicas, y las tropas se retiraron á sus cuarteles, dejando fijados en cada uno de los pilares de la horca, un ejemplar de la proclama, y la inscripción que declaraba cómplice y traidor al que osara retirar los cadáveres que colgaban de ella.

XLII[637]

Una división argentina al mando del coronel Las Heras había empujado hasta los extremos del sur á las tropas españolas; y después de los gloriosos triunfos de *Curapaligüe*

---

[637] B: XXXIX

y del *Gavilán*,⁶³⁸ las había obligado á encerrarse en la plaza fuerte de Talcahuano, y á dejar libre toda la provincia de Concepción. Pero, como para llevar á cabo el sitio y el asalto de Talcahuano se necesitaban mayores elementos, se creyó conveniente que el Director Supremo fuese á tomar el mando de las operaciones, porque siendo oriundo de aquellas provincias y de gran fama en ellas como caudillo, se esperaba que á su voz concurriesen los pueblos á acabar con los últimos restos de las fuerzas enemigas. El general O'Higgins salió, pues de Santiago con estos fines llevando el batallón número 7 de Bue-/[375]nos Aires, y un escuadrón de nuestros famosos Granaderos á caballo.

Estaba ya estrechado y formalizado el sitio de Talcahuano, plaza que á la par de Montevideo y del Callao, era una de las tres plazas marítimas más fuertes que la España tenía en la América del Sur, cuando en uno de los días de Mayo de 1817, se presentó en una de las avanzadas un oficial enemigo, diciendo que tenía que entregar al general O'Higgins una carta privada.

Puesto el oficial en incomunicación acostumbrada en estos casos, se le llevó la carta al Supremo Director de Chile, y vió que era una carta particular del coronel don Antonio M......,⁶³⁹ en la qué, á nombre de la generosidad y cultura militar solicitaba que se le permitiese entrar al cuartel general para asuntos de familia, que no le era posible tratar de otro modo que de palabra y en forma completamente confidencial.

Concedida la licencia, como era natural, se acordó que á las nueve de la noche fuese recibido M......,⁶⁴⁰ en el lugar que se indicó, por un sargento de la compañía del

---

⁶³⁸ **Curapaligüe y Gavilán**: enfrentamientos ocurridos los días 4 y 5 de abril de 1817, cerca de Concepción; las tropas de Las Heras, con Deheza entre otros, vencen a las de los coroneles Ordóñez y Morgado.
⁶³⁹ B: Morgado
⁶⁴⁰ B: Morgado

capitán Dehesa; y que vendados los ojos lo recibiese este capitán y lo condujese al cuartel general. (1)[641] /
[376]
Llevado hasta el caserío en que el Director Supremo tenía su despacho, é introducido á una de sus piezas, se le desvendaron los ojos, y M.......[642] se encontró en la presencia del general O'Higgins.

El coronel realista hizo una profunda reverencia, y pareció con la intención de adelantarse á dar la mano; pero el general por un movimiento, que aunque estrictamente cortes, fué frío y significativo, lo contuvo limitándose á indicarle un asiento que el coronel tenía inmediato.

Delante de aquel hombre, el general no podía hacer más que contener el desprecio que le inspiraba su carácter, y el odio profundo que su conducta anterior había dejado en el ánimo de todos los chilenos; y como M.......[643] lo comprendiera, tomó á su vez un aire de reserva afectada.

—Ocuparé (dijo), muy breves momentos la atención de V. E. Lo que me trae es una solicitud personal de aquellas que según entiendo no se niegan entre enemigos, cuando se respetan los vínculos morales de la familia, que no están de ninguna manera complicados en las operaciones y conflictos de una guerra regular.

—Así lo he comprendido por la carta en que usted me ha pedido que le oíga, y quisiera que /[377] en este momento los soldados del ejército independiente y los ciudadanos de la República de Chile no tuviesen que recordar que han sido tratados con otras reglas muy distintas de las que se practican, como usted dice, entre enemigos que respetan esos vínculos morales de la familia, que no

---

[641] A, B: (1) Histórico, según informes del mismo señor Dehesa [Nota del autor].
[642] B: Morgado
[643] B: Morgado

están de ninguna manera complicados con los conflictos de una guerra regular.

—Sin agriar nuestra entrevista ni faltar al respeto que en este lugar debo á V. E., espero que me sea permitido comprender las alusiones de V. E. y hacerle presente la diferencia fundamental que hay entre los procedimientos de una autoridad que gobierna un país rebelado, y los procedimientos que son de regla entre beligerantes.

—No supongo que el señor coronel pueda incluir entre los permitidos de la primera categoría, aquellas que tienen el carácter de crímenes privados y alevosos. Sírvase el señor coronel M.......[644] tomar mis palabras, sin alusión especial, y entrar cuanto antes en el objeto con que me ha pedido que le oíga.

—De todos modos, las familias y las señoras, no son responsables de las desgracias y de los actos políticos en que toman parte sus deudos y sus maridos.

—Es indudable; y si bien, eso no ha tenido /[378] siempre aplicación en favor nuestro, forma sin embargo nuestra regla de conducta política.

—Sin embargo, señor general, á mi señora se le ha tomado prisionera: prisionera se le retiene; y se le ha dado la ciudad de Santiago por cárcel.

—No hay nada de exacto en eso.

—El señor general me permitirá que lo informe que un amigo mío, cuyo nombre respetable debo callar, por cuanto está declarado crimen de alta traición tener comunicación con nosotros, que un amigo respetable, digo, me escribe que habiendo visto á mi señora en Santiago, para que solicitase de V. E. la gracia de que se le permitiera salir para el Perú, ó venir á reunirse conmigo en Talcahuano, ella ha contestado que era imposible, porque V. E. le había impuesto la ciudad por cárcel.

---

[644] B: Morgado

—Su señora de usted no ha solicitado semejante cosa: y eso que usted dice de haberle dicho yo que quedaba con la ciudad por cárcel, (y que ahora recuerdo) ha sido una simple broma de cortesía, cuando detenida en la cuesta de Prado por las fuerzas del coronel N......,[645] me la presentaron en Santiago. Así pues no ha habido tal orden ni más que una galantería con la que le espresé á la señora el gusto con que la recibía, y la plena seguridad con que podía permanecer entre nosotros. /
[379]
—De modo, señor general, que si yo obtuviera de V. E. un salvo conducto para ir á buscarla, V. E. me acordaría esta gracia?

—Eso nó: un motivo como ese, tan especialmente privado, no justificaría el salvo conducto á que usted se refiere para penetrar en los lugares y ciudades ocupadas por nuestras fuerzas.

—Eso quiere decir pues que V. E. retendrá prisionera á mi señora.

—Ya le he dicho á usted que nó.... Ella puede solicitar su salida del país y se la concederé.

—Y si no la solicitase?

—No me corresponde á mí, ni á nadie forzarla. Usted comprende que eso sería desterrarla, y como usted ha dicho antes esas medidas no se toman jamás con señoras que observan una conducta regular y que no conspiran.

—Permítame entonces el señor general ser franco. Mi señora se queja amargamente de que hay jefes en las tropas que V. E. manda que aprovechándose de la situación precaria y desamparada en que se halla, atentan á su delicadeza asediándola con galanterías contra las cuales no tiene protección.... y esto, señor general, es poco digno, y no se debe autorizar reteniendo allí á mi señora.

---

[645] B: Necochea

—Ya le he dicho á usted que nadie retiene á su señora; y que si ella solicita su salida del /[380] país se le acordará al momento: lo que prueba que no puede haber emitido esas quejas que usted dice.

—En ese caso, V. E. debe permitirme, por lo menos, que yo mande un oficial subalterno á buscarla.

—Aunque no lo considero regular, consiento en ello, para quitarle á usted las extrañas ideas que tiene sobre la situación de su señora en Santiago. ¿Qué oficial se propone usted mandar?

—Irá el teniente de dragones don Manuel Amenino con un[646] ordenanza, ó más bien dicho con un sirviente.

—Muy bien: que vaya por mar á Valparaíso, y se le dará orden al coronel Alvarado, gobernador de aquel punto, para que lo deje pasar á Santiago, á entenderse con su señora, con tal que él y ella se embarquen para el Perú directamente, y sin regresar ni comunicarse con usted mientras no lleguen á Lima.

—De modo, señor general que es imposible que regresen á Talcahuano á reunirse conmigo?

—Imposible! Si ese teniente entra á Santiago quedará incomunicado y obligado á ir á Lima antes con la señora. De otro modo no lo permitiría yo.

—Tengo que aceptar, señor general! Dijo /[381] M.......[647] después de haber reflexionado un momento.

—Quiere decir, señor coronel, que hemos concluido, y que está usted servido, agregó el general. Pero, para quien conociera su característica malicia, había en su cara y en su voz todo cuanto puede tener de terrible la ironía, disimulada con el formulismo más cortés y ménos sincero.

—¿No munirá V. E. al teniente Amenino con un salvo conducto?

---

[646] B: una ordenanza
[647] B: Morgado

—No hay necesidad: cuando su emisario se presente en Valparaíso en busca de la señora, el gobernador del punto tomará las medidas necesarias, para que se entienda con ella, de acuerdo con lo que yo le escribiré, porque como usted comprende este es un asunto de simple interés privado, y puramente confidencial.

—Y si mi señora....

Desentendiéndose el general O'Higgins, de lo que M.......[648] iba á decir, llamó con voz alta al capitán Dehesa, y le ordenó que le vendara los ojos. Después de hecho esto, Dehesa lo condujo hasta su avanzada; y allí lo mandó con el mismo sargento y los dos soldados que lo habían traído, hasta el primer puesto realista.

El coronel Ordóñez,[649] jefe de la plaza, era amigo íntimo de M.......,[650] aunque hombre muy superior por el talento y por la honorabilidad de /[382] sus procederes; y estaba naturalmente ansioso de que su camarada regresara, para informarse de lo que hubiera podido apercibir en el campamento de los patriotas y de las circunstancias detalladas de la entrevista.

—Cómo te ha ido?

—Mal!

—Has podido ver algo?

—Nada!.... Tú comprendes que no son tontos; y sabes bien que tienen sus tropas en el mejor pie de guerra. En el más mínimo detalle se ve que ya no son de aquella gentuza aglomerada y confusa de los ejércitos de Carrera. Me recibió un oficial joven, pero tieso y positivo como un puntal de fierro: le dí las buenas noches para ver si hablaba, y se contentó con apretarme más la venda y con empujarme,

---

[648] B: Morgado
[649] **coronel Ordóñez**: José Ordóñez, militar realista (España, 1789-San Luis, 1819).
[650] B: Morgado

sin violencia pero con imperio hacia adelante, para que marchara.

—Y nada, nada has podido ver?

—Ver no; por las voces de los centinelas me ha parecido que han aumentado mucho su fuerza.

—Y qué había alrededor de O'Higgins, ó en el cuartel general?

—Ni eso he podido ver ó comprender. El irlandés me recibió en un cuarto enteramente desnudo, donde no había sino dos sillas y una mesa bastante sucia con una vela; por supuesto /[383] que ese no era su despacho. Él estaba sólo; y cuando me desvendaron, no vi más que al oficial que me había traído, y que se retiró al momento con el empaque más soberbio que yo haya visto en mi vida, y eso que es un muchachillo que tendrá apenas veinte años.

—Y de tu asunto?

—Mal! no me ha permitido que yo vaya á Santiago.

—Rehusa entonces entregar á tu mujer?

—En apariencia nó, pero en realidad sí. Lo único que me ha concedido es que mande al teniente Amenino con un asistente á buscarla; pero, como tú sabes ella rehusará salir de allí.

—¿Y qué piensas hacer?.... Si ella rehusa, no hay lugar á represalias justificadas.

—Yo quería ir, porque estaba resuelto á armarle una disputa, y en el despecho ahogarla como adúltera.... Veríamos qué me hacían.

—Te ahorcarían!

—O nó! porque habiendo ido con salvo conducto, y siendo un caso enteramente marital, no podrían juzgarme ni ejecutarme, sería siempre un oficial del rey garantido por las leyes de la guerra.... De todos modos (agregó) yo voy como asistente de Amenino: lo más fácil es dejarme crecer toda la barba y disfrazarme de soldado. Si ella rehusa seguirme, la mato!

—Pero sacrificas á Amenino, y te pierdes. / [384]
—Que me pierda no me importa!.... y puede ser que no, porque han de tener interés en tapar la infamia que me hacen; y en cuanto á Amenino, verán que es inocente, y nada tienen contra él. Tú nos darás el pase, y no tienes que responder de que lo usemos engañándote.
—No, nó! no es posible: te pierdes.
—Que tú quieras, ó que tú no quieras, estoy resuelto. Ella no se burlará de mí;.... no sabes el volcán que hierve en mi corazón. La mato! La mato! ó la arrastro á mi poder!.... y en asunto de este género, tú no tienes ningún derecho á intervenir.... dejaré el servicio en todo caso!
M.......[651] estaba, en efecto, en una de esas resoluciones extremas que cuando toman forma en uno de esos caracteres violentos y tempestuosos como el suyo, no obedecen á la razón, y van, como se ve frecuentemente, hasta el crimen. Los celos, el amor propio, la soberbia, la dignidad viril ultrajada, el recuerdo altivo del poder que había ejercido antes, le hacían inconcebible siquiera que tuviese que resignarse y someterse á la resistencia y al abandono de su mujer. Dos orgullos intratables estaban en pugna: eran dos montañas inaccesibles, levantadas la una contra la otra; el coronel había resuelto ponerse sobre la que pretendía erguirse delante de él, y sujetarla á su imperio ó derrumbarla con su brazo. La /[385] pasión, los intereses, el odio, el despecho, desgarraban su corazón; y la tragedia no tenía ya más desenlace que la violencia y la muerte.[652]

---

[651] B: Morgado
[652] B: muerte. / *(Continuará)* //

XLIII[653]

Al día siguiente de la entrevista, el general O'Higgins le escribía en estos términos al coronel argentino don Hilarión de la Quintana[654] que había quedado en Santiago como Delegado al frente del gobierno:—"Mi amigo muy amado: me parece que nos viene de suyo la ocasión de ponerle la mano á uno de los pájaros más dañinos y feroces que han martirizado á nuestro país. El famoso M......,[655] se me ha presentado solicitando que se le permita ir á Santiago en busca de su madama. Yo se lo he negado como usted debe suponerlo; pero he consentido en que se deje entrar por Valparaíso un oficial subalterno con uno ó dos asistentes á desempeñar esa comisión. Me[656] he apercibido, por un no sé qué, por una de esas sospechas que le vienen á uno al ver la cara de un hombre, que M......[657] tiene la intención de aprovecharse de esta licencia para introducirse tambien, disfrazado probablemente de asistente; y conviene no ponerle el menor obstáculo, para que venga así á pagar, por acto propio, los crímenes nefandos que ha cometido. Escríbale usted á Alva-/[386]rado que facilite la entrada de esos hombres, haciendo de inocente y de descuidado; pero una vez en Santiago, manténgalos usted á vista corta y con buenos agentes encima; porque es indudable que si va M......,[658] como sospecho, algo ha de pasar allí con su madama, que lo ponga en trasparencia; y que nos dé la ocasión de prenderlo, como espía é infractor del

---

[653] B: Folletin de "El Nacional" Agosto 4 1882 / 31 / LA LOCA DE LA GUARDIA / — / XL
[654] **Hilarión de la Quintana**: militar rioplatense (Maldonado, Uruguay, 1774-Buenos Aires, 1843). En 1817 y por un breve período, es designado Director Supremo interino de Chile; durante su gestión, se proclama la independencia, se oficializa la bandera nacional y se acuña la primera moneda nacional.
[655] B: Morgado
[656] B: comision. / Me
[657] B: Morgado
[658] B: Morgado

salvo conducto, para castigarlo de la manera que merece. Tendremos dos ventajas: la una, será hacer este castigo que reclama la vindicta pública en el socio y cómplice de San Bruno; y la otra, privar al enemigo de uno de sus jefes más peligrosos y emprendedores. Me parece indispensable que usted guarde la más estricta reserva. La madama no debe saber nada; porque, aún cuando pienso que se ha de resistir á seguir á su marido, podría tener la generosidad ó el antojo de prevenirle que se le espera, y hacernos perder así el golpe. Sinembargo haga usted vigilar cuidadosamente su casa, porque si resiste á seguirlo, me parece que puede verse en algún trance complicado."

Entretanto el coronel Ordóñez hacía todo lo posible para convencer á M.......[659] de que corría á su ruina si se introducía en Santiago al favor de un disfraz cualquiera:

—Deja que Amenino desempeñe tu comisión, y que en nombre de los sagrados deberes que /[387] pesan sobre Pepa y de la licencia que se le otorga para retirarse á Lima obtenga su consentimiento.

—Es que si no voy yo: si ella no me vé, si no me oye, si no le doy yo mismo el testimonio de mi cariño, si no le digo que la perdono si ha sido criminal, y que la amo más si no tiene nada de que arrepentirse, rehusará salir con Amenino, porque temerá ó sospechará que se le engaña.

—Pero lo mismo rehusará si habla contigo. Si te quiere saldrá de allí con Amenino, si no te quiere no saldrá con él, y teniéndote bajo su mano te hará prender con más ó ménos disimulo.

—Es que yo no le daré tiempo.... Ya te lo he dicho! no me estorbes en mi camino. Es necesario que yo la vea y que ella salga de Santiago, ó que yo la mate. Viva no ha de quedar en manos de mis enemigos.[660]

---

[659] B: Morgado
[660] B: de ellos.

—Sería⁶⁶¹ bueno, si la víctima no hubieras de ser tú como lo preveo.⁶⁶²

—No temas!⁶⁶³ yo conozco á Santiago; conozco á Chile todo entero, sus caminos, sus puertos: ni creas tampoco que me voy á lanzar sobre ella, como un toro en media plaza pública, nó. Si me convenzo de que es criminal, y si su resistencia á cumplir con su deber me dan esa evidencia, yo caeré sobre ella cuando ménos /[388] me espere: vengaré mi honor, y me evadiré pues tengo preparados los medios.

—Pero Amenino queda sacrificado y pagará por tí la infracción del salvo conducto. ¿No basta esto para detenerte?

—No quedará sacrificado. Amenino dará por terminada sin éxito su comisión, y se embarcará para el Perú en un buque extranjero. Yo me quedaré oculto, y obraré con eficacia y con prontitud.

—Imposible!.... Estás delirando!⁶⁶⁴ Los celos y la pasión te enceguecen.

—Oh que nó: |un asilo impenetrable y| una de las mejores falúas del puerto irá de aquí á esperarme en lo más hondo de la caleta del *Abrigo*. En⁶⁶⁵ muy pocos momentos tomaré el puente del Maipo; y de allí me pondré en la costa antes que nadie haya salido de la sorpresa, y pensado en perseguirme.⁶⁶⁶ Ya lo verás. ¿Serías capaz tú de negarme el auxilio de la falúa número 3, con ocho marineros?

—Sí! para impedirte un acto de demencia.

—No! no me la negarás, cuando veas que he partido, y que cuento contigo para salvarme.⁶⁶⁷

---

⁶⁶¹ B: Seria muy bueno
⁶⁶² B: tú tambien.
⁶⁶³ B: temas por mí!
⁶⁶⁴ B: delirando Morgado!
⁶⁶⁵ B: *Abrigo*, y en
⁶⁶⁶ B: Maipo; y bajaré de allí hasta la costa antes que nadie haya pensado en perseguirme por ese camino.
⁶⁶⁷ B: salvarme; yo la encontraré allí como te digo.

—Duerme, M.......!⁶⁶⁸ duerme esta noche! espero que mañana te hallaré más racional y más positivo.

—Dormir!.... antes que el volcán se apague, es preciso que despida todo el fuego que lo /[389] ahoga. Yo no necesito dormir sino obrar y seguir mi camino.... Por lo demás, tengo fe en mi estrella, y tú sabes que soy sereno y firme en el peligro. Ya verás cómo dejo bien puesto mi nombre y bien levantados mis derechos.⁶⁶⁹

Tan lejos de que la noche⁶⁷⁰ perturbara la resolución en que parecía estar el coronel M.......,⁶⁷¹ no se dió otra tarea en toda ella que la de cavilar |y| coordinando con⁶⁷² puntualidad los⁶⁷³ detalles de la aventura que iba á emprender; porque apesar de todos los vicios de su carácter y de su mala índole⁶⁷⁴ era hombre de valor y de resolución,⁶⁷⁵ sagaz y diestro⁶⁷⁶ para combinar⁶⁷⁷ los medios de salir con bien en los conflictos y en las aventuras⁶⁷⁸ de la vida agitada y militar en que se había educado.

Al otro día, con ánimo sereno, pero con una rara pertinacia, se puso de acuerdo con el teniente Amenino; y completó los preparativos de la partida, acomodando en una bolsa de lona un sayal de fraile agustino. "Esto es indispensable, dijo en voz baja. Los frailes son en Chile más abundantes que los.... legos;⁶⁷⁹ son legión. Un fraile puede andar⁶⁸⁰ por todas partes, se acomoda y se asila |donde

---

⁶⁶⁸ B: Morgado
⁶⁶⁹ B: nombre y tan bien levantados mis derechos como marido, como mis títulos de soldado.
⁶⁷⁰ B: el sueño perturbara
⁶⁷¹ B: Morgado
⁶⁷² B: con fijeza y puntualidad
⁶⁷³ B: todos los
⁶⁷⁴ B: índole, no solo era
⁶⁷⁵ B: resolucion, sinó que era tambien sagaz
⁶⁷⁶ B: y travieso para
⁶⁷⁷ B: para prepararse todos los
⁶⁷⁸ B: agitada y militar en
⁶⁷⁹ B: abundantes que los hombres:
⁶⁸⁰ B: fraile entra por

quiere,|[681] duerme en todos los confesonarios; anda por las calles á todas horas, en la[682] madrugada, á media noche, á pie, á caballo; no es uno, son /[390] mil que hacen lo mismo, al mismo tiempo, y sin que nadie pueda discernir si es este ó si es aquel, entre[683] los que vagan con la misma figura|, con el mismo hábito| y del mismo modo." Si no lo dijo, lo pensó; y porque lo pensó fué que se proveyó del mejor disfraz que le cuadraba para su empresa.

Serían ya como las nueve, cuando M......,[684] Amenino y un soldado[685] de confianza entraban en un lanchón, con los cuatro marinos que lo debían maniobrar, y salían del puerto de Talcahuano, vogando[686] a lo largo de la costa, en[687] la corriente y con[688] brisa que en aquella parte del Pacífico marcha siempre del sur al norte. La luna, ese testigo taciturno de los dramas y de las tentativas embozadas de la noche, que |unas veces| alumbra la ruta silenciosa de las pasiones y que otras veces dá[689] su luz á las expansivas alegrías de las fiestas,[690] tendía ya sobre el espacio sus miradas melancólicas y frías, desde las cumbres del bosque colosal de las montañas, cuyos picos parecían un pueblo de gigantes postrados en el sueño bajo su dulce influjo; y[691] el mar, aunque[692] tranquilo, pero impenetrable y profundo como la perfidia de las fieras, rezongaba por debajo, al compás de las olas que por el momento, velaban sus enojos, dando un camino fácil al esquife donde la saña de los

---

[681] B: asila y duerme
[682] B: horas, de madrugada,
[683] B: entre la multitud de los que vagan
[684] B: Morgado
[685] B: y dos soldados de
[686] B: Talcahuano, dejándose favorecer, á
[687] B: costa, por la
[688] B: y por la
[689] B: pasiones sin dar jamás su
[690] B: fiestas del hogar,
[691] B: postrados para adorarla. El
[692] B: mar estaba tranquilo,

celos y los propósitos de la venganza rugían tambien en el /[391] corazón del hombre que meditaba un drama de sangre y de venganza en pró de su derecho.[693]

XLIV[694]

El Director Delegado de Chile había recibido entretanto la carta reservada en que el general O'Higgins le había participado sus sospechas.

Felizmente para las medidas que pensaba tomar, coincidía en aquellos días, algo muy grave que las justificaba, permitiéndole ocultar su fin verdadero con pretextos que eran de toda notoriedad.

La elección que el general O'Higgins había hecho de un militar argentino para encomendarle el[695] gobierno durante su ausencia, había causado una grande irritación entre los hijos del país. Quintana, aunque hijo de la nación que había redimido á Chile, y cuyas tropas formaban la única fuerza efectiva de la alianza, era al fin un extranjero;[696] y la ofensa que daba lugar al descontento parecía tanto más justificada, cuanto que no faltaban chilenos, que, por su patriotismo y por sus aptitudes, habrían sido dignos del honor y de la confianza de que se veían desposeídos.[697] El agravio se había acentuado[698] de día en día; y si no era cierto del todo, como, se decía, que ya estuviera organizada una conjuración popular para reclamar por las armas, /[392] lo que el amor propio nacional exigía, había incuestionablemente un concierto de influjos y de intrigas para que se arrojase de ese puesto al extranjero, y se diese al gobierno

---

[693] B: rugian tambien prontos á entrar en escena.
[694] B: XLI
[695] B: encomendarle al gobierno
[696] B: extranjero para ellos;
[697] B: confianza que se les habia negado.
[698] B: se habia ido acentuando de

una composición más en armonía con el sentimiento general de la opinión pública.

Muchos de los jóvenes más ardientes y más avanzados en este movimiento frecuentaban la casa de madama M......,[699] cuyo salón iba poco á poco reuniendo la mejor sociedad de hombres atraídos por la belleza, por las gracias, por la elegancia y por las simpatías con que ella se daba á la amistad y al trato de los patriotas, con una indiferencia habilísima en cuanto á las pasiones políticas de insurgentes y de realistas, de chilenos y de argentinos, de ohiginistas ó carrerinos.

Después de haberse paseado, caviloso, por su despacho gubernativo, don Hilarión de la Quintana volvió á tomar de encima de la mesa la carta en que el general O'Higgins le anunciaba la probable tentativa de M......[700] para introducirse en Santiago. La leyó de nuevo; y llamó á uno de los edecanes de servicio en aquel momento.

—Vaya usted (le dijo) á casa de la Pepita M......;[701] y con toda la cortesía posible, dígale que tengo que hablar con ella, y que usted lleva orden de acompañarla. /
[393]

El edecán partió en cumplimento de lo que se le ordenaba; y una hora después regresaba al palacio del gobierno con[702] la dama que había ido á buscar.

El Director Delegado la recibió con extrema afabilidad; y pasados los cumplimientos de estilo y las galanterías de ceremonia que eran para él habituales por la esmerada educación que había recibido en el trato de la más distinguida sociedad, le dijo:

—Muy penoso es para mí, amiga mía, verme en la necesidad de tomar ciertas medidas precaucionales, que

---

[699] B: Morgado
[700] B: Morgado
[701] B: Morgado
[702] B: gobierno acompañando á la

aunque de simple forma, van á ser sumamente desagradables para usted.

—Es posible, señor? exclamó ella bastante sorprendida. No comprendo que yo haya podido dar mérito á ninguna medida de precaución.

—Yo creo lo mismo;[703] pero ¿qué quiere usted?—hay circunstancias políticas en situaciones agitadas y peligrosas en que un gobernante, por más convencido que esté de que no tiene razón, se ve obligado á dar satisfacción á sus amigos, que no |siempre| se escusan de ser exigentes; y si uno no acuerda algo á sus chismes y á la oficiosidad imperiosa de sus consejos, se ofenden, y levantan el grito acusando al que no los complace de traidor; y de negligente cuando ménos. /
[394]

—Pero, señor Director, cada vez estoy más confusa, por no decir más.... contrariada, diré, de lo que V. E. me hace presumir, ó temer. ¿Qué puedo yo tener de común con esos chismes, ó consejos que según V. E. se relacionan con mi persona.

—Si usted me lo pregunta,[704] desde ahora le digo á usted que yo opino, que usted no tiene nada de común con la agitación y las intrigas que se andan forjando contra mi persona....

—Y así es, señor! Usted me hace justicia. Ni mi carácter, ni mi posición, ni mis simpatías, están ni estarán nunca con esos enemigos de V. E. y de su gobierno á quienes V. E. alude.

—Lo creo, lo creo.[705] Pero no piensan así, los que rodean é influyen en el círculo político que me apoya. Me informan de que en casa de usted se reunen jóvenes imprudentes y

---

[703] B: mismo, Madama;
[704] B: Si vd. me pregunta Madama mi propia opinion,
[705] B: creo, Madama.

exaltados, que sin tener presente las condiciones especiales en que se halla el país, y el inmenso servicio que le hacemos nosotros los argentinos, propalan ideas subversivas que pueden traernos grandes peligros en un momento en que los ánimos debieran estar unidos y acordes como en una familia de buenos hermanos.[706]

—No puedo callar á V. E. que se suelen juntar[707] en mi casa algunos caballeros, como Pérez, Astorga, Cruz y otros que conversan francamente de sus opiniones y quejas; pero son reu-/[395]niones fortuitas, inocentes, á las que asisten tambien muchos argentinos y ohiginistas que discuten en su sentido con[708] amistad y estimación de los unos para con los otros, sin que allí se confabule, ni se forme propósito ninguno |contra las autoridades públicas|.

—Muy bien! Lo que yo deseo, pues, es que por unos días, por muy pocos días, y tomando cualquier pretexto aleje usted las personas que ha nombrado; diciéndole[709] si usted quiere, que yo le he observado cariñosamente que conviene mucho suspender por el momento esas reuniones; y que usted me permita, por forma, y para no ofender á mis amigos, que coloque en casa de usted una especie de guardia, un sargento y dos soldados—nada más! Con esto se acallarán los temores de los que están alarmados por esas reuniones suponiéndoles el carácter de una conjuración contra el gobierno; y entre usted y yo quedará entendido que es un simple aparato, sin ninguna realidad.

—Señor Director! Debajo de la bondad y de la galantería con que V. E. me trata, hay una ofensa terrible para mí!.... ¡Una guardia, señor, en mi casa!.... Va á producir un grande escándalo en toda la ciudad; y sin ninguna justicia

---

[706] B: hermanos. Parece que se han olvidado de la leccion terrible que recibieron en *Rancagua*.
[707] B: que suelen juntarse en
[708] B: con grande amistad
[709] B: diciéndoles tambien, si

voy á quedar designada como enemiga peligrosa del gobierno, cuando puedo protestar con mi conciencia que eso es hacerme la más te-/[396]rrible de las injurias que puede recibir[710] una dama.

—Usted toma la cosa por un lado erróneo. ¿Quiere usted tener una condescendencia conmigo, que si fuera posible la pediría á sus piés....[711] y casi estoy por hacerlo en este momento? agregó el señor Quintana |besando la mano de la dama| con gracia esquisita.... Mire usted que me echo á sus piés aunque me sorprendan los edecanes, ú otro curioso.... Dígame usted que sí!.... que va usted á condescender con mis deseos:.... nó, con mis deseos nó, sino con la necesidad indispensable de mi posición.

—Sí, señor, condescenderé! la amabilidad de V. E. es irresistible.

—Picarona![712]

—Nó: lo digo con toda sinceridad: jamás he sido tratada con más benevolencia!

—Pues bien![713] Continúe usted con sus visitas si gusta; pero permítame usted alojar en su casa un sargento de toda confianza con dos soldados, hoy mismo: irán disfrazados como gente vulgar, como sirvientes, para que no causen el escándalo que usted teme.... ¿De acuerdo: nó?[714]

—Yo no puedo negarlo, á quien como V. E. me lo impone con tanta bondad y cortesía.

—Pero guarde[715] usted la más profunda reserva entre sus visitas.... |que nada estrañen!|

—Señor! alejaré mis visitas, porque pueden /[397] deslizarse en sus conversaciones sin saber que están vigilados.

---

[710] B: que se pueden hacer á una
[711] B: pediria de rodillas,......
[712] B: Picarona! Está vd. ofendida conmigo!
[713] B: bien! No se ofenda vd. Continúe
[714] B: ¿Estamos de acuerdo?
[715] B: guárdeme usted

—Le doy á usted mi palabra de honor que los hombres no van como espías; que no repetirán á nadie, ni á mí mismo, lo que se converse ó se haga en casa de usted.... Van, se lo repito á usted en nombre de mi honra, de pura forma; y sin ninguna prevención.... de las que usted teme |al ménos|. Así pues no cambie[716] nada en su modo de ser y de vivir. ¿Estamos de acuerdo?

—Sí, señor; ya que V. E. lo exige me someto.

—Pero sin agraviarse conmigo, eh!

—Con V. E. nó; pero con otros tal vez que sí.

—Espere usted al tiempo para juzgar de la medida que me veo obligado á tomar. Nos ha de perdonar usted y ha de ver que somos sus.... adoradores de corazón! agregó el Director conduciendo á la señora hasta la salida de su despacho.

A la tarde de ese día, un sargento y dos soldados disfrazados de sirvientes comunes, se alojaban en casa de madama M.......[717]

Pero esta no estaba convencida de que semejante guardia, en forma tan extraña, no encubriera alguna celada con miras de política personal contra los descontentos con el[718] Delegado /[398] don Hilarión de la Quintana;[719] y tomó por pretextos una vez[720] la de jaqueca y otras veces, el estado moribundo[721] de Manuela, para alejar las visitas que de ordinario acostumbraban concurrir á su casa.[722]

---

[716] B: cambie vd. nada
[717] B: Morgado
[718] B: celada política, para perseguir á los decontentos y enemigos del
[719] B: Quintana que frecuentaban su casa, y
[720] B: unas veces
[721] B: estado lamentable de la salud de
[722] B: á ella. / *(Continuará)* //

XLV[723]

Al día siguiente de esta novedad, entró el coronel N.......[724] al despacho del señor Quintana.

—Qué andas haciendo? le dijo éste.

—Vengo[725] á ver á V. E. por un incidente que me ha sorprendido mucho. Madama M.......[726] me ha informado que le han puesto en su casa guardia de vigilancia como enemiga del gobierno.

—Y estarás tú dado al diablo de que no te háyamos encargado de esa guardia?[727]

—Déjese V. E.[728] de bromas:[729] no son del caso ni yo las puedo admitir. ¿Es cierto ó no es cierto?

—Qué diablos! pues si ella misma te lo ha dicho ¿cómo no ha de ser cierto? Pero no le hagas caso: son pamplinas de señoras.[730]

—Es que tengo que hacerle caso: se trata de una amiga injustamente ofendida á quien estimo y respeto en sumo grado; y que me pide mi intervención en este asunto. / [399]

—Bueno; contéstale que me has visto; y que pronto quedará satisfecha, y agradecida.[731]

—Quiere decir que V. E.[732] va á retirar la guardia?

—Veremos!

---

[723] B: Folletin de "El Nacional" Agosto 5 1882 / 32 / LA LOCA DE LA GUARDIA / — / XLII
[724] B: Necochea
[725] B: —Hombre! contestó el otro—vengo á verlo á vd. por
[726] B: Morgado
[727] B: encargado á tí la guardia?
[728] B: vd.
[729] B: bromas don Hilarion:
[730] B: de mujeres.
[731] B: quedará mas que satisfecha.
[732] B: vd.

—Pero ¿qué hay en esto, señor Director,[733] porque sabiéndolo yo, todo se allanaría, y vería V. E. que le han engañado.[734]

—No es caso para una cabeza de fuego como la tuya: lo echarías todo á perder.

—No entiendo:[735] Esa orden...

—Esa orden, mi querido Marcelo,[736] es una orden superior.

—De quién?

—De O'Higgins!.... Él mismo me la ha transmitido y yo la he cumplido....[737] pero te prometo reclamar contra ella, y mientras tanto la mantendré por[738] pura forma. No te metas tú en nada; y déjame[739] el asunto á mi cuidado. Madama M.......[740] es demasiado altiva y quisquillosa. Yo mismo le he dicho cuanto era dable para tranquilizarla; y le he asegurado que esa vigilancia no era la vigilancia que ella supone,[741] sino simple aparato, que no ha de durar ni le ha de inferir la más mínima ofensa.

—De todos modos, ella tiene razón para ofenderse, porque el señor O'Higgins y V. E.[742] debían conocerla, y saber que es más patriota que realista, y más argentina que chilena. /
[400]

—Ya, ya lo sabemos.... y como tú andas en eso; lo será al fin.[743]

---

[733] B: —Dígame vd. entonces lo que hay,
[734] B: veria vd. que lo han engañado.
[735] B: —No le entiendo á vd.
[736] B: Mariano [nombre correcto]
[737] B: ha trasmitido: yo la he cumplido en el acto,
[738] B: ella, mientras la mantengo por
[739] B: deja el
[740] B: Morgado
[741] B: era vigilancia como ella lo entiende, sinó
[742] B: y vd.
[743] B: —Ya! ya! eso es lo que tú andas tratando de hacer.

—Quisiera que V. E. no me tocase ese punto.... Esa señora merece la estimación que yo le tributo. Tiene un corazón franco y la firmeza de las almas abiertas que se justifican por la desgracia de su vida, y por su propia dignidad.[744]

—Ya, ya!.... ¿Qué piensa del marido?[745]

—No sé!

—Es claro; ¿lo nombra, lo recuerda?[746]

—Será porque él no lo merece! Bien sabe V. E. que es un malvado, tan bruto como grosero.[747]

—Pues ahí está el busilis, querido M........![748] con ese hilo, sigue, sigue adelante:[749] con él se ha de libertar á la nueva Ariadna; pero me temo que al fin hayas tú de enredarte, querido[750] mío!... Óyeme, y no olvides lo que te digo, porque has de saber que más sabe el diablo por viejo que por diablo.

—Me alegro de saber que V. E.[751] sepa tanto, pues todavía no es bastante viejo, aunque sea bastante diablo, según dicen en las[752] entradas y salidas del infierno.

—Estás enojado?[753]

—No me cuadra la conversación.

—Mudémosla.

—Quisiera saber tambien, porque no se me dá orden de marchar al sitio de Talcahuano. /

---

[744] B: —Dále con la broma.... Le repito D. Hilarion que no toquemos ese punto. Vd; no conoce á Madama Morgado: es una dama de la mas alta distincion; y si vd. la tratara veria vd. como tendria que estimarla y respetarla: no tiene una inspiracion que no sea noble. Su corazon es franco y tiene la firmeza de las almas abiertas que se justifican por su propia dignidad.

[745] B: ya! es medio hombre por lo visto, á pesar de su belleza. ¿Y qué dice de su marido?

[746] B: claro: ni lo nombra!

[747] B: porque no lo merece! Bien sabe vd. que es un malvado, bajo y torpe.....

[748] B: Mariano!

[749] B: sigue no mas:

[750] B: que has de libertar á tu nueva Ariadna; pero me temo que has de salir enredado tambien querido

[751] B: vd.

[752] B: tanto, porque si todavia no es bastante viejo, es al menos bastante diablo para saber las

[753] B: enójado!

[401]
—Ha, há!.... Te gustaría acercarte al coronel M.......[754] Dicen que ahí[755] eres más necesario para la seguridad del estado.

—Pero es que yo[756] no soy comisario sino soldado; y quisiera[757] estar donde mis compañeros se baten contra el enemigo.

—Hijo: eso no depende de mí. Te mandaría para allá con el mayor gusto del mundo, porque te encuentro toda la razón;[758] pero no convendrá!.... Parece que don José tiene la resolución de mandarte á[759] Mendoza á remontar los escuadrones para cuando abramos las nuevas campañas.... Y no sé por qué, me parece que quiere alejarte[760] de Santiago para que Cleopatra no se apodere del ánimo y del corazón de Antonio.... Este don José, como tú sabes, se mete en todo esto.... y como en Salta....[761]

—Basta!.... ya[762] me lo han dicho.... {Que cuide de lo suyo; y que deje á los demás seguir su camino.}

—A qué no se lo dices á él?....[763] Tú lo conoces; y sabes que es amigo de hacer de padrino.... y de papá reconciliador según la ley.[764]

—Lo que es conmigo va mal! mientras yo cumpla con mi deber en el cuartel, en las campañas y en la batalla

---

[754] B: te gustaria conocer de cerca á Morgado?
[755] B: aquí [deíctico más adecuado]
[756] B: Pero yo
[757] B: quiero
[758] B: toda razon
[759] B: .... y además, D. José parece que tiene la resolución de que pases á
[760] B: quiere tambien alejarte
[761] B: esto y como conoció allá en Salta. # [Se refiere a los supuestos galanteos de Necochea con Pepita Marquiegui, esposa del español Olañeta; episodio también mencionado en el cap. XLVIII de la versión definitiva, cuando se habla nuevamente de las *intromisiones* de San Martín en la vida privada de sus allegados. Ver Díaz Araujo].
[762] B: —Ya
[763] B: —Ya te lo ha hecho decir él......
[764] B: hacer de papá, de general, de maestro de escuela, y de ...

(como él sabe que sé cumplirlo) no tiene que meterse en mis cosas.

—Entonces, no estrañes, pues, que no te man-/[402]de al sur con O'Higgins y que prefiera mandarte á Mendoza para desenredar el enredo fatal en que te ve metido, pues para eso está en su derecho.[765]

—En fin, señor Director: se retira[766] ó no la guardia de vigilancia?

—Ya te he dicho que nó.

—Gracias!.... quede V. E.[767] con Dios!

—Señor coronel N.......![768] le dijo el Delegado tomando el tono oficial del mando militar.

El coronel comprendió al instante su deber; y con la misma formalidad, se cuadró, y dijo:[769]

—Puedo retirarme, exmo. señor?

—Puede V. S. retirarse!

Pero apenas se cerró la puerta, don Hilarión de la Quintana soltó la risa: —Qué muchachos! ¡que diablos! y qué porvenir.... {¡Qué no haya nacido entre ellos!.... La cosa me ha tocado ya un poco viejo; y no hay más remedio que maniobrar más arriba, cuando el alma rebosa de ganas de cosechar las flores de más abajo.... y siguió riéndose.... Don José, agregó, pierde su tiempo! Las Heras le dará gusto: es tranquilo, es reposado, y será buen padre de familia; pero éste, Martínez y los otros.... jugarán toda su vida á la lotería del amor hasta que encuentren quien los amarre.... Pues digo—la Pepita es muy capaz de apretar bien el cerrojo.... Este dice que yo no la conozco!.... Váh.... como / [403] si la estuviera leyendo en buen romance.... y al muy

---

[765] B: O'Higgins para matar á Morgado; y que trate de llevarte á Mendoza: en el cuartel, en la campaña, y en las batallas tendrás que cumplir con tu deber.
[766] B: —Por fin, D. Hilarion! Retira vd. ó
[767] B: vd.
[768] B: Necochea
[769] B: formalidad, dijo entonces:

tonto tambien!....}[770] Cambiando entonces de fisonomía, se acercó á una antesala—Obando, dijo, ¿no ha venido el correo de Valparaíso?

—Sí, señor: aquí está la correspondencia.

El empleado la entregó y se retiró.

—Veamos: dijo Quintana cuando se quedó sólo, que nos dice Alvarado: y tomó una de las cartas que el edecán le había puesto sobre la mesa.

—Por lo que me dice Alvarado, me parece que[771] se le han quemado los libros a don Bernardo.... Un teniente y dos soldados....[772] nada más.... era claro, agregó volviendo á leer.... era claro: el vicho es demasiado vicho para que entrara en la trampa....[773] "pueden ustedes estar seguros de que Morgado no vá en la comitiva que ha bajado[774] á tierra. He recibido al teniente y á los ordenanzas con los ojos vendados, teniendo á mi lado dos personas que conocen bien á Morgado.[775] El parlamentario[776] es realmente el teniente de Dragones Amenino {del regimiento de Morgado}; los ordenanzas son dos soldados rasos[777] y nada más. Entre los tripulantes[778] de la falúa tampoco está Morgado, son cuatro {por junto} y los tengo detenidos.[779] Dígame si los dejo pasar á[780] Santiago {á cumplir ante usted su comisión}."[781]—Creo que sí, dijo /[404] Quintana como si hablase consigo mismo.... tomando las precauciones

---

[770] B: [punto y aparte]
[771] B: —Pues señor! dijo: se
[772] B: teniente y un soldado!
[773] B: parece que el *vicho* no ha querido entrar en el garlito! agregó; y se puso á leer con atención.
[774] B: ha venido á
[775] B: teniente y á su ordenanza, con dos personas que finjian visitarme, y que conocen perfectamente á Morgado:
[776] B: el emisario es
[777] B: y la ordenanza, un soldado y
[778] B: los marineros de
[779] B: detenidos en la capitania.
[780] B: Dígame, pues, si dejo pasar al teniente hasta Santiago."
[781] B: [punto y aparte]

necesarias.... y que don Bernardo saque el provecho de ellos que se propone sacar con sus artificios.... Por ahora se ha chupado el dedo.... lo han engañado.... El vicho no es tan leso para meterse así no más en el garlito.... Que venga el teniente: hablaré con él; y si trae pretensiones legítimas, dejaré que madama M....... se entienda con él: que bien sé yo lo que dirá.[782]

{Más, como la situación del pueblo de Santiago se hallaba tan inquieta y tan descontenta con la presencia en el mando del argentino don Hilarión de la Quintana, se hizo indispensable que el general O'Higgins regresase inmediatamente á ocupar su puesto, no sólo para tranquilizar los ánimos, sino para imponer el respeto y el temor que inspiraba siempre la energía con que este rígido personaje sabía reprimir y castigar.

XLVI}

Existía entonces en Santiago una vieja y cascada iglesia, consagrada con el nombre de "San Agustín" situada en uno de los extremos más apartados y solitarios de la "Cañada". Sólo tres sacerdotes y dos legos sirvientes vivían recogidos en ella, llevando hábito franciscano co-/ [405]mo si hubieran renegado del que correspondía á su orden.[783] Los agustinos que habían edificado y consagrado esa iglesia y su convento, no habían podido consolidar el asiento de su secta en Santiago de Chile ni en la América española. Los obispos y las demás religiones conventuales

---

[782] B: Yo creo, dijo Quintana, hablando consigo mismo, que es menester dejarlo venir y que desempeñe su comision, pues así lo ha ofrecido O'Higgins... Era claro! ¿cómo habia de ser tan estúpido ese *vicho,* para meterse á sabiendas en el garlito? Pues señor! que venga el tal teniente y que Madama se entienda con él como pueda!! Sentóse á escribir en seguida, y autorizó al teniente Amenino para que entrara á Santiago.

[783] B: La iglesia de San Agustin, situada en uno de los estremos mas remotos de la Cañada, estaba servida solamente por un fraile y dos legos. [Punto y aparte]

les tenían grande ojeriza, ya porque el género de estudios á que se consagraban olía á heregía, ya por la evidente superioridad de los estudios científicos que parecían ser de instituto fundamental en sus conventos.[784] Los agustinos eran tildados en España y en las colonias americanas de practicar iniciaciones masónicas sobre el orden físico del universo y sobre los principios morales del orden social. Se les tenía por *socicianos*;[785] es decir—por adeptos á las doctrinas de Selio Sozzini,[786] el famoso heresiarca del siglo XVI, que con una erudición teológica asombrosa había predicado y propagado la doctrina de que no había más Dios que el Padre Eterno—el creador y grande arquitecto del universo: causa y origen de todo lo creado é increado—y que Jesu-Cristo no era hijo material del Padre nacido de mujer sino espíritu venido al mundo en condiciones naturales, con misión profética para regenerar la humanidad y servir de modelo perfecto de la virtud. Y como el célebre Jansénio,[787] jefe de la secta sociniana en Francia, había escrito doctrinas /[406] condenadas en un ruidoso libro titulado AUGUSTINUS, afirmóse en el ánimo de los teólogos ortodojos[788] y del común de los creyentes el disfavor con que miraban á los agustinos, tachándolos de jansenistas, de socianinos, y quizá con mayor razón de masones. Los obispos de América y las demás religiones conventuales les habían cobrado una ojeriza intransigente; y este disfavor extendido por rumores siniestros se había hecho carne en las clases populares, y más que todo en las preocupaciones

---

[784] B: La órden de ese nombre no habia podido consolidarse en la América del Sur, y la tentativa que habia hecho en Santiago en establecerse, había fracasado, no solo por la mala voluntad de los Obispos, sinó por la falta de cooperacion de los devotos para suministrarle fondos y propiedades con que crearse rentas. [Punto y aparte]
[785] **socicianos**: socinianos, partidarios del Socinianismo.
[786] **Selio Sozzini**, Lelio Sozzini o Laelius Socinus: religioso italiano (Siena, 1525-1562). El verdadero promotor del Socinianismo es su sobrino Fausto Sozzini.
[787] **Jansenio**, Cornelius Otto Jansen o Jansenius: teólogo flamenco (1585-1638).
[788] **ortodojos**: ortodoxos.

de la aristocracia colonial, celosa y fanática que formaba el espíritu rehácio y reimbuido de aquellos tiempos.[789] Allá por los años 1804 á 1806, corrió la voz en Buenos Aires que uno de estos Agustinos expulsado de Chile había llegado oculto y que se había alojado en las piezas altas de una pobre casa sombría detrás del paredón de la Merced. Cien bobos atraídos por la curiosidad de descubrir tras los balconcillos el pavoroso espectro del Masón, pasaban el día abriendo la boca al frente de la casa. Los maestros y las maestras recomendaban á los chiquillos que no cruzasen por aquella cuadra, á fin de no quedar condenados con el ambiente infernal que allí se respiraba; hasta que un buen día, el presunto discípulo de Satanás tomó su vuelo, sin dejar rastro que haya alcanzado hasta nosotros.[790] /
[407]

De los tres agustinos trasformados en franciscanos que habían quedado en la iglesia de San Agustín de Santiago de Chile, el principal y más anciano era hombre tranquilo y bondadoso, de nacimiento italiano. Los otros dos eran españoles, realistas empecinados, que no se excusaban de mandar noticias al ejército español de Talcahuano siempre

---

[789] B: La razon de esto, era q' los Agustinos estaban dañados en España y en las colonias, por un cierto rumor persistente, aunque no comprobado, de que habian aceptado iniciaciones masónicas; ya fuera por lo dado que era su instituto á la exegesis bíblica, y al estudio de las ciencias naturales, que eran entónces para el vulgo, ciencias ocultas y satánicas: ya por que realmente se hubieran enrolado en el movimiento liberal que al favor de la masoneria buscaba adeptos para cambiar la base de los gobiernos absolutos y de los abusos gerárquicos, puramente temporales y políticos, con que el órden religioso pesaba sobre los pueblos, condensando en una forma cada vez mas idolátrica las preocupaciones groseras de su ignorancia. [Punto y aparte]

[790] B: Uno de esos mismos Agustinos de Santiago, que allá á principios de este siglo apareció en Buenos Aires con el propósito de preparar un convento para sus correligionarios, comenzó muy pronto á ser designado como *El mason*. A los pocos dias, ya no podía salir á la calle: las maestras y los maestros de escuela, movidos por los otros conventos, hacian pasar sus alumnos todos los dias por el frente del balconcillo en que el religioso habitaba, y parados allí, los niños y niñas miraban con boca abierta aquella fatídica ventana, señalándola como la *cueva del mason*, y creyendo ver en las sombras interiores uno de esos mónstruos q' en el infierno servían de ministros de gobierno, á Satanás.

que la ocasión se les presentaba. Los legos eran dos pobres chilenos que se habían cobijado al hábito sacerdotal para eximirse de servicios militares.[791]

{XLVII}

Confiado en que los padres del convento le darían asilo mientras conseguía extraer de Santiago á su mujer al favor de la soledad y del desamparo en que se hallaban aquellos caminos y tierras asolados por la guerra y por la emigración total de los vecindarios,[792] el coronel realista Morgado se había separado del teniente Amenino al pisar en tierra en la caleta solitaria de *San Antonio*; y guiado de un experto por entre los rizos[793] y las breñas que hacen de aquella costa un laberinto de picos y rajaduras—ya elevadas, ya profundas, pudo atravesar hasta los caminos practibles sin ser descubierto.[794] Disfrazado de fraile colector, llevando á

---

[791] B: Y entretanto, el Agustino que habia quedado en Santiago, al cargo de la menguada iglesia de su nombre, era un viejo, realista consumado, y mason á la vez. Demasiado buen español para ser amigo de los *insurgentes*, no habia gozado de privanzas con el gobierno de los absolutistas, ni del favor del obispo Rios que era todo poderoso en el ánimo de Marcó del Pont, por que era tenido por mason.
Morgado era tambien mason, pero mason á su modo, que se habia hecho iniciar; no por virtud cívica ni por creencias morales, sinó por inquietud de espíritu, y por deseos de abrirse toda clase de caminos para figurar.—No así el coronel Ordoñez, el gobernador militar de Talcahuano, hombre sério y bien dotado, que creía y esperaba en la regeneracion moral de la sociedad por la propaganda de las doctrinas liberales, y que como era mason de fé y de conciencia, tenía una estrecha amistad con el padre Agustino San Severo, que estaba al frente del templo de Santiago. [Punto y aparte]

[792] B: Asi fué, y con el interés de que su amigo y camarada pudiese hacer menos grandes los peligros q' iba á correr, le dió la clave masónica, y los toques particulares con que podia hacerse reconocer y asilar en la solitaria iglesia de San Agustin, y munido de ella, Morgado tenia esperanza de hacer desaparecer sus rástros en Santiago, y de arrebatar tambien á su mujer hasta un lugar donde la pudiera embarcar de grado ó por fuerza. [Punto y aparte]

[793] **rizos**: errata por "riscos".

[794] B: Morgado se habia separado, en efecto, de Amenino, en las inmediaciones de la caleta de San Antonio; y durante la noche se habia hecho poner en tierra al favor de los rizcos y de las breñas que hacen de aquella costa un verdadero laberinto de puntas y rajaduras, altas y hondas, por donde un hombre puede introducirse hasta los caminos practicables, sin que sea fácil notarlo. Habia convenido con

cuesta algunas aves y otras limosnas, el coronel realista / [408] pidió y obtuvo asilo en[795] la cabaña de unos *inquilinos* (colonos)[796] de la Hacienda de las Tablas;[797] y al otro día continuó su camino hasta enderezar por la Cañada á la caída de la tarde; y tocar, entrada ya la noche, en la puerta solitaria de la iglesia de San Agustín.[798] Cuando el lego portero le abrió el postigo, el coronel Morgado se le acercó al oído y le dijo—Misterio y secreto: soy un hermano:[799] vengo de Lima con un grave encargo: llame, hermano, al padre San Severo, con quien quiero confesarme.[800]

+El padre San Severo acudió en el acto: oyó al peregrino: por un momento pareció trémulo y sorprendido—"No vacile usted! le dijo el coronel: usted sabe que si me pierde puedo yo tambien perderlo. He contado con eso, y no tiene usted más remedio que asilarme.

Abierta la portezuela con todo cuidado el padre Agustino condujo al coronel Morgado por un corredor sombrío: lo introdujo en un salón estropeado y obscuro que parecía haber estado abandonado por muchos años, y cerró la puerta, llevándose la llave en el bolsillo.

Pero el lego chileno que había sido el primero en abrir el postigo de la puerta principal siguió de lejos al padre San Severo, y cuando éste regresaba despúes de haber

---

el teniente Amenino, en que si fracasaban sus empeños para decidir á Madama Morgado á salir de Santiago la ordenanza llevaria el poncho por delante del *recado*, al retirarse de Santiago para Valparaiso y que él pondria quien lo viera, ó estaria él mismo á su paso, para lo cual debia hacer su regreso á medio dia por el Puente grande del Mapocho. [Punto y aparte] # **la ordenanza**: femenino adecuado según el uso de la época.

[795] B: Disfrazado de fraile limosnero, Morgado se asiló la primer noche en
[796] B: inquilinos (puesteros) # **puestero**: vocablo propio de Argentina y Chile; deriva de "puesto": 'lugar o paraje destinado a alguna actividad particular, generalmente en zona rural'.
[797] **Hacienda de las Tablas**: se sitúa a unos veinte kilómetros al sur de Valparaíso.
[798] B: camino con toda felicidad para sus propósitos, hasta tomar la cañada y tocar en la puerta de San Agustin á eso de las siete de la tarde, [Punto y aparte]
[799] B: secreto: mi hermano:
[800] B: Lima con un encargo del Sr. Virey para el padre San Severo.

dejado encerrado al misterioso huéspede,[801] se acercó á él, y bastante inquieto le dijo: Padre el hombre tie-/[409] ne mala traza: aquella cabeza, aquellos ojos, no tienen nada de agustino que haya hablado con los libros que lee Su Reverencia. En la puerta al verme me estiró la mano y me hizo *cosquillas en el puño* (1)[802] como si yo fuese mujer y quisiera enamorarme.

—¿Y que así se enamora? dijo el padre, sacando una desmedida caja de *polvillo* de tabaco, de la que ofreció una narigada al lego, atabacándose otra en su rojiza y gruesa nariz. No te preocupes de lo que has visto: guarda completo silencio: que nada te va en ello.

—Yo pensaba que debía decírselo todo á nuestro superior fray Genaro Salvarríos.

—Eso no te corresponde á tí. El superior te castigaría por chismoso. En grandes secretos, eso me corresponde á mí; y cumpliré ahora mismo con mi deber de informar de todo al Reverendo Padre Genaro. Nada aventuramos procediendo con calma y con virtud evangélica. El Reverendo Padre Genaro oirá al viajero que ha tocado nuestra puerta. Si no corresponde al favor con que lo hemos recibido lo pondremos puerta afuera; pero si es un desgraciado ó emisario de algún prelado eclesiástico, como creo, haremos con él la obra de caridad que nos impone el ejemplo de Nuestro Señor Jesu-/[410]Cristo. ¿Qué puede sucedernos? ¿que nos pongan en prisión? ¿que nos destierren?.... Desterrados y presos andamos en este hondo y miserable valle de lágrimas.

—Me parece que vuestra paternidad dice muy bien y muy lindo como sacerdote de Nuestro Señor Jesu-Cristo.... Pero un pobre lego como yo, que no tiene corona ni dice misa, estará quiza más expuesto á otra clase de castigos.

---

[801] **huéspede**: errata o barbarismo por "huésped".
[802] A: (1) Tocamientos masónicos [Nota del autor].

—Y por qué?.... Tú guarda secreto. Llamaron á la puerta, y tú abriste el postigo. Te pidieron que me llamases y yo he ocurrido á ese llamado. Tú te retiraste; y nada más sabes. Todo, pues, vendría sobre mí.... Guarda silencio: vete á dormir tranquilo, y nada temas porque de nada te pueden culpar á tí.

Ofrecida y tomada otra narigada de polvillo, el padre San Severo tomó hacia lo interior del convento, dejando al lego bastante caviloso sobre las consecuencias del incidente.+[803]

---

[803] B: El lego le abrió la puerta; y como no le faltaran desconfianzas de q' aquello fuese alguna negra perfidia, hizo sentar á Morgado en la porteria; cerró la puerta de calle, se guardó la llave en la bolsa, y fue á participarle al padre San Severo lo que ocurria, diciéndole:
—El hombre tiene mala traza—...aquella cabeza no ha hablado con los libros como la de S. R. pero trae hábito de Agustino; y me ha tomado la mano haciéndome cosquillas como si yo fuese mujer.
El padre San Severo cerró el libro que leía, lo cubrió, como con descuido, con el gran pañuelo de q' se servia para descargar el rapé de que tenia atestadas las narices, y después de haber reflexionado.
—Hazlo entrar, dijo:—Nada aventuraremos con oirlo: lo pondremos puertas afuera, si no nos conviene; y si realmente es algun emisario, ó algun desgraciado perseguido, haremos por él la obra que nuestro Señor el Grande Arquitecto del Universo, nos impone en servicio y amparo de los hermanos. ¿Qué nos puede sucedernos? ¿Qué nos pongan en prisión y nos destierren? ... Desterrados andamos en este valle de lágrimas...
El lego entretanto, mientras escuchaba con grande uncion al padre San Severo, le habia tomado de la cagetilla una gruesa narigada de rapé, y se atestaba las ventanas de la nariz, mostrándose pronto para volver á hundir los dedos en la caja.
Desterrados andamos, hijo, en este valle de calamidades, continuó diciendo el padre San Severo y donde quiera está abierto el gran libro de la naturaleza y de su gran arquitecto, para estudiar sus obras y meditar sobre la inmensidad infinita de su sabiduría.
Tomando la nueva narigada, dijo el lego:
—Pero en un calabozo, el gran libro está cerrado, y grande Arquitecto no tiene mas trecho que las cuatro murallas, y una puerta con grandes cerrojos.
—Lo mismo q' en esta celda; y allá lo mismo q' aquí, estarian abiertos los horizontes del alma para el *vuelo de nuestra razon*, que vivifican lo q' no se vé, y q' nos dan la luz para penetrar y derrumbar esas murallas y esos cerrojos que parecen tan sólidos.
—Lo que es yó, no se como podría hacer esa maravilla que le parece tan hacedera á V. Paternidad: dijo el lego, manifestándose sin embargo muy complacido de que durase la conversacion, á cuyo favor pinchaba y pinchaba con sus dedos en el rapé del padre San Severo.
—Esa es la gran calamidad de la ignorancia! y por eso es que debemos adelantar la obra de la educacion de los pueblos, para que caigan los muros y los cerrojos

{XLVIII

A las siete de la mañana del día siguiente hallábase el Supremo Director don Bernardo O'Higgins sentado en su despacho; y como tenía vendado el brazo derecho á causa de la herida que había recibido en Cancha-rayada, /[411] su secretario el coronel don Ignacio Zenteno, sentado al otro lado de la mesa, le ayudaba, ó mejor dicho—le suplía en la tarea de abrir y arreglar la abultada correspondencia y variadísimos papeles que ambos tenían por delante referente á los gravísimos asuntos que se tramitaban en aquellos momentos, azarosos y definitivos, del mes de marzo de 1818. Bien se conocía el estado de agitación nerviosa y de inquietud moral que dominaba el ánimo del ilustre personaje. La fisonomía chata y redonda—el ojo abierto—la mirada agria y franca á la vez—el colorido rojizo y sanguíneo—las cejas gruesas—los párpados inmóviles y húmedos—el cabello crespo, rubicundo y tostado—robusto y pesado el encaje, estaban revelando á cien leguas la sangre irlandesa que bullía á borbotones en sus venas. Y sinembargo, había en él todo un conjunto de fortaleza y de ánimo elevado, que lo haría pasar por lo que en lengua francesa se dice—*un bel-homme.*

Tomando el secretario un pliego lo abrió diciendo—es del general San Martín y leyó en seguida—"Cuartel General sobre el río Maipu. Amado compañero: Sin preámbulos, pues estoy abrumado de quehaceres reorganizando el

---

delante de la razon:—*abjiciamur opera tenebramum, et induamur arma lucis!* dijo San Pablo.
—Diria muy bien, señor; pero como no sé latin, no lo entiendo!...... y otra narigada.
—Bueno, bueno! vé á buscar al peregrino que ha golpeado *tres veces la puerta de nuestro templo.* Si es obra del Grande Arquitecto lo que trae en sus manos, pondremos las nuestras en ella; si no lo es, que marche por su camino y que lo ande solo.
(Continuará) // # **abjiciamur opera tenebramum, et induamur arma lucis!**: "abiciamus ergo opera tenebrarum et induamur arma lucis!", Rom. 13. 12; 'Abandonemos las obras propias de la noche y vistámonos con la armadura de la luz' [*El libro...*].

ejército á toda prisa, le diré con franqueza que no me atrevo á ejecutar la operación que usted me indica. Si pasáramos al otro lado del río /[412] Maipu y marchásemos á encontrar al enemigo sobre *San Fernando*,[804] no tendríamos como retirarnos á Santiago en caso de un contraste, ni como asegurarnos el camino de *San Felipe* para cubrir nuestra retirada á Mendoza protegiendo nuestro bagaje y la numerosa emigración que se apiñaría sobre nosotros. No desconozco ciertamente que con una marcha rápida y atrevida sobre *San Fernando* podríamos sorprender al enemigo é impedirle que se corra á Valparaíso á ponerse en comunicación con su escuadra y con Lima. Pero sería una operación muy aventurada, en el caso extremo y vidrioso en que nos encontramos. No se olvide usted que nuestro ejército acaba de recibir un golpe tremendo,[805] y que aunque es maravillosa la rapidez con que ha recuperado su brío y su energía, es prudente presumir que la moral y la confianza hayan quedado resentidas ó disminuidas cuando ménos. Conviene pues librar la batalla en las inmediaciones de la capital, y á una hora que nos permita contener al enemigo en caso de un contraste, y asegurarnos una ó dos noches para ejecutar nuestra retirada por San Felipe de Aconcágua. Apesar de todo esto mi opinión es que obtendremos un triunfo más ó ménos decisivo. Todo lo que observo, y lo que me dicen los jefes sobre el espíritu de la tropa es halagador; y creo que /[413] en el terreno en que pienso jugarla hemos de salir bien. La vanguardia del enemigo debe estar hoy sobre *Quechereguas*[806] ó *San Fernando*. Ellos nos creen abrumados y en plena retirada. Cuando nos vean bien á caballo sobre los dos caminos de

---

[804] **San Fernando**: capital de la provincia de Colchagua, actual VI Región, a ciento treinta y dos kilómetros al sur de Santiago.
[805] Se refiere a la derrota en Cancha Rayada.
[806] **Quechereguas**: localidad de la provincia de Talca, región del Maule, al norte de San Fernando.

Valparaíso y de la Capital han de pensar de otro modo. No descuide usted la recogida inmediata de cuantos caballos, mulas y bueyes le queden á su alcance en *Santiago* y *San Felipe*. Eso es vital para la persecución del enemigo en caso que triunfemos, ó para una firme retirada en caso que tengamos que ceder el terreno. Que Necochea esté pronto y bien montado para tomar con su regimiento la vanguardia en el momento mismo en que yo le llame; y vea usted como suplir su falta en la vigilancia y en las patrullas que deben vigilar la capital y sus caminos. Mire usted que no es broma. En Santiago se conspira, se mantienen relaciones, avisos y correspondencia con el ejército enemigo, y tengo datos para sospechar que entran y salen emisarios y espías. Me dicen en un anónimo que el soldadote Morgado piensa pedirle á usted que le entregue á su señora en las avanzadas. Si valiera mi consejo, y sin meterme en cosas que no me van ni me vienen, yo le diría á usted que se la entregase. Cuando estuve en Salta, Olañeta[807] me pidió la entrega de su señora—la Pepita Marquiegui, que /[414] según decían andaba tambien distraida con este mismo incorregible que figura en este nuevo enredo. Yo no me río, ni hago chacota de estas cosas. En Buenos Aires hice de cura redentor en muchos casos que han pasado á ser casos de buena familia. Sólo el *lancero* Goyo Gómez Orcajo[808] se me escapó por la misión que obtuvo de ir á Norte-América á comprar buques de guerra. Verdad es que ese nene estaba mejor para andar como anda, que para padre de familia sedentario. Seré un retrógrado; pero soy purista en esto de costumbres privadas; y creo que en una época revolucionaria y guerrera como la

---

[807] **Olañeta**: Pedro Antonio de Olañeta, militar español (Viscaya, 1770-Charcas, 1825) de actuación destacada en el ejército realista del Alto Perú.

[808] **Goyo Gómez Orcajo**: patriota argentino, lleva a Chile la noticia acerca del gobierno criollo instaurado el 25 de mayo de 1810; es amigo íntimo de San Martín. La misión de conseguir naves le es ecomendada cuando el general se reúne con el director supremo Pueyrredón, despúes de Chacabuco, y la realiza con Manuel de Aguirre.

presente, los hombres públicos y los militares deben dar ejemplo de corrección." (1)[809]

Al terminar la lectura, O'Higgins y Zenteno reían.

—Y qué le contestamos? preguntó Zenteno.

—Sobre el final del pliego, nada: en eso el general no admite bromas: es su manía, y se /[415] indigna de que no se respeten sus consejos y sus amonestaciones. El adelanto social, la industria, el trabajo, el orden público y privado todo depende, según él de la moralidad de la familia en lo alto y en lo bajo de la sociedad. Sobre lo demás, contéstele usted que es tal nuestra confianza en sus resoluciones, que miramos como infalibles los buenos resultados de su plan; y que sólo por fervor de patriotismo y por las ansiedades del momento, se le sugirieron las ideas que él juzga poco aceptables: que se le avisará á Necochea: que se reunen caballos, mulas y bueyes en todo el camino de San Felipe, y sobre todo al otro lado de Chacabuco, para tener fáciles los caminos de Uspallacta[810] y de Putaendo. Que yo espero que en la nueva victoria no tendrá que extrañar la falta del fátuo que anda pregonando en Buenos Aires que él fué quien abrió en las *Coimas* el paso del ejército libertador, y quien ganó la victoria de Chacabuco que nosotros dos teníamos perdida. (1)[811]

---

[809] A: (1) Bien se comprenderá que estoy haciendo un romance; pero debo advertir que si las palabras que pongo en boca de San Martín, no las tomo de un texto genuino, las opiniones y principios que ellas vierten son en un todo verdaderas, según la tradición de todos sus contemporáneos. Al mismo don Gregorio Gómez Orcajo le he oído repetir lo que á él, y á muchos otros de vida irregular se refieren, y por cierto que no se escusaba de narrar casos y nombres con sus pelos y señales como vulgarmente se dice [Nota del autor].

[810] **Uspallacta**: vocablo de origen quichua ('garganta, paso preferido'). Actual: Uspallata. En la *HRA*, López usa la grafía "*Ushu-Pallacta*" [VI, 659] y explica su significado [VI, 667; véase nota en Anexo II]. Téngase en cuenta que el autor estudia esa lengua y sus relaciones con las lenguas de origen ario en artículos en *La Revista de Buenos Aires* y en *Les races aryennes du Pérou* (1871) [Piccirilli: 189-191].

[811] A: (1) Es evidente que O'Higgins se refería al general Soler [Nota del autor].

Zenteno tomó los apuntes dictados por O'Higgins; tomó otro pliego, y al abrirlo hizo una repentina demostración de asombro y de sorpresa.

—Señor, esto es muy grave!.... Morgado está en Santiago. /
[416]

—En Santiago?.... Por lo visto, el general estaba bien informado. El hombre es audaz y temerario por lo visto.... ¿Viene a reclamar su costilla, ó es pretexto para cometer algún atentado?

—La comunicación es del jefe de las partidas sueltas de guazos, don Manuel Rodríguez, que recorren la campaña.

—Un tarambana, dijo O'Higgins.

—Avisa que se ha presentado un marinero de Talcahuano que dice haber servido con V. E. y haberse quedado allí como botero: que allí según cuenta, lo tomaron los godos, y que sabiendo que era muy baqueano de todas aquellas costas, lo metieron en una lancha en una noche, en la que venía con otros un hombre con traje de sacerdote, á quien los demás le llamaban siempre Coronel: que al día siguiente oyó á uno decirle coronel Morgado, y que entonces recordó en efectivo la fisonomía de este jefe; que después de algunos días llegaron á una caleta, donde desembarcaron tres ó cuatro; y que él, no queriendo volver á Talcahuano, y sabiendo que las partidas de patriotas andaban recorriendo las campañas, se esquivó de los demás marineros, y trató de tomar el rumbo de Valparaíso. Que asegura y jura que Morgado está en Santiago. /
[417]

—Y por qué Rodríguez no ha remitido al hombre?

Zenteno tocó la campanilla, y entró el edecán coronel don Modesto Sánchez, hombre *dichero*, y de trato íntimo con O'Higgins.

—Han traido un preso?

—Sí, señor: viene traído por uno que se llama oficial y dos guazos *montoneros*.
—Como se conoce que es usted argentino.
—¿Por qué?
—Por lo de montoneros: aquí no hay montoneros sino partidarios y guerrilleros.
—Cualquiera diría que son iguales al verlos con los *libes* ó voleadoras amarrados á la cintura, andrajosos y por el modo con que se cuelgan la *Lata*.
—¿La Lata?
—Sí pues, eso que ellos llaman espada y que es más bien una lata negra y sucia: Vue Excelencia debiera deshacer esa chusma y reclutarlos á la fuerza en un buen regimiento de caballería, y decirle á ese don Manuelito Rodríguez que se deje de andar haciendo farsas de correrías por los cerros y venga á pelear en las líneas donde se ganan las batallas y se puede perder la vida. Tenga cuidado, señor Director, no sea que hoy ó mañana aparezca don José Miguel alborotando todo eso, y tengamos aquí un nuevo Artigas.[812] /
[418]
O'Higgins frunció el gesto con cierto aire siniestro; disimulándolo al momento dijo:
—Después que derrotemos á los godos, que es lo urgente, se ha de remediar todo eso y algo más: que no es tan inmediato como usted lo teme.
—Así lo creo; pero qué quiere, Director? me han hecho una impresión detestable esos.... partidarios que no creo que sean guerrilleros como nuestros salteños,[813] sino

---

[812] **José Gervasio Artigas**: político y militar rioplatense (Montevideo, 1764-Asunción, 1850), quien en 1814 organiza la Unión de los Pueblos Libres (Banda Oriental, Entre Ríos, Corrientes, Santa Fe y Córdoba). En diversos textos, López lo señala como prototipo del caudillo federal que ha alimentado la guerra civil y ha impedido la organización nacional.

[813] **nuestros salteños**: se refiere a las montoneras comandadas por Martín Miguel de Güemes, en el norte argentino.

faroleros que andan á salto y monte por andar libres de trabajo y temor del enemigo.

—Al grano, amigo don Modesto; y el hombre?

—Como me pareció conveniente que no charlase, lo he encerrado con centinela de vista, é incomunicado, hasta que usted ordene.

—Hágalo usted entrar.

—Con los guazos.... ó los partidarios?

—Él sólo primero: los otros después.

Puesto el hombre á su presencia, O'Higgins lo examinó con preguntas lacónicas, rápidas, incisivas y severas. El infeliz temblaba como un azogado, y pasaba su vista con angustia de O'Higgins á Zenteno, y á Sánchez, como si quisiera invocarlos por testigos de lo que decía. Cuando daba algún detalle, O'Higgins le decía con tono brusco y repentino—"sigue, sigue" y lo ponía en torturas para que no tuviese tiem-/[419]po de pensar en lo que decía. Al fin resultó comprobado todo lo que había comunicado el coronel Rodríguez.

—Dígale usted al oficial de guardia que ponga incomunicado á este hombre.

—Señor! por Dios.... yo no soy culpable.... hé dicho la verdad.... caí prisionero en Talcahuano, y me echaron á servir en las lanchas del puerto.... la prueba de que siempre he sido patriota es que apenas nos arrimamos á la orilla, me aproveché de la obscuridad de la noche para huir y buscar á los nuestros.

—¿No has traido papeles?

—Ni uno, señor; pero ese que llamaban coronel traía un paquetito que parecía de cartas.

—Está bien!.... Comandante, haga lo ordenado y vuelva.

El hombre sumamente asustado lloraba; y suplicaba que lo oyesen; el comandante lo tomó de un brazo: lo entregó al oficial de guardia y regresó. Inmediatamente se dieron órdenes para hacer venir dos ó tres agentes de los más diestros que el Supremo Director ocupaba en casos graves de pesquisa. Se les recomendó el mayor sigilo, se les dieron algunos datos sobre las casas que debían vigilar, sobre todo las de algunos miembros del ayuntamiento que O'Higgins tenía por enemigos suyos; y de otros de quienes sospechaba que por miedo /[420] del posible triunfo de los realistas, pudieran andar ya en manifestaciones propiciatorias ó manejo de traición. Todo pues, parecía confirmar los vagos ruidos que desde días anteriores corrían por la ciudad sobre la existencia de una doble conspiración; ya del partido *carrereño*[814] para aprovechar la inquietud de los espíritus, y recuperar su poder con la esperanza de levantar al país en masa en nombre de la dignidad nacional humillada por el Dictador aborrecido, que con ningún otro apoyo contaba que el del general y el ejército argentino; ya del partido realista reconvalecido con el deseo de encontrar en el restablecimiento del poder colonial la quietud, el orden, el respeto, la autoridad tutelar, y la autonomía local que parecía enteramente perdida desde que el triunfo del ejército argentino en Chacabuco había improvisado, diremos así—un orden nuevo, sin más equilibrio que la fuerza, sin más sanción gubernativa que la del Supremo Director de Buenos Aires, la del general San Martín que la ejercía por delegación, y la dura presión de O'Higgins, enfeudado bajo esas dos influencias soberanas. Grande falta había sido por cierto, la del general San Martín en haber creado y empedernido al otro lado de los Andes esta intrincada y difícil situación. Debió haberla evitado, después de haber libertado á /[421] Chile, volviendo con el ejército á la obediencia del gobierno argentino que reclamaba ese ejército, exclusivamente suyo, como necesario á

---

[814] **partido *carrereño***: seguidores de José Miguel Carrera, quien –después de la derrota de Rancagua– se refugia en Mendoza con su familia y su gente, pero sin obtener el apoyo de San Martín.

su propia seguridad, y á la conservación del orden interior. Si Chile quería conservar la independencia que se le había devuelto—que se armase en masa, que la defendiese por sí propio y con sus propios recursos, en caso de ser otra vez amenazado. Si O'Higgins creía tener autoridad moral y fuerte partido, que se defendiese de sus rivales con lo suyo y con los suyos. El general San Martín debió haber obedecido á su gobierno: no incurrir en una negativa que no sólo era un terrible ejemplo, sino que podía ser causa, como lo fué, del desquicio general á este lado de la Cordillera, y de la catástrofe en que sucumbió todo nuestro organismo nacional, bajo la presión de la barbárie litoral sobre un gobierno que había quedado indefenso. No debió abandonar, al acaso de lo imprevisto y del desorden social, la suerte del país y del gobierno de quien dependía, con cuya bandera y con cuyos soldados había triunfado y cumplido con gloria inmarcesible la difícil empresa que se le había confiado. Fiel á su mandato no debió haber caído en la tentación de hacerse, él tambien, independiente, personalizando en su persona y en su arbitrio la empresa de libertar á la América del Sur sin bandera y sin /[422] mandato. Si hubiera regresado á las provincias argentinas á reorganizar el ejército, á robustecer el gobierno, y marchar sobre Lima por el Alto-perú, aprovechando aquella ocasión única que la suerte le ofrecía en momentos en que los alzamientos germinaban por toda la sierra peruana desde el Cuzco á Cochabamba, y en que Güemes lo esperaba con una vanguardia de cuatro mil salteños vencedores de las tropas realistas, no sólo habría consumado con una marcha triunfal la grandeza y la gloria de la República Argentina, sino que tambien hubiera defendido eficazmente á Chile amenazando y coartando por la retaguardia las operaciones y tentativas que el virey[815] del Perú pudiera haber hecho por las costas del Pacífico.

De todos modos, dada la vidriosa situación en que se hallaba Chile después de Cancha-rayada, es claro que había muy serios motivos para tener sobresaltados los ánimos de los gobernantes. Sospechas y vivas desconfianzas hacían ver sombras enemigas, fantasmas y acechanzas al rededor de los sillones, de aquellos precisamente que más adulones y solícitos se mostraban en halagar á los que los ocupaban.

La entrada misteriosa del coronel Morgado, que con el pretexto de recabar la evasión ó el rapto de su dama parecía tener tambien la intención de tomar la dirección de los reacciona-/[423]rios y de encabezar un golpe de mano contra la causa de la independencia, puso el colmo, como era natural, á la indignación iracunda de O'Higgins. Desde luego, los espías y delatores más aviesos y finos se pusieron en campaña; y para que los iniciados no se pusieran alerta, se ordenó que ninguno de los pesquisantes se acercase á la casa del gobierno: que no se viese el entrar y salir que en estos casos despiertan la atención, y que sólo dos personas de las más cubiertas y difíciles de ser notadas tomaran á su cargo las urgentes averiguaciones que el caso imponía.

XLIX

En aquel tiempo prevalecía en Santiago una costumbre que ha durado hasta mucho tiempo después conservando su fisonomía esencialmente colonial pintoresca, bulliciosa, alegre, confusa, movediza y plebeya en sumo grado. La plaza principal, el centro del municipio, se convertía todos los sábadas [sic] desde las últimas horas de la tarde en una feria curiosísima, sin fin premeditado, *omni vendibili*.[816]

---

[815] **virey**: virrey [grafía propia de la época; así figura en DRAE 1817].
[816] ***omni vendibili***: al parecer, por *omnia vendibilia*, 'todo vendible'.

La mercancía principal se componía de una doble fila de canastos de paja llenos de zapatos ordenadamente acomodados por dimensiones y formas. Para comprender la grande importancia de esta /[424] vendeja,[817] es menester saber que ya fuera por la naturaleza del piso, ó por otras causas imperiosas, el pueblo chileno, hombres y mujeres, anduvo siempre calzado, aunque de cargazón[818] y de ordinario cordobán por supuesto; pues ni zapaterías, ni hormas francesas había en aquel tiempo en ciudad alguna de América del Sur. La duración del mencionado calzado chileno hecho á puntada larga por las mujeres del pueblo, en cuero de cabra ó en badana teñida, con hollín y grasa, ofrecía tan poca resistencia al suelo pedregoso y áspero en que se asienta aquella capital, que literalmente puede decirse que á fin de semana cada zapato de niño, de roto ó rota y aún de personas de condiciones intermedias presentaba mil agujeros, por donde asomaban los dedos como cabezas de viscachas. El consiguiente consumo de calzado hechizo[819] que se vendía en la feriados los sábados era pues enorme; y como el domingo era día de ir á misa con la posible decencia, en los piés al ménos, la afluencia del gentío era tanta y tan variada en la feria del sábado, que podía uno muy bien creer que los cuarenta mil habitantes de la capital vagaban por allí en bullicioso y revuelto conjunto. Atraídos por la concurrencia, los rateros de pañuelos y bolsillos acudían por supuesto á ver lo que podían *pilchar*,[820] entonando á gritos—vendo una docena de broches—una /[425] pantalla (de papel ó de pajitas)— dos varas de cordón blanco ó colorado—un pañuelo de

---

[817] **vendeja**: "Venta pública y común como en feria" [DRAE].
[818] **cargazón**: argentinismo, "Obra hecha toscamente o mal terminada" [Moliner: 524].
[819] **hechizo**: hecho en el país.
[820] **pilchar**: argentinismo, 'robar'.

hiervas[821] ó de seda—una llave perdida—un manojo de llaves encontradas en las calles—una cerradura fina—un cepillo—veinte plumas de ganzo—una sartén—un platito con posillo—oíga caballero, oíga señorita, aquí están los finos zapatos de raso y de dos puntadas que le *pintarán el pie* para mañana en la misa mayor; y de cada canasto y de cada boca salían gritos llamativos á la compra y á la oferta de un millón de baratijas imposibles de enumerar. Instalábanse tambien mesas donde se ofrecía la rica chicha de miraflores[822]— mistelas (licores azucarados) de mil frutas—y sobre todo, los *famosos picarones*—que así llamaban á una especie de buñuelos calientes que brillaban y saltaban al freirse en la grasa chirriante del sartén. Abundaban por supuesto los gandules llamados allí rotos, y que dicho sea en verdad— nada tenían de rotosos: en invierno y verano vestían calzas blancas y limpias de calicot,[823] camisa de lo mismo, sombrero puntiagudo de copa, y una especie de esclavina, que llamaban poncho, de color almendrado y rayas azules en general. Todos á una voz vociferaban á plena garganta pregonando su mercancía por dentro de la callejuela que con veinte ó treinta metros á lo ancho formaban las dos filas de canastos /[426] alumbradas por el farol con que cada uno ponía su vendeja á la vista de los marchantes.[824]

La escena, era, por cierto, animadísima y divertida. Señoras y niñas de familia acudían tambien á surtirse ó á pasear por el ámbito bullicioso. Quien durante la semana había perdido algo vendible que no fuese robo mayor, ya un florero, ú otra cosa de común servicio, podía cruzar aquel

---

[821] **pañuelo de hiervas**: pañuelo de hierbas, "pañuelo de bolsillo de hombre, grande y con dibujos, que usan generalmente los campesinos" [Moliner: II 627].

[822] **chicha**: bebida muy popular, producida en Chile por fermentación, sobre todo, de la uva. **Miraflores**: chacra situada en Ñuñoa (Santiago).

[823] **calicot**: galicismo, castellanizado como "calicó", 'tela delgada de algodón' [DRAE].

[824] **marchantes**: vendedores ambulantes.

movedizo panorama poniendo su oído hasta encontrar de seguro quien lo anduviera pregonando como hallado en alguna calle; y por muy poco lo recuperaba. La concurrencia de señoras y de señoritas atraía por consiguiente la de galanes y pretendientes de todas clases—de siete á diez de la noche en cada sábado; pues en otro cualquier día era prohibida la feria. (1)[825]

A la singularidad de aquellas costumbres hay que agregar otra circunstancia no menos incitativa y novedosa: y es—que la hora inicial de la feria coincidía con la hora de las novenas y rezos de iglesia, cuya asistencia en aquel tiempo era un hábito imperante tenido por deber religioso, y á la vez una distracción, una mo-/[427]da, que allí, como en todas partes, solía ser gaje de libertad por algunas horas, á causa del traje con que envolvían y disfrazaban sus formas y su fisonomía las devotas. A las iglesias de Chile nadie asistía antes, y quizás ahora tampoco con la cabeza descubierta ó con gorra. El rito aceptado imponía á toda señora ó señorita la forma modesta y humilde del *mantón*, con el vestido talar forzosamente negro y de seda. El mantón era como su nombre lo dice, un paralelógramo ó cuadrilongo de sarga malagueña que medía vara y media de ancho por tres de largo.[826] Por uno de sus costados se cubría la cabeza hasta la raíz de la nariz, dejando que el otro flotase por la espalda cubriendo por entero las formas del cuerpo. El traje, no puede dudarse, era esencialmente modesto, recogido y religioso. La mujer se presentaba en el templo disimulando todos los atractivos y su belleza, moralmente envuelta en el sentimiento místico y religioso

---

[825] A: (1) Oigo á algunos viajeros que dura aún la costumbre de la vendeja á gritos-*omni vendibili*-aunque en otra forma. Hoy, dicen ellos-se ha trasladado á las estaciones de los ferro-carriles el vocinglerío infernal de los vendedores de comistrajos y baratijas [Nota del autor].

[826] Estas medidas equivalen a unos cuarenta centímetros (ancho) y a poco más de dos metros (largo), respectivamente.

que la impulsaba; y bajo este aspecto, traje y estímulos eran cosa muy diversa de la saya y manto de Lima en que precisamente se daba relieve á todo lo que no era visible, y se ocultaba únicamente la cara. Sinembargo, modesto, respetuoso y humilde, el manto y la túnica plegada del traje usado en los rezos religiosos, tenía el inconveniente de que fuera menes-/[428]ter llevarlo por las calles al ir ó al salir de los rezos de las primeras horas de la noche, y de que fuera un disfraz que para hacer completamente desconocida á la devota, aún de sus más íntimas relaciones, nada más tuviera ella que hacer que tomarse un pliegue del manto sobre la nariz dejando alerta y vivaz uno de sus ojos:—*Honny soit qui mal y pense*:[827] pues estoy hablando de lo que pasaba ahora ochenta años, cuando el ejército argentino de los Andes campaba en Chile.

Las de largo manto, según hemos oído á los que entonces actuaban, concurrían también á proveerse en la vendeja de los sábados; y aunque la parte intachable se bajaba el manto á los hombros para mercar, muchas otras no lo hacían conservando su derecho á no ser conocidas ni seguidas.

Una de estas últimas se acercó á un personaje muy conocido en Santiago que paseaba tranquilo, al parecer, por la parte exterior y poco alumbrada de la feria; pero que al descuido observaba, y parecía estar en correspondencia de signos misteriosos con otros de más baja clase que andaban por lo interior del ámbito alumbrado. Aunque muy conocido, era hombre de mala fama, se le conocía por jugador, y se le reprochaban actos de bajeza y de fraude, que al fin lo habían obligado á cobijarse /[429] como delator bajo la mano de O'Higgins para continuar á mansalva su vida incorrecta. La mujer que se le acercaba, bien

---

[827] ***Honny soit qui mal y pensé***: "Honni soit qui mal y pense", 'Que la vergüenza caiga sobre aquel que piense mal de ello'.

cubierta con su manto tomado sobre la nariz, lo detuvo por el brazo—"Ya sé en lo que andas," le dijo. Él la detuvo por el manto, y ella sin desacirse, volvió á decirle—No causes alboroto porque echarías á perder lo que buscas. Tú no me conoces; toma ese papel: leedlo: lleváselo al Supremo Director; díle que te lo ha dado la "Loca de la Guardia"; y como él me conoce y sabe que he sanado, verás como recibe ese aviso con toda confianza. Déjame ir: tengo que asistir á mi desgraciada hermana que está moribunda en donde doña Pepita Morgado.—Nuestro hombre sin soltar el manto de la mujer, se acercó á un farol de la vendeja, y leyó— "Mañana en la misa de las diez se rezará un *sacro rosario* en la Iglesia de San Agustín, lo que se avisa á los devotos por esquela por estar prohibida la llamada por campana—Tén presente que es entendido entre ellos que las horas indicadas como horas del día son horas de la noche. No se precipiten: Adiós."

Nuestro hombre siguió fingiendo su paseo tranquilo, como si aquello no hubiese sido sino una intriga personal de las que son comunes entre hombres y mujeres; pero cambiando de rumbo á poco andar se dirigió al próximo /[430] palacio de gobierno, donde no cesaba la febril actividad de los agentes de pesquisa. En cuanto el Supremo Director se impuso de lo que ocurría ordenó que todas las pesquisas de la ciudad cesaran: que se hiciera correr que todo había sido alarmas falsas y temores imaginarios; y que el gobierno estaba tan tranquilo y seguro del orden interior, que el coronel Necochea y los dos escuadrones de granaderos que vigilaban la ciudad iban á marchar al día siguiente á tomar la vanguardia del ejército en campaña. La única vigilancia ostensible quedó reducida á la que se hacía militarmente en los caminos exteriores, que nada ofrecía que pudiera extrañarse dada la marcha que el ejército realista hacía con rumbo á la capital. Con bastante sagacidad se hizo circular esta desaparición de alarmas é indagaciones, para descuidar á los supuestos conspiradores, cuyo lugar de reunión, ya conocido, aseguraba todas las probabilidades de dar un buen golpe.

Para darlo con acierto, llamó O'Higgins al comandante don Modesto Sánchez—"Modesto, le dijo, quiero hacer las cosas sin que Necochea sepa mis miras; ¿qué oficial tienes en tu escuadrón, bastante audaz y resuelto á dar un golpe que debe terminarse inmediatamente con la ejecución de los culpables, tomando un pretexto cualquiera? /
[431]

El comandante Sánchez, pensó un momento, y contestó:—el fraile Aldao es apropósito para eso.... Pero puede excederse, porque tiene la costumbre de embriagarse.

—Pierde el sentido y la decisión?

—Al contrario, se vuelve más maligno y más cruel.

—Pues así es mejor porque en todo caso de hacer algo que sea de más, le echaremos la culpa á la embriaguez.

—Siendo así, ninguno mejor que él. ¿Qué quiere usted que le ordenemos?

—Por ahora nada, sino que lo tengas á mi disposición: mañana á la hora oportuna lo llamaremos, y le daré las órdenes precisas que debe ejecutar.

El día pasó en una aparente tranquilidad. Corrió por todas partes la voz de que habían sido falsas las noticias de conspiraciones y entradas á la ciudad de realistas disfrazados. Pero apenas anocheció, O'Higgins hizo venir á su presencia al capitán de caballería don Félix Aldao, conocido en todo el ejército por el Fraile Aldao, que habiendo abandonado los hábitos de sacerdote que vestía, se había convertido en un oficial bravo y arrojado pero feroz y sanguinario por apetito incorregible.[828]—Señor capitán (le dijo el Supremo Director) póngase usted á disposición con

---

[828] El novelista olvida que ha dado información acerca de este personaje anteriormente [1882b: cap. XXI; 1896b: cap. XXIV].

seis hom-/[432]bres y un teniente de su entera confianza: á las 10 y media *en punto* de esta misma noche, acérquese usted cautelosamente á la portería lateral de la Iglesia de San Agustín. Oculte su gente á los lados de la pared: llame muy despacio, y cuando le abran á reconocerlo asalte usted la puerta y apodérese de todos los que se encuentre en la casa. No se cuide usted de las calles adyacentes porque á esa misma hora estarán vigiladas y nadie podrá escurrirse por ellas. Haga usted que se descubra un coronel realista que usted encontrará allí dentro. Así que lo tome, sáquelo usted á la calle y páselo por las armas diciendo que corría á escaparse; solamente en caso extremo podrá usted hacerlo con los otros, pero cuidado con excederse eh!... cuidado! En seguida dé usted parte de todo. ¿Ha oído usted bien?
—Perfectamente.
El Supremo Director le repitió la orden acentuando bien cada detalle y cada palabra.
—Y la orden por escrito, Excmo. Señor?
—La única es esta, no contiene nada más que el de aprestar la partida y tenerla á mi disposición guardando secreto. Lo demás no hay que ordenarlo: basta que usted dé parte de que lo ejecutado ha sido por tentativa de evasión. Para eso no necesita orden escrita alguna ningún militar que sepa cumplir con su deber en /[433] casos semejantes: y usted, que es hombre de acción y de resolución, ménos que nadie. Lo que repito es que no precipite la hora, porque podría malograrse todo dando el golpe en falso antes que los delincuentes estén reunidos dentro de la trampa. ¿Ha oído usted?
—Perfectamente.
—Muy bien: puede usted retirarse.
La fisonomía del fraile parecía iluminada por dentro con la excitación de un placer febril: sus ojos revelaban fuego, con aquella animación extraña del hombre que

recibe el encargo de actuar en un trágico suceso. Hizo el saludo militar y se retiró.

L}

+Eran las nueve de la noche. Un militar alto, delgado, elegante, embozado en una capa de vuelta entera, se acercaba á las puertas de la iglesia de "San Agustín" seguido de un subalterno y de seis soldados. Al tomar pie en la portería tocó dos golpes lentos y casi sordos que denotaban una seña convenida. Al momento un lego abrió la ventanilla, el oficial se dio á conocer bajando el embozo de la capa, y el lego le abrió el postigo dándole entrada.

—¿Ha llegado alguno? preguntó.
—Nadie. /
[434]
—Me alegro. Cabo (agregó) quéde usted en la puerta del lado de la calle: si alguno viene á entrar dígale usted que no se puede, que pase de largo y se retire: lo mismo le dirá usted á cualquiera que transite por la vereda.

—Y si resisten, mi coronel.
—No tenga usted cuidado: repita la orden, que ellos ó él, se apresurarán á cumplirla de prisa: nada de violencia, ni de arresto: ahí le queda á usted un soldado. Dirigiéndose á la tropa—Sargento, entre usted con cinco hombres y siga mis pasos; todo esto se hacía en voz baja y con el mayor sigilo. Dirigiéndose al lego—llévanos, sacristán, á la pieza que ocupa el desconocido.

—Señor, hay que pasar por la que ocupa el Padre San Severo.

—Bueno! á la de éste entonces; ¿dónde queda la puerta del desconocido?

—Inmediatamente á la del Padre.

Adelantándose seguido de los cuatro soldados y del teniente Ravelo, el grupo marchó por el cláustro silencioso y sin hacer ruido hasta la celda del Padre San Severo. El coronel empujó los batientes de la puerta del agustino, y mientras el *padre* se incorporaba conturbado, el bizarro coronel con un ademán imperioso le imponía silencio, fijándose el dedo índice sobre los labios, y le exigía la llave de /[435] la puerta donde estaba Morgado. Aterrado y trémulo, el infeliz sacerdote se la entregó, el oficial abrió la puerta y se introdujo de improviso en la pieza seguido de su escolta. El coronel realista corrió al momento á una mesa donde tenía, cargadas y prontas, un par de pistolas.

Una sonrisa tranquila y halagüeña asomó al rostro del oficial argentino; y sin cambiar de ademán le dijo—"Señor Morgado ¿de qué pueden servirle á usted esas armas? Somos seis hombres, y entre nosotros no hay ningún asesino. Serénese usted, que es lo que le conviene." Morgado volvió en sí. Estoy entonces traicionado, dijo; y antes de rendirme lo mataré á usted y me mataré en seguida.

—Pero reflexione usted que probablemente no dará en el blanco, y para lo que es suicidarse tiene usted tiempo. Oígame usted antes—dentro de una hora vendrá un oficial mandado por el gobierno y acompañado de un número suficiente de soldados á tomarlo á usted aquí mismo y fusilarlo en la calle contra las paredes de la iglesia. Por motivos que yo sólo tengo, hé querido salvar de una hecatombe á los infelices sacerdotes de esta iglesia, y á usted mismo, cuya imprudencia temeraria los ha expuesto á ser víctimas. Vista usted ese traje de granadero que el sargento trae expro-/[436]feso para usted: hágalo usted pronto, que no hay tiempo que perder; en la puerta tienen un buen caballo, y déjese usted conducir por este señor oficial que tiene orden de sacarlo á usted de la ciudad y de ponerlo en el camino donde ha de encontrar usted á los suyos.

—¿No es una nueva celada que se me tiende? ¿Su nombre?

—Usted comprende que siendo oficial argentino no me es permitido revelarle á usted mi nombre en un incidente como este; y volviéndose al teniente que lo acompañaba, le dijo—haga usted venir al padre principal, y ordénele usted que no pronuncie mi nombre en presencia del señor Morgado.

Traído el Padre Genaro, el oficial argentino se dirigió á él—diga usted (le ordenó) sin pronunciar mi nombre, si V. P. me conoce.

—Sí, señor, conozco á V. S.

—¿Se puede tener confianza en lo que yo prometo?

—Absoluta, señor.

—Retírese V. P.

El coronel Morgado, con la vista baja parecía reflexionar—pero en un momento de resolución, se desabrochó el saco religioso que lo disfrazaba, se calzó el uniforme y el morrión de *granaderos á caballo*, y dijo—Señor oficial, estoy pronto. /
[437]

—Teniente Ravelo, incorpore usted al señor Morgado en el piquete. Con la orden y el pase de comisión reservada que usted lleva, condúzcalo por los callejones de abajo hacia el sur; y como usted señor Morgado, conoce el país, trate usted de salir á espaldas de la *Hacienda de Espejo*,[829] en cuyas inmediaciones ha de encontrar usted á los suyos. El señor teniente Ravelo lleva orden de decirle mi nombre, con otras cosas, al dejarlo á usted en los parajes que se le han señalado.

El coronel Morgado salió del convento en su nuevo traje, montó á caballo, se incorporó en el piquete del teniente Ravelo, y el grupo siguió los rumbos señalados.

—Ahora, Padre Genaro, es menester que yo los lleve á todos ustedes, sacerdotes y legos, á mi cuartel.

---

[829] **Hacienda de Espejo**: Lo Espejo, en los llanos de Maipo, en el sector sur de Santiago.

—Señor coronel, estamos resignados, y aunque no tenemos la menor culpa, sabemos que las apariencias nos condenan, y que somos víctimas de las obras ajenas.

—No se trata de eso: usted comprenderá que, salvado el principal enemigo, sería injusticia que el golpe de muerte cayera sobre ustedes. Dentro de pocos momentos, será asaltado el convento, y la evasión de Morgado será un motivo justo en apariencia para que ustedes sean ejecutados sin piedad. No hay más medio de /[438] salvarse que el que ustedes me sigan al cuartel, dándome tiempo á explicar mis actos y declarar que la evasión es obra mía, y nó de ustedes. Partamos todos; dejen ustedes abiertas todas las puertas del convento y de la Iglesia.

Inmediatamente todos desalojaron el lugar y se abrigaron en el cuartel de Granaderos á caballo.

Para cerrar el cuadro, agregaremos, que á las tres de la madrugada, el teniente Ravelo, le dijo al coronel Morgado— "tengo orden de dejarlo á usted en esta encrucijada."

—Oíga usted, señor teniente; yo soy coronel, y tengo V. S.

—En su campo será eso, ó cuando usted esté desempeñando en el nuestro alguna comisión de honor. Ninguno de esos casos reza conmigo. Mis órdenes me mandan decirle á usted que debe su salvación y su vida al coronel don Mariano Necochea.

—¡Vive el infierno, c.....! exclamó Morgado.

Ravelo se sonrió con aire burlón; y además, agregó, tengo que decirle á usted que tan lejos de que este servicio le imponga á usted la menor gratitud, el coronel le hace presente que su proceder ha sido un proceder de honra que usted comprenderá, y que como de su parte queda viva la mortal enemistad que le profesa, queda tambien á sus órdenes en los demás /[439] asuntos que les son comunes. Adiós: gracias que puedo darle la espalda con la esperanza de que pronto nos encontraremos de frente—agregó Ravelo.

—En Cancha -rayada ya lo estuvimos.
—Esas zapalladas no se repiten:—Granaderos, conversión á la derecha: trote largo.... Hasta la vista, coronel!+[830]

---

[830] B: Folletin de "El Nacional" Agosto 7 1882 / 33 / LA LOCA DE LA GUARDIA / — / XLIII /
La casa de Madama Morgado era teatro en aquel dia de una escena bastante melancólica, en verdad. Clamando por aire para sus pulmones, por luz y por sol para sus ojos, Manuela Solarena, espiraba abrazada de su hijo, y sostenida en los brazos de su protectora. Desesperada al sentir que la vida se le iba por instantes, echaba una mano febril á cuanto tenia á su alcance, para detenerse en esa horrible pendiente que vá de la tierra al mar sin horizontes de la eternidad.
El Padre Ureta, fiel y asiduo en los deberes sublimes de su ministerio, estaba allí propiciando con la gracia divina, el alma de aquella infeliz, que, en todo el uso de la razon, temblaba al verse próxima á comparecer ante el juez supremo y severo que debia recibirla; y que, conmovida por una sensibilidad esquisita, no encontraba todavía bastante firmeza para morir y para desprenderse de los besos de su tierno hijo. "La muerte, dice el filósofo indiano, hace tiritar de frio á los que la ven de cerca; y es como el sol que hace llorar cuando se le mira de frente".
Las horrorosas angustias que estremecían á la moribunda, contristaban tambien de una manera profunda á Madama Morgado. Las almas altivas y bien templadas, esconden por lo general un tesoro inagotable de simpatia para con los dolores agenos, y llevadas por su propia exelencia á dar consuelo y apoyo á los afligidos, despliegan fuerzas asombrosas, y se dan por entero á esa sublime tarea, afrontando hasta el fin, con una energía poderosa, el tétrico espectáculo de la muerte. La idea del bien que hacen, las sostiene en el áspero y duro camino que se necesita andar para dar consuelo á los dolores humanos.
Aquella lucha de la vida frágil y sensitiva del tísico, con las garras de la muerte, estaba ya á su fin: y al caer de la noche, Manuela cadáver yá, yacia en el lecho, cubierta todavia su cabeza con la escofia blanca, y con las ropas delicadas con que Madama Morgado la habia vestido al igual de ella. Y como para darle luz y aire la habian traido al principal aposento de la casa, que quedaba inmediato al salon. Madama Morgado se habia retirado con el niño, muerta de cansancio y bastante contristada, á una de las piezas interiores, donde su fatiga y el disgusto la redujeron á una especie de sueño agitado por la congoja y poco tranquilo por consiguiente.
El padre Ureta abrió la puerta del aposento mortuorio que daba al patio, cerró la que se comunicaba con las piezas interiores, dormitó una hora reposado en un sillon; y poniéndose de rodillas en el mas apartado rincon de la pieza, rezaba repitiendo mentalmente el oficio de los muertos de su breviario, mientras traian de la iglesia inmediata los candelabros y los paños para depositar la muerta en su tumba y velarla.
Absorvido así en la contemplacion religiosa de sus oraciones, el padre habia perdido el sentimiento real de lo que le rodeaba, y sus potencias, así como sus sentidos, estaban concentradas en la meditacion de los vínculos que unen á Dios con sus criaturas, cuando al través de la luz opaca y débil que despedia una veladora medio cubierta por una pantalla, creyó ver que entraba en la pieza una forma estraña: y queriendo distinguir mejor lo que era, como si despertara de un sueño, apercibió un bulto con ropas religiosas, que él tomó de pronto por el sacristan ó ministril que traia los mantos del duelo. Pero un momento despues, sin que el otro lo hubiera podido descubrir todavia, el padre Ureta se levantaba

aterrado, y daba un terrible grito exclamando:
—¿Desventurado! que haces?....... Asesinas un cadáver!
El hombre ó fraile á quien se dirigia, habia entrado con efecto en puntillas de pié, pero al ver el lecho y la mujer que descansaba en él, se habia dirigido sobre ella con la rapidez de un tigre y desnudando un agudo puñal, se lo habia clavado en el pecho traspasando de parte el cadáver.
—Asesinas un cadáver miserable! gritó otra vez aterrado el padre Ureta; y corrió sobre el asesino con las sublime energía del horror.
—Un cadáver? preguntó el otro desconcertado; y retiró su mano dejando el puñal clavado en el pecho de Manuela.
En esto el padre Ureta le habia ya tomado la otra mano; y poniéndosela con vigor sobre la frente lívida y fria de la muerte.
—Sí! le dijo—un cadáver!... Tócalo hombre bárbaro, hombre inhumano.
Pero, al mismo tiempo q' el agresor, ponia sus ojos sobre el lecho con ávido mirar, para reconocer á la q' habia querido ultimar, repitiéndo—¿Ha muerto?—El padre Ureta le levantaba la capucha que hasta entónces le habia cubierto el rostro, y decia con estupor — ¡Morgado!......
Comprendiendo entónces cual habia sido el propósito de aquel hombre que todavia no habia tenido tiempo de salir de su error, dió voces para que acudieran los de la casa; y como los soldados que el Director Delegado habia puesto de guardia fueran los primeros á presentarse armados, les dió órden de apoderarse de Morgado, al mismo tiempo que corriendo á la puerta interior en que ya se presentaba la Pepita, la contenia con las manos, haciéndola retroceder hácia adentro y asegurando la puerta con la llave, antes de que ella se hubiera podido dar cuenta de lo que pasaba.
Morgado habia sido sorprendido y desarmado antes de haber salido del asombro y de la sorpresa en que lo habia puesto la muerte y el cadáver de la que habia tomado por su mujer.
El padre Ureta lo hizo llevar á una pieza aislada, donde trincado por los brazos para asegurarse de sus ímpetus, lo dejó estrechamente custodiado por los soldados que lo habian tomado.
De allí pasó á imponerle á la señora de lo que habia ocurrido, y la primera palabra de ella fué:
—Es preciso salvarlo, Padre mio! Déle Vd. escape!... Que no lo tomen los patriotas, por Dios! lo sacrificarán, y seria un eterno remordimiento para mí: la desgracia, la fatalidad, la vergüenza y el oprobio para toda mi vida.
—Gracias, señora! Gracias! esclamó el venerable sacerdote al oirla; y levantó las manos al cielo con el éxtasis de la santidad, agregó—Me quita V. del alma un peso tremendo, y me libra vd. del conflicto mas atroz en q' se haya visto ministro alguno de nuestro señor Jesu Cristo!... Sí! salvémoslo señora y démosle escape!
—Pero, cómo? dijo ella con una amarga duda?
—Pues qué esos no son sirvientes de V.?
—Oh nó! Son soldados que el señor De la Quintana ha puesto en mi casa para vigilarme!
—Entónces esperaban á este desgraciado, y le han tendido una trampa?
—Ahora lo comprendo recien!... Se ha hecho engañándome: me hicieron creer que las reuniones de mis amigos habian despertado las sospechas de la autoridad, y que se veian obligados á vigilarme y á custodiar mi casa.
—Santo Dios! entónces está perdido!... y vd. señora... con una inmensa respon-

sabilidad ante el Justo de los Justos por el patíbulo de su marido.
—Oh nó!; padre mio! nó: es indispensable que lo salvemos!
—Pero cómo?
—Padre! V. Reverencia ha visto por sus propios ojos á ese hombre clavar su puñal sobre la que creía que era yó?...... por sus propios ojos?
—Sí: por mis propios ojos, repitió el sacerdote... el puñal está todavia clavado en el cadáver.
—Entónces, Padre, respóndame V. R. con la mano en su conciencia é inspirándose en Dios: Morgado me ha asesinado, y yo he muerto para él. ¿Si ó nó?
—Si, hija mia: tu has muerto para él!... Pero los muertos tienen tambien el deber de interceder y de salvar á los criminales.
—Sí: es menester salvarlo, y lo salvaré! Pero antes, repítame V. R. que yó he muerto para él: que fuera del deber de salvarlo ningun otro deber, ningun otro vínculo me une yá con él! Pronto padre! Piense bien en lo que me va á contestar!
—Los deberes, hija mia, y los vínculos que imponen la virtud son imperecederos!
—No, padre: esa es una evasiva! Yo lo se bien; pero de lo que se trata es de los vínculos que me unian como mujer y marido. ¿Subsisten despues que he sido asesinada?
El padre Ureta reflexionó con gesto severo; y dijo al fin—nó!
—Así lo creia tambien!...... Salvemos ahora á ese hombre!
—Cómo?
—No se esquive V. R. padre de lo que le voy á pedir; pero antes oígame, y créame—estoy pura: no tengo falta ninguna que reprocharme.
—Loado sea Dios!
—Sí: loado sea dios, pues que V. P. ha dado crédito alguna vez á las calumnias groseras de los maldicientes; y puesto que estoy pura, no tenga V. P. inconveniente en ir ahora mismo á hablar con Necochea; de seguro que á estas horas lo encuentra vd. en su cuartel—refiérale todo V. P. y conciértese con él.
—Pero señora.... eso es ponernos á merced de un enemigo del hombre que queremos salvar: el coronel Necochea tiene el deber de entregarlo á la autoridad.
—Padre mio: si V. R. no vá, voy yo á pesar del estado en que me hallo!.... Decídase: voy yo!
—No señora! es indispensable, y es mejor que vaya yo.
—Cuanto antes padre Ureta!..... Morgado estaba acechado.... y una hora mas quizás sea tarde para salvarlo.
El padre Ureta se dirigió en efecto al cuartel del 1er. escuadron de granaderos á caballo, y fué introducido al aposento del coronel.
Este tuvo una sorpresa desagradable al verlo y lo recibió con cierta sequedad de maneras, porque se figuró que llevara algun propósito oficioso sobre su amistad con Madama Morgado. Pero cuando se informó de lo que habia ocurrido, dijo—es menester que yo vaya.
El padre se alarmó un tanto y le dijo:
—La señora y yo pensamos que el deber de todos......
—Padre, le dijo Necochea interrumpiéndolo:—no hay mas deberes que los mios; y no estoy acostumbrado á recibir inspiraciones agenas, de clérigos ó de señoras para obrar como debo. Le ruego pues á vd. que no intervenga en lo que yo debo y quiero hacer.
—Entónces, me retiro, señor Coronel.
—Si es á su convento, puede vd. retirarse; pero si es á la casa de Madama Morgado, vd. no puede entrar en ella hasta que yo vaya: y lo invito á vd. á permanecer aquí

mientras me apronto.
El padre era altivo: tomó aquello como de muy mal agüero, pero conoció que era una órden del gefe del cuartel en que habia entrado, y se sentó amostazado.
El coronel llamó á su asistente:— Ensílleme usted el caballo, y llame usted al alférez Rojas. Monte vd. cuatro hombres y sígame vd. Padre puede vd. retirarse.
—Yo me iría á mi convento, señor Coronel, si un cadáver no requiriese mis oficios en la casa de ...... mi señora doña Pepita.
—Muy bien, haga vd. lo que guste; y montando á caballo seguido del piquete, se dirigió á la casa de la señora Morgado.
Al llegar lo cruzó en la calle y lo detuvo, dándole la voz de *alto ahí,* el teniente NAVARRO, que con una compañía del 8 de línea habia tomado las esquinas con mucho sigilo; pero luego que reconoció al coronel, lo saludó con la deferencia debida al rango y á la fama que tenia en el ejército argentino, y le dijo:
—Coronel:—Morgado está dentro de la casa de su mujer, y lo vamos á tomar! Me han ordenado sorprenderlo: parece que hay avisos de que se ha introducido en Santiago; y de que está en casa de la señora.
—Así me lo han dicho tambien...... y voy con la misma intención que vd....... Custodie vd. las calles y la manzana, que yo voy á entrar en la casa.
—Yo tengo órdenes de sorprenderlo.
—Pero yo le ordeno que me deje vd. obrar á mí;--asumo la responsabilidad.
El teniente Navarro se quedó pues en la calle, y el coronel entró en la casa dejando en la puerta el piquete que lo acompañaba, al mismo tiempo que llegaba tambien el padre Ureta.
—Donde está el hombre? preguntó.
—Por aquí—en este cuarto: le dijo el padre abriéndole la puerta del cuarto en que Morgado estaba custodiado y con los brazos atados por detrás de la espalda.
—Desaten Vdes. al señor! les dijo Necochea á los soldados—y retírense. Ellos le obedecieron y se retiraron dejándolos solos.
—Agradezco que Vd. me haga aliviar el tormento; pero no crea Vd. que no sé lo que viene.
—En efecto; poco muy poco tengo que decirle á Vd. Sr. Morgado: le dijo Necochea examinándolo con rapidez y con disimulo.
—Supongo que comenzará Vd. por decirme quien es?
—Coronel Necochea.
—Ah! el dueño de la casa por lo visto!
—Me parece que donde se oculta una persona de las condiciones de Vd., es una casa que pertenece a la autoridad pública:...... Y esta, sépalo vd. se halla rodeada para tomarlo.
—Ya Vd. me tiene!....... Dejo á Vd. y á mi mujer, el honor de mi captura y de mi suplicio.
—Sin embargo, como Vd. no me conoce, y como los instantes son preciosos deseo preguntarle á Vd. ¿De qué acusa á su señora con esa avanzada ironia de que nos deja el oprobio de su captura y de su suplicio? Sea Vd. franco; y hable vd. como de soldado á soldado. Ya vd. vé—estamos solos!
—De haber perdido su honor en los brazos de Vd. y de estar interesado en quitarme la vida.
—Es falso! y con la misma franqueza con que le digo á Vd. que ella ha resistido mis insinuaciones, le he de decir á Vd. tambien que estoy resuelto á insistir, hasta donde lo permite, en estos casos, la discrecion de un caballero: discrecion para

{LI

No necesita decirse á que grado llegó la irritación del Director O'Higgins cuando el capitán Aldao se presentó á darle cuenta de lo que le había pasado. Á la hora señalada, se había acercado al convento de *San Agustín*: encontró las puertas abiertas: penetró por todo el interior sin encontrar alma viviente. El primer desahogo del Director cayó sobre el *fraile* Aldao, lo trató de bruto y de borracho, diciéndole que por culpa suya habría de haber sido el fracaso del golpe que se le había encargado. Comenzaron por supuesto las diligencias para averiguar tan extraña é inconcebible evasión, y se tardó muy poco en averiguar que había sido obra del coronel Necochea, en cuyo cuartel estaban recogidos los agustinos, sin que se supiera el paradero de Morgado. La sorpresa y el enojo del Director llegó á su colmo. Inme-/

---

con ella, digo, nó para con Vd., cuya persona no considero para nada en mis propósitos. ¿Quiere Vd. saber mas?
—Si estuviera libre, y en condiciones de obrar, ya le pesarian á Vd. esas palabras!
—De Vd. depende!.... Yo lo voy á poner á Vd. en libertad, para que si llega el caso cumpla Vd. su amenaza; nó por los agravios que Vd. atribuye á su señora, sinó por los que yo persisto en hacerle como Vd. debe colegirlo de mis palabras... Quedamos pues aplazados! y para que nos encontremos en mejor ocasion es menester que vd. comience por arrojar ese disfraz.
Morgado, empacado por un momento, hizo un movimiento rápido, y arrojó el trage de agustino.
—Sargento, traiga vd. una gorra!... Cúbrase vd. con ella señor Morgado.... No tiene vd. mas remedio que obedecerme! agregó Necochea sonriendo; pero este no es un servicio ¿eh? es una nueva ofensa entre ambos que no tiene mas fin que el que podamos encontrarnos en un campo mas digno de dos soldados!... Vamos: sígame V.
Morgado obedeció, el coronel hizo montar á caballo el piquete del alférez Rojas, incorporando en él á Morgado, y se puso á andar.
El teniente Navarro salió otra vez á encontrarlo; y le preguntó ¿Lo tomó V. S.?
—No estaba? era falsa la denuncia.
—Pero aquí va un hombre estraño coronel.
—No va nadie que yo no conozca. Y en cuanto á Morgado ya vd. sabe que asumo todas las responsabilidades, y q' veré en el acto al Supremo Director para comunicarle que vd. ha obedecido mis órdenes. Retírese vd. á su cuartel.
Unas cuadras mas adelante, Necochea llamó al alferez Rojas y le dió órden de custodiar á Morgado hasta el punto de la costa que él le indicara, dejándolo enteramente libre despues para que regresara á Talcahuano.
(Continuará) //

[440]diatamente resolvió arrestar y sumariar al coronel Necochea. El secretario de la gobernación, coronel Zenteno, meditaba silencioso inclinado el rostro sobre la mesa, y golpeando acompasadamente la tabla con una regla que tenía á la mano, mientras O'Higgins se paseaba nervioso y agitado al rededor de la pieza. Antes de escribir la orden de procesar al coronel Necochea, Zenteno se detuvo como si no se animase á escribir una orden tan aventurada.

—No titubée, le dijo O'Higgins continuando en ir y venir á trancos: que sea quien sea merece un castigo ejemplar: yo soy aquí el soberano y he de hacer valer mi autoridad. San Martín ha de pensar como yo.

—Mi señor don Bernardo.... dos palabras. Dentro de unos días vamos á tener que dar una batalla después de un desquicio y dispersión tremenda como lo que sufrió nuestro ejército hace 14 días. ¿No cree usted que el arresto y el proceso de un jefe como el coronel Necochea, mirado por todo el ejército como el adalid número uno de la caballería, que manda además el cuerpo de caballería que constituye la base más sólida de nuestra línea, cuyo patriotismo no puede sospecharse, acusado ahora, en estos días críticos, como traidor, depuesto, y arrestado; no cree usted digo, que es resolver desde ya nuestra disolución y nues-/[441]tra derrota?.... Por qué no empieza usted por llamar inmediatamente al señor Guido, y por conferenciar con él, hasta ver cuál será el proceder más prudente y más propio de las circunstancias?

O'Higgins no contestó: pasaron dos minutos.... llamó á un edecán y le dió orden de ir en busca del señor Guido por asunto urgentísimo.... Eran las siete de la mañana.... La noche había sido borrascosa. Apercibido de que había alguna grande novedad el señor Guido entró de prisa, con el franco andar de un hombre acostumbrado á entender en las intimidades del gobierno; y al imponerse del objeto de la llamada, estiró los labios cerrados hacia la nariz, abriendo los ojos con un aire teatral más que asombrado, como si se diese grande cuenta del enorme incidente. Cualquiera que lo hubiese observado bien habría podido sospechar que aquel aire de sorpresa exterior tenía algo de maliciosa sonrisa que *traviesaba*[831] por dentro; travieso él tambien en sus buenas horas de solaz, comprendió á las mil maravillas las consecuencias fatales que enjendran las travesuras de los demás; y de ahí que el general San Martín, le escribiese por lo llano—*"mi lancero".* Meditó con aire reflexivo—"Me parece, señor don Bernardo, dijo, que en este caso no conviene poner al coronel Neco-/[442]chea en presencia de usted. Sería de temer un choque funesto, porque usted con evidentísima razón está indignado contra nuestro amigo el coronel, que al fin y al cabo ha cometido un desacato, que si no fuera él sería un crimen claro de alta traición.

—Y lo es, señor!.... eso no tiene atenuaciones!

—Pero yo, señor don Bernardo, veo en el fondo del hecho un no sé qué de generoso y de hidalgo, que no sienta mal en un oficial argentino, y mucho ménos en un bravo soldado que es modelo de gallardía y de gentileza en nuestro ejército. Es claro que solamente razones de elevadísima honra militar y personal lo han empujado á cometer este acto, que de cualquier modo que se tome es un crimen.... aunque visto de otro modo no ha de tener fatales consecuencias, porque al fin y al cabo, la evasión de un Morgado no ha de influir para nada en la buena ó en la mala suerte que nos espera uno de estos días.

Viendo el señor Guido que parecía que sus palabras modificaban un poco la iracunda exaltación de O'Higgins, agregó:

---

[831] **traviesaba**: ¿solecismo o juego de palabras entre "travesar" (atravesar) y "travieso"?; este en sus acepciones de 'atravesado o puesto al través o de lado', 'sutil, sagaz' y 'inquieto y revoltoso' [DRAE].

—Mi opinión sería que en vez de llamar al coronel Necochea á la presencia de usted, se mandara al coronel Zenteno á pedirle explicaciones sobre su conducta é intimarle aquellas /[443] diligencias que usted quiera tomar sobre él.

—A mí me parece muy bien el consejo del señor Guido, pero preferiría que el señor Director se valiera del señor Guido mismo, excusándome á mí de esa diligencia.

—No tengo inconveniente, mi amigo don Ignacio, si el señor don Bernardo quiere, iré. O'Higgins siguió paseándose. De cuando en cuando se comprimía el brazo herido como si lo afectase un dolor agudo. Todos callaban. Aunque disimulada con una seriedad convencional, notábase en el semblante de Guido aquella movilidad espiritual y picaresca que hacía tan vivaz su fisonomía, y que en aquel momento parecía una máscara obsecuente más bien que un sentimiento sincero, ó serio, de la gravedad con que O'Higgins miraba el caso. Este dió al fin su consentimiento; y Guido se marchó á verse con Necochea, evidentemente inclinado á concertar una solución fácil, solución de manga ancha en una palabra, para salir del aprieto que era lo que en el momento le parecía más conveniente y racional.

A su regreso volvió como desconcertado—Al llegar al cuartel, dijo, me he encontrado con toda la tropa formada, y teniendo por la rienda los caballos. En la puerta de la comandancia Necochea y sus ayudantes estaban prontos á / [444] montar. ¿Qué es esto, coronel? le dije—Esto, mi amigo, es que acabo de recibir orden terminante de incorporarme al ejército sin pérdida de minutos; y me estiró un pliego en que se le ordenaba eso, con otro para mí y otro para V. E. traídos por el mismo ayudante del general—Mariano Escalada.[832] Es probable que á usted le diga lo mismo que

---

[832] **Mariano Escalada**: militar argentino (Buenos Aires, 1796-1841), cuñado de José de San Martín.

á mí. Ayer se han sentido las partidas avanzadas del enemigo haciendo reconocimientos por las inmediaciones de la *Hacienda de Espejo*; y las avanzadas de Pepe Melián han tenido ya algunas guerrillas y escaramuzas con ellas. Vienen otros dos pliegos extensos en que el general entra en detalles de un género reservado, de los que hablaremos más tarde, pues se refieren á lo interior, al cuidado de la ciudad y á la vigilancia policial....

—Bonita la ha hecho el señor coronel Necochea!.... cuando ahora podíamos tener todo bajo nuestra mano!.... Conteste usted, Zenteno, dándole cuenta cabal al general de la conducta del coronel y....

—Me parece, dijo el coronel Zenteno que un poco de calma y mucha premeditación es lo principal en estos momentos. Por el lado del coronel Necochea no hay ya peligro, pues V. E. mismo á pesar de su justa indignación, no puede llevar su enojo hasta desconocer su pa-/[445] triotismo.... Eso no se puede ni pensar, ni suponer!.... Por otra parte, si V. E. lleva esa terrible queja hasta el cuartel general, el general San Martín va á tener un terrible disgusto que puede perturbar sus resoluciones, y causar graves trastornos en el ejército, en momentos de tener que librar una batalla que va á decidir de la suerte de la América del Sur.

—Eso no temo yo, dijo Guido; don José (1)[833] es demasiado cuerdo y fuerte de ánimo para aventurar nada por exaltación ó por enojo.... pero no por eso dejaría de causarle un profundo dolor la noticia de este incidente fatal sin tener tiempo de ir al fondo de las averiguaciones y confidencias con el coronel Necochea. Yo también creo que debe dejarse este asunto para después de la batalla. Es probable, es seguro, que Necochea hará tales cosas en ella que merezcan nuestros elogios, y que nadie se acordará después de la calaverada de anoche.... Acabo de cambiar

---

[833] A: (1) Así mencionaban entre ellos al general San Martin [Nota del autor].

algunas breves palabras con él. Se vindica de lo que ha hecho, y de lo que, según él, repetiría una y cien veces, diciendo—"que su nombre habría quedado manchado con una horrible calumnia, si sabiendo lo que pasaba, y la matanza que iba á tener lugar en la iglesia de "San Agustín", no hubiera ocurrido á salvar /[446] á los que iban á caer víctimas de una celada bajo el brazo sanguinario del capitán Aldao: que hecho eso, su nombre y el de una dama á quien estima en mucho habrían pasado por ser los principales asesinos y explotadores de una venganza baja: que en su carrera siempre ha pasado por clemente y generoso; y que á falta de las virtudes que otros tienen ó fingen, él se contenta con que nadie le niegue estas otras, al ménos. El señor O'Higgins verá las cosas bajo otro aspecto, yo las miro bajo el mío: sé que he cometido un atentado político. En la próxima batalla buscaré mi disculpa y el perdón del general San Martín. Por lo pronto, quisiera que él lo ignorase todo hasta entonces." Estas han sido las palabras que me ha encargado de transmitir al Supremo Director de Chile; rogándole (y ha interpuesto mi empeño personal) que V. E. perdone á los sacerdotes agustinos; que no hay entre ellos ningún culpable, ningún consentidor ó adherente á la conjuración; y que se les permita volver á su iglesia, aunque sea en el concepto de presos ó confinados bajo guardia; que á su tiempo el general San Martín lo sabrá todo y concertará lo conveniente con el señor O'Higgins. Mi consejo es que V. E. acepte esta indicación.

—Y el mío tambien, dijo el coronel Zenteno: eso es hoy lo más prudente. /
[447]

LII

El 2 de abril de 1818 en las primeras horas de la mañana comenzó á correr misteriosamente en el campamento de los independientes un rumor siniestro. Decíase que el coronel Necochea acababa de ser gravemente herido en las avanzadas. Algo de muy cierto debía haber sucedido; pues el ilustre doctor don Diego de Paroisien[834] acababa de salir del cuartel general con todos los útiles y auxilios necesarios. Se contaba el incidente de muchos modos. Lo más corriente era que habiéndose empeñado en hacer un reconocimiento peligroso del orden de marcha que traía el enemigo, Necochea había dado con un escuadrón en cuyo combate había recibido un golpe de sable afilado entre la garganta y el hombro que le había corrido algo hacia la nuca, que había sido atraído con cierto engaño al lugar de la desgracia; y que repentinamente sorprendido por una emboscada, había tenido que defenderse hasta que auxiliado por dos oficiales y tres soldados que lo acompañaban habían podido salir milagrosamente con vida. En compañía del doctor Paroisién había seguido un piquete y dos oficiales con orden de evitar la travesía por el campamento, y de seguir á Santiago con el herido haciendo mantener la posible reserva, sobre un hecho /[448] como este que podía tener funesto influjo al saberse la caída de un jefe tan caracterizado y tan necesario en los momentos inmediatos de una batalla definitiva. Entre estas versiones y muchas otras que se hacían del caso, nadie podía saber positivamente cual era la verdadera; y lo singular es que no solamente entonces, sino después y hasta la fecha, se continúa en la misma duda.

Entretanto, los momentos eran de una agitación y de una actividad extrema. Gran parte de la población de Santiago estaba haciendo sus preparativos para emigrar á Mendoza. Por todas las calles, se veían hombres y señoras, comprando artículos de viaje: cargando carretas,

---

[834] **Diego de Paroisien**: James (Diego) Paroissien (Essex, 1783-alta mar, 1827), médico inglés, primer extranjero naturalizado argentino (1813).

arreglando correajes, trayendo mulas, en un ir y venir que denotaba las angustiosas circunstancias en que se veían las familias. Se sabía que el enemigo, en número considerable, en fuerza vigorosamente organizada, y en marcha resuelta, soberbia, en cuyas filas brillaban los famosos regimientos—Talaveras—Burgos—Real de Lima—Fernando 7°—los Dragones de Morgado—Los Húsares de Barañao, y otros cuerpos de grande crédito, comenzaba á cubrir los campos de la *Hacienda de Espejo*, en marcha á trasponer el río Maipu, y amenazar la capital. El general San Martín centuplicaba sus cuidados, reunía dos veces al día los /[449] jefes de sus cuerpos—á unos les ordenaba no esperar de pié sino lanzarse sobre las líneas enemigas con brío y con arrojo así que las tuviesen á cincuenta pasos—"Al *Burgos de Morla*[835], es menester darle fuerte, porque ese es el cuerpo de esperanza que traen los godos, y es menester que nos mostremos mejores soldados que ellos: todo depende de los oficiales: la tropa nunca vacila cuando vé á sus oficiales avanzar con confianza." En seguida, á los jefes de división y de brigada, les mostraba el cróquis del terreno donde iba á dar la batalla, les designaba el puesto de cada uno, el orden de la batalla tal como él la concebía, y les designaba la actitud y las operaciones probables ó contingentes que podían tener lugar. Larga fué su conferencia con el coronel Las Heras.

—General, le dijo éste, me gustaría ese puesto de la izquierda en que V. E. coloca á Alvarado y á Enrique Martínez.

—Tuve el mismo pensamiento. Pero en ese terreno estaré yo, para reparar cualquiera contingencia; tendré allí á la mano la artillería de Borgoño y la Reserva con Hilarión: á usted lo necesito en el punto que acabará con la derrota

---

[835] **Lorenzo Morla**: teniente coronel jefe del batallón Burgo; es apresado y recluido en San Luis; participa de la sublevación de prisioneros realistas y es ejecutado por tal motivo.

del enemigo si somos felices, ó que cubrirá nuestra retirada si tenemos que ceder el campo. /
[450]

LIII}

+Á las 12 del día CINCO DE ABRIL se trabó la gloriosa batalla del RÍO MAIPU, que fué, con toda verdad y justicia, la que aseguró para siempre la independencia de la América del Sur. Las demás, inclusa la de *Ayacucho*,[836] no fueron otra cosa que consecuencias parciales de aquella inmortal jornada. Desde ese día la dominación colonial de España quedó *confinada* á puntos determinados, sin fuerza de expansión sobre el total de los dominios que ya había perdido; y por buena que hubiera sido la suerte que le hubiera tocado en el Perú, ó en otras regiones, el cetro había quedado roto: la dominación del Mar Pacífico era ya cuestión de pocos momentos; y la insurrección de los otros virreinatos iba á contar con el apoyo que los vencedores del Campo de Maipu, habían de llevarles para desahogarlos de la opresión colonial.

Derrotado en el primer combate del día 5 de abril, el ejército realista se replegó sobre su retaguardia con fuerzas todavía imponentes. Pero considerándose sin medios para continuar su retirada, y perseguido de cerca por los vencedores y por la división Las Heras que con tanto acierto había colocado el general San Martín para que desempeñara esta operación /[451] final, los jefes españoles libraron su salvación á un acto desesperado, heroico, y resolvieron hacer pié, á manera de reducto, en la Hacienda de Espejo, con

---

[836] **Ayacucho**: batalla con la que culmina el enfrentamiento armado entre patriotas y realistas, y se ratifica la independencia de la América del Sur; se produce el 9 de diciembre de 1824 en la Pampa de la Quinua, departamento de Ayacucho, en el centrosur del Perú. Se enfrentan el mariscal Antonio José de Sucre y el virrey José de la Serna.

la mira de ganar la noche para organizar su retirada. Pero, seguidos hasta allí, y asaltados con igual valor y heroismo al que ellos emplearon en defenderse, fueron deshechos; y uno á uno todos tuvieron que rendirse.+[837]

{Al caer la tarde, el coronel Las Heras, á quien correspondió el principal papel en esta segunda parte de la batalla, conversaba galantemente en el patio de la Hacienda con el brillante coronel Ordoñez que era sin duda el oficial más

---

[837] B: Folletin de "El Nacional" Agosto 8 1882 / 34 / LA LOCA DE LA GUARDIA / — / XLIV /
Un año después, el ejército realista de Chile quedaba destruido para siempre en la célebre batalla de MAIPÚ. Allí fué donde el poder colonial de la España, recibió verdaderamente su golpe de muerte: no solo porque perdió el disciplinado y el mas fuerte de sus ejércitos, sinó porque perdió tambien el dominio del mar Pacífico. Dueños los patriotas despues de esa victoria, de las costas y de los puertos de Chile, armaron la poderosa escuadra que desalojó y que destruyó toda su marina. El Perú q' era el asiento imperial de la dominacion española y que habia formado el centro de accion desde donde habia mantenido bajo su ley; las posesiones del Sur, y las del Norte en el Ecuador y en Nueva Granada, quedó reducido á la defensiva, é invadido á su vez, por el ejército argentino de San Martin, tuvo que asilarse en las sierras del interior, abandonándonos á Guayaquil y á Quito, donde la famosa victoria de Pichincha, le dió á Bolívar tiempo y recursos para apoderarse en la Nueva Granada, y para seguir sus campañas, libre de que las fuerzas españolas del Perú pudieran venir á dar apoyo á los realistas que habian quedado en Colombia, reducidos asi á sus propios recursos.
La victoria del 5 de Abril de 1818, fué por eso el triunfo de mayores consecuencias en la guerra de la Independencia sud americana, como fué tambien el resultado de la mas científica y regular de todas sus batallas.
En ellas quedaron prisioneros la mayor parte y los mas distinguidos de los gefes enemigos. Solo dos de ellos salvaron: Osorio por la cauta cobardía con que abandonó el campo de batalla apenas sintió vacilar de su lado la suerte del dia, y el comandante Rodil con ciento y tantos hombres formados, que, tomando una direccion escusada hacia el oriente y distinta de la que habia tomado el grueso de la derrota, logró ocultar su retirada hasta la noche, y ponerse en salvo tomando á prisa el camino de Talcahuano, donde se reembarcó para el Perú.
Los demás quedaron todos en nuestro poder: Ordoñez, que era el hombre entre todos ellos: Primo de Rivera, Morla, Morgado, todos en fin, con cerca de mil setecientos soldados y subalternos prisioneros.
Remitidos á la provincia de San Luis, estaban allí confinados, cuando alucinados por la esperanza de fugar y de unirse á las montoneras de Ramirez y de José Miguel Carrera, tramaron una conjuracion que les salió fallida y que fué sofocada en el acto de estallar por el teniente gobernador D. Vicente Dupuy.
En la represion, que fué sangrienta y difícil, perecieron los principales amotinados, y madama Morgado quedó viuda.
Andando el tiempo enviudó tambien el coronel Necochea, y el lazo matrimonial vino á poner final al romance de ambas vidas.

señalado del ejército enemigo. A su lado departían tambien con igual distinción Primo de la Rivera,[838] Morla y algunos otros de los jefes prisioneros. A pocos momentos, un oficial argentino se aproximó al coronel Las Heras acompañando á otro jefe realista, y después del saludo militar le dijo—"el señor coronel Morgado me pide que lo presente á V. S." Brotó un destello rápido, aunque al momento contenido, en la mirada del héroe argentino: hizo un saludo ceremonioso inclinando apenas la cabeza, y dirigiéndose con hidalguía á los otros jefes prisioneros—"en cuanto de mí depende, caballeros, quedan ustedes recomendados á todo el favor que permiten y que imponen las leyes milita-/[452]res en casos desgraciados como el de ustedes. Señor comandante Guerreros, encárguese usted del alojamiento y demás servicios necesarios." (1)[839]

Á los muy pocos días, todos los jefes y oficiales realistas que habían caído prisioneros en *Maipu*, fueron remitidos al presidio de *San Luis*, tenencia administrativa de la provincia de Cuyo; y lugar entonces tan solitario que podía mirarse como un rincón hundido en la vasta extensión de las Pampas, sin más comunicación posible que la del expreso militar que de cuando en cuando la comunicaba con *Mendoza*, centro de la gobernación general de Cuyo.

LIV

Pocos días después de la victoria de Maipu, sintiéndose algo acatarrado, el general San Martín se había recogido á su apartamiento de la ciudad de Santiago. Daba un ambiente

---

[838] **Joaquín Primo de Rivera**: coronel de infantería del ejército español; también cae prisionero después de la batalla de Maipú; en San Luis, participa de la sublevación y es ejecutado.

[839] A: (1) Preguntado el general Las Heras después de muchos años, si la frialdad con que había recibido al coronel Morgado tuvo por causa el incidente ó la celada en que había sido herido el coronel Necochea, excusó la respuesta diciendo solamente–"lo mataron en el alzamiento de *San Luis*." [Nota del autor].

moderado á la pieza el relumbroso y habitual brasero de bronce donde ardían los sarmientos—combustible favorito de las personas acomoda-/[453]das, cuyo calor y perfume se tenía allí por mágico remedio del asma y de otras afecciones bronquiales. Serían como las ocho de la noche; puesto el codo sobre la mesa, y apoyada la frente sobre la palma de la mano, el general revisaba un número considerable de papeles ó documentos que tenía á su alcance. Parecía absorvido en aquella tarea: unas veces sonreía, y otras daba con algo que parecía enojarlo. De cuando en cuando se levantaba, arrojaba algunos papeles al brasero, y volvía á tomar su asiento, la misma postura y la misma tarea.

En esto estaba, cuando tocaron algunos golpes á la puerta. Sin interrumpirse ni cambiar posición, y sabiendo probablemente quien era el que llamaba, dijo— "adelante", y apareció con su bulto gigantesco el edecán irlandés O'Brien:[840] hizo el saludo militar con la rigidez de un soldado.

—¿Qué hay, O'Brien?

—Los *friales*[841] que V. E. *mandastes* llamar están ahí.

—Que entren....

O'Brien entreabrió la puerta lo bastante para que entrasen—uno á uno— dos sacerdotes. San Martín los envolvió en una mirada rápida: tomó dos papeles de los que tenía apartados, y dirigiéndose á ellos les dijo:

—Buenas noches, reverendos: había orde-/[454]nado que los llamasen, porque deseo darles una comisión digna de su carácter sacerdotal, y del arreglo de un matrimonio que anda medio descompuesto. Esta no será ni una orden, ni una imposición, sino una simple comisión amistosa. ¿Cuál de ustedes es el padre Sanseverino?

---

[840] **O'Brien**: John Thomond O'Brien, militar irlandés (Wicklow, 1796-Lisboa, 1861), secretario y ayudante de campo del general San Martín.
[841] **friales**: frailes [el novelista imita el modo de hablar del anglohablante].

—Yo, Excmo. Señor: dijo uno de los sacerdotes.
—Ah! ya lo había pensado: el señor debe ser el Padre Genaro, ó don Genaro, según el título usado entre agustinos. Su semblante me inspira más confianza—ó mejor dicho—ménos desconfianza. ¿Cuál de ustedes es el amigo del coronel Morgado?
—Excmo. Señor!....
—Nada de títulos: general y basta.
—Señor General, dijo el Padre Genaro, en el tiempo del predicamento del coronel Morgado, hemos tenido ocasión de tratarlo.
—¿Con qué motivo?
—Señor General: nuestras relaciones con los hombres del orden común tienen siempre motivos y fines reservados.
El general tomó un aspecto serio y dijo con dureza:
—No siempre, Padre; y la prueba de que eso no es siempre cierto, es—que yo aquí, en esta mano, tengo ciertas cartas, avisos y circulares /[455] procedentes de la iglesia de San Agustín, donde se conspiraba por algunos de los religiosos, y quizá por todos. Si esos son los asuntos reservados á que Vuestra Paternidad se refiere no son secretos religiosos sino secretos criminales.
Los padres callaron consternados; y el general desdoblando algunos papeles dijo—A ver, padre *San Severo*, acérquese usted á esta luz. ¿De quién es esta letra? Si es de usted no falte á la verdad: sería inútil. Si es de un tercero puede usted decir que lo ignora, seguro de que yo no necesito que usted lo nombre. El padre San Severo obedeció, y apenas puso su vista sobre aquellos papeles, dijo con terror—es mi letra, Excmo. Señor, y se arrojó á los piés del general abrazándole las rodillas en un arrebato de confusión y de miedo.
—¿Quién le dictó á usted el contenido?
—No puedo hablar, Excmo. Señor!

—Padre Genaro, dijo el general, tome usted esos papeles y arrójelos usted á ese brasero.
—¡Señor! dijo el padre vacilando.
—Arrójelos usted que yo se lo ordeno. (1)[842]

El padre Genaro caminó hacia el brasero mirando asombrado al general, y arrojó al fuego los papeles. La viva llama se levantó iluminan-/[456]do la frente del ilustre guerrero; mientras el padre San Severo, absorto y abriendo tamaños ojos miraba la escena con trémulo estupor.

—Levántese usted, le dijo el general empujándolo con cierta rudeza en el ademán. Bien pueden ustedes dar gracias de que esos papeles no hayan caído en las manos de los hombres, que aquí ó en Buenos Aires, tienen el deber de contener á los conspiradores. No han de ignorar por cierto que no hace mucho tiempo que el agustino ó belermita fray José de las Animas[843] fue ahorcado allá en media plaza. Pero en fin, apartemos esto; y vuelvo á mi pregunta. ¿Cuál de ustedes es el amigo más íntimo del coronel Morgado? ó mejor dicho ¿cuál es el que ha intervenido más frecuentemente como religioso, en los notorios altercados de ese coronel con su señora? Ya ven ustedes que para mí no hay secretos.

—Yo frecuentemente, y el padre Genaro en los casos graves, dijo San Severo, confuso y aterrado todavía.

—Pues bien, el caso es extremo. Usted, fray San Severo, quedará confinado en su convento hasta segunda orden. Usted, fray Genaro, debe ocuparse incesantemente de obtener que madama Morgado vaya á San Luis á acompañar y consolar á su marido. Hágale usted ver que este hombre está ahora en la más terrible so-/[457]ledad y desgracia: que la ley de Dios la ha unido á él para siempre: que debe

---
[842] A: (1) Histórico [Nota del autor].
[843] **José de las Ánimas**: Fraile, superior de la Orden de los Bethlemitas, que secunda a Martín de Álzaga en la conspiración contra el gobierno criollo de Buenos Aires. Es ejecutado (colgado) el 13 de julio de 1812.

hacer el sacrificio de perdonarlo si tiene agravios; y dar el sublime ejemplo á su sexo de la reconciliación, con otras mil cosas que á usted se le ocurrirán mejor que á mí como propias de su carácter y de su devoción. El viaje de esa señora es indispensable para la armonía y la moral de la disciplina en un ejército republicano como el nuestro donde todo debe ser honorable y correcto. Hágale usted entender que procediendo así colmará mis deseos, y se evitará medidas mortificantes. El coronel Necochea está postrado en una cama, y tendrá para toda su vida (si se salva) el amargo dolor de no haber contribuido á la victoria de Maipu. Eso no volverá ya á repetirse; y si esa señora no accede á nuestras indicaciones, quizá tenga ante Dios y ante nuestros compatriotas el horrible escrúpulo de haber trozado la carrera de un hombre nacido para brillar entre los Héroes de su país. Me han dicho, y usted debe saberlo mejor que yo, que hay en esto algo que puede ser una calumnia: que es una mujer bondadosa, caritativa, de afecciones fáciles y tiernas; que es susceptible de rasgos nobles y bien inspirados. Usted que la ha tratado, é intervenido en sus quebrantos, debe saberlo ¿es así, ó no es así? /[458]

—Es exacto, Excmo. senor: puedo dar fé de ello.

—Pues bien, me dicen que su marido, aunque brusco, torpe y violento, la ama. Vaya usted y repare todo lo malo que haya sobrevenido entre ellos. Veo que sin quererlo me he vuelto cura sólo por avivar el celo que á usted le corresponde en este lance.

Levantando los ojos al cielo y poniéndose las manos sobre el corazón—"prometo sobre la fé de Jesu-Cristo y sobre esta cruz que llevo colgada al pecho—que cumpliré con las indicaciones de V. E. hasta el último sacrificio!"

—A propósito, Padre Genaro, eso le iba á pedir á usted. Me dice usted que lo cumplirá *hasta con el último sacrificio;* (dijo el general con un gesto impregnado de malicia) pues bien, convenza usted á madama Morgado, y haga usted el sacrificio de acompañarla y de presentarla á su marido. Dígale usted que nada tema; que además de ir protegida por usted será allí protegida personalmente por las autoridades del lugar, y por mis órdenes.

—En esas condiciones y con esos fines, el destierro que V. E. me impone, es un gaje que realzará mis pobres obras ante el juicio del dios de amor y de caridad que sirvo.

—Hágame usted la justicia de convenir en /[459] que yo tambien merezco como cristiano ese alto juicio, por la misión que le confiero, y por lo que usted ha visto en esta conferencia.

El general sin esperar más pegó unos golpes recios en el plato de bronce de su tintero. Apareció O'Brien—Conduzca usted estos religiosos.

—A la cárcel, Excmo. Señor?

—Hasta la puerta, y déjelos usted en libertad.

A los pocos días, el Padre Genaro acompañando á la Pepita Morgado, como le llamaban en Chile, cruzaba la cordillera. De Mendoza pasaban á San Luis custodiados por un piquete de caballería, á fin de que los indios alzados de la pampa no pusiesen en riesgo sus personas. Aunque entrar en más detalles sería arrastrar nuestro asunto sobre el difícil tapete de la vida marital, la tradición es favorable á la conducta que la mujer observó con el marido caído en desgracia, y cuyo único solaz en aquel destierro era el hogar y la sociedad de sus compañeros atraídos por las gracias, por el talento vivaz, y por el tacto social de la dama.... Pero.... el destino no había pronunciado todavía su última palabra. /
[460]

LV

Después que triunfó en Chacabuco y que le dió libertad á Chile, el ejército argentino quedó secuestrado por el general San Martín al otro lado de los Andes. El nuevo horizonte que se abría á su ambición perturbó el honrado criterio del ilustre vencedor. La triste situación en que había dejado á la patria, y los reclamos clamorosos con que su gobierno le pedía la reintegración de sus tropas para mantener y salvar la autoridad constitucional, eran como las enfadosas plegarias del acreedor menesteroso que perturba la quietud del deudor que necesita retener lo que se le cobra, y que está en situación predominante para hacerse sordo á su deber. Notariamente resuelto á desobedecer las órdenes y las súplicas del gobierno argentino, el general prescindía de todo lo que á la patria le debía por gratitud y por conciencia, y dejándose arrastrar por otras deslumbrantes perspectivas, había resuelto constituir á Chile, sobre la base del ejército argentino, en centro político supremo de la dominación del Pacífico y de la conquista del Perú. Mientras tanto, la patria de los argentinos y su organismo nacional eran abandonados á los furores insanos de los Artigas, de los Ramirez[844] y de todos aquellos que por la falta del ejército nacional, secues-/[461]trado en Chile, hollaban el suelo, antes culto y virgen, de la capital argentina y de las provincia cultas que componían el Estado. (1)[845]

---

[844] **Ramirez**: Francisco "Pancho" Ramírez, caudillo federal argentino (Entre Ríos, 1786-Córdoba, 1821), crea la "República de Entre Ríos". Inicialmente forma partido con Artigas; por eso, el autor prevé reunirlos en la última novela histórica de la serie que planea en su exilio montevideano.

[845] A: (1) Cuando los escritores chilenos han querido sincerar el proceder del general San Martín, han ocurrido con no disimulado júbilo á la malhadada carta del señor don Tomas Guido de fecha 17 de marzo de 1819 en la que asienta que no se pudo traer el ejército obedeciendo al gobierno argentino–porque en su mayor parte estaba ya compuesto de soldados chilenos, que se oponían á trasmontar los Andes. Si esta carta fué una condescendencia del señor Guido á los influjos y miras del general San Martín, lamentaríamos de veras que se hubiese prestado á ella, haciendo caso omiso de su inexactitud; y para tener una prueba, no hay más que apelar á las palabras mismas del general en dos documentos solemnes que tienen infinitamente más valor que las palabras tomadas de una carta particular completamente desautorizadas. Cuando el general San Martín se vió libre de tropiezos y consumado por su abandono el derrumbe del organismo político y

Un rumor, que aunque sordo y vago, al principio, acentuábase cada día más, introducía por /[462] todo el país el triste convencimiento de que el general San Martín había resuelto secuestrar en Chile el ejército argentino, y desobedecer las órdenes que el gobierno de Buenos Aires, puesto en mortales angustias, le daba con insistencia, de que viniese ó remitiese esas tropas, para que unidas con los restos de las suyas que el general Belgrano traía de Tucumán, sirviesen á contener la anarquía que de todas

> social de las *Provincias Unidas* del Río de la Plata, que tan brillante período forma en nuestra historia, no pudo cerrar en su conciencia ni en sus labios el paso á la verdad; y cumpliendo con un deber que debió parecerle muy triste, y que es casi un arrepentimiento, se dirigió al *Cabildo de Buenos Aires* única autoridad que había quedado en pie como el trozo ruido [sic] que sobrevive al terremoto, diciéndole–"19 de agosto de 1820: Excmo. Señor: El día de mañana dá la vela la expedición libertadora del Perú: como su general, yo tengo el honor de informar á V. E. que representa el *Pueblo Heroico, el más virtuoso Pueblo más digno de la Historia de Sud-América y de la gratitud de sus hijos;* protestando á V. E. que mis deseos más ardientes son por su felicidad; y que desde el momento *en que se erija la autoridad central* (oh!) EL EJÉRCITO DE LOS ANDES ESTARÁ SUBORDINADO Á SUS ÓRDENES SUPERIORES CON /[462] LA MÁS LLENA Y RESPETUOSA OBEDIENCIA." Si uno no lo leyera no lo creería (Papeles del señor don Tomás Guido–[1]882, páj. 466). Hé aquí otra prueba igualmente solemne—Proclama del general San Martín al tomar tierra en el Perú—Soldados: ya hemos llegado al lugar de nuestro destino.... Acordáos que vuestro gran deber es consolar á la América, y que no venis á hacer conquistas sino á libertar á los pueblos...... Los peruanos son nuestros hermanos y amigos: abrazadlos y respetad sus derechos COMO RESPETASTÉIS LOS DE LOS CHILENOS DESPUÉS DE CHACABUCO (Hist del Perú Indep. por don Mariano Paz Soldán, vol. Iº, cap. III, páj. 65.) Era ó no era puramente argentino el ejército que triunfó en *Chacabuco* y en *Maipu* y que marchó á libertar al Perú? (Véase Hist. Argentina por V.F. López, vol 7º, páj. y notas 66 á 70.) [Nota del autor].
> # "el Pueblo heróico, el virtuoso Pueblo mas digno", "la autoridad central de las Provincias" ["El General San Martín al Exmo. Cabildo, Justicia y Regimiento de la Ciudad de Buenos Aires. Cuartel General en Valparaiso, 19 de Agosto de 1820". Guido: 366]. La cita de Paz Soldán (palabras dichas por San Martín el 8 de setiembre de 1820) es textual [Paz Soldán: I, 65]. Sin embargo, este historiador peruano no afirma lo mismo que López: "el Ejército Libertador del Perú, compuesto de la division de los Andes y de la de Chile: constaba de 4,118 hombres de todas armas [...]. De ellos 2,118 eran del ejército de los Andes, es decir de las Provincias Unidas del Rio de la Plata. Se cuidó sin embargo de hacer creer que éste pasaba de 6,000 hombres [...]" [63]. Adjunta prueba en "*Apéndice de Documentos número 2*": "Ejército Libertador del Perú. Estado general de las fuerzas con que se haya hoy día de la fecha. Valparaíso, agosto 20 de 1820". La suma da 2313 hombres de los Andes y 1805, de Chile [443-444]. López remite a la nota 4 del capítulo II, "Campaña del coronel Las Heras en el sur de Chile", tomo VII de su *Historia de la República Argentina*.

partes se alzaba contra nuestra cultura y organismo constitucional. Por desgracia, las miras del general estaban fijas en otro ideal. Su plan era retener bajo su mano el ejército argentino: constituir á Chile en centro potencial de los intereses del Pacífico; y proclamar la independencia de Sud-América en la fastuosa CIUDAD DE LOS REYES, desde el dorado Balcón en que /[463] Pizarro había proclamado la eterna soberanía de España sobre la vasta extensión del ORBE NUEVO.

Deslumbrado por esa radiante perspectiva, el general hacía caso omiso de la situación lamentable que pesaba sobre el orden público de Río de la Plata; y resuelto á cerrar los ojos y el corazón, pensaba abandonar á su mala suerte la mártir patria, á trueque de complementar una obra que según él, había de levantarlo en alas de los aplausos y del entusiasmo de las naciones libres de América y Europa. Qué error!.... sin la República Argentina no le estaba deparado ese triunfo!.... Cuando la buscó como cuestión de vida ó muerte para él, las cosas habían cambiado. Los hombres de 1822 le dieron la espalda, dejándolo perdido en manos de Bolívar—que le usurpó el último golpe de los dados de la guerra.... Pero.... volvamos á nuestro cuento.

Fatal fué, como tenía que serlo, la primera consecuencia de este entredicho. La noticia de que el general San Martín se negaba á sostener al gobierno nacional resonó en todos los ámbitos de nuestro país como el toque de una tropa siniestra. Mientras los hombres de responsabilidad y de orden dejaban caer sus brazos desanimados, las montoneras del litoral y los anarquistas de los pueblos interiores pues-/[464]tos en ebullición por el desquicio revolucionario, libres ahora del temor que les inspiraba la vuelta del ejército de los Andes, que hasta entonces los había contenido, se lanzaron como masas de vándalos sobre el gobierno nacional, que encerrado é impotente en el recinto urbano de Buenos Aires, caía víctima propiciatoria de los soberanos esfuerzos que había hecho para emancipar á Chile y al Alto-Perú.

A raíz de esta fatal situación, tenía lugar en la provincia de *San Luis* un suceso bastante trágico y ruidoso que modificó por completo la suerte de los protagonistas de este nuestro cuento. Como ya lo dijimos, vivían allí confinados los prisioneros de *Maipu* y de *Chacabuco*. Se habían unido á ellos últimamente los padres agustinos Genaro y Sansevero; que á influjos del general San Martín, por no decir que cumpliendo sus poderosas insinuaciones, habían acompañado á doña Pepita Moldes[846] de Morgado y reconciliádola con su marido el coronel.

Era aquel presidio una aldea primitiva y pobre, que vivía envuelta, dormida, diremos así, en las planicies inmensas de la yerta Pampa donde la luz del sol hacía tan indefinidos y sombríos los horizontes, como las tinieblas de la noche. Nada se movía en aquella vastedad: nada se oía. Se habría dicho que la vida de la naturaleza estaba recogida y silenciosa en los in-/[465]cultos pastizales de aquel *nuestro lejano Oeste* de entonces.

"Gira en vano, reconcentra
su inmensidad, y no encuentra
la vista en su vivo anhelo,
dó fijar su fugaz vuelo,
como el pájaro en el mar.
Doquier campos y heredades
del ave y bruto guaridas,
doquier cielo y soledades
de Dios sólo conocidas
que él sólo puede sondar.
A veces la tribu errante

---

[846] **Pepita Moldes**: según los estudios de Díaz Araujo [196], el apellido de la futura esposa de Necochea era Sagra. El propio novelista ha mencionado antes otro apellido: Zuloaga [1892: cap. XXXV], inicialado en la edición de 1896 [324].

> sobre el potro rozagante,
> cuyas crines altaneras
> flotan al viento ligeras,
> lo cruza cual torbellino
> y pasa, ó su toldería
> sobre la grama frondosa
> asienta, esperando el día;
> duerme.... tranquila reposa....
> *La Cautiva."*[847]

He aquí el precioso y verídico cuadro de nuestras pampas, trazado por Echeverría. La fuga era allí de todo punto imposible: no sólo por la falta de rumbos á donde ir á buscar un asilo—un refugio, sino porque tambien era imposible atravesar á pie ó á caballo por aquella tierra llana y uniforme que extendía sus ignotos confines, como un inexcrutable misterio, fuera del alcance de la vista y de aún la fantasía humana. /
[466]

Sinembargo, el clima era templado y saludable: perfumado el ambiente con las frescas emanaciones de los gramillales[848] floridos y verdes que tendían su manto sobre el terreno. Aunque en escaso número subsistían con las comodidades de la abundancia un vecindario de viejas familias de buen origen, inocentemente habituadas á la vida bonancible y candorosa que habían heredado de la raza española de cuyo antiguo asiento procedían. Y tanto era así, que las mujeres y los hombres del medio-social de *San Luis* gozaban de cierta fama de vistosa hermosura, que no desmentían, por cierto, algunos ejemplares muy conocidos en Mendoza, en Córdoba y en Buenos Aires. Los hombres del pueblo tenían todos, en cuanto puede decirse,

---

[847] Versos 11 a 29, Parte Primera, "El desierto", del mismo poema de Echeverría que el novelista ha citado anteriormente.
[848] **gramillales**: argentinismo, 'parajes cubiertos por pasto, que come el ganado'.

la talla y la robustez de granaderos; y eran el encanto de las preferencias de San Martín.

La tierra era, como es todavía, de una fertilidad perfecta. Faltaba por supuesto en los campos, la grande y feraz agricultura. Pero los huertos y las quintas que rodeaban al pueblo producían flores de todas clases, frutas, tubérculos sustanciosos y legumbres de las mejores especies. Los parrales daban una uva esquisita; y los jugos de primera fabricación aunque embrionarios bastaban á satisfacer el gusto de los habitantes. Los prisioneros españoles, hombres de buena sociedad en general, cortesanos al-/[467]gunos de ellos, vivían en completa libertad dentro de la aldea, cultivaban jardines y huertos por placer y por distracción, y frecuentaban el trato que allí les brindaba con su llaneza natural aquella buena gente, no sólo en el seno de las familias, sino en la casa del Teniente-Gobernador— coronel don Vicente Dupuy.[849] Bajo este punto de vista—la vida de estos caballeros era una vida celestial comparada con los tormentos que sufrían los prisioneros y muchos otros patriotas argentinos encerrados en los lóbregos calabozos de las Casas Matas del Callao.[850]

Sinembargo, eran prisioneros.... Y apesar de todo, sufrían, como era natural, las torturas del aislamiento, los rozamientos del amor propio humillado, la inmovilidad, el cautiverio, esa *amputación* de la existencia, como decía Mirabeau:[851] esa compresión en fin que acongoja el espíritu del preso y que le dá ansias por respirar el aire de la libertad.

---

[849] **Vicente Dupuy**: militar y político argentino (Buenos Aires, 1774-1843), teniente gobernador de San Luis entre 1814 y 1820; también, gobernador de Lima hasta la llegada de Bolívar.

[850] **Casas Matas del Callao**: casamatas (o bóvedas para la artillería) ubicadas en el bastión San Carlos de la fortaleza Real Felipe del Callao, donde por ese entonces son alojados los presos patriotas; eran calabozos pequeños, oscuros, muy húmedos, que enfermaban a sus ocupantes, la mayor parte de los cuales no sobrevive.

[851] **Mirabeau**: Honoré Gabriel Riquetti, conde de Mirabeau, político francés (1749-1791), conocido como "el orador del pueblo", participa de la Revolución Francesa de 1789; desde la prisión denuncia las prácticas judiciales de la monarquía.

Mientras ellos llevaban esta vida coartada é indecisa, entregada á la voluntad prepotente del vencedor, les llegaba de boca en boca y por referencias viajeras, los ecos lejanos de la voraz anarquía en que hervían las campañas provinciales del litoral. La erupción volcánica de las masas insurrectas, cuya vorágine parecía tener conturbado todo el país al otro lado de /[468] los límites imaginarios del desierto, el desquicio interno en que se hallaban todas nuestras provincias, la indisciplina de las tropas, la insurrección de los cuerpos militares y el ruido que hacían en este infernal alboroto los nombres de Alvear[852] y de José Miguel Carrera—esos dos grandes enemigos de San Martín y O'Higgins, resonaban como vivas esperanzas en los oídos de los prisioneros españoles de San Luis; y como departieran á cada momento entre ellos de que al favor del desorden pudieran salvarse, acabaron por urdir el plan de un levantamiento. Pronto concibieron la posibilidad de derrocar y matar al Teniente-gobernador; de apoderarse de las armas, de libertar los treinta ó cincuenta criminales comunes que estaban en la cárcel, de reunir la caballada del servicio local, y de atravesar la pampa, ya para unirse á Carrera, invadir á Chile, y tomar revancha de San Martín y de O'Higgins, ya para salir al litoral y buscar camino á España, ó para dirigirse á las fronteras del Alto-Perú, donde podrían incorporarse á las fuerzas realistas de Olañeta.

Vago al principio, pero estudiado á cada momento bajo sus aspectos, el plan de la conjuración tomó cuerpo. El entusiasmo y la esperanza, obrando con mayor vehemencia por instantes en el ánimo fuerte de aquellos soberbios

---

[852] **Alvear**: Carlos María de Alvear, militar y político argentino (1789-1852); con San Martín viaja desde Europa y colaboran en la fundación de la Logia Lautaro; también, apadrina el casamiento de su compañero con Remedios Escalada; sin embargo, luego se distancian por cuestiones políticas hasta provocar una división interna entre los masones. En 1819 Alvear se asocia con José Miguel Carrera y otros militares argentinos; además, apoya el proyecto bolivariano de una gran república hispanoamericana.

guerreros acostumbrados á la fiera lucha /[469] de las guerras sud-americanas, se convertía en una cosa real y factible, fácil tambien desde que á su éxito se consagrase el valor y el deseo de salir bien, ó de morir para acabar con el martirio insoportable que su derrota les había impuesto. Puestos de acuerdo jefes y subalternos quedó convenido: 1º Que los jefes irían en diversos grupos á visitar al teniente gobernador Dupuy en la mañana del día 8 de febrero de 1819; 2º. Que los subalternos capitaneados por un capitán y un teniente, atacarían de improviso la cárcel y el cuartel adjunto á ella, que pondrían en libertad á los presos, y saldrían de alli á amedrentar al vecindario dando voces y disparando armas de fuego; á cuya señal los jefes reunidos en la casa del teniente gobernador, se apoderarían de éste y lo matarían antes que pudiese llamar en su auxilio la pequeña guardia que custodiaba la casa.

En efecto—á los primeros tiros y voces, los coroneles Morgado, Ordóñez, Morla, y ocho jefes más, se echaron sobre Dupuy, y entablaron con este atleta y sus ayudantes un ataque á puños y mano-armada con malas pistolas que habían podido conseguir con suma dificultad. Pero lo terrible del caso para los asaltantes, fue, que en un abrir y cerrar de ojos habia fracasado el ataque del inmediato cuartel /[470] y de la cárcel, y que la guardia, el vecindario y los presos vociferando ¡maten á los godos! corrían á la casa del gobierno á dar parte de lo que ocurría. Desconcertados los jefes conjurados, trataron de huir... pero adonde?.... por donde?.... por dentro de las casas, y por las calles perseguíalos la pueblada desenfrenada cazándolos á lazo y matándolos sin cuartel á palos y puñal.

LVI

Sumisa á su nueva situación, vivía en *San Luis* al lado de su marido, y consolada por los consejos morales del

padre Genaro, la Pepita Morgado. Aunque coqueta de genio voluble y atrayente como buena andaluza, tenía tambien como las mujeres de su raza un natural abierto y bondadoso, una alma simpática, olvidadiza y caritativa, que si bien pudiera haberla expuesto á seguir con alas de mariposa las halagüeñas y vívidas impresiones de una sangre asaz generosa, sabía tambien volverse con decisión repentina al culto del deber: sobre todo cuando ese culto se le presentaba bajo la forma de la abnegación, del sacrificio, del arrepentimiento.... Y en eso, era digna por cierto de las sublimes palabras con que el Cristo, desde lo alto de la Cruz, había rehabilitado la belleza moral de la /
[471] que pasa por prototipo de esos seres, cuyo perfume y cuyas espinas, reparten con igual prodigalidad las delicias y los estragos en la vida humana.

Sobrecogida derrepente por el espantoso alboroto que se oía en el pueblo, la señora de Morgado salió despavorida á las calles en busca de su marido; tras ella salió como un mártir del deber y de la caridad el *padre* Genaro creyéndose obligado á protegerla en cuanto á él le fuese dado, de la muchedumbre embravecida y brutal que rugía en tumulto y en desorden feroz buscando víctimas que sacrificar á su enojo.

No anduvieron mucho sin encontrarse cara á cara con dos mujeres del pueblo, la una de edad madura que corría armada de una hacha, la otra una joven de 15 años que seguía llorando á su madre. Al encontrarse, la primera se arrojó sobre la señora de Morgado levantando sobre ella el arma; pero que antes que el *padre* Genaro ocurriese á parar el golpe, la niña exclamó:

—No! madre mía.... Es la señora de Morgado.

—Si, la mujer del que quizás ha degollado á tu hermano en este instante en la guardia de la cárcel.

—No! madre mía.... Es la que me estaba en-/[472] señando á leer y á bordar!.... No le hagas daño.... mira que ella me quiere, y que yo la quiero tambien!....decía la niña desesperada, mientras el padre Genaro abrazando dulcemente á la mujer.... Oid, señora, á vuestra hija!..... ¿por qué quereis vengaros sobre una inocente, que no tiene parte en lo que pueda haber sucedido, y que se había declarado la benefactora de esta bella criatura:.... Decía con santa unción el venerable agustino, estrechando casi por la fuerza, pecho á pecho, á la madre con la hija.

En este momento pasaba á caballo cerca de este interesante grupo un mocetón que llevaba en una mano una aguda lanza, y arrastraba con la otra un largo lazo:

—Ramón! Ramón! le gritó la niña Benigna: —*Vení* acá á sosegar á mi madre: decinos ¿sabes algo del coronel español Morgado?

—Lo dejo moribundo y tirado en un rincón del patio del gobernador.... dijo Ramón tirándose del caballo, y tomando á su madre por la cintura para conducirla á su rancho.

—Ya vés, madre mía: *Nonato* (1)[853] está salvo: dejame acompañar á la señora. *Nonato* te llevará á la casa.

—De ninguna manera: tú no debes andar /[473] en esto: acompaña tú á mi madre, y yo llevaré á tus amigos á la casa del gobernador:.... dijo Ramón saltando sobre el caballo.... Síganme! agregó tomando el trote.

En la puerta de la casa de gobierno estaba el coronel Dupuy rodeado de gentes enardecidas y dando órdenes. A su lado hallábase un personaje civil de bella figura de empaque severo y adusto. Antes de que la señora de Morgado y el padre Genaro pudiesen acercarse á Dupuy, el personaje aludido insistía en que todos los jefes capturados fuesen ahorcados en la plaza, inclusos los que aún estuviesen vivos. Dupuy accedió. Pero en ese momento, madama Morgado

---

[853] A: (1) Llamaban *Nonatos*, á los nacidos en el día de San Ramón que pasaba por *abogado* de los buenos partos [Nota del autor]. Este santo recibe el epíteto de "nonato", 'no nacido', por haber sido sacado del vientre de su madre fallecida mediante cesárea.

se arrojó á él cubriéndole los piés con el cabello, y abrazándole de las rodillas con ademán desesperado exclamó:

—Piedad! Señor gobernador. Piedad! Piedad!

Las lágrimas sofocaban sus voces. El padre Genaro se arrodilló á su lado, y levantando las dos manos al cielo exclamó:

—Clemencia! Señor gobernador!.... La clemencia es la virtud de los grandes de la tierra.

Siguióse una escena tierna y dolorosa. Excusamos narrarla por no acongojar nuestro espíritu y el de nuestras lectoras.

Al espirar en brazos de su mujer, algún des-/[474]tello de la clemencia divina conmovió el corazón del endurecido soldado, y con una voz desfalleciente.

—Gracias, Pepa!—Gracias, Pepa! dijo apretando con la suya las manos con que ella le sostenía sobre su pecho.... Pero.... otra idea más cruel y terrenal atravesó inmediatamente el espíritu vital que aún le quedaba—¡Ya eres libre! agregó. Quizás por lo mismo que estas dos últimas palabras salían de su boca—sombrías—como un amargo reproche, conmovieron profundamente la sensibilidad de la emocionada mujer, que prorrumpió en abundante llanto, como si una sublime inspiración le hubiese dicho que sólo así podía amenguar la visión desgarradora que aquel reproche contenía. Ese—¡Ya eres libre! quedó balanceándose en el corazón de aquella mujer como un eco fatídico que desprendido del mundo siguiera resonando, y resonando, por las inexcrutables esferas de la eternidad, donde sólo la conciencia tiene oídos para escucharlo.

LVII

Después de los sucesos de *San Luis*, el general San Martín apresuró los preparativos de su expedición; y el 20 de agosto de 1820 zarpó de Valparaíso en la escuadra que lo lle-/[475]vaba al terreno donde pensaba cosechar sus gloriosas ilusiones.}

+Como no es este el lugar de reveer el proceso de esa precipitada aventura, á la que fué llevado el ejército argentino después de habérsele hecho abandonar sus banderas y desobedecer al gobierno de quien dependía, bastará decir, para los efectos de nuestro cuento, que ese ejército, *compuesto de soldados argentinos, comandado por los mismos héroes que habían trasmontado los Andes y vencido en* CHACABUCO *y en* MAIPU (1)[854] fué el que ocupó á Lima el día 9 de julio de 1821.

Por desgracia, y como era de esperar después del arbitrario rompimiento del general con el gobierno de su patria, los sucesos se precipitaron de una manera fatal. Contrariedades de toda clase paralizaron las operaciones y minaron las bases de la disciplina, al mismo tiempo que dos ejércitos realistas de primera importancia dominaban por un lado todo el norte de la Sierra; y por el otro lado todo el sur, hasta las fronteras argentinas. Conociendo al fin que había fracasado, el general abandonó la partida en manos de Bolívar; y quizo el acaso que cuando los jefes argen-/[476]tinos regresaban á Buenos Aires, uno á uno, después de las victorias de *Junín* y de *Ayacucho*, fuera también cuando la República Argentina se precipitaba en la guerra del Brasil para emancipar á la Banda Oriental, que, postrada y deshecha á causa de los excesos del artiguismo, había sido conquistada por las tropas portuguesas y unida después á la corona imperial de don Pedro I° del Brasil.+[855]

---

[854] A: (1) Palabras del general San Martín en su proclama al pisar en tierra del Perú [Nota del autor]. # Estas palabras no se hallan textuales en el mensaje de San Martín al Ejército Libertador cuando desembarca el 8 de setiembre de 1820 y que transcribe Paz Soldán [65-66], fuente citada por López.
[855] B: [Continuación del folletín 34]
XLV
Ocho años habian pasado.
La República Argentina le reclamaba al Brasil la devolucion de la provincia orien-

tal del Uruguay, que el nuevo imperio pretendia pertenecerle por la ocupacion que de ella habia hecho el gobierno portugués. La guerra habia estallado entre las dos naciones.

Una gran parte de los gefes argentinos que se habian educado en la vigorosa escuela del ejército de los Andes, y que habian ascendido, en esa larga y laboriosa campaña, á los mas elevados grados de la carrera, como Martinez, Olavarria, Braudzen [Bradsen], Necochea, Suarez, Olazabal y muchos otros, regresaban á la pátria buscando un puesto en las filas de la nueva campaña; y unos, despues de otros iban llegando á Chile con la mira de pasar los Andes y de presentarse en Buenos Aires.

Ingrato habia sido para ellos el Perú, é ingrato era tambien Chile en aquellos momentos. El general San Martin habia sido víctima de sus ilusiones. Inducido en error por la gigantezca tradicion que en su tiempo, todavia, hacia de Lima el grande centro imperial de las riquezas y del poder dominante en la América del Sur, se habia figurado que así como para la España colonial, estaba allí tambien para la Revolucion, la solucion de todos los problemas orgánicos por la nueva era, y que una vez triunfante allí la causa de la Independencia, allí debia erigirse el asiento del Gobierno general y del influjo político continental, con una brillante monarquia presidida por un príncipe de una casa régia europea, bajo una ley constitucional y parlamentaria.

De ahí su anhelo por consumar la emancipación del Perú, que para él contenia el secreto del porvenir Sud-Americano, y la resolucion de todos los problemas de la Revolucion Argentina.

Figurábase que dueño de Lima y del Perú, nada habria cambiado en la arquitectura social y política de esta parte de la América; y que así como los Vireyes de Lima, aún contra el sentimiento de los pueblos, habian tenido recursos y poder para contener el movimiento revolucionario en Chile, en la República Argentina, y al Norte, era natural que el poder militar de la Revolucion, apoyado por el sentimiento universal de esos mismos pueblos, como lo estaba, tuviera mas poder y mas recursos para hacer la misma obra en el sentido del bien, del órden, del progreso, y de la consolidacion de las libertades constitucionales.

¡Grandioso error de una alma viril, virtuosa y elevada! Pero triste error que debia costarle la amputacion de su gloriosa carrera en el país que le habia dado su sangre, sus tesoros, y hasta los elementos de su propia defensa con otras miras, y con una magnánima generosidad!

Verdad es que todo á su al rededor conspiraba para engañarlo.

La República Argentina estaba postrada y disuelta, no solo por la guerra social de pueblos contra pueblos, de provincias contra provincias, de las masas incultas contra el gobierno político de las capacidades, sinó por que los esfuerzos que habia hecho para sostener la guerra de la Independencia en Chile, en el Pacífico y en el Alto Perú, prodigándolo todo en un campo de batalla que abrazaba todo el sur del continente, habian agotado sus fuerzas regulares y sus tesoros.

Todo contribuia á engañarlo.

Chile no habia encontrado todavia la energia gubernamental y orgánica que debian darle las clases rentadas de su aristocracia territorial. Militarmente era débil; y socialmente era nulo todavia.

El Alto Perú era un embrion donde las razas mezcladas y desmoralizadas, que habia dejado la conquista española y el imperio de los Incas, vivian al azar de los sucesos y completamente desprovistas de espíritu público.

LVIII[856]

{Han pasado cinco años.} En la pieza {lateral} de una casa modestamente[857] amueblada se hallaba sentada junto á un brasero alimentado por sarmientos de parra, una mujer que parecía enfermiza y decaída. En su rostro[858] surcado por una vejez prematura, se descubrían los rastros de una vida agotada {por la fiebre}. Brillaban sus negras pupilas en las concavidades del cerebro[859]: extensas ojeras aumentaban

---

Lima entretanto se mantenia en el prestigio de su imponente pasado. Era el solio de los vireyes; y como ROMA en la Italia moderna aparecia á los ojos de la América como la capital histórica y predestinada del nuevo Imperio, como el término donde de todos los esfuerzos y todas las ambiciones debian coronar y consolidar la obra común iniciada á las orillas del RIO DE LA PLATA el Veinticinco de Mayo de 1810. Pero cuando el ínclito general y sus guerreros creyeron haber alcanzado á las riberas del maravilloso emporio, el miraje desapareció, y no encontraron sinó las ruinas y el desquicio del colosal espantajo que les habia atraido.

Los desengaños comenzaron para todos. Faltó el terreno sólido para reedificar. La corrupcion social tenia minado todo el viejo edificio.

Por ninguna parte se encontraba el espíritu viril, sin el que los pueblos no pueden levantarse á la iniciativa ni construir el centro de un gran gobierno.

El crédito y la poderosa influencia del caudillo que habia tomado sobre sus hombros aquella deslumbradora aventura, sufrió las consecuencias del error comun, y decayó rápidamente, cuando se hizo patente su impotencia para dar debido cumplimiento á sus promesas. Fué en vano que su habilidad y sus virtudes se mostraran mas altas y mas sublimes que nunca. El mal y la desmoralización no tenian ya cura; y agobiado por la anarquía y por la enemistad de los mismos que acababan de ser emancipados por él, tuvo que retirarse, si nó confesando su error, para no pensar al menos en otra cosa que en mostrarse grande siempre pero tranquilo, lejos de la pátria propia y de los países adyacentes que habian sido el teatro de su gloria.

De verse fué la miserable grita que se levantó entónces en el Perú y en Chile contra los argentinos. Se creeria que con sus esfuerzos y con sus sacrificios habian ofendido, mas que los opresores, á los pueblos que habian redimido; (1) y fué entónces cuando los jefes que se habian ilustrado en aquellas campañas, comenzaron á regresar á su pátria, como arrojados de allá por las opiniones dominantes, y sin que nadie les hubiera retribuido á ellos, ó á su país los servicios que habia hecho, las sumas que habia gastado, ni la generosa sangre que habia vertido.

(1)Véase el *Mensagero* de 1826 y 1827. # ***Mensagero***: *Mensajero Argentino*, periódico de Buenos Aires publicado por la Imprenta del Estado desde el 18 de noviembre de 1825, al 9 de julio de 1827; redactores: Juan Cruz Varlea, Agustín Delgado, Valentín Alsina y Francisco Pico [De Marco: 118].

[856] B: XLVI [Continúa el folletín 34]
[857] B: medianamente
[858] B: decaída, en cuyo rostro
[859] B: Brillábanle sus ojos negros en las concavidades profundas de las sienes:

su fosfórica luz por el contraste de la sombra[860]. Los párpados como si estuvieran cansados de la vida caían á ratos adormecidos[861], y se veía el esfuerzo con que la pobre mujer los levantaba[862] para sacudir la pesadez que se los cerraba. Tenía el pelo gris dividido en dos trenzas por la espalda:[863] un pañuelo {negro} de abrigo le cubría la[864] cabe-/[477]za, é inclinaba las espaldas buscando el calor del brasero[865].

—Mire, amiga (le decía otra mujer de aire vulgar, pero bondadoso, que la acompañaba[866] con aquella compasión indiscreta[867] con que las personas[868] que no tienen el criterio de la cultura, dan remedios y propiciaciones[869] fáciles á los que sufren[870])—Créame[871], amiga, {lo que le digo,} esta virgen que le traigo es muy milagrosa, es Nuestra Señora de las Mercedes;[872] {y por experiencia puedo asegurarle que es más milagrosa que esa imagen del Carmen que usted tiene ahí sobre la cómoda.} Usted no puede figurarse los milagros que ha hecho[873]. Si usted[874] le pone dos velas de cera de las que vende el padre fray Emeterio á cuatro reales[875]; y si[876] la besa {tres veces al día,} por la mañana, á mediodía y á la noche, verá usted que alivio tan grande va á sentir;

---

[860] B: grandes ojeras les daban por decirlo así, mas luz por el contraste de las sombras,
[861] B: los párpados como cansados de la vida, caían con frecuencia uno sobre otro,
[862] B: levantaba de cuando en cuando, para
[863] B: Tenía el pelo recogido hácia atrás;
[864] B: abrigo, de colores sombríos puesto sobre la
[865] B: cabeza, y las espaldas inclinadas sobre el brasero para calentarse.
[866] B: la miraba
[867] B: compasion incómoda
[868] B: las gentes
[869] B: y consuelos
[870] B: que padecen
[871] B: Mire,
[872] B: yo le he traido esta milagrosa imágen de la Vírgen Santísima de Mercedes:
[873] B: Vd. no puede figurarse como es de poderosa y de milagrosa!
[874] B: Vd.
[875] B: Emeterio, y que se venden á cuatro reales cada una en la primera tienda de los portales;
[876] B: si vd. la

mientras que esos venenos amargos que le dá el Mulato limeño Zapata no han de hacer sino empeorarla[877]. (1)[878]

La enferma la oía con dulzura y paciencia;[879] mas como la otra insistiera en que siguiese sus consejos,[880]

—Bueno, doña María: déjeme la Santísima Virgen....[881] {Muchas gracias... Quiero descansar.} /
[478]

—[882]No se olvide, amiga,[883] de las velas {del padre Emeterio}: y tenga cuidado de que no se apague la una sin encender antes la otra, para que la santísima imagen no se quede sin luz, sobre todo de noche.[884]

—Muy bien.[885]

+—Me parece que usted no me tiene fé.

—No crea eso, doña María: lo haré.... es que estoy cansada.

—Pues ya verá usted pronto, muy pronto, el poder milagroso de esta imagen bendecida por el Santo prelado de nuestra iglesia en años atrás, su Ilustrísima.... no me acuerdo del nombre, pero ahí en el cuadro está escrito.+[886] Ya le hé contado +el milagro con que salvó á mi hermano de un juez injusto que le daba de chicotazos: uno de los

---

[877] B: noche, en lugar de tomar ese veneno que le dan los médicos, que no saben otra cosa que matar, vd. sanará al instante, porque no hay remedio ninguno que salve sinó ayudado por los milagros de Dios y de la Vírgen.

[878] A: (1) Zapata era un mulato emigrado de Lima que tenía fama de médico [Nota del autor].

[879] B: con paciencia y con dulzura,

[880] B: dulzura, pero evidentemente sin darle crédito: y como la otra insistiera sin querer tomar en cuenta lo que en estos casos impone la buena crianza:

[881] B: Maria! le contestó: déjeme vd. su Vírgen.

[882] B: —Aquí está! Se la voy á colocar á vd. sobre esta cómoda; y guarde vd. por ahí en algun rincon ese otro cuadro de la vírgen del Cármen, del que vd. no ha de sacar nada. No

[883] B: olvide amiga querida de

[884] B: velas! Es necesario que las tenga vd. encendidas siempre, y que ponga una tras otra hasta que se mejore. ¿Quiere vd. que le haga traer una docena?

[885] B: —Como vd. guste Da. Maria.

[886] B: —Yo veo que vd. no tiene fé; pero ya verá vd. lo q' es esta mi vírgen! Es tan milagrosa, que no hay nada que ella no obtenga del Señor; porque el Señor le tiene un cariño particular. Ya

golpes que quería darle le saltó á la cara del juez y le sacó un ojo. Usted ha de saber que cuando usted andaba.... pues.... diré.... algo falta; se perdió Bernardito, su sobrinito. Unos foragidos de los dragones de Morgado lo habían robado diciendo que el padre—un asesino español—lo reclamaba.... Los cuyanos equivocaron el camino, pero mi compadre don Atanacio, vino á casa, cargó con la virgen; y por la posta de Prado, vió una nube blanquecina que corría por debajo de un cerro. Allá se fué como llevado por una fuerza de Dios. La virgen se le salía de las /[479] manos y miraba hacia allá siempre, hasta que en un portezuelo alcanzaron á los ladrones y rescataron al niño. ¿Usted no lo sabía?+[887]

—Recien lo oígo, doña[888] María.

—Pues mire usted:[889] no hay quien no lo sepa. Anoche no más, decía en casa, que él mismo había andado en esas andanzas, un[890] sargento que ha venido de Lima con su coronel; y que fué {á tomar mate} á casa llevado por mi hermano, que lo conoció mucho cuando estuvo aquí con su regimiento.[891] Yo se lo voy á traer para que él mismo le cuente el milagro....[892] ¿Cómo es que se llama?[893].... {se

---

[887] B: contado á vd. el milagro que le hizo á mi hermano, cuando le dió ella de chicotazos en la cara al verdugo ó alcalde que lo queria tratar como asesino. Vd. sabe muy bien como apareció *Bernardito* cuando se lo llevaba robado la Morgada. Los patriotas iban persiguiéndola. Los herejotes de los argentinos habian equivocado el camino.... y qué esperanzas que dieran con ella!...... pero D. Antonio, mi compadre, el arrendatario de la posta de *Prado*, vió bajar del cielo á una nube blanca como la nieve q' se puso á correr por los cerros á una banda de foragidos realistas y á una muger que llevaba robado á un niño. En cuanto la vírgen vió á mi compadre estiró la mano y le señaló á los ladrones. Así fue que mi compadre corriendo sobre ellos con sus peones, los alcanzó y los entregó á los otros tontos que ni sabian por donde andaban.... ¿Vd. lo sabia amiga?
[888] B: Da.
[889] B: vd.,
[890] B: mismo lo habia visto, y que era verdad todo, un
[891] B: cuando estaba aquí su regimiento.......
[892] B: ¿Y si Vd. no lo cree, yo se lo voy á traer á Vd. para q' tenga fé en esta Vírgen....
[893] B: llama, señor?

llama....} ahora no más voy á dar con el nombre....[894] Es un buen hombre.... {se llama....} Ah! ya lo sé[895].... se llama Ontiveros.

—Ontiveros! exclamó la enferma, echando atrás el pañuelo al oír este nombre[896], como si una chispa eléctrica la hubiera conmovido toda entera....[897] Ontiveros!.... dónde está?[898] Quiero verlo! tráigamelo[899] ahora mismo {doña María.... ahora mismo!}[900]

—Por Dios, doña Teresa....[901] No se altere tanto: está usted muy débil y puede empeorarse[902]. Sí, sí: ahora mismo voy donde mi hermano para que se lo traiga[903].

{LIX}

En efecto: hacía dos[904] días que Ontiveros estaba en Santiago, siguiendo siempre á su jefe el coronel don Román Antonio Dehesa que pasaba á Buenos Aires á tomar parte en[905] la guerra contra el Brasil.[906]

La enferma había tenido tiempo de calmarse. Los[907] instantes le parecían siglos. Muy poco después entra Ontiveros

---

[894] B: Ahora no mas he de dar!....... Ahora ha de estar en casa: se llama....... se llama....... Es
[895] B: Ah! ya sé, ya sé!......
[896] B: echando á la espalda el pañuelo que la cubria,
[897] B: y como si la chispa eléctrica la hubiera conmovido al contacto de este nombre con su alma.—
[898] B: está Doña Maria!
[899] B: Hágame vd. el gusto de traérmelo ahora
[900] B: mismo!...... Busquelé Vd. y traigameló.
[901] B: —Vea Vd. Da. Teresa si es milagrosa mi Vírgen! ya comienza á hacer de las suyas!.... ¿Cree Vd. ahora ó no cree Vd.?...... Cuando yo se lo he dicho q' la ha de sanar!...... y eso que todavia no le ha puesto Vd. las velas.... No
[902] B: No se altere Vd. que eso no es bueno estando tan débil...
[903] B: Sí, sí : voy á traérselo á Vd!
[904] B: tres ó cuatro dias
[905] B: Santiago, de paso para Buenos Aires, siguiendo al coronel D. Roman Antonio Deheza que se proponia pasar á continuar sus servicios en
[906] B: [Corte de capítulo] XLVII [Continúa el folletín 34]
[907] B: tiempo de calmar la violenta agitacion en que la habia puesto la noticia de la llegada de Ontiveros; pero los instantes

al cuarto de la enferma[908]. Gaucho[909] de nacimiento, y sagasísimo como son todos ellos[910], conoció al instante á Teresa[911], pero al verse dentro de una pieza que denotaba decencia y cierto bien estar, se abstuvo de dar señal de que la recordaba. Se mantuvo[912] parado al lado interior de la puerta[913], haciendo girar su *gorra de manga*[914] entre los dedos de las[915] manos con aire humilde y un tanto encogido, que más bien venía de lo singular de la situación y de los recuerdos, que de[916] timidez verdadera.

—Míreme bien, Ontiveros: le dijo la enferma.... ¿Se acuerda de mí?[917]

—Cómo nó, niña?.... pero está tan cambiadita....[918] pues.... un poco estropeada por tanto sufrir en aquel tiempo[919].

—Y quién soy?.... Diga pues.[920]

—Cómo diré,[921] niña?.... No se acuerda que la /[481] salvé en la *Guardia Vieja!*[922].... Si no era usted, sería una hermana suya....[923]

—Y cómo me llamaban? Sabe mi nombre?[924]

—No, niña: nunca la oí nombrar sino....[925]

---

[908] B: [punto y aparte] Ontiveros llegó al fin y fue introducido al cuarto de la enferma.
[909] B: *Gaucho*
[910] B: nacimiento y sagazísimo y disimulado como todos los de su clase,
[911] B: á la enferma,
[912] B: pero no dió la menor señal de ello. Al verse dentro de un cuarto que denotaba decencia y cierto bien estar en la familia ó gente que lo ocupaba, se mantuvo
[913] B: puerta por donde había entrado,
[914] **gorra de manga**: gorro con forma de manga cerrada en un extremo.
[915] B: las dos manos
[916] B: de su timidez
[917] B: —¿Vd. no me ha conocido?
[918] B: está muy cambiada:......
[919] B: y mas *estropiadita* que antes!
[920] B: soy yó? Véamos.
[921] B: diré pues, niña?......
[922] B: No la conocí allá en la *Guardia*?.....
[923] B: O seria alguna hermana suya?
[924] B: —¿Pero quien soy yo, pues?
[925] B: —V. S. era...

—{Diga pues como me llamaban....} La loca de la *Guardia* {*Vieja*}, no es verdad?
{—Así es pues: respondía} Ontiveros sonriéndose y[926] haciendo girar su sombrero entre las manos.[927]
—{Venga acá, Ontiveros—venga acá:} siéntese á mi lado.[928] Usted no puede figurarse el {inmenso} gusto que siento al verlo sano y robusto.[929]
—Y yo tambien, niña, lo tengo al[930] verla así acomodada en su casita, y.... {sana.}
—Me han dicho, {agregó Teresa, sonriendo con una tierna franqueza,} que hubo un tiempo en que delirante yo por ver castigados á los godos asesinos de mi familia, estuve enamorada[931] de usted. ¿Será verdad, Ontiveros?[932]
—Que ha [de] ser!.... cuentos, niña....[933] {Es que como yo la cuidaba tanto, y como hija, usted me lo agradecía y buscaba siempre que la protegiera huyendo de los oficiales.
La antigua Loca de la *Guardia Vieja* se tomó de las dos manos callosas del sargento Ontiveros y se las besó}— Usted[934] ha sido mi salvador, +dijo levantando los ojos al cielo. No ha pasado un momento sin que lo haya tenido en mi corazón, y sin que no haya pedi-/[482]do á Dios que lo conservase sano y libre de los peligros de la guerra. Supongo que ahora va á descansar.... Quédese aquí en Chile con nosotros.
—No puedo, niña!.... por nada abandonaré á mi coronel.... Él va para la guerra, y yo voy con él, hasta que nos

---

[926] B: Ontiveros se sonreia haciendo
[927] B: girar su gorra entre sus manos con mas y mas rapidez.
[928] B: ¡Siéntese Ontiveros! que usted
[929] B: gusto que tengo de verlo, y las gracias que doy al cielo de que me haya dado este gusto antes de morir.
[930] B: tengo un gran deleite en verla
[931] B: que en aquel tiempo yo estaba muy enamorada
[932] B: ¿Es verdad?
[933] B: Que sé yo niña? Se ven cosas tan raras en la guerra!... Y como usted no estaba en su juicio!
[934] B: Pero ahora estoy para decirle que usted

mate una bala, ó nos muramos los dos de viejos.... Ya lo he jurado por esta santa cruz, dijo cruzando los dedos y poniéndoselos sobre los labios.

—Si es así, no le digo nada. Supongo que su coronel lo ayudará en su pobreza.

—Así, así no más: los dos somos muy pobres.

—Yo tengo algo. Me ha de hacer el favor de recibirme este regalo. Y diciendo y haciendo le puso en la gorra una bolsita tegida de bolsillo, de las muy usadas entonces en Chile, con cierto peso de moneditas de oro.+[935]

Ontiveros estaba confundido; y dió las gracias con ojos lagrimosos y semblante sonriente.[936]

En esto entró como un ventarrón un niño vivo y bullicioso, de nueve á diez años. Venía de la escuela. Tiró los libros que traía,[937] y se puso á revolver las[938] gabetas {de una cómoda} con todo aturdimiento. Sin reparar[939] en él, la enferma le preguntó á Ontiveros; y usted tuvo en Lima algunas noticias mías?[940] /

---

[935] B: salvador, y que quiero mostrarle toda mi gratitud; porque á nadie en el mundo le debo como á usted, no ha pasado un momento sin que lo haya tenido en mi corazon y en mi memoria! Venga para acá y déme la mano.
La Loca de la Guardia le tomó las dos manos al sargento. Se las estrechó con toda la espontaneidad de una profunda gratitud, y le dijo—como le ha ido?
—Mal niña! despues de tanto servir y padecer, andamos peregrinando y pobres como siempre. Ahora vamos contra el Brasil.
—Gracias al cielo! que yo puedo aliviarle su pobreza. Algo de lo que era de mis padres he recojido...
—Cuanto me alegro niña!
Y lo he llamado á vd. para rogarle que me traiga á su coronel. Vd. sabe que ya nos conocemos con él. Quiero arreglarme para q' le abonen á usted donde quiera que esté una pension de doce pesos mensuales, durante todo el tiempo que usted viva; y ahora tome estos doscientos pesos para su viaje. En Buenos Aires, aquí, ó en otra parte, recibirá usted su pension.

[936] B: Ontiveros no sabia que decir: tenia los ojos llenos de lágrimas.

[937] B: entró vivo y travieso un niño como de diez á once años, que tiró unos libros que traia de la escuela,

[938] B: unas gabetas

[939] B: [punto y aparte] Sin parar mucho la atencion en

[940] B: Ontiveros: ¿Y en todo este tiempo no se ha acordado de preguntar por mi?

[483]

—Sí, niña: +las primeras que tuve de su buena salud, las oí por casualidad á la llegada del señor don Bernardo O'Higgins.+[941]

El niño se dió vuelta como sorprendido {al oír este nombre, y} gritó:[942]

—Viva mi padrino el general don Bernardo O'Higgins!.... viva Chile[943]![944] {agregó dirigiéndose á Ontiveros.}

—Sí, niño: dijo éste, que vivan los dos: algo hemos hecho DON JOSÉ, y nosotros.... y bien poco hemos sacado![945]

Teresa[946] {dió vuelta la página, como se dice; y le preguntó á Ontiveros.

—¿Ha visto en Lima á doña Pepita Morgado?

—Cómo no?.... todos los días; cuando yo iba á tomar un copita de *pisco* con los compañeros ordenanzas del general.

—¿Del general?.... y qué es de ella?

—Qué há é ser?.... que se ha casado con el general Necochea.

—Alabado sea Dios!}

FIN

---

[941] B: niña! Pero solo una vez me dijeron que V. S. habia sanado del balazo que le pegó.
—No diga mas Ontiveros!... Estoy arrepentida de mis venganzas, pero... usted sabe que yo estaba loca! y quien le dió á usted noticias de mí?
—Las tuve cuando llegó desterrado á Lima el señor General Don Bernardo O'Higgins.

[942] B: sorprendido; miró á Ontiveros, y levantando la mano, gritó en tono de proclama:

[943] B: [en bastardilla todo el grito]

[944] B: [punto y aparte] Y saltando por sobre una silla que habia derrumbado al dar este grito, salió de carrera como un potro que salva las palizadas del corral.

[945] B: Pues cómo nó (dijo Ontiveros entre dientes) – VIVA CHILE!... Ya estaria bien vivo Chile, si no hubiese sido por D. José y por nosotros.

[946] B: Teresa miró al sargento argentino con cariño—Son cosas de la escuela, Ontiveros (le dijo). Pero yo haré que sea grato cuando crezca y pueda comprender lo que ha pasado. / FIN

Anexo I

Folletines de *El Nacional*

Folletin de "El Nacional" Agosto 5 1882
───────

LA
LOCA DE LA GUARDIA

—

XLII

Al día siguiente de esta novedad, entró el coronel Necochea al despacho del señor Quintana.

—Qué andas haciendo? le dijo este.

—Hombre! contestó el otro—vengo á verlo á vd. por un incidente que me ha sorprendido mucho. Madama Morgado me ha informado que le han puesto en su casa guardia de vigilancia, como enemiga del gobierno.

—Y estarás tú dado al diablo de que no te háyamos encargado á tí la guardia?

—Déjese vd. de bromas don Hilarion: no son del caso ni yo las puedo admitir. ¿Es cierto ó no es cierto?

—Qué diablos! pues si ella misma te lo ha dicho ¿cómo no ha de ser cierto? Pero no le hagas caso: son pamplinas de mujeres.

—Es que tengo que hacerle caso: se trata de una amiga injustamente ofendida á quien estimo y respeto en sumo grado; y que me pide su intervencion en este asunto.

—Bueno, contéstale que me has visto; y que pronto quedará mas que satisfecha.

—Quiere decir que vd. va á retirar la guardia?

—Veremos!

—Dígame vd. entónces lo que hay, porque sabiéndolo yo, todo se allanaria, y veria vd. que lo han engañado.

—No es caso para una cabeza de fuego como la tuya: lo echarias todo á perder.

—No le entiendo á vd. Esa órden …

—Esa órden mi querido Mariano, es una órden superior.

—De quién?

—De O'Higgins! …él mismo me la ha transmitido: yo la he cumplido en el acto, pero te prometo reclamar contra ella, mientras la mantengo por pura forma. No te metas tú en nada; y deja el asunto á mi cuidado. Madama Morgado es demasiado altiva y quisquillosa. Yo mismo le he dicho cuanto era dable para tranquilizarla; y le he asegurado que esa vigilancia no era vigilancia como ella lo entiende, sinó simple aparato, que no ha durar ni le ha de inferir la mas mínima ofensa.

—De todos modos ella tiene razon para ofenderse, porque el señor O'Higgins y vd, debían conocerla, y saber que es mas patriota que realista, y mas argentina que chilena.

—Ya! Ya! Eso es lo que tú andas tratando de hacer.

—Dále con la broma… le repito D. Hilarion que no toquemos ese punto: Vd. no conoce á Madama Morgado. Es una dama de la mas alta distinción; y si vd. la tratara vería vd. como tendría que estimarla y respetarla: no tiene una inspiración que no sea noble. Su corazón es franco y tiene la firmeza de las almas abiertas que se justifican por su propia dignidad.

—Ya! Ya! Es medio hombre por lo visto, á pesar de su belleza. ¿Y qué dice de su marido?

—No sé!

—Es claro: ni lo nombra!

—Será porque no lo merece! Bien sabe vd. que es un malvado, bajo y torpe ...

—Pues ahí está el busilis, querido Mariano! con ese hilo, sigue, sigue no mas: que has de libertar á tu nueva Ariadna; pero me temo que has de salir enredado tambien querido mio!. Óyeme, y no olvides lo que te digo, porque has de saber que mas sabe el diablo por viejo que por diablo.

—Me alegro de saber que vd. sepa tanto, porque si todavía no es bastante viejo, es al menos bastante diablo para saber las entradas y salidas del infierno.

—Estás enojado!

—No me cuadra la conversacion.

—Mudémosla.

—Quisiera saber tambien , porque no se me dá órden de marchar al sitio de Talcahuano.

—Haha! te gustaria conocer de cerca á Morgado?..... Dicen que aquí eres mas necesario para la seguridad del estado.

—Pero yo no soy comisario sinó soldado; y quiero estar donde mis compañeros se baten contra el enemigo.

—Hijo: eso no depende de mí. Te mandaria para allá con el mayor gusto del mundo, por que te encuentro toda razon; pero no convendrá!.... y además, D. José parece que tiene la resolucion de que pases á Mendoza á remontar los escuadrones para cuando abramos las nuevas campañas.... Y no sé por qué me parece que quiere tambien alejarte de Santiago para que Cleopatra no se apodere del ánimo y del corazón de Antonio.... Este D. José, como tú sabes, se mete en todo esto y como conoció allá en Salta.

—Ya me lo han dicho!
—Ya te lo ha hecho decir él..... Tú lo conoces; y sabes que es amigo de hacer de papá, de general, de maestro de escuela, y de....
—Lo que es conmigo vá mal! mientras yo cumpla con mi deber en el cuartel, en la campaña, y en las batallas como él sabe que sé cumplirlo, no tiene que meterse en mis cosas.
—Entónces, no estrañes pues que no te mande al Sur con O'Higgins para matar á Morgado; y que trate de llevarte á Mendoza: en el cuartel, en la campaña, y en las batallas tendrás que cumplir con tu deber.
—Por fin, D. Hilarion! retira vd. ó nó la guardia de vigilancia?
—Ya te he dicho que nó.
—Gracias! quede vd. con Dios!
—Señor Coronel Necochea! le dijo el Delegado tomando el tono oficial del mando militar.
El Coronel comprendió al instante su deber y con la misma formalidad, dijo entonces:
—Puedo retirarme, Exmo. Señor?
—Puede V.S. retirarse!
Pero, apenas se cerró la puerta, Don Hilarion de la Quintana soltó la risa: Qué muchachos! ¡qué diablos! y qué porvenir!
Cambiando entónces de fisonomia, se acercó á una antesala—Obando, dijo, no ha venido el Correo de Valparaiso?
—Sí, señor: aquí está la correspondencia.
El empleado la entregó y se retiró.
—Veremos: dijo Quintana cuando se quedó solo, que nos dice Alvarado, y tomó una de las cartas que Obando le habia puesto sobre la mesa.
—Pues señor! dijo: se le han quemado los libros á D. Bernardo. Un teniente y un soldado! Parece que el *vicho* no ha querido entrar en el garlito! agregó; y se puso á leer con

atencion. "Pueden ustedes estar seguros de que Morgado no está en la comitiva que ha venido á tierra. He recibido al teniente y á su ordenanza, con dos personas que finjian visitarme, y que conocen perfectamente á Morgado: el emisario es realmente el teniente de Dragones Amenino; y la ordenanza, un soldado y nada mas. Entre los marineros de la falúa, tampoco está Morgado: son cuatro y los tengo detenidos en la capitanía. Dígame, pues, si dejo pasar el teniente hasta Santiago."

Yo creo, dijo Quintana, hablando consigo mismo, que es menester dejarlo venir y que desempeñe su comisión, pues así lo ha ofrecido O'Higgins... Era claro! ¿cómo habia de ser tan estúpido ese *vicho*, para meterse á sabiendas en el garlito? Pues señor! que venga el tal teniente y que Madama se entienda con él como pueda!!

Sentóse a escribir en seguida, y autorizó al teniente Amenino para que entrara á Santiago.

La iglesia de San Agustin, situada en uno de los estremos mas remotos de la Cañada, estaba servida solamente por un fraile y dos legos.

La órden de ese nombre no habia podido consolidarse en la América del Sur, y la tentativa que habia hecho en Santiago para establecerse, habia fracasado, no solo por la mala voluntad de los Obispos, sinó por la falta de cooperacion de los devotos para suministrarle fondos y propiedades con que crearse rentas.

La razon de esto, era q' los Agustinos estaban dañados en España y en las colonias, por un cierto rumor persistente, aunque no comprobado, de que habian aceptado iniciaciones masónicas; ya fuera por lo dado que era su instituto á la exegesis bíblica, y al estudio de las ciencias naturales, que eran entónces para el vulgo, ciencias ocultas y satánicas: ya por que realmente se hubieran enrolado en el movimiento liberal que al favor de la masoneria buscaba adeptos para cambiar la base de los gobiernos absolutos y de los abusos gerárquicos, puramente temporales y políticos, con que el órden religioso pesaba sobre los pueblos, condensando en una forma cada vez mas idolátrica las preocupaciones groseras de su ignorancia.

Uno de esos mismos Agustinos de Santiago, que allá á principios de este siglo apareció en Buenos Aires con el propósito de preparar un convento para sus correligionarios, comenzó muy pronto á ser designado como *El mason*. A los pocos dias, ya no podía salir á la calle: las maestras y los maestros de escuela, movidos por los otros conventos, hacian pasar sus alumnos todos los dias por el frente del balconcillo en que el religioso habitaba, y parados allí, los niños y niñas miraban con boca abierta aquella fatídica ventana, señalándola como la *cueva del mason,* y creyendo ver en las sombras interiores uno de esos mónstruos q' en el infierno servían de ministros de gobierno, á Satanás.

Y entretanto, el Agustino que habia quedado en Santiago, al cargo de la menguada iglesia de su nombre, era un viejo, realista consumado, y mason á la vez. Demasiado buen español para ser amigo de los *insurgentes,* no habia gozado de privanzas con el gobierno de los absolutistas, ni del favor del obispo Rios que era todo poderoso en el ánimo de Marcó del Pont, por que era tenido por mason.

Morgado era tambien mason, pero mason á su modo, que se habia hecho iniciar, no por virtud cívica ni por creencias morales, sinó por inquietud de espíritu, y por deseos de abrirse toda clase de caminos para figurar.—No así el coronel Ordoñez, el gobernador militar de Talcahuano, hombre sério y bien dotado, que creia y esperaba en la regeneracion moral de la sociedad por la propaganda de las doctrinas liberales, y que como era mason de fé y de conciencia, tenia una estrecha amistad con el padre Agustino San Severo, que estaba al frente del templo de Santiago.

Así fué, que en el interés de que su amigo y camarada pudiese hacer menos grandes los peligros q' iba á correr, le dió la clave masónica, y los toques particulares con que podia hacerse reconocer y asilar en la solitaria iglesia de San Agustin, y munido de ella, Morgado tenia esperanza de hacer desaparecer sus rastros en Santiago, y de arrebatar tambien á su mujer hasta un lugar donde la pudiera embarcar de grado ó por fuerza.

Morgado se habia separado, en efecto, de Amenino, en las inmediaciones de la caleta de San Antonio; y durante la noche se habia hecho poner en tierra al favor de los rizcos y de las breñas que hacen de aquella costa un verdadero laberinto de puntas y rajaduras, altas y hondas, por donde un hombre puede introducirse hasta los caminos practicables, sin que sea fácil notarlo. Habia convenido con el teniente Amenino, en que si fracasaban sus empeños para decidir á Madama Morgado á salir de Santiago la ordenanza llevaria el poncho por delante del *recado,* al retirase de Santiago para Valparaiso y que él pondria quien lo viera, ó estaría él mismo á su paso, para lo cual debia hacer su regreso á medio dia por el Puente grande del Mapocho.

Disfrazado de fraile limosnero, Morgado se asiló la primer noche en la cabaña de unos inquilinos (puesteros) de la Hacienda de las Tablas, y al otro dia continuó su camino con toda felicidad para sus propósitos, hasta tomar la cañada y tocar en la puerta de *San Agustin* á eso de las siete de la tarde,

Cuando el lego portero le abrió el postigo, Morgado se le acercó al oido y le dijo:

—Misterio y secreto, mi hermano: vengo de Lima con un encargo del Sr. Virey para el padre San Severo.

El lego le abrió la puerta; y como no le faltaran desconfianzas de q' aquello fuese alguna negra perfidia, hizo sentar á Morgado en la porteria; cerró la puerta de calle, se guardó la llave en la bolsa, y fué á participarle al padre San Severo lo que ocurria, diciéndole:

—El hombre tiene mala traza—...aquella cabeza no ha hablado con los libros como la de S. R. pero trae hábito de Agustino; y me ha tomado la mano haciéndome cosquillas como si yo fuese mujer.

El padre San Severo cerró el libro que leía, lo cubrió, como con descuido, con el gran pañuelo de q' se servía para descargar el *rapé* de que tenia atestadas las narices; y despues de haber reflexionado.

—Hazlo entrar, dijo:—Nada aventuraremos con oirlo: lo pondremos puertas afuera, si no nos conviene; y si realmente es algun emisario, ó algun desgraciado perseguido, haremos por él la obra que nuestro Señor el Grande Arquitecto del Universo, nos impone en servicio y amparo de los hermanos. ¿Qué puede sucedernos? ¿Qué nos pongan en prision y nos destierren?... Desterrados andamos en este valle de lágrimas...

El lego entretanto, mientras escuchaba con grande uncion al padre San Severo, le habia tomado de la cagetilla una gruesa narigada de rapé, y se atestaba las ventanas de la nariz, mostrándose pronto para volver á hundir los dedos en la caja.

Desterrados andamos, hijo, en este valle de calamidades, continuó diciendo el padre San Severo y donde quiera está abierto el gran libro de la naturaleza y de su gran arquitecto, para estudiar sus obras y meditar sobre la inmensidad infinita de su sabiduria.

Tomando la nueva narigada, dijo el lego:

—Pero en un calabozo, el gran libro está cerrado, y grande Arquitecto no tiene mas trecho que las cuatro murallas, y una puerta con grandes cerrojos.

—Lo mismo q' en esta celda; y allá lo mismo q' aquí, estarian abiertos los horizontes del alma para el *vuelo de nuestra razon*, que vivifican lo q' no se vé, y q' nos dan la luz para penetrar y derrumbar esas murallas y esos cerrojos que parecen tan sólidos.

—Lo que es yó, no se como podría hacer esa maravilla que le parece tan hacedera á V. Paternidad: dijo el lego, manifestándose sin embargo muy complacido de que durase la conversacion, á cuyo favor pinchaba y pinchaba con sus dedos en el rapé del padre San Severo.

—Esa es la gran calamidad de la ignorancia! y por eso es que debemos adelantar la obra de la educacion de los pueblos, para que caigan los muros y los cerrojos delante de la razon:—*abjiciamur opera tenebramum, et induamur arma lucis!* dijo San Pablo.

—Diria muy bien, señor; pero como no sé latín, no lo entiendo!....... y otra narigada.

—Bueno, bueno! vé á buscar al peregrino que ha golpeado *tres veces la puerta de nuestro templo.* Si es obra del Grande Arquitecto lo que trae en sus manos, pondremos las nuestras en ella; si no lo es, que marche por su camino y que lo ande solo.

(*Continuará*)

Folletin de "El Nacional" Agosto 7 1882

33

LA
LOCA DE LA GUARDIA

—

XLIII

La casa de Madama Morgado era teatro en aquel dia de una escena bastante melancólica, en verdad. Clamando por aire para sus pulmones, por luz y por sol para sus ojos, Manuela Solarena, espiraba abrazada de su hijo, y sostenida en los brazos de su protectora. Desesperada al sentir que la vida se le iba por instantes, echaba una mano febril á cuanto tenia á su alcance, para detenerse en esa horrible pendiente que vá de la tierra al mar sin horizontes de la eternidad.

El Padre Ureta, fiel y asiduo en los deberes sublimes de su ministerio, estaba allí propiciando con la gracia divina, el alma de aquella infeliz, que, en todo el uso de la razon, temblaba al verse próxima á comparecer ante el juez supremo y severo que debia recibirla; y que, conmovida por una sensibilidad esquisita, no encontraba todavía bastante firmeza para morir y para desprenderse de los besos de su tierno hijo. "La muerte, dice el filósofo indiano, hace tiritar de frio á los que la ven de cerca; y es como el sol que hace llorar cuando se le mira de frente."

Las horrorosas angustias que estremecían á la moribunda, contristaban tambien de una manera profunda á Madama Morgado. Las almas altivas y bien templadas, esconden por lo general un tesoro inagotable de simpatia para con los dolores agenos, y llevadas por su propia exelencia á dar consuelo y apoyo á los afligidos, despliegan fuerzas asombrosas, y se dan por entero á esa sublime tarea, afrontando hasta el fin, con una energía poderosa, el tétrico espectáculo de la muerte. La idea del bien que hacen, las sostiene en el áspero y duro camino que se necesita andar para dar consuelo á los dolores humanos.

Aquella lucha de la vida frágil y sensitiva del tísico, con las garras de la muerte, estaba ya á su fin: y al caer de la noche, Manuela cadáver yá, yacia en el lecho, cubierta todavia su cabeza con la escofia blanca, y con las ropas delicadas con que Madama Morgado la habia vestido al igual de ella. Y como para darle luz y aire la habian traido al principal aposento de la casa, que quedaba inmediato al salon. Madama Morgado se habia retirado con el niño, muerta de cansancio y bastante contristada, á una de las piezas interiores, donde su fatiga y el disgusto la redujeron á una especie de sueño agitado por la congoja y poco tranquilo por consiguiente.

El padre Ureta abrió la puerta del aposento mortuorio que daba al patio, cerró la que se comunicaba con las piezas interiores, dormitó una hora reposado en un sillon; y poniéndose de rodillas en el mas apartado rincon de la pieza, rezaba repitiendo mentalmente el oficio de los muertos de su breviario, mientras traian de la iglesia inmediata los candelabros y los paños para depositar la muerta en su tumba y velarla.

Absorvido así en la contemplacion religiosa de sus oraciones, el padre habia perdido el sentimiento real de lo que le rodeaba, y sus potencias, así como sus sentidos, estaban concentradas en la meditacion de los vínculos que unen á Dios con sus criaturas, cuando al través de la luz opaca y débil que despedia una veladora medio cubierta por una pantalla, creyó ver que entraba en la pieza una forma estraña: y queriendo distinguir mejor lo que era, como si despertara de un sueño, apercibió un bulto con ropas religiosas, que él tomó de pronto por el sacristan ó ministril que traia los mantos del duelo. Pero un momento despues, sin que el otro lo hubiera podido descubrir todavia, el padre Ureta se levantaba aterrado, y daba un terrible grito exclamando:

—¿Desventurado! que haces?....... Asesinas un cadáver!

El hombre ó fraile á quien se dirigia, habia entrado con efecto en puntillas de pié, pero al ver el lecho y la mujer que descansaba en él, se habia dirigido sobre ella con la rapidez de un tigre y desnudando un agudo puñal, se lo habia clavado en el pecho traspasando de parte el cadáver.

—Asesinas un cadáver miserable! gritó otra vez aterrado el padre Ureta; y corrió sobre el asesino con las sublime energía del horror.

—Un cadáver? preguntó el otro desconcertado; y retiró su mano dejando el puñal clavado en el pecho de Manuela.

En esto el padre Ureta le habia ya tomado la otra mano; y poniéndosela con vigor sobre la frente lívida y fria de la muerte.

—Sí! le dijo—un cadáver!... Tócalo hombre bárbaro, hombre inhumano.

Pero, al mismo tiempo q' el agresor, ponia sus ojos sobre el lecho con ávido mirar, para reconocer á la q' habia querido ultimar, repitiéndo—¿Ha muerto?—El padre Ureta le levantaba la capucha que hasta entónces le habia cubierto el rostro, y decia con estupor — ¡Morgado!.....

Comprendiendo entónces cual habia sido el propósito de aquel hombre que todavia no habia tenido tiempo de salir de su error, dió voces para que acudieran los de la casa; y como los soldados que el Director Delegado habia puesto de guardia fueran los primeros á presentarse armados, les dió órden de apoderarse de Morgado, al mismo tiempo que corriendo á la puerta interior en que ya se presentaba la Pepita, la contenia con las manos, haciéndola retroceder hácia adentro y asegurando la puerta con la llave, antes de que ella se hubiera podido dar cuenta de lo que pasaba.

Morgado habia sido sorprendido y desarmado antes de haber salido del asombro y de la sorpresa en que lo habia puesto la muerte y el cadáver de la que habia tomado por su mujer.

El padre Ureta lo hizo llevar á una pieza aislada, donde trincado por los brazos para asegurarse de sus ímpetus, lo dejó estrechamente custodiado por los soldados que lo habian tomado.

De allí pasó á imponerle á la señora de lo que habia ocurrido, y la primera palabra de ella fué:

—Es preciso salvarlo, Padre mio! Déle Vd. escape!... Que no lo tomen los patriotas, por Dios! lo sacrificarán, y seria un eterno remordimiento para mí: la desgracia, la fatalidad, la vergüenza y el oprobio para toda mi vida.

—Gracias, señora! Gracias! esclamó el venerable sacerdote al oirla; y levantó las manos al cielo con el éxtasis de la santidad, agregó—Me quita V. del alma un peso tremendo, y me libra vd. del conflicto mas atroz en q' se haya visto ministro alguno de nuestro señor Jesu Cristo!... Si! salvémoslo señora y démosle escape!

—Pero, cómo? dijo ella con una amarga duda?

—Pues qué esos no son sirvientes de V.?

—Oh nó! Son soldados que el señor De la Quintana ha puesto en mi casa para vigilarme!

—Entónces esperaban á este desgraciado, y le han tendido una trampa?

—Ahora lo comprendo recien!... Se ha hecho engañándome: me hicieron creer que las reuniones de mis amigos habian despertado las sospechas de la autoridad, y que se veian obligados á vigilarme y á custodiar mi casa.

—Santo Dios! entónces está perdido!... y vd. señora... con una inmensa responsabilidad ante el Justo de los Justos por el patíbulo de su marido.

—Oh nó!; padre mio! nó: es indispensable que lo salvemos!

—Pero cómo?

—Padre! V. Reverencia ha visto por sus própios ojos á ese hombre clavar su puñal sobre la que creía que era yó?...... por sus propios ojos?

—Sí: por mis propios ojos, repitió el sacerdote... el puñal está todavia clavado en el cadáver.

—Entónces, Padre, respóndame V. R. con la mano en su conciencia é inspirándose en Dios: Morgado me ha asesinado, y yo he muerto para él. ¿Si ó nó?

—Si, hija mia: tu has muerto para él!... Pero los muertos tienen tambien el deber de interceder y de salvar á los criminales.

—Sí: es menester salvarlo, y lo salvaré! Pero antes, repítame V. R. que yó he muerto para él: que fuera del deber de salvarlo ningun otro deber, ningun otro vínculo me une yá con él! Pronto padre! Piense bien en lo que me va á contestar!

—Los deberes, hija mia, y los vínculos que imponen la virtud son imperecederos!

—No, padre: esa es una evasiva! Yo lo se bien; pero de lo que se trata es de los vínculos que me unian como mujer y marido. ¿Subsisten despues que he sido asesinada?

El padre Ureta reflexionó con gesto severo; y dijo al fin—nó!

—Así lo creia tambien!...... Salvemos ahora á ese hombre!

—Cómo?

—No se esquive V. R. padre de lo que le voy á pedir; pero antes oígame, y créame—estoy pura: no tengo falta ninguna que reprocharme.

—Loado sea Dios!

—Si: loado sea dios, pues que V. P. ha dado crédito alguna vez á las calumnias groseras de los maldicientes; y puesto que estoy pura, no tenga V. P. inconveniente en ir ahora mismo á hablar con Necochea; de seguro que á estas horas lo encuentra vd. en su cuartel—refiérale todo V. P. y conciértese con él.

—Pero señora.... eso es ponernos á merced de un enemigo del hombre que queremos salvar: el coronel Necochea tiene el deber de entregarlo á la autoridad.

—Padre mio: si V. R. no vá, voy yo á pesar del estado en que me hallo!.... Decídase: voy yo!

—No señora! es indispensable, y es mejor que vaya yo.

—Cuanto antes padre Ureta!..... Morgado estaba acechado.... y una hora mas quizás sea tarde para salvarlo.

El padre Ureta se dirigió en efecto al cuartel del 1er. escuadron de granaderos á caballo, y fué introducido al aposento del coronel.

Este tuvo una sorpresa desagradable al verlo y lo recibió con cierta sequedad de maneras, porque se figuró que llevara algun propósito oficioso sobre su amistad con Madama Morgado. Pero cuando se informó de lo que habia ocurrido, dijo—es menester que yo vaya.

El padre se alarmó un tanto y le dijo:

—La señora y yo pensamos que el deber de todos......

—Padre, le dijo Necochea interrumpiéndolo:—no hay mas deberes que los mios; y no estoy acostumbrado á recibir inspiraciones agenas, de clérigos ó de señoras para obrar como debo. Le ruego pues á vd. que no intervenga en lo que yo debo y quiero hacer.

—Entónces, me retiro, señor Coronel.

—Si es á su convento, puede vd. retirarse; pero si es á la casa de Madama Morgado, vd. no puede entrar en ella hasta que yo vaya: y lo invito á vd. á permanecer aquí mientras me apronto.

El padre era altivo: tomó aquello como de muy mal agüero, pero conoció que era una órden del gefe del cuartel en que habia entrado, y se sentó amostazado.

El coronel llamó á su asistente:— Ensílleme usted el caballo, y llame usted al alférez Rojas. Monte vd. cuatro hombres y sígame vd. Padre puede vd. retirarse.

—Yo me iría á mi convento, señor Coronel, si un cadáver no requiriese mis oficios en la casa de ...... mi señora doña Pepita.

—Muy bien, haga vd. lo que guste; y montando á caballo seguido del piquete, se dirigió á la casa de la señora Morgado.

Al llegar lo cruzó en la calle y lo detuvo, dándole la voz de *alto ahí,* el teniente Navarro, que con una compañía del 8 de línea habia tomado las esquinas con mucho sigilo; pero luego que reconoció al coronel, lo saludó con la deferencia debida al rango y á la fama que tenia en el ejército argentino, y le dijo:

—Coronel:—Morgado está dentro de la casa de su mujer, y lo vamos á tomar! Me han ordenado sorprenderlo: parece que hay avisos de que se ha introducido en Santiago; y de que está en casa de la señora.

—Así me lo han dicho tambien…… y voy con la misma intención que vd……. Custodie vd. las calles y la manzana, que yo voy á entrar en la casa.

—Yo tengo órdenes de sorprenderlo.

—Pero yo le ordeno que me deje vd. obrar á mí;--asumo la responsabilidad.

El teniente Navarro se quedó pues en la calle, y el coronel entró en la casa dejando en la puerta el piquete que lo acompañaba, al mismo tiempo que llegaba tambien el padre Ureta.

—Donde está el hombre? preguntó.

—Por aquí—en este cuarto: le dijo el padre abriéndole la puerta del cuarto en que Morgado estaba custodiado y con los brazos atados por detrás de la espalda.

—Desaten Vdes. al señor! les dijo Necochea á los soldados—y retírense. Ellos le obedecieron y se retiraron dejándolos solos.

—Agradezco que Vd. me haga aliviar el tormento; pero no crea Vd. que no sé lo que viene.

—En efecto; poco muy poco tengo que decirle á Vd. Sr. Morgado: le dijo Necochea examinándolo con rapidez y con disimulo.

—Supongo que comenzará Vd. por decirme quien es?

—Coronel Necochea.

—Ah! el dueño de la casa por lo visto!

—Me parece que donde se oculta una persona de las condiciones de Vd., es una casa que pertenece a la autoridad pública:…… Y esta, sépalo vd. se halla rodeada para tomarlo.

—Ya Vd. me tiene!……. Dejo á Vd. y á mi mujer, el honor de mi captura y de mi suplicio.

—Sin embargo, como Vd. no me conoce, y como los instantes son preciosos deseo preguntarle á Vd. ¿De qué acusa á su señora con esa avanzada ironia de que nos deja el oprobio de su captura y de su suplicio? Sea Vd. franco; y hable vd. como de soldado á soldado. Ya vd. vé—estamos solos!

—De haber perdido su honor en los brazos de Vd. y de estar interesado en quitarme la vida.

—Es falso! y con la misma franqueza con que le digo á Vd. que ella ha resistido mis insinuaciones, le he de decir á Vd. tambien que estoy resuelto á insistir, hasta donde lo permite, en estos casos, la discrecion de un caballero: discrecion para con ella, digo, nó para con Vd., cuya persona no considero para nada en mis propósitos. ¿Quiere Vd. saber mas?

—Si estuviera libre, y en condiciones de obrar, ya le pesarian á Vd. esas palabras!

—De Vd. depende!.... Yo lo voy á poner á Vd. en libertad, para que si llega el caso cumpla Vd. su amenaza; nó por los agravios que Vd. atribuye á su señora, sinó por los que yo persisto en hacerle como Vd. debe colegirlo de mis palabras... Quedamos pues aplazados! y para que nos encontremos en mejor ocasion es menester que vd. comience por arrojar ese disfraz.

Morgado, empacado por un momento, hizo un movimiento rápido, y arrojó el trage de agustino.

—Sargento, traiga vd. una gorra!... Cúbrase vd. con ella señor Morgado.... No tiene vd. mas remedio que obedecerme! agregó Necochea sonriendo; pero este no es un servicio ¿eh? es una nueva ofensa entre ambos que no tiene mas fin que el que podamos encontrarnos en un campo mas digno de dos soldados!... Vamos: sígame V.

Morgado obedeció, el coronel hizo montar á caballo el piquete del alférez Rojas, incorporando en él á Morgado, y se puso á andar.

El teniente Navarro salió otra vez á encontrarlo; y le preguntó ¿Lo tomó V. S.?

—No estaba? era falsa la denuncia.

—Pero aquí va un hombre estraño coronel.

—No va nadie que yo no conozca. Y en cuanto á Morgado ya vd. sabe que asumo todas las responsabilidades, y q' veré en el acto al Supremo Director para comunicarle que vd. ha obedecido mis órdenes. Retírese vd. á su cuartel.

Unas cuadras mas adelante, Necochea llamó al alferez Rojas y le dió órden de custodiar á Morgado hasta el punto de la costa que él le indicara, dejándolo enteramente libre despues para que regresara á Talcahuano.

(*Continuará*)

Folletin de "El Nacional" Agosto 8 1882

34

LA
LOCA DE LA GUARDIA

—

XLIV

Un año después, el ejército realista de Chile quedaba destruido para siempre en la célebre batalla de Maipú. Allí fué donde el poder colonial de la España, recibió verdaderamente su golpe de muerte: no solo porque perdió el disciplinado y el mas fuerte de sus ejércitos, sinó porque perdió tambien el dominio del mar Pacífico. Dueños los patriotas despues de esa victoria, de las costas y de los puertos de Chile, armaron la poderosa escuadra que desalojó y que destruyó toda su marina.

El Perú q' era el asiento imperial de la dominacion española y que habia formado el centro de accion desde donde habia mantenido bajo su ley; las posesiones del Sur, y las del Norte en el Ecuador y en Nueva Granada, quedó reducido á la defensiva, é invadido á su vez, por el ejército argentino de San Martin, tuvo que asilarse en las sierras del interior, abandonándonos á Guayaquil y á Quito, donde la famosa victoria de *Pichincha*,[1] le dió á Bolívar tiempo y recursos para apoderarse en la Nueva Granada, y para seguir sus campañas, libre de que las fuerzas españolas del Perú pudieran venir á dar apoyo á los realistas que habian quedado en Colombia, reducidos así á sus propios recursos.

La victoria del 5 de Abril de 1818, fué por eso el triunfo de mayores consecuencias en la guerra de la Independencia sud americana, como fué tambien el resultado de la mas científica y regular de todas sus batallas.

En ellas quedaron prisioneros la mayor parte y los mas distinguidos de los gefes enemigos. Solo dos de ellos salvaron: Osorio por la cauta cobardía con que abandonó el campo de batalla apenas sintió vacilar de su lado la suerte del dia, y el comandante Rodil[2] con ciento y tantos hombres formados, que, tomando una direccion escusada hacia el oriente y distinta de la que habia tomado el grueso de la derrota, logró ocultar su retirada hasta la noche, y ponerse en salvo tomando á prisa el camino de Talcahuano, donde se reembarcó para el Perú.

Los demás quedaron todos en nuestro poder: Ordoñez, que era el hombre entre todos ellos: Primo de Rivera, Morla, Morgado, todos en fin, con cerca de mil setecientos soldados y subalternos prisioneros.

---

[1] **Pichincha**: volcán cercano a Quito, en cuyas faldas se libra la batalla el 24 de mayo de 1822.
[2] **Rodil**, José Ramón Rodil y Campillo: militar español (Lugo, 1789-Madrid, 1853).

Remitidos á la provincia de San Luis, estaban allí confinados, cuando alucinados por la esperanza de fugar y de unirse á las montoneras de Ramirez y de José Miguel Carrera, tramaron una conjuracion que les salió fallida y que fué sofocada en el acto de estallar por el teniente gobernador D. Vicente Dupuy.

En la represion, que fué sangrienta y difícil, perecieron los principales amotinados, y madama Morgado quedó viuda.

Andando el tiempo enviudó tambien el coronel Necochea, y el lazo matrimonial vino á poner final al romance de ambas vidas.

XLV

Ocho años habian pasado.

La República Argentina le reclamaba al Brasil la devolucion de la provincia oriental del Uruguay, que el nuevo imperio pretendia pertenecerle por la ocupacion que de ella habia hecho el gobierno portugués. La guerra habia estallado entre las dos naciones.

Una gran parte de los gefes argentinos que se habian educado en la vigorosa escuela del ejército de los Andes, y que habian ascendido, en esa larga y laboriosa campaña, á los mas elevados grados de la carrera, como Martinez, Olavarria, Braudzen, Necochea, Suarez, Olazabal[3] y muchos otros, regresaban á la pátria buscando un puesto en las filas de la nueva campaña; y unos, despues de otros iban llegando á Chile con la mira de pasar los Andes y de presentarse en Buenos Aires.

---

[3] **Olavarria, Braudzen, Suarez, Olazabal**: Se refiere a José Valentín de Olavarría (Salto, actual prov. de Buenos Aires, 1801-Montevideo, 1845), Carlos Federico de Brandsen (París, 1785-Ituzaingó, 1827), Isidoro Suárez (Junín, actual prov. de Buenos Aires, 1799-Montevideo, 1846) y Félix de Olazábal (Buenos Aires, 1797-Montevideo, 1841), además de Enrique Martínez y Mariano Necochea, antes mencionados en la novela.

Ingrato habia sido para ellos el Perú, é ingrato era tambien Chile en aquellos momentos. El general San Martin habia sido víctima de sus ilusiones. Inducido en error por la gigantezca tradicion que en su tiempo, todavia, hacia de Lima el grande centro imperial de las riquezas y del poder dominante en la América del Sur, se habia figurado que así como para la España colonial, estaba allí tambien para la Revolucion, la solucion de todos los problemas orgánicos creados por la nueva era, y que una vez triunfante allí la causa de la Independencia, allí debia erigirse el asiento del Gobierno general y del influjo político continental, con una brillante monarquia presidida por un príncipe de una casa régia europea, bajo una ley constitucional y parlamentaria.

De ahí su anhelo por consumar la emancipación del Perú, que para él contenia el secreto del porvenir Sud-Americano, y la resolucion de todos los problemas de la Revolucion Argentina.

Figurábase que dueño de Lima y del Perú, nada habria cambiado en la arquitectura social y política de esta parte de la América; y que así como los Vireyes de Lima, aún contra el sentimiento de los pueblos, habian tenido recursos y poder para contener el movimiento revolucionario en Chile, en la República Argentina, y al Norte, era natural que el poder militar de la Revolucion, apoyado por el sentimiento universal de esos mismos pueblos, como lo estaba, tuviera mas poder y mas recursos para hacer la misma obra en el sentido del bien, del órden, del progreso, y de la consolidacion de las libertades constitucionales.

¡Grandioso error de una alma viril, virtuosa y elevada! Pero triste error que debia costarle la amputacion de su gloriosa carrera en el país que le habia dado su sangre, sus tesoros, y hasta los elementos de su propia defensa con otras miras, y con una magnánima generosidad!

Verdad es que todo á su al rededor conspiraba para engañarlo.

La República Argentina estaba postrada y disuelta, no solo por la guerra social de pueblos contra pueblos, de provincias contra provincias, de las masas incultas contra el gobierno político de las capacidades, sinó por que los esfuerzos que habia hecho para sostener la guerra de la Independencia en Chile, en el Pacífico y en el Alto Perú, prodigándolo todo en un campo de batalla que abrazaba todo el sur del continente, habian agotado sus fuerzas regulares y sus tesoros.

Todo contribuia á engañarlo.

Chile no habia encontrado todavia la energia gubernamental y orgánica que debian darle las clases rentadas de su aristocracia territorial. Militarmente era débil; y socialmente era nulo todavia.

El Alto Perú era un embrion donde las razas mezcladas y desmoralizadas, que habia dejado la conquista española y el imperio de los Incas, vivian al azar de los sucesos y completamente desprovistas de espíritu público.

Lima entretanto se mantenia en el prestigio de su imponente pasado. Era el sòlio de los vireyes; y como ROMA en la Italia moderna aparecia á los ojos de la América como la capital histórica y predestinada del nuevo Imperio, como el término donde de todos los esfuerzos y todas las ambiciones debian coronar y consolidar la obra común iniciada á las orillas del RIO DE LA PLATA el Veinticinco de Mayo de 1810.

Pero cuando el ínclito general y sus guerreros creyeron haber alcanzado á las riberas del maravilloso emporio, el miraje desapareció, y no encontraron sinó las ruinas y el desquicio del colosal espantajo que les habia atraido.

Los desengaños comenzaron para todos. Faltó el terreno sólido para reedificar. La corrupcion social tenia minado todo el viejo edificio.

Por ninguna parte se encontraba el espíritu viril, sin el que los pueblos no pueden levantarse á la iniciativa ni construir el centro de un gran gobierno.

El crédito y la poderosa influencia del caudillo que habia tomado sobre sus hombros aquella deslumbradora aventura, sufrió las consecuencias del error comun, y decayó rápidamente, cuando se hizo patente su impotencia para dar debido cumplimiento á sus promesas. Fué en vano que su habilidad y sus virtudes se mostraran mas altas y mas sublimes que nunca. El mal y la desmoralización no tenian ya cura; y agobiado por la anarquía y por la enemistad de los mismos que acababan de ser emancipados por él, tuvo que retirarse, si nó confesando su error, para no pensar al menos en otra cosa que en mostrarse grande siempre pero tranquilo, lejos de la pátria propia y de los países adyacentes que habian sido el teatro de su gloria.

De verse fué la miserable grita que se levantó entónces en el Perú y en Chile contra los argentinos. Se creeria que con sus esfuerzos y con sus sacrificios habian ofendido, mas que los opresores, á los pueblos que habian redimido; (1)[4] y fué entónces cuando los jefes que se habian ilustrado en aquellas campañas, comenzaron á regresar á su pátria, como arrojados de allá por las opiniones dominantes, y sin que nadie les hubiera retribuido á ellos, ó á su país los servicios que habia hecho, las sumas que habia gastado, ni la generosa sangre que habia vertido.

XLVI

En la pieza de una casa medianamente amueblada, se hallaba sentada junto á un brasero alimentada por sarmientos de parra, una mujer enfermiza y decaida, en cuyo rostro surcado por una vejez prematura, se describían los

---

[4] (1) Véase el *Mensagero* de 1826 y 1827.

rastros de una vida agotada. Brillábanle sus ojos negros en las concavidades profundas de las sienes: grandes ojeras les daban por decirlo así, mas luz por el contraste de las sombras, los párpados como cansados de la vida, caian con frecuencia uno sobre otro, y se veia el esfuerzo con que la mujer los levantaba de cuando en cuando, para sacudir la pesadez que se los cerraba. Tenia el pelo recogido hácia atrás; un pañuelo de abrigo, de colores sombrios puesto sobre la cabeza, y las espaldas inclinadas sobre el brasero para calentarse.

—Mire, amiga, le decia otra mujer de aire vulgar pero bondadoso, que la miraba con aquella compasión incómoda con que las gentes que no tienen el criterio de la cultura, dán remedios y consuelos fáciles á los que padecen — Mire, amiga; yo le he traido esta milagrosa imágen de la Vírgen Santísima de Mercedes: Vd. no puede figurarse como es de poderosa y de milagrosa! Si Vd. le pone dos velas de cera, de las que hace el padre Fray Emeterio, y que se venden á cuatro reales cada una en la primera tienda de los postales, y si vd. la besa por la mañana, á medio dia y á la noche, en lugar de tomar ese veneno que le dan los médicos, que no saben otra cosa que matar, vd. sanará al instante, porque no hay remedio ninguno que salve sinó ayudado por los milagros de Dios y de la Vírgen.

La enferma la oía con paciencia y con dulzura, pero evidentemente sin darle crédito: y como la otra insistiera sin querer tomar en cuenta lo que en estos casos impone la buena crianza:

—Bueno, doña Maria! le contestó: déjeme vd. su Virgen.

—Aquí está! Se la voy á colocar á vd. sobre esta cómoda; y guarde vd. por ahí en algun rincon ese otro cuadro de la virgen del Cármen, del que vd. no ha de sacar nada. No se olvide amiga querida de las velas! es necesario que las tenga vd. encendidas siempre, y que ponga una tras otra hasta que se mejore. ¿Quiere vd. que le haga traer una docena?

—Como vd. guste Da. Maria.

—Yo veo que vd. no tiene fé; pero ya verá vd. lo q' es esta mi vírgen! Es tan milagrosa, que no hay nada que ella no obtenga del Señor; porque el Señor le tiene un cariño particular. Ya le he contado á vd. el milagro que le hizo á mi hermano, cuando le dió ella de chicotazos en la cara al verdugo ó al alcalde que lo queria tratar como asesino. Vd. sabe muy bien como apareció *Bernardito* cuando se lo llevaba robado la Morgado. Los patriotas iban persiguiéndola. Los herejotes de los argentinos habian equivocado el camino..... pero D. Antonio, mi compadre, el arrendatario de la posta de *Prado*, vió bajar del cielo á una nube blanca como la nieve q' se puso á correr por los cerros á una banda de foragidos realistas y á una mujer que llevaba robado á un niño. En cuanto la vírgen vió á mi compadre estiró la mano y le señaló á los ladrones. Así fue que mi compadre corriendo sobre ellos con sus peones, los alcanzó y los entregó á los otros tontos que ni sabian por donde andaban....[5] ¿Vd. lo sabia amiga?

—Recien lo oigo Da. Maria.

—Pues mire vd., no hay quien no lo sepa!... Anoche no mas, decia en casa que él mismo lo habia visto, y que era verdad todo, un sargento que ha venido de Lima, con su coronel, y que fué á casa llevado por mi hermano que lo conoció mucho cuando estaba aquí su regimiento...... ¿Y si Vd. no lo cree, yo se lo voy á traer á Vd. para q' tenga fé en esta Virgen...... ¿Cómo es que se llama, señor?.... ahora no mas he de dar!...... Ahora ha de estar en casa: se llama........ se llama....... Es muy buen hombre!........ Ah! ya sé, ya sé!........ Se llama Ontiveros!

---

[5] Dado que el lector conoce los sucesos tal cual han acontecido, puede reconocer la ironía del autor implícito respecto de lo que él considera falsedades en torno a las prácticas religiosas.

—Ontiveros! esclamó la enferma echando á la espalda el pañuelo que la cubria, y como si la chispa eléctrica la hubiera conmovido al contacto de este nombre con su alma.—Ontiveros?....... Dónde está doña Maria!....... Quiero verlo!...... Hágame Vd. el gusto de traérmelo ahora mismo!....... Busquelό Vd. y traígamelό.

—Vea Vd. Da. Teresa si es milagrosa mi Vírgen! ya comienza á hacer de las suyas!...... ¿Cree Vd. ahora ó no cree Vd.?...... Cuando yo se lo he dicho q' la ha de sanar!...... y eso que todavia no le ha puesto Vd. las velas...... No se altere Vd. que eso no es bueno estando tan débil. . . Sí, sí: voy á traérselo á Vd!

En efecto hacia tres ó cuatro dias que Ontiveros estaba en Santiago, de paso para Buenos Aires, siguiendo al coronel D. Roman Antonio Deheza que se proponia pasar á continuar sus servicios en la guerra contra el Brasil.

XLVII

La enferma habia tenido tiempo de calmar la violenta agitacion en que la habia puesto la noticia de la llegada de Ontiveros, pero los instantes le parecían siglos.

Ontiveros llegó al fin y fué introducido al cuarto de la enferma. *Gaucho* de nacimiento y sagazísimo y disimulado como todos los de su clase, conoció al instante á la enferma, pero no dió la menor señal de ello. Al verse dentro de un cuarto que denotaba decencia y cierto bien estar en la familia ó gente que lo ocupaba, se mantuvo parado al lado interior de la puerta por donde habia entrado, haciendo girar su *gorra de manga* entre los dedos de las dos manos con aire humilde y un tanto encogido, que mas bien venia de lo singular de la situacion y de los recuerdos, que de su timidez verdadera.

—Míreme bien Ontiveros! le dijo la enferma. —¿Vd. no me ha conocido?

—¿Cómo nó, niña?...... Pero está muy cambiada:. . . . . y mas *estropiadita* que antes!

—¿Y quien soy yo? Véamos.

—¿Cómo diré pues, niña?.. . . No la conocí allá en la *Guardia*?..... O será alguna hermana suya?

—¿Pero quien soy yo, pues?

—V. S. era...

—La *Loca de la Guardia* no es verdad?

Ontiveros se sonreia haciendo girar su gorra entre sus manos con mas y mas rapidez.

—Siéntese Ontiveros! que usted no puede figurarse el gusto que tengo de verlo, y las gracias que doy al cielo de que me haya dado este gusto antes de morir.

—Y yo tambien, niña! tengo un gran deleite en verla asi acomodada en su casita, y

—Me han dicho que en aquel tiempo yo estaba muy enamorada de usted. ¿Es verdad?

—Que sé yo niña? Se ven cosas tan raras en la guerra!... Y como usted no estaba en su juicio!

—Pero ahora estoy para decirle que usted ha sido mi salvador, y que quiero mostrarle toda mi gratitud; porque á nadie en el mundo le debo tanto como á usted, no ha pasado un momento sin que lo haya tenido en mi corazon y en mi memoria! Venga para acá y déme la mano.

La Loca de la Guardia le tomó las dos manos al sargento. Se las estrechó con toda la espontaneidad de una profunda gratitud, y le dijo—como le ha ido?

—Mal niña! despues de tanto servir y padecer, andamos peregrinando y pobres como siempre. Ahora vamos contra el Brasil.

—Gracias al cielo! que yo puedo aliviarle su pobreza. Algo de lo que era de mis padres he recojido...

—Cuanto me alegro niña!

[—]Y lo he llamado á vd. para rogarle que me traiga á su coronel. Vd. sabe que ya nos conocemos con él. Quiero arreglarme para q' le abonen á usted donde quiera que esté una pension de doce pesos mensuales, durante todo el tiempo que usted viva; y ahora tome estos doscientos pesos para su viaje. En Buenos Aires, aquí, ó en otra parte, recibirá usted su pension.

Ontiveros no sabia que decir: tenia los ojos llenos de lágrimas.

En esto entró vivo y travieso un niño como de diez á once años, que tiró unos libros que traia de la escuela, y que se puso á revolver unas gabetas con todo aturdimiento.

Sin parar mucho la atencion en el, la enferma le preguntó á Ontiveros: ¿Y en todo este tiempo no se ha acordado de preguntar por mi?

—Si niña! Pero solo una vez me dijeron que V. S. habia sanado del balazo que le pegó.

—No diga mas Ontiveros!... Estoy arrepentida de mis venganzas, pero... usted sabe que yo estaba loca! y quien le dió á usted noticias de mí?

—Las tuve cuando llegó desterrado á Lima el señor General Don Bernardo O'Higgins.

El niño se dió vuelta sorprendido; miró á Ontiveros y levantando la mano, gritó en tono de proclama:

—¡Viva mi padrino el General Don Bernardo O'Higgins! . ¡Viva Chile!

Y saltando por sobre una silla que habia derrumbado al dar este grito, salió de carrera como un potro que salva las palizadas del corral.

—Pues! cómo nó (dijo Ontiveros entre dientes) – Viva Chile!... Ya estaria bien vivo Chile, si no hubiese sido por D. José y por nosotros.

Teresa miró al sargento argentino con cariño—Son cosas de la escuela, Ontiveros (le dijo). Pero yo haré que sea grato cuando crezca y pueda comprender lo que ha pasado.

FIN

ANEXO II
HISTORIA DE LA REPÚBLICA ARGENTINA (FRAGMENTO)

Fuente: López, Vicente F. 1888. *Historia de la República Argentina: Su origen, su revolución, su desarrollo político hasta 1852.* Buenos Aires: Carlos Casavalle Editor, Imprenta de Mayo.

Tomo VI, cap. XI: "Los argentinos pasan los Andes y libertan á Chile" [646-714][1]

[674]
[...]
Las Heras conocia perfectamente el terreno que llevaba, pues como vimos antes, habia estado acampado y habia operado en él todo el invierno de 1814, y parte del verano de 1815. Presumia pues que los Realistas tendrian ocupado el punto avanzado de la *Guardia Vieja*, y tenia grande interés en apoderarse de toda la guarnicion que hubiese allí para que no diesen noticia anticipada de su aparicion. Pero ignoraba el número y la calidad de la fuerza enemiga que guardaba el punto; y se aproximaba con infinitas precauciones para que todos los momentos de su marcha concordaran con sus instrucciones.

---

[1] Se transcriben solo los pasajes de este capítulo relacionados con la trama de la novela.

En la noche del 2 de Febrero, la avanzada /[675] del núm. 11 que mandaba el teniente don Roman Deheza, le trajo una mujer como de veinticinco años que acababa de introducirse en esa avanzada sin saberse como y que parecia lunática ó loca por la extravagancia de sus miradas y de las señas con que parecia querer indicar un peligro cercano, ó la direccion preferente de los caminos que señalaba. La primera sospecha fué de que era espía del enemigo; y se tomaron todas las precauciones del caso. Pero puesta ella en presencia del principal guia de la division D. Justo Estay (un chileno del Sur) expertísimo vaqueano de las cordilleras y de Chile, se arrojó á sus brazos con estremos que revelaban una naturaleza delirante, y fué reconocida como perteneciente á una familia de Rancágua, que habia sufrido todos los horrores del asalto, y que se habia enloquecido por el exceso de espanto y de las tropelias que habia sufrido. Estay habló largamente con ella, y aún cuando divagaba en lo que á ella se le ocurria, contestaba asertivamente y con excelentes detalles á las preguntas que se le hacian; de manera que Las Heras y los vaqueanos pudieron fijar bien sus ideas, para sorprender la fuerza enemiga que custodiaba el punto[2] (6)[3]. /

---

[2] [Episodio desarrollado en A y en B, caps. V-VII].

[3] (6) Aunque desde mucho tiempo antes conocia yo por las narraciones de mi íntimo amigo el ge-/[676, n.]neral Deheza esta anécdota, que me habia confirmado tambien el general Las Heras, no me habia atrevido á darle carácter histórico por no haber tenido el cuidado de haber recogido una carta ó noticia comprobante. Pero una singular casualidad me ha servido para tenerla. Una broma de sociedad y una apuesta, me echó en la divertida necesidad de improvisar un romance, y tomé por tema la anécdota de—*La Loca de la Guardia* que publiqué en 1883 en el folletin del *Nacional*, sin mi firma, pero prometiéndome firmarla asi que tuviese tiempo de rehacer el lijero esbozo *que dia á dia había mandado á ese diario, á medida que lo escribia,* y de darle una forma literaria mas acabada. Me encontré entonces casualmente con el respetable anciano D. Félix Pico, uno de los hombres que goza de mayor aprecio en nuestro país y cuya palabra vale en todo como escritura pública, y me dijo—"Hé leido con mucho gusto el folletin de la *Loca de la Guardia*, que segun me han dicho, es de su hijo de V., D. Lucio Vicente; y dígale que yo tambien sé mucho de esa muger por los oficiales del Ejército de los Andes que conocí en la campaña del Brasil". Despues de algun tiempo me pareció interesante recoger

[676]

1817   Febrero 4
Los realistas habian fortificado el puesto con bastante esmero, pero como no pensaran, ó no supieran que podia practicarse una áspera cerrillada que formaba una espalda á su derecha, no /[677] habian previsto que pudiera venirles un ataque por ese lado. El día 3 hizo Las Heras que el Sargento Mayor don Enrique Martinez, con 30 /[678] *Granaderos* á *caballo* y 50 fusileros atacase de improviso la *Guardia Vieja* por uno de los puntos en que era accesible; pero tomando en cuenta los datos que les habia dado *la Loca*, corroborados por tres prisioneros que habia sorprendido y tomado á la distancia cuando andaban recogiendo leña, mandó 20 infantes del N°. 11, al mando del

---

su testimonio, y se lo pedí por intermedio de su nieto el capitan de la Armada Nacional D. Félix Ponsati. He aquí su contestacion—"Sr. D. Vicente F. Lopez—Casa de V., Santa Fé núm. 1.060.—Noviembre 21 de 1887—Muy estimado Señor: Mi nieto Félix Ponsati me ha dicho que se ha empeñado V. en que le comunique lo que sepa yo de la famosa *Loca de la Guardia* que hizo servicios distinguidos á las tropas Argentinas que invadieron á Chile. Yo no /[677, n.] sé mas que lo que nos contaba el coronel don Ramon Dehesa (debe decir Roman) en nuestro ejército que invadió el Brasil á fin del año de 1826, siendo yo ayudante mayor del Regimiento de Artilleria, muchacho de 16 años y el mencionado coronel Jefe de Estado Mayor del Ejército Argentino. Nos contaba que aquella loca vivia en las breñas de la Cordillera de los Andes, y que ellos ni sabian sus guaridas; pero siempre que partidas españolas venian por los Andes, á batir, ó sorprender á los patriotas, la loca era la primera que se presentaba á avisar á estos la venida de los....: daba un nombre clásico á los Españoles que francamente no puedo recordar, pues hace la friolera de 60 años que Dehesa nos contaba esta aventura. Era una mujer singular, patriota exaltada; pues su extravío mental procedia de malos tratamientos de los Españoles á ella. Jamás dejó de presentarse en esas emboscadas y acompañar las partidas patriotas aún en los tiroteos; extraviada su mente en todo, menos en las cosas de la patria. Era muy estimada y protegida por los oficiales y soldados patriotas pues les hacia remarcables servicios. Creo recordar que cuando el ejército pasó los Andes, tambien se presentó y siguió el ejército. Por la noche nadie sabia donde estaba, pero cuando tenia que comunicar algo á los patriotas se presentaba antes de la diana á avisarles. Todos la respetaban. Esto es, Sr. Dr. Lopez, lo único que sé de esta benemérita mujer. Saludo á V. con mi consideracion distinguida—Félix Pico (padre)". Autorizado con este testimonio que acredita las noticias que á mí tambien me habian referido los generales Deheza y Las Heras, las he puesto en las páginas á cuyo pié va esta nota. [Nota del autor] [La carta de Pico es incluida en A, en la "Explicacion del editor", firmada por C. C.]

teniente D. Juan Apóstol Martinez dirigidos por el vaqueano Antonio Cruz y por *la Loca*. Esta, (7)[4] dirigió la partida con una destreza notable, inclinándose á la izquierda. Iban en marcha cuando el nutrido tiroteo que sintieron á la derecha les hizo conocer que habia comenzado el ataque; por mas que apresuraron el paso no pudieron aproximarse sino despues de largo tiempo; pero entonces se dejaron ver sobre una eminencia desde donde podian hacer un fuego mortífero sobre el centro del reducto; de modo que los realistas atacados y diezmados por el frente y por los fusileros que dominaban el barranco se vieron forzados á buscar abrigo en las paredes de las habitaciones y de los ranchos. Los argentinos saltaron entonces, unos por las trincheras, y otros descolgándose por ese barranco, y se hicieron dueños de todo antes de anochecer[5] (8)[6].

El mismo dia 4 el Mayor Arcos sorprendia tambien la guardia de *Achupallas*, con mucha menos resistencia. Con esto quedaba franqueada la bajada por *Piuquenes* y el bravo é impetuoso General Soler tomando entonces la Escolta del General en Jefe y dos Escuadrones de *Granaderos*, se adelantó dando órden á la infanteria que lo siguiese de prisa; y se situó en las bocas del valle de *Putaendo*, el dia 6 de Febrero á las nueve de la mañana.

Dos horas despues reunida allí toda la vanguárdia, montó cinco piezas de montaña con una actividad asombrosa: tomó posiciones en la hacienda del *Tártaro*: reunió como 300 caballos, y con ellos hizo avanzar los dos escuadrones de *Granaderos*, uno á las órdenes del comandante

---

[4] (7) Segun la Narracion del Sr. Dehesa. [Nota del autor]
[5] [Lucha novelada en A y B, cap. VIII]
[6] (8) Sin hablar de muertos y heridos quedaron 49 realistas prisioneros, dos oficiales, 3,000 cartuchos, 57 fusiles, 10 tercerolas y grande acópio de víveres. Cuando /[679] concluyó la accion fué en vano buscar á *la Loca*, y como no estaba entre los cadáveres, á pesar de que la habian visto en medio de la refriega se creyó que habia desaparecido; y en efecto no se le volvió á ver en los dias inmediatos. [Nota del autor]

Melian que fué á ocupar la villa de *San Antonio de Putaendo*; y el otro, á las del comandante Necochea que adelantó hácia San Felipe de *Ackon-Kahuac*[7] capital de la provincia, por el camino de las *Coimas*. Los informes de la invasion que le venian de todos lados al gobernador de la provincia coronel Atero, eran tales que lo ponian en confusion sobre el punto que mas le convenia defender. Algunos de los fugitivos de la *Guar-*/[680]*dia Vieja* llegaron á *Santa Rosa* al dia siguiente introduciendo una profunda alarma cuyos écos llegaron á oidos de Atero en la mañana del dia 6. Se preparaba á salir con su fuerza en la direccion de *Santa Rosa* cuando llegaron á *San Felipe* los fugitivos de *Achupallas*, y los del *Valle de Putaendo*, que lo daban ya como ocupado por los argentinos. Pero en ese mismo momento, llegaba uno de los prisioneros de la *Guardia*, trayéndole una nota del Coronel Las Heras en que le proponia el cange de los prisioneros que acababa de hacer por algunos soldados del N°. 11, que los realistas le habian tomado en una escaramuza anterior, y señalándole para la entrega y recibo de unos y otros el punto de *Picheuta* que quedaba muy adentro de la Cordillera, y que hacia suponer una retirada. En efecto, al remitir y despachar al prisionero, Las Heras habia simulado los movimientos de un retroceso. Pero á un intèrvalo conveniente volvió á tomar la direccion de *Santa Rosa* para estar sobre el punto el dia 8 como se le tenia indicado. Al recibir la nota de Las Heras y la noticia de la retirada, Atero supuso que aquel ataque no hubiera tenido mas objeto que llamar su atencion por aquel lado; y como creyera que el peligro mas grande aparecia en *Putaendo*

---

[7] **Ackon-Kahuac**: Aconcagua. Según el propio autor: "*Ackon* (peñazco) Kahuac (vigia ó mirador, el que mira.) En el idioma se consigna tambien la tradicion del tiempo en que el *Aconcagua* de ahora era un volcan en ignicion, por que la palabra compuesta *Ushupa-Llacta* (Uspallata) significa *Region de Cenizas*, ó lava volcánica; á lo que la *Provincia de Aconcagua* debe indudablemente su mentada feracidad" [1888: VI, 667, n.].

se adelantó con su fuerza hasta las Coimas. El dia 7 por la mañana se puso á la vista de Necochea: éste comenzó á replegarse á Putaendo, procurando tomar poco á poco / [681] el camino del Valle y su llanura; el otro, dejando su infanteria en los cerros sacó su caballeria y comenzó á picar vivamente la marcha de los patriotas hasta que en el momento oportuno dieron estos frente y sablearon de tal manera á los enemigos que quedó fama de la tremenda carga con que los exterminaron. Se distinguieron mucho en este bizarro encuentro los capitanes don Manuel Soler, hermano del Mayor General—y don Angel Pacheco que dirigieron las dos alas de la carga. (9)[8] La infanteria enemiga se mantuvo inmóvil en los cerros. Pero pasado medio dia se le vió ponerse en retirada. Atero cargó con todo lo que podia arrastrar, abandonó la provincia, y tomó como á escape el camino de Santiago. Era que acababa de saber que la gruesa division de Las Heras amenazaba seria-/[682]mente el camino de *Santa Rosa*, poniéndole en riesgo de que se corriese á la cuesta de Chacabuco y le dejase cortado sin otra alternativa que capitular ó rendirse. Ocupada la provincia de *Ackon-Kahuac* por el general Soler, llegó al dia siguiente la 2ª Division al mando de O'Higgins, y el cuartel general. Pero el general no tenia noticias de Las Heras, que esperaba absolutamente necesarias para marchar inmediatamente á la cuesta de Chacabuco, que era su gran deseo en este momento.—"Mi amigo: todo el ejército está en esta (le escribia) y solo faltan las noticias

---

[a] (9) Dice Barros Arana (sin que tengamos nosotros como abonarlo) que—"Los derrotados de las Coimas llegaron á San Felipe á las 11 del dia 7. Atemorizados todavia por los estragos de la derrota, contaban que habian sido atacados por una numerosa columna de jinetes armados de unos sables tan largos y afilados que era imposible poderles resistir. Segun ellos, toda la caballeria realista de Chile no habria bastado para contener el ímpetu de los granaderos insurgentes", vol. III, p. 407. La carga fué brillante y tuvo fama en efecto, pero no podemos admitir que ningun militar español haya incurrido en esas exageraciones, ni salido, en todo caso, de aquellos límites que son permitidos aún en el caso de elogiar á los enemigos que lo merecieran. [Nota del autor] [La cita es precisa. V. Barros Arana 1857].

de V. Ahora mismo salen partidas á Chacabuco: deme noticias de V. pues esta noche nos moveremos para el dicho Chacabuco, pero venga una relacion suscinta y pronto de todo.—Su amigo.—San Martín."

Inmediatamente le contestaba Las Heras:—"Mi general: Su amigo entró hoy en esta poco antes de recibir la suya. Martinez anda ya tiroteando á los enemigos en Chacabuco. Mi tropa está á pié y cansada; pero diga Vd. lo que quiera y marcharemos." A las siete de la tarde del mismo dia 8 volvia Las Heras á escribirle al general y le decia: "Mi segundo el Mayor Enrique Martinez acaba de retirarse de media falda de la cuesta de Chacabuco donde ha batido y deshecho una guerrilla enemiga". Ademas de esto Las Heras habia tomado en *Santa Rosa* seis mil cartuchos de fusil, sesenta caba-/[683]llos, un pequeño parque con bastantes municiones y grande acopio de víveres. De modo que en el mismo dia y hora en que la vanguardia, la 2ª división y el cuartel general entraban en *San Felipe*, el Coronel Las Heras ocupaba con la suya a *Santa Rosa*, cubriendo así el flanco izquierdo del cuerpo principal. Todo habia marchado pues admirablemente bien; y en el mismo dia y en las mismas horas se habia cumplido el plan del general San Martin en sus mas ínfimos detalles y previsiones.

El general, y con razon, consideró este resultado como una espléndida victoria. Nada tenia ya que temer sino la suerte de la batalla próxima en que las probabilidades y las ventajas estaban ya de su parte. El enemigo habia sido completamente sorprendido, y todos sus aprestos de resistencia debian naturalmente resentirse de la falta de cohesion en sus movimientos y del aturdimiento completo en que tenia que ocurrir á contener al invasor. Así fué que desde allí dató San Martín sus primeras comunicaciones al Supremo Director de Buenos Aires.—"El tránsito solo de la Sierra ha sido un triunfo. Dígnese V. E. figurarse la mole de un ejército moviéndose con el embarazoso bagage de subsistencias para un mes, armamento, municiones y demas adherencias por un camino de cien leguas y cortado por cuatro cordilleras." Despues encómia la intrepidez de Necochea cuyo *mérito especial* reco-/[684]mienda diciendo—"cargó sable en mano y todo lo desbarató por su frente, abriendo la provincia entera delante del ejército." Grandes elogios hace de la *distinguida cooperacion*, del acierto y de la competencia del General Soler.—"El ejército (dice) ha descendido á pié. Los 1,200 caballos que traia para maniobrar, no obstante las herraduras y otras mil precauciones, han quedado inutilizados. Mañana (9 de Febrero) salgo a cubrir la Sierra de Chacabuco y demas avenidas de Santiago. (10)[9]

En efecto, despues de un breve descanso, la Division Las Heras bajó de *Santa Rosa* y se incorporó al cuerpo principal de San Felipe en esa misma noche del 9. Allí entregó el Parque, los cañones, las cureñas y todo el material de su servicio que habia traido por retaguardia á lomo de mula; y como ese camino era el que debia servir para la retirada del ejército en caso de un contraste[10], habia dejado en él paraderos bien distribuidos, con víveres, abrigos, municiones y armas que aseguraban una perfecta defensa. Horas de febril actividad fueron aquellas; pero todo se hizo, y todo quedó bien hecho. Se puso la artilleria en sus montages,

---

[9] (10) Gaceta Ext. del 20 de Febrero de 1817. [Nota del autor] # La primera es casi textual (excepto en "para quasi un mes"), pero la segunda es un resumen de este original, con algunas variantes: "cargó sable en mano con tanta bizarría, que desordenó al enemigo, é hizo poner en precipitada fuga, consiguiendo sobre él las demas ventajas que detalla el parte num. 2 [...]. En fin el enemigo ha abandonado absolutamente toda la provincia replegandose á Santiago. [...] El exército ha descendido á pie. 1200 caballos que traia con el fin de maniobrar con ellos, no obstante las erraduras y otras mil precauciones han llegado inutiles. [...] Mañana salgo á cubrir la sierra de Chacabuco, y demas avenidas de Santiago". "Oficio del General de los Andes al Exmo. Sr. Director", datado por San Martín en San Felipe de Aconcagua, 8 de febrero de 1817 [*Gaceta de Buenos Aires*: V, 43-46].

[10] C4: contratiempo

se montó la caballeria en excelentes caballos tomados en el terreno mismo; y se proveyó al sol-/[685]dado de cuanto era indispensable para marchar y dar la primera batalla.

Reinaba por supuesto grande alarma con los apuros consiguientes en Santiago. Los realistas no habian supuesto jamás que San Martin hubiese de tentar siquiera su paso por sobre el macizo ó contrafuerte de *Ackon-Kahuac* y amenazar la capital con un ejército en forma. Antes de verlo, nadie hubiera presumido ni tomado á lo sério semejante desatino; y como lo natural, lo único posible, segun ellos, era que en caso de invadir entrara por el Sur habian escalonado sus tropas en ese sentido con bastante acierto y prevision. En Santiago, y en sus inmediaciones, habian concentrado una fuerte reserva de 2,000 á 2,500 hombres, compuesta de sus mejores cuerpos. Valióles eso: que si nó, no habrian podido ocurrir á la defensa de la cuesta de *Chacabuco*. Esta reserva debia servir de punto de concentracion avanzando al Sur é incorporando los demas cuerpos, escalonados desde *San Fernando* á Talca, a medida que la supuesta invasion por los boquetes de ese extremo se internase en el país. Ahora era indispensable trastornar de pronto, y completamente, ese órden de cosas: dar vuelta el frente al lado contrario; y lo que antes se habia hecho retrocediendo estratégicamente hasta el punto de concentracion general, era menester hacerlo ahora /[686] con una marcha precipitada y confusa en sentido contrario, sin mas combinacion que á quien llegue primero, y con el grave inconveniente de que los cuerpos mas cercanos, en los apuros del movimiento gastasen sin órden los medios de movilidad de que iban á necesitar los mas lejanos para llegar oportunamente al punto del peligro. La invasion se habia ejecutado pues sobre la retaguardia de las columnas, descargando su golpe sobre la capital: centro de todos los recursos del enemigo; y roto el plan primitivo, es facil hacerse una idea del conflicto en que se hallaba Santiago y del apuro con que la guarnicion debió salir á toda prisa á defender la cuesta de *Chacabuco*, que era ya el único punto de importancia que el ejército argentino tenia que dominar para hacerse dueño de la capital, y con ella el resto del país hasta las márgenes del BioBio.

La derrota de las COIMAS y la pujanza de los *Granaderos* de Necochea habia hecho tal impresion, que el mismo presidente Marcó del Pont con otros muchos de sus mas allegados cortesanos dieron todo por perdido, y comenzaron á remitir sus equipajes á Valparaiso con órden de embarcarlos en el *Justiniano*, buque de la real hacienda anclado á la sazón en ese puerto.

Este vergonzoso apuro por huir mostraba bien el grado de sorpresa y de miedo en que /[687] había caido el gobierno de Chile. Pero, como algo era preciso hacer, Marcó del Pont nombró Comandante General de las fuerzas realistas al general Maroto, coronel titular del regimiento de *Talaveras*; y las tropas que pudieron reunirse en la capital salieron á sus órdenes á cerrar el paso á los argentinos, dejando órdenes apremiantes de que los cuerpos que quedaban escalonados hácia el Sur retrocediesen á toda prisa á concentrarse en el punto amenazado. (11)[11] Se logró así oponer á los invasores lo mejor de las tropas de ocupacion, con la única escepcion del coronel don Manuel Barañao, porteño renegado que no pudo llegar á tiempo. (12)[12] Pero se pusieron en línea con escelentes y aguerridos soldados, Elorreaga, Marqueli, Sánchez, Quintanilla, Morgado, Calvo y otros al mando de los *Carabineros* de *Abascal*, de los *Talaveras* del *Chiloe*, del *Valdivia*, de los *Dragones*, en número de

---

[11] (11) El general Maroto era el mismo que mandaba en jefe el Ejército de *Don Cárlos* en las Provincias Vascongadas, y que hizo el famoso *Convenio* de Vergara con los cristinos. [Nota del autor]

[12] (12) Don Manuel Barañao era nacido en el pueblo de las *Conchas*, y ardiente partidario de la causa del rey. Se habia hecho el mas temible y emprendedor de los coroneles del Ejército Realista de Chile. [Nota del autor]

2,400 á 2,600 soldados. El general Maroto salió de Santiago el dia 11: llegó á la Hacienda de Chacabuco en la tarde y trató de disponer sus fuerzas con la idea de /[688] subir á coronarla en la mañana siguiente, pero comprendiendo la importancia de asegurarse de la altura, mandó que los *Talaveras* se colocasen inmediatamente en ella.

Por su parte, el general San Martin tenia la misma intuicion y grande interés en no dejarse ganar de mano. Bien informado de la topografía de aquella region, dividió al ejército en dos cuerpos: combinando un hábil movimiento de flanco con el uno, y de frente con el otro; que siendo ejecutados con precision y con armonia debian darle una victoria segura. Puso la division del ataque por el frente a las órdenes de O´Higgins, recomendándole seriamente que no comprometiese á fondo sus armas hasta no tener evidencia de que el flanco izquierdo de la línea enemiga se hallaba amenazado por la otra division que debia marchar circunvalando los cerros de su derecha para caer sobre ese flanco del enemigo.

Esta division que llamaremos la *Division flanqueadora*, fué puesta a las órdenes del general Soler y del Coronel Las Heras—los mejores y mas expertos jefes con que contaba el ejército— por ser ella la que iba á desempeñar el movimiento capital de la jornada. El general en jefe quedó á la cabeza de la reserva, en aptitud de ocurrir á donde su presencia se hiciera indispensable para el cumplimiento de las órdenes é instrucciones que habia repartido. / [698]

El general Soler debia iniciar su movimiento por la derecha, dos horas antes que el cuerpo del centro acentuase el suyo por el frente. Llegando á colocarse al flanco izquierdo del enemigo debia converger á su izquierda y flanquear la cuesta, donde se suponia que el enemigo tendria su línea de defensa. Pero, si en vez de esto descubria que el enemigo estuviese solidamente establecido en el caserío de la

Hacienda y con la mira de defender la estrecha garganta que dá entrada á los valles de la capital, debia el general Soler continuar su marcha por los cerros del mismo costado y ejecutar la misma operacion descendiendo sobre el flanco de los realistas para que la Division del centro al mando de O'Higgins formalizase entonces el ataque de frente.

La Division del general O'Higgins se componia de los regimientos N° 7 y 8, dos piezas de montaña y tres escuadrones de *Granaderos á caballo* al mando del coronel don Matias Zapiola. La Division flanqueadora llevaba el N° 1 (*Cazadores de los Andes*) á vanguardia al mando del comandante R. Alvarado; el N° 11 (los antiguos *Auxiliares*) las compañias de Cazadores del 7 y del 8, siete piezas de montaña, y el 4° escuadron de *Granaderos á caballo* al mando de don Mariano Necochea. Por la clase y por el número de su fuerza se vé bien que en ella estribaba toda la importancia estraté-/[690]gica de la batalla; y que la del centro debia influir solamente como amenaza apremiante para disfrazar el gran movimiento de flanco que era el decisivo. Esta habilísima combinacion del general en jefe estuvo á punto de fracasar por la poca inteligencia y excesivo ardimiento del general O'Higgins. Entrada ya la noche del dia 11 de Febrero, el Ejército Argentino vino á acampar al pié de la cuesta, sin que los enemigos hubiesen podido descubrir en la tarde la posicion que ocupaba. Sin saber como, y á pesar de toda la vigilancia que se observa en estos casos, apareció en medio de los soldados del número 11 la singular mujer que tanto los habia servido en el ataque a la *Guardia*. Las Heras informó al general Soler de sus antecedentes; y este la envió escoltada al general San Martin. Súpose por ella, o por lo menos corroborándonse las noticias que ya se tenian de que los realistas se habian fortificado en la angostura donde estaba el Caserío de la Hacienda, y que solo tenian avanzado en la cuesta el regimiento de *Talaveras*. Contestó á cuanto se le preguntaba sobre los caminos que podian practicarse, y tanto el general O'Higgins como los guias y otros oficiales chilenos abonaron sus informes. El general en jefe la devolvió á la division Soler, y este la mandó á vanguardia con los guias y orden de *observarla* (13)[13]. A la una de la noche /[691] (a. m.) se dió órden de comenzar los movimientos. Los soldados dejaron las mochilas al pié de la cuesta sin llevar peso ninguno que pudiese fatigarlos. La Division Soler entró á esa hora por los cerros de la derecha; y á las tres y media (a. m.) la Division de O'Higgins emprendió paulatinamente la ascension de la cuesta. El camino de la primera era difícil y de una marcha muy embarazosa; pero asi que el N° 8 mandado por el comandante Cramer comenzó por el frente el fuego de guerrillas sobre los *Talaveras*, asomaron por la izquierda de estos las cabezas de las columnas del N°. 1° y del 11; y los *Talaveras* en peligro de ser cortados, se plegaron á la posicion que tenian los suyos en el bajo de la Hacienda. Fué entónces que el general O'Higgins, perdió[14] el tino del mando que debia haber observado y, sin recordar las órdenes del general en jefe (o violándolas de su cuenta) hizo ascender toda su columna en prosecucion de la marcha que habia hecho el N° 8. Esto mismo no hubiera sido tan censurable, si se hubiese limitado á ocupar la cuesta y hacer movimientos de descubierta para conocer bien la posicion enemiga. Pero él, sin esta indispensable precaucion, sin esperar los movimientos de la division flanqueadora y te-/[692]miendo solo que otro le arrebatase un triunfo que creia fácil con solo atropellar, descendió la cuesta como un torrente y fué á estrellarse contra los cuerpos realistas, harto fuertes y expertos para

---

[13] (13) Estos informes son los que nos ha dado el general Deheza capitan entonces en el N. 11, y nos agre-/[691]gaba que la presencia de la *Loca de la Guardia* habia causado indecible júbilo y confianza en las tropas de su Regimiento. [Nota del autor]

[14] C4: Perdió entonces el general O'Higgins el tino

que asi no mas se dejasen llevar de frente por un ataque imprudente y temerario.

En efecto Maroto habia formado su línea con una discrecion verdaderamente militar. Al principio habia pensado hacerse fuerte en la cuesta; pero observó que podia ser flanqueado, y que las salidas á Santiago podian serle tomadas por los patriotas circunvalando la posicion. Resolvió entonces establecerse en el descenso de la cuesta, ocupando el declive de un cerro que se cerraba en una angostura por su derecha; en ese barranco colocó su artilleria y apoyó su izquierda en los cordones intransitables que se engranan en la cuesta y que creia inaccesibles, cubriendo su retaguardia por los Dragones del coronel Morgado y Carabineros de Abascal que mandaba el coronel Quintanilla.

O'Higgins sintió muy pronto el desgraciado error que habia cometido comprometiendo así la batalla. Los realistas lo rechazaron causándole enormes pérdidas; y lanzaron sobre él dos cuerpos de infanteria. El 7 y el 8 se cruzaron con ellos á la bayoneta, y consiguieron hacerlos retroceder á su línea, pero estropiados tambien no estaban ya en estado de repetir el ataque ni de /[693] arrostrar los fuegos de la artilleria enemiga que les causaba un daño considerable.

San Martin en el colmo de la angustia creyó por un momento que la jornada estaba perdida, y desde la cuesta trajo la reserva al campo de batalla. Nada sabia de la Division Soler, no alcanzaba siquiera á percibir la cabeza de sus columnas, y le despachaba avisos sobre avisos para que bajase cuanto antes por el flanco enemigo; por que aunque los cuerpos de Cramer, y de Conde (8 y 7) se sostenian con prodigios de bravura, los *Granaderos* á *Caballo* no habian podido operar sobre la línea de Maroto, y habian sido desgraciados en las dos tentativas que habían hecho, á causa del terreno impracticable en que O'Higgins los habia comprometido.

Al oir el nutrido tiroteo, las descargas, y el fuego de la artilleria que tenia lugar sobre su izquierda, el general Soler veía con una profunda ansiedad que la batalla se habia comprometido á destiempo: y que el éxito dependia de que él pudiera llegar cuanto antes sobre el flanco enemigo; así es que puesto á la cabeza de la columna, no cesaba de repetir sus voces—*Al fuego, muchachos! Al fuego*—avanzando al trote de su caballo, seguido de los batallones que á toda prisa corrian tambien en la misma direccion por entre barrancos y precipicios.

De improviso se encuentran en una quebrada sin salida; el comandante Alvarado avisa que no /[694] puede pasar. Acude el general y se indigna con los guias. Estos se escusan por la premura en que los habian puesto y vacilan;.... ¿y la Loca?.... la Loca de pié en una eminencia cercana gritaba *por aquí! por aquí!*.... Siguen sus indicaciones y pasan las columnas convergiendo sobre el campo de batalla. Sube el general Soler á una meseta donde domina el flanco izquierdo de la posicion de Maroto. Una sola ojeada le basta para hacerse cargo de lo crítico del momento; é indignado de que el general O'Higgins hubiese procedido sin tenerlo en consideracion trata de reparar la falta cometida.

Llevaba la cabeza de la columna el batallon de Cazadores á las órdenes de Alvarado y en el momento el capitan de la primer compañia don Lucio[15] Salvadores recibe órden de descolgarse sobre el flanco de los realistas, siguiéndolo por allí las demás fuerzas de infantería, al mismo tiempo que por debajo de la pendiente, entraba en accion, sobre el mismo flanco, el coronel don Mariano Necochea—el Murat argentino—á la cabeza de sus *Granaderos* á *caballo*.

La accion toma en el instante otro carácter. El enemigo abre su flanco derecho por la turbacion que sufria su línea

---

[15] C4: Lucas

en el izquierdo. El coronel Zapiola penetra por allí con otros tres escuadrones de granaderos á caballo: acuchilla la caballeria realista y ocupa la retaguardia del Caserio, al mismo tiempo que la columna de /[695] O'Higgins, bajo las órdenes ahora de general San Martin, y reforzada por la reserva, acomete de frente llevándose todo por delante.

La persecucion fué tan tenaz que no salvó absolutamente cuerpo ninguno de las fuerzas del general Maroto que no quedase deshecho ó prisionero; y de todas ellas no pudo rehacerse ni una compañia siquiera que consiguiese incorporarse organizada á las fuerzas que venian del Sur á toda prisa para defender la capital.

Decidida y terminada la batalla á eso de la una del dia, el general San Martin, sentado en un tosco madero á la sombra de una frondosa y soberbia *patàgua*, descansaba de la fatiga y conversaba con Arcos, con Álvarez Condarco, sus edecanes, y otros muchos oficiales que venian á saludarlo. Al recibirlos con la jovialidad que le era natural en estos casos, notó con sumo disgusto que algo muy grave pasaba entre los generales Soler y O'Higgins. El primero traia el rostro visiblemente enfadado y siniestro. Dió la mano á todos los compañeros que se apresuraron á felicitarlo por su oportuna aparicion en el campo de batalla, ménos á O'Higgins, marcando bien la voluntad que tenia de ofenderlo con este desaire.

O'Higgins lo notó tambien, produciéndose con esto un incidente que aunque mudo y contenido perturbó visiblemente la cordialidad de la reunion. San Martin se puso de pié, levantó /[696] una copa de vino y dijo: —Señores: á los bravos de la derecha, y á los bravos del frente! Todos aplaudieron; y sin dar tiempo a mas, con aquella sagacidad y viveza de percepcion con que sabia obrar en los momentos difíciles, agregó tomando el tono oficial del mando:

—General Soler: póngase V. S. al mando de la vanguardia con toda su division, incorporando los cuatro escuadrones de Granaderos á caballo; y ordene V. S. que la persecucion no pase del portezuelo de *Colina*, porque es muy probable que las fuerzas enemigas que quedan al Sur, estén concentrándose ahora en Santiago, para presentarnos otra batalla.

—Otra batalla, señor General? dijo O'Higgins.

—Es natural: Abandonarnos la capital quedándoles todavía intactas las fuerzas que tienen al Sur,—los tres escuadrones de Barañao, los batallones de Chiloe y de Chillan, el de la Palma, y quince cañones que pueden mover con 300 artilleros, me parece que seria el colmo de la imbecilidad. Han de aventurar otra batalla, por que si se retiraran ahora tendrian que replegarse á Concepcion; todo quedaria perdido para ellos y tendriamos el país entero con nosotros.

—General, V. E. no los conoce....

Los gefes presentes se sorprendieron al oir esta observacion que les pareció impertinente. /
[697]

—Creo, señor general, agregó O'Higgins, que estamos hablando entre amigos ¿no es cierto?

—Por supuesto! contestó San Martin dando una forma llana y fácil á sus palabras.

—Pues en este caso me permito insistir en que no hemos de tener otra batalla.... Si V. E. quiere me comprometo á marchar sobre Santiago, y ocuparlo mañana al amanecer.

—Puesto que la conversacion es amistosa, Sr. General, dijo Soler, yo me permitiré opinar como V. S. y decirle que si V. E. me retira el honroso puesto de dirigir la vanguardia para encargárselo al señor general O'Higgins, que parece desearlo, cuide V. E. de que una fuerte division pueda operar de flanco en el momento oportuno y bien apercibida de lo que puede ocurrir en esta noche.

—Señor general Soler! dijo O'Higgins. Esplique V. S. si esas palabras tienen doble sentido!

—Tienen, señor general O'Higgins, el que V. S. les ha dado.

—General! dijo San Martin incorporándose con ademan supremo. V. S. acaba de recibir una órden perentoria y urgente! Marche V. S. á cumplirla. Los momentos son preciosos; y ya que V. S. sabe lo que preveo, obre del modo conveniente para que el enemigo no lo encuentre desprevenido.

Soler era entonces un hombre de treinta años /[698] a lo más. Era el oficial de una talla mas elevada y mas arrogante del ejército argentino. Derecho y esbelto como un álamo, militar consumado en su andar, en la severidad de su gesto y en la cortesía reservada de sus modales, pasaba por ser el mas entendido de los gefes de division que tenia entonces nuestro ejército; y en la reciente campaña habia desempeñado la importante parte que le habia encargado el general en gefe con una habilidad notoria y con una competencia de primera clase.

El rompimiento del general Soler con el general O'Higgins, la intransigente soberbia de su carácter, y la idea que el primero se habia formado de la poca capacidad militar del segundo, iban á ser causa de su separacion del ejército de los Andes desde que[16] O'Higgins ocupase en Chile el puesto de SUPREMO DIRECTOR DEL ESTADO, que le estaba destinado por los propósitos políticos y necesarios del general San Martin. Ambos jefes eran ya incompatibles en el *Ejército de los Andes*.

Entretanto: era cierto que cuando el general San Martin preveia con buen juicio una nueva batalla, y se preparaba á ganarla, el coronel Barañao recien llegado á Santiago promovia la necesidad de tentar ese nuevo ataque y de caer esa misma noche sobre los Argentinos. Juntóse sobre eso consejo de jefes, pero prevaleció el parecer de

---

[16] C4: Andes en cuanto O'Higgins

que la operacion era aventurada por /[699] que no podia suponerse que se tomasen desprevenidos á jefes de tanta importancia y experiencia como los que habian ejecutado la invasion y ganado la batalla de la cuesta de Chacabuco.

La escena anterior puso preocupado al general San Martin; y aunque procuraban disimularlo, todos estaban tambien mas ó menos afectados por el sinsabor que causan siempre los íncidentes de este género.

—Las Heras! dijo el general, sentándose de nuevo— Téngame al corriente de lo que pasa entre O'Higgins y Soler y trate de aquietarlo hasta que entremos á Santiago.

—Me permite V. E. una simple observacion?

—¿Cómo nó?

—Entonces suplicaré á V. E. que no me encargue ese cuidado. No tengo ninguna intimidad con el Sr. general Soler; y no deseo tocarme[17] con él sinó en cosas del servicio. Por lo demas, estoy cierto que el Sr. general Soler no se ocupará por ahora de otra cosa que de cumplir las órdenes que V. E. le ha dado.

En la tarde del 12 de Febrero, que tan glorioso dia habia sido para el ejército argentino, el general Soler ocupaba al portezuelo de *Colina*. Establecido allí sólidamente con toda la vanguardia hizo replegar al coronel Necochea, que habia llevado una tenaz persecucion hasta dos leguas mas adelante. /

[700]

Esta persecucion habia sido terrible para los vencidos. Por que, como recordará el lector, la caballeria argentina, al mando de Zapiola por la izquierda, y de Necochea por la derecha, habia penetrado hasta tomar posesion de la retaguardia realista, al mismo tiempo que Soler doblaba el flanco izquierdo del enemigo, y que la division O'Higgins dirigida por el General en Jefe rehacia sus columnas al favor

---

[17] C4: deseo rozarme con

de esos movimientos y lo arrollaba por el frente. Con esto los enemigos habian perdido su formacion y se habian declarado en una derrota espantosa. Pero al huir hácia la ciudad, en el mas completo desórden y confusion, habian encontrado que los Granaderos á caballo les cerraban el paso; y como les faltara ya la disciplina, al marchar así revueltos en grandes grupos se permitian algunos la imprudencia de hacer fuego, para abrirse camino; de modo que los Granaderos á caballo, lanzados á fondo, los sablearon por mas de cuatro leguas en los callejones de la vía, dejando detrás de sí, una enorme cantidad de enemigos muertos, heridos y prisioneros, sin que alcanzaran á salvarse, sinó algunos pocos fugitivos, que, trepándose á los cerros, ó escondiéndose en las asperezas, lograron sustraerse por el momento al sable de los vencedores, pero no salvarse de caer en sus manos hora mas ú hora menos.

Serian ya como las ocho de la tarde (p. m.)[18]/[701] cuando el general Soler, avisó que quedaba en posicion de contener cualquiera tentativa que el enemigo pretendiese hacer en esa noche; y que, habiendo sido estudiada la topografía del lugar, por los ingenieros Arcos y Alvarez Condarco, estaba ya indicado el campo en que todo el ejército podia[19] acampar, para reconcentrarse y quedar prevenido á todo evento.

El general San Martin se adelantó entónces con el Estado Mayor hasta la vanguardia; y despues de unas cuantas horas dadas á la reorganizacion de los cuerpos, al refrigerio de la tropa y al descanso, el ejército se puso en marcha en las primeras horas de la aurora (14)[20]. /

---

[18] C4: tarde cuando
[19] C4: debía acampar
[20] (14) Voy á narrar aqui por via de amenidad una anécdota característica de algunos actores, que tiene un perfecto sabor histórico, y que salvo la forma literaria en que la voy á verter, es perfectamente idéntica al suceso tal cual lo he oido al Sr. D. Juan Godoy, gran sabedor de aventuras, y que los generales Dehesa y Las Heras me decian que en efecto habia corrido ese cuento en el ejército.

Detrás de las últimas columnas de la retaguardia cabalgaban con negligencia, lado á lado, dos hombres seguidos de un piquete de soldados que arrastraban un cañon de montaña.

El uno era un jovencito de diez y siete años, escribiente por el momento [C4: por aquel entonces] de la Secretaria del General en Jefe, que por primera vez en su vida atravesaba un campo de batalla.

El otro era un hombre como de treinta años: figura /[702] grotezca y aire siniestro; que parecia encantado con el horrible espectáculo que se desenvolvia á su vista; y que habia tomado una parte viva en la carniceria de la jornada.

Algunos grupos de campesinos silenciosos, dirigidos por agentes subalternos, provistos de algunos faroles y de angarillas de cañas hechas á la ligera, recogian heridos en aquel campo de muerte y los trasportaban á las casas de la Hacienda. Los que dirigian aquel piadoso trabajo les gritaban de cuando en cuando. "Carguen primero á los patriotas!"—"A los godos despues."

—¡*Zeñor por Dioz*!.... Un *vazito* de agua! que perezco de *zed*!.... esclamaba un infeliz que yacia por allí.

Al oirlo, dos ó tres campesinos procuraron acercarse á él para auxiliarlo. Pero el hombre que cabalgaba con el jóven, les gritó—Eh! bestias! ¿no están oyendo que dice *zeta*? A los patriotas primero! dijo entrometiéndose en lo que no le incumbia.

—Mal rayo te parta!.... y el alma y el cuerpo *ze* te pudran, hijo de una tal por cual! esclamó el herido.

—Antes te vas á podrir tú, raza de Moros! le contestó el ginete, riéndose complacido.

De todos los lados del estrecho camino se oian salir ayes lastimeros.

—Ay, por Dioz! zocórranme presto! decia el uno con una voz moribunda.

—Por los clavos del Zeñor! mizericordia, mizericordia!.... tengo traspasado el pecho!.... Me ahoga la zangre! gritaba otro.

Y los horribles lamentos daban un lúgubre aspecto á las tinieblas de la noche, y al vago andar de los esca-/[703]sos faroles con que las partidas de campesinos andaban inspeccionando y recogiendo los heridos.

Una voz angustiada se alzó por delante de los dos ginetes, y en el tono de la mas grande desesperacion les gritó:

—Por la Virgen Santízima de Dolores, zeñor oficial!!... me van á aplastar los caballos y el cañon... tengo las dos piernas destrozadas! no me puedo mover.... por piedad! por piedad! que todos zomos cristianos!

—Pues mejor!..... Te despenarás cuanto antes!.... le dijo el mayor de nuestros dos hombres, mientras los soldados continuaban impasibles arrastrando el cañon hácia el herido.

Pero el mas jóven tirándose prestamente del caballo, corrió al herido; y tomándolo por debajo de los dos brazos lo sacó de la via, y lo puso á un lado contristadísimo de los espantosos quejidos que lanzaba al ser arrastrado.

—No puedo hacer mas por Vd. *amigo!* le dijo el jóven, y volvióse lijero á su caballo dejándolo en sus atroces padecimientos y clamando agua! agua! por todos los santos del cielo!

—Mira: le dijo el otro—si vas á ocuparte de eso con cada uno de los que te llamen, vas fresco!.... Aprende, agregó señalándole con el dedo un bulto, que á la orilla del camino estaba dándole vuelta á un cadáver para ponerlo boca-arriba—Mira esa mujer que en vez de enternecerse por los quejidos anda haciendo provecho y robando á los muertos, que dén gracias tambien si no los despena para aumentar la cosecha.

—Miserable! Harpia! deja esos infelices! le gritó el joven adelantando á ella su

caballo. /[704]
Pero al oirlo, la muger se incorporó arrogante como una fantasma, y le dijo con imperio—¡sigue tu camino! y deja á los cóndores su presa! ¿que sabes tú de lo que yo busco, ni de lo que yo hago?
—Ah! dijo el otro riéndose a carcajadas. — Es la Loca del N°. Once (*).
—La Loca? preguntó el jóven con sorpresa.
—Si, hombre! dejála.... y tomándolo de la rienda de su caballo le obligó á seguir el camino.
—No hay duda que un campo de batalla es una cosa tremenda: en este momento quisiera ser sordo, dijo el jóven.
—Pamplina! Horrible y tremendo es cada dia que pasa!.... O se te figura, inocente criatura, que el mundo no es tambien un campo de batalla en que van al hoyo, con dolores y lamentos espantosos, no digo yo quinientos ó seiscientos pobres diablos como aquí, sinó millones por dia?
—Pero uno no los vé.
—Vaya con el consuelo! Pero los ven sus hijos, sus padres, sus hermanos, el... que los confiesa.... el médico que los mata sin refregarse los ojos.... Los asesinos que los despachan y qué sé yo que otros mil.
—Pero á esos desgraciados los auxilian y los atienden otros; mientras que estos desgraciados quedan ahí postrados y mueren sin mas compañero que el abandono, la soledad, las tinieblas y el frio de la noche, clamando por un dedal de agua que nadie les dá.
—Pues mira: duerme bien esta noche: y mañana verás

(*) Decia la Leyenda que buscaba por todas partes el cadáver de Zambruno, el feroz capitan de *Talaveras*, autor y actor en las fechorias de *Rancagna* [sic], á quien descubrió y denunció en la crujia de los prisioneros.

/[705] salir el sol como todos los dias. Los muertos se pudrirán enterrados ó no enterrados: los que no sean devorados por los gusanos serán devorados por los cóndores. Se entrará [C4: pondrá] el Sol despues, saldrá la Luna y brillarán las estrellas como siempre. Y por último ¿para qué hemos tomado servicio y cargamos esta espada?.... Para matar y para matar, mientras no nos maten otros á nosotros. Y como nosotros tambien hemos de morir sin que el sol se pare por eso, ni dejen de parir las mujeres, todo se reduce al fin á morir unos cuantos años antes ó unos cuantos años despues. Con que así, deja tú á los que mueren que mueran, y véamos si en el tiempo que hemos de vivir logramos ser nosotros de los que matan y gobiernan y gozan.... Por lo que hace á mí, eso es lo que voy buscando, y para eso pongo en riesgo mi vida.... A mi me gusta matar y mandar; y maldito si se me importa un bledo de los que caen, con tal que yo sea de los que quedan!
—Pues yo me he decidido á tomar parte en el ejército solo para defender á la pátria....
—Matando!
—Matando, nó; peleando por el triunfo, y por la victoria de la tierra en que hemos nacido, para ser libres en ella y hacerla feliz.
—Y todo eso matando!.... La prueba está en todos esos quejidos y lamentos que estás oyendo y que te horrorizan.
—Así será! pero lo que sé es que yo tengo aquí en el corazon otra clase de sentimientos y de ideas que no son esas.... Libertar á Chile y triunfar de la España [C4: de España], /[706] es algo mas que matar! La gloria y la gratitud de los pueblos!
—Sí.... Ya verás la gratitud de los pueblos!.... y en cuanto á la gloria no es gratitud sinó

[702]
El general San Martin acababa de tener las primeras noticias de que las fuerzas enemigas se habian desorganizado completamente; de que /[703] la Capital estaba abandonada y en completa acefalía. Aunque bastante vagas

---

agravios y rencores lo que te ha de dar si un tonto como *vos* llega á verla.... Para los pavos!
—Si todos viesen el mundo como Vd., seria mejor haber nacido pampa, Fray Félix! le dijo el jóven con un enfado visible y con acrimonia.
Pero no bien habia pronunciado estas últimas palabras cuando el fraile acercándole su caballo con un movimiento violentísimo, levantó la mano con todo el ímpetu de la rábia como para descargarla de revés sobre su compañero. Y lo hubiera hecho, si este, sorprendido pero ágil, no hubiera separado á tiempo su cuerpo y echado mano al puño de su espada.
El fraile Aldao se contuvo entonces, y le dijo: (**)
—Mira, mocoso! si no te hubiera visto nacer, y si no fuéramos los dos de Mendoza, te daria una leccion que no olvidarias jamás.... Pero te advierto que si otra vez me injurias te has de arrepentir.
—No quiero contestarle, Teniente Aldao, por que reco-

(**) Don Félix Aldao, era un fraile mendocino que dado por genio á las aventuras consiguió que lo hicieran capellan del batallon N°. 11. En el ataque de la *Guardia*, se sacó los hábitos, se metió en el piquete de los Granaderos, y tomó una parte cruel en la matanza. Desde entonces comenzó á figurar como teniente y no habia para él mayor injuria que decirle *el fraile*; por lo cual se lo repetian siempre los demas oficiales. Sabido es que ascendió hasta coronel y que fué el tirano mas atroz y siniestro de Mendoza á su vuelta del Perú.

/[707]nozco mi falta y porque estamos delante de la tropa. Pero Vd. comprende que el hábito....
—El hábito? ¿Vuelves? dijo el *fraile* Aldao como si quisiera contenerse antes de estallar.
—Quiero decir la costumbre. No he tenido la menor intencion de ofenderlo; ni pensé de lo que decia.
—Pues ten cuidado para en adelante, porque estoy resuelto á meterle cuatro pulgadas de acero al que pretenda seguir con esta costumbre, sin tener en cuenta lo que soy ahora y lo que quiero ser en adelante.
Despues de esta escena, los dos compañeros marchaban en silencio, cuando á poco tiempo se sintió el galope de un caballo que venia de la vanguardia y que detuvo su carrera junto á ellos—¿Qué hay, Juan Apóstol? le preguntó Aldao (***).
—Orden de que todos los piquetes se pongan al trote; y que V. se incorpore á su cuerpo, Fray Félix.
—Fray tu madre, loco de m....!
El oficial soltó una carcajada; y dando vuelta su caballo tomó otra vez hácia el cuartel general.

(***) D. Juan Apostol Martinez, uno de los oficiales mas bravos y mas desparpajados del ejército.

---

y poco auténticas todavia, habia sin embargo algunos datos /[704] que parecian fundados, para presumir la necesidad de que el ejército argentino se adelantase á ocuparla tan pronto como fuera posible. /[705] En efecto: era en esos momentos, que Santiago[21] ofrecia el aspecto de un caos, entregado al desórden mas espantoso. /
[706]

Las fuerzas venidas del sur aquel mismo dia al mando de Barañao y de otros gefes habian tenido la intencion de atacar al ejército vencedor /[707] esperando encontrarlo desprevenido y entregado á la confianza de su triunfo pero habian tenido que desistir de la aventura prefiriendo replegarse. La desmoralizacion se habia apoderado de los cuerpos; relajada la disciplina, los derrotados no obedecian órdenes de nadie, y corrian en grupos en la direccion de Valparaiso y de otros puertos sin mas mira que huir y que embarcarse en los buques que pudieran encontrar. Los demas cuerpos que no habian entrado en la accion, contagiados tambien del /[708] pánico general, y sin contar con la cohesion necesaria ni con la autoridad de un mando superior para hacer pié, volvian á tomar á toda prisa el camino del sur replegándose á Concepcion y á Talcahuano, para tener tiempo de conocer la situacion general en que habian de quedar las cosas, y tomar medidas para defensas ó esperar refuerzos del Perú.

El Mariscal Marcó del Pont habia huido con tiempo de la ciudad. Desde mucho antes habia hecho marchar en direccion á[22] Valparaiso las carretas de su gran equipaje, los papeles de los archivos, y todos los valores líquidos, en barra y en dinero, que habia podido tomar del tesoro; sin pensar en otra cosa que en embarcarse.

---

[21] C4: efecto: en esos momentos, Santiago
[22] C4: Dirección de Valparaiso

Cuando el pueblo se apercibió[23] de todo esto serian como las nueve de la noche. Alborotada la plebe, se lanzó á las calles armada de hachas, barretas y picos, vociferando en un desórden atroz, y atacando á mano armada las casas que se tenian por mas opulentas y ricas, sin distincion de partido. A esta horrible confusion se agregó que los grupos de realistas derrotados, creyéndose en peligro, atravesaban las calles, disparando sus fusiles y atacando tambien todo lo que encontraban al paso, en su deseo de ganar pronto los caminos por donde trataban dé [sic] escapar. Andaban así revueltos con las familias, mujeres y niños, que ansiosos seguian á sus deudos; y /[709] mujeres y pilluelos de la clase baja que robaban y agredian sin piedad.

En tan crueles angustias, unos cuantos de los vecinos principales se reunieron con urgencia en la casa del opulento don Francisco Ruiz Tagle. Con la firma de este lograron hacer venir á la reunion á muchos otros, y constituir por el momento una especie de autoridad que tomó á su cargo el restablecimiento del órden. La empresa era árdua por cierto; fué preciso emplear muchas horas antes de poder organizar y armar algunas patrullas de vecinos, sirvientes, y gente buena con que tratar de restablecer algun órden. Pero, desesperando de tener medios con que llevarlo á cabo, despacharon expreso sobre expreso al general San Martin para que apresurase su marcha sobre la capital, y ocurriese[24] á salvarla cuanto antes del saqueo que por momentos tomaba formas terribles, y del incendio de edificios que ya comenzaba á pronunciarse en muchos puntos de importancia. El general San Martin mandó adelantar al general Soler con órden de ocupar la capital.

Entretanto: las fuerzas realistas que no habian alcanzado á entrar en accion, se retiraban aprisa por los caminos que

---

[23] C4: se dió cuenta de
[24] C4: acudiese á

van al Sur, al mando de Sanchez, de Quintanilla, Barañao y Morgado. Elorreaga y Marqueli quedaban muertos en el campo de batalla con muchos oficiales subalternos. /
[710]
Los cuerpos que habian tomado parte en la batalla, estaban desechos: los *Talaveras* casi todos prisioneros, y de sus oficiales, no escapó uno solo. El feroz *Zambruno* y su cómplice Villalobos, fueron encausados como facinerosos: y destituidos de la calidad de militares en razon de la notoriedad de sus crímenes, fueron fusilados y colgados en la horca, sin que el Virrey ni los realistas hubiesen reclamado jamás, ni ejercido represalia, tal era el conocimiento que todos tenian de sus infames atentados y de la justicia de la sentencia.

El Presidente Marcó del Pont fué aprehendido en las inmediaciones del puerto de *San Antonio*; y traido á presencia del general San Martin, enviado á la provincia argentina de San Luis, con órden de no impedirle la libertad de su persona, mientras no tratara de salir de los límites de esa villa provincial.

El general Maroto pensó un momento en reunir á los dispersos y embarcarse con ellos hácia el Sur. Pero en la cuesta de *Prado*, camino de Valparaiso, se desorganizó todo al sentir las primeras avanzadas de *Granaderos* á *caballo* que se aproximaban. Maroto llegó á tiempo para embarcarse y llevar al Perú la noticia de que el Ejército Argentino quedaba dueño de la capital y del centro de Chile.
[...] /

[712]

    1817   Febrero 26
He aquí el conjunto de los sucesos y de las proezas que volaban en boca de todos los habitantes de Buenos Aires, como fantástica leyenda, en medio del bullicio de

las músicas, de los /[713] cohetes, de los repiques y de las salvas de artilleria, a las tres de la tarde del día 26 de Febrero de 1817. Las cartas particulares, las relaciones verbales del oficial que habia traido el parte y la correspondencia, las invenciones naturales del entusiasmo y de la imaginacion popular llenando de colorido poético los hechos, y quizas mas verdaderas que los hechos mismos, oidas y referidas por todos con avidez insaciable en aquella bellísima tarde de nuestro plácido Otoño, servian de alimento á la llama vívida en que ardian los hijos de la grande capital exaltados por el júbilo. ¡Los deudos, los hermanos, los amigos, los *niños de la casa* eran los héroes que habian reconquistado á Chile haciendo brillar las espadas argentinas en el campo de la victoria! pronto, muy pronto, embarcándose aunque fuese en lanchas, iban ellos, victoriosos otra vez, á plantar la BANDERA CELESTE Y BLANCA sobre el sólio humillado de los Virreyes de Lima. San Martin lo anunciaba y lo escribia así en ese mismo momento á muchas personas. ¿Cómo dudarlo?.... El pueblo ébrio de placer, ébrio de noble orgullo miraba satisfecho y respetuoso al Supremo Director, á quien tanta parte tocaba en el éxito de esa campaña para decir con justicia que habia contribuido a salvar la patria, á asegurar la feliz terminacion de la guerra de la Independencia Argentina, y poner su brazo en la EMANCIPACION DEL CONTINENTE SUD-AMERICANO que era ya una /[714] consecuencia necesaria[25] de la victoria primera del *Ejército de los Andes*.

1817   Abril 1°
El Supremo Director de Chile don Bernardo O'Higgins—se dirigió al gobierno de los Estados Unidos de Norte-América, al Emperador de Rusia y á otros gobiernos europeos anunciándoles la restauracion de Chile, y su

---

[25] C4: consecuencia de

exaltacion al mando en estos términos—"Despues de haber sido restaurado el hermoso Reyno de Chile POR LAS ARMAS DE LAS PROVINCIAS UNIDAS DEL RÍO DE LA PLATA el 12 de Febrero del corriente año bajo las órdenes del general San Martin, y elevado como hé sido por la voluntad del pueblo á la Suprema Direccion del Estado, es de mi deber anunciar al mundo un nuevo asilo en estos paises á la industria, á la amistad y á los ciudadanos de todas las naciones del globo.... LA SABIDURIA Y RECURSOS DE LA NACIÓN ARGENTINA limítrofe, decidida por nuestra emancipacion, dá lugar á un porvenir próspero y feliz en estas regiones. (16)[26]

---

[26] (16) Papeles del señor Guido, págs. 27 a 32. [Nota del autor] # López cita casi textualmente un fragmento de la carta de O'Higgins al presidente de los Estados Unidos de Norte América, fechada en "Santiago de Chile á 1° de abril de 1817". [Guido: 30].

Bibliografía

1. Fuentes inéditas

Colección de los López. Archivo General de la Nación, Buenos Aires.
Doc. 3979. Carta de Vicente Fidel López a Vicente López. Montevideo, 24 jul. 1846.
Doc. 5210. Carta de Carlos Casavalle a Vicente Fidel López, 23 nov. 1895.
Doc. 5211. Carta de Carlos Casavalle a Vicente Fidel López, 5 dic. 1895.
Doc. 5223. Carta de Carlos Casavalle a Vicente Fidel López, 12 jun. 1896.
Doc. 5234. Carta de Carlos Casavalle a Vicente Fidel López, 21 dic. 1896.
Doc. 5239. Carta de Carlos Casavalle a Vicente Fidel López, 23 abr. 1897.
Doc. 5247. Carta de Carlos Casavalle a Vicente Fidel López, 15 may. 1898.
Doc. 5451. Cuaderno de apuntes de Vicente Fidel López.
Doc. 5253. López, Vicente Fidel. ["El capitán Vargas"].
Doc. 5270. "Liniers y su época".
Doc. 5451. Cuaderno grande de apuntes de Vicente Fidel López.
Doc. 6884. López, Vicente Fidel. "Capitán Vargas".

2. Fuentes editadas

Alcorta. Diego. 1902. "Curso de Filosofía". *Anales de la Biblioteca*, II, Buenos Aires: 1-180.

Colección Carlos Casavalle (1544-1904). 1996. Catálogos e índices: Graciela Swiderski. Buenos Aires: Archivo General de la Nación.

Gil de Zárate, Antonio. 1842. *Manual de literatura; Principios generales de poética y retórica y resumen histórico de la literatura española*. 12° ed. Paris: Garnier Hermanos, s.f.

López, Vicente Fidel. 1843. "Revoluciones americanas en su relacion con los elementos sociales: Revolucion arjentina". *El Progreso*, 63-67 y 69-75, Santiago, 24, 25, 26, 27, 28 y 31 ene., 1, 2, 3, 4, 6 y 7 feb.: 1-2.

——. 1845a. *Curso de Bellas Letras*. Santiago de Chile: Imprenta del Siglo.

——. 1845b. *Manual de la istoria de Chile dedicado a las escuelas*. Santiago: s.e.

——. 1854. "La novia del hereje, o la Inquisicion de Lima". *El Plata Científico y Literario*, II, set.: 147-97; III, nov.: 89-162; IV, ene. 1855: 98-155; V, mar.: 101-25; VII, jul.: 21-127.

——. 1881. *Historia de la revolucion argentina: Desde sus precedentes coloniales hasta el derrocamiento de la tiranía en 1852: Introducción*. Buenos Aires: Imprenta y Librería de Mayo.

——. 1882a. "La gran semana de 1810 (Crónica de la Revolucion de Mayo)". *El Nacional* (Buenos Aires) 20, 22, 23, 24, 26, 27 y 30 may., 2 y 5 jun.: 1.

——. 1882b. "La loca de la Guardia; Leyenda". *El Nacional* [Buenos Aires] 19 jun.-8 ago.: 1, "Folletín".

——. 1888. *Historia de la República Argentina: Su origen, su revolución, su desarrollo político hasta 1852*. Buenos

Aires: Carlos Casavalle Editor, Imprenta de Mayo. Tomos VI y VII.

———. 1896a. *La gran semana de 1810: Crónica de la Revolución de Mayo; Recompuesta y arreglada por cartas según la posición y las opiniones de los Promotores, por V.F.L.* Buenos Aires: Carlos Casavalle, Editor - Imprenta y Librería de Mayo.

———. 1896b. *La Loca de la Guardia: Cuento histórico.* Pról. Carlos Casavalle. Buenos Aires: Imprenta y Librería de Mayo.

———. 1921. *Debate histórico: Refutación a las Comprobaciones históricas sobre la Historia de Belgrano.* Biblioteca Argentina, 16-18. Buenos Aires: Librería La Facultad.

———. 1926. *Historia de la República Argentina: Su origen, su revolución, su desarrollo político hasta 1852.* 4° ed. Buenos Aires: La Facultad.

———. s.f. *La loca de la Guardia: Cuento histórico.* Pról. Carlos Casavalle. Buenos Aires: A. V. López Editor.

3. Bibliografía específica

Botana, Natalio R. 1991. *La libertad política y su historia.* Buenos Aires: Editorial Sudamericana.

Chibán, Alicia. 2004. "José de San Martín: las ficciones del héroe". *El archivo de la independencia y la ficción contemporánea.* Alicia Chibán, coord. Salta: Universidad Nacional de Salta-Consejo de Investigación. 45-79.

Dellarciprete, Rubén. 2013. "La verdad de la ficción y la verdad del discurso historiográfico". *Literatura: Teoría, historia, crítica*, 15, 1, ene.-jun.: 141-159.

Díaz Araujo, Enrique. 2002. *Del amor y de la guerra: Mariano Necochea, Vicente Fidel López y "La Loca de la Guardia".* Guadalajara: APC-Buenos Aires: Nueva Hispanidad Académica.

Fernández, Gabriela. 1998. "Nuevas consideraciones sobre la recepción de Scott en la Argentina: 'La loca de la guardia' de Vicente Fidel López". *Actas de las II Jornadas Nacionales de Literatura Comparada; Mendoza, 21 al 23 de abril de 1994.* Mendoza. II, 65-77.

Fernández López, Manuel. 1995. "Vicente Fidel López, profesor de Economía Política en Montevideo y Buenos Aires". XXX Reunión Anual de la Asociación Argentina de Economía Política. Universidad Nacional de Río Cuarto. 385-394. Digitalizado en: <www.aaep.org.ar>.

Głowiński, Michał. 1976. "Theoretical Foundations of Historial Poetics". Traducción al inglés de B. Braunrot. *New Literary History*, 7, 2, winter: 237-245

Halperín Donghi, Tulio. 1956. "Vicente Fidel López, historiador". *Revista de la Universidad de Buenos Aires* 5° época, I, III, jul.-set.: 365-74.

Hualde de Pérez Guilhou, Margarita. 1966-1967. "Vicente Fidel López – Político e historiador (1815-1903)". *Revista de Historia Americana y Argentina*, VI, 11-12: 85-149.

Lappas, Alcibíades. 1958. *La masonería argentina a través de sus hombres.* Buenos Aires: Estab. Gráfico de R. Rego.

Lettieri, Alberto Rodolfo. 1995. *Vicente Fidel López: La construcción histórico-política de un liberalismo conservador.* Cuadernos Simón Rodríguez, 29. Buenos Aires: Biblos – Fundación Simón Rodríguez.

Madero, Roberto. 2001. *El origen de la historia: Sobre el debate entre Vicente Fidel López y Bartolomé Mitre.* Buenos Aires: Fondo de Cultura Económica de Argentina.

——. 2003. "Política editorial y géneros en el debate de la historia: Mitre y López". Schvartzman. 383-403.

——. 2005. *La historiografía entre la república y la nación: El caso de Vicente Fidel López.* Buenos Aires: Catálogos.

Marfany, Roberto H. 1966. "Un fraguado epistolario de Mayo". *Episodios de la Revolución de Mayo.* Buenos Aires: Theoría. 57-101.

Molina, Hebe Beatriz. 1993. "El «recuerdo de los viejos tiempos» en *La novia del hereje*". *VI Congreso Nacional de Literatura Argentina; Actas; 2 al 5 de octubre de 1991*. Córdoba: Universidad Nacional de Córdoba. 303-11.

——. 2005. "La novela histórica o esa pasión argentina por la verdad". *Actas de las Primeras Jornadas "Literatura / crítica / medios: Perspectivas 2003"*. Mª. Amelia Arancet Ruda et al., eds. CD ROM. Buenos Aires: Universidad Católica Argentina. 285-9.

——. 2008a. "Política e historia sudamericana en dos novelas de Vicente Fidel López". *VIII Jornadas Andinas de Literatura Latinoamericana (JALLA 2008): "Latinoamericanismo y globalización"*. CD ROM. [Santiago]: U. de Chile, Centro de Estudios Culturales Latinoamericanos. Digitalizado en: <http://jallaonline.org>

——. 2008b. "Una poética argentina de la novela: Vicente Fidel López (1845)". *Hofstra Hispanic Review*, 8/9, New York, Summer/verano-Fall/otoño: 18-32.

——. 2009a. "Fronteras textuales engañosas: Las notas a pie de página en *La novia del hereje*". *Boletín de Literaturas Comparadas*, XXXIV, Nº especial "Actas de las VIII Jornadas Nacionales de Literatura Comparada", Mendoza: I, 133-149.

——. 2009b. "Las voces de la Revolución de Mayo, según Vicente Fidel López". *Palabra y Persona*, 2° época, IV, 6-7, *A dos siglos de la Revolución de Mayo: 1810-2010*, Buenos Aires: 209-225.

——. 2010. "El drama de la Revolución de Mayo: ¿Quién es el pueblo?". *Silabario*, XII, 13, Córdoba: 59-84.

——. 2011. *Como crecen los hongos: La novela argentina entre 1838 y 1872*. Buenos Aires: Teseo.

——. 2011-2012. "Las luchas de la Independencia en la novelística romántica argentina". *Latinoamérica: Revista de Estudios Latinoamericanos*, 53, México,

UNAM-CIALC: 57-81. Digitalizada en <www.redalyc.org.mx>

——. 2012. "La gesta sanmartiniana en las novelas escondidas de Vicente Fidel López". *Actas del IX Congreso Argentino de Hispanistas: "El Hispanismo ante el Bicentenario"; La Plata, 27-30 de abril de 2010*. La Plata, Asociación Argentina de Hispanistas - U. N. de La Plata. En línea: <http://ixcah.fahce.unlp.edu.ar/actas>

——. 2015a. "Documento. 'Cosas de otro tiempo que quizás no son inutiles': Manuscrito de Vicente Fidel López. Homenaje en el bicentenario de su nacimiento". *Revista de Literaturas Modernas*, 45, 2, Mendoza, jul.-dic.: 141-155. Digitalizado en <bdigital.uncu.edu.ar>.

——. 2015b. *El capitán Vargas (1846-1848), novela inédita de Vicente Fidel López*. Buenos Aires: Teseo.

——. 2015c. *Vicente Fidel López: exilio y novela histórica;* Edición crítica y anotada de textos ignorados; con la colaboración de Lorena Ángela Ivars. Buenos Aires: Teseo.

Morey de Verstraete, María E. 1978. "Historicismo y libertad en Vicente Fidel López". *Cuyo: Anuario de Filosofía argentina y americana*, 1ª época, 10-11: 225-248.

Narvaja de Arnoux, Elvira. 2008. *Los discursos sobre la nación y el lenguaje en la formación del Estado (Chile, 1842-1862): Estudio glotopolítico*. Buenos Aires: Santiago Arcos Editor.

Orgaz, Raúl A. 1950. "Vicente F. López y la historia de la historia". *Obras completas; II. Sociología argentina*. Semblanza prel. Arturo Capdevila. Córdoba: Assandri. 213-264.

Piccirilli, Ricardo. 1972. *Los López: Una dinastía intelectual; Ensayo histórico literario, 1810-1852*. Buenos Aires: Estrada.

Pró, Diego F. 1977. "La cultura filosófica de Vicente Fidel López". *Revista de la Universidad Nacional del Centro de la Provincia de Buenos Aires*, 1, ene.-abr.: 23-46; 2, may.-ago.: 81-102.

Rípodas Ardanaz, Daisy. 1962-1963. "Vicente Fidel López y la novela histórica: Un ensayo inicial desconocido". *Revista de Historia Americana y Argentina*, IV, 7-8: 133-175.

Rojas, Ricardo. 1916. "Noticia preliminar". Mitre, Bartolomé. *Comprobaciones históricas (Primera parte)*. Biblioteca Argentina, 8. Buenos Aires: Librería La Facultad. vii-xxxix.

Sagarna, Antonio. 1940. "Don Vicente Fidel López y la Organización Nacional". *Boletín de la Academia Nacional de la Historia*, XIII: 281-310.

Schvartzman, Julio, dir. 2003. *La lucha de los lenguajes*. Vol. 2 de *Historia crítica de la literatura argentina*. Noé Jitrik, dir. Buenos Aires: Emecé.

4. Bibliografía de las notas

Barros Arana, Diego. 1857. *Historia jeneral de la independencia de Chile; III*. Santiago: Imprenta del Ferrocarril. [4 tt: 1854-1858] Recuperado de <www.books.google.com.ar>

——. 1889-1890. *Historia jeneral de Chile; X-XI*. Santiago: Rafael Jover, Editor. Recuperado de <www.memoriachilena.cl>.

Caballero, Ramón. 1947. *Diccionario de modismos de la lengua castellana*. 2° ed. Buenos Aires: Librería El Ateneo.

Campos Harriet, Fernando. 1958. *Los defensores del Rey*. Santiago: Andrés Bello.

Cara E., Alberto. 1917. *La batalla de Chacabuco: Relación histórica y estudio crítico militar*. Los Ánjeles: Impr. del Rejto. de Inf. "Lautaro" No. 10.

De Marco, Miguel Ángel. 2006. *Historia del periodismo argentino: Desde los orígenes hasta el Centenario de Mayo*. Buenos Aires: EDUCA.

Diccionario de la lengua española [DRAE]. Madrid: Real Academia Española. [Se han consultado varias ediciones, incluso digitales; en particular la de 1817].

Diccionario manual de americanismos. 1966. Dir., textos, pról. y bibliografía Marcos A. Morínigo. Buenos Aires: Muchnik Editores.

El libro del Pueblo de Dios: La Biblia. 1996. 14° ed. Buenos Aires: Fundación Palabra de Vida-San Pablo.

Gaceta de Buenos Aires (1810-1821). 1991. Reimpr. facsimilar dirigida por la Junta de Historia y Numismática Americana. Buenos Aires: Compañía Sud-americana de Billetes de Banco.

Gay, Claudio. 1854. *Historia física y política de Chile: según documentos adquiridos en esta República durante doce años de residencia en ella y publicada bajo los auspicios del Supremo Gobierno; Historia; T. VI*. Paris-Chile. Recuperable de <www.memoriachilena.cl> y <www.books.google.com.ar>.

Guido, Tomás. 1882. *Vindicación histórica: Papeles del brigadier general Guido, 1817-1820*. Coordinados y anotados algunos por Carlos Guido y Spano. Buenos Aires: C. Casavalle. Recuperable desde <www.trapalanda.bn.gov.ar> y de <www.cervantesvirtual.com>

Medina, J. T. 1928. *Chilenismos: Apuntes lexicográficos*. Santiago de Chile: Soc. Imp. y Lit. Universo.

Moliner, María. 1971. *Diccionario de uso del español*. Madrid: Gredos.

Estribos y espuelas chilenas. Colecciones Digitales. Santiago de Chile: Museo Histórico Nacional. En línea: <www.museohistoricochileno.cl>.
Música clásica en la Argentina. 2001. En línea: <www.musicaclasicaargentina.com>.
Paz Soldán, Mariano Felipe. 1868. *Historia del Perú Independiente; Primer período: 1819-1821.* Lima. Recuperado de <www.books.google.com.ar>
Tesaurus del patrimonio cultural de España. En línea: <http://tesauros.mecd.es/tesauros/mobiliario/1173779>
Virgilio. 1971. *Eneida.* Trad. Eugenio de Ochoa. Introd. María Rosa Lida. 2° ed. Biblioteca Clásica y Contemporánea, 316. Buenos Aires: Losada.
Páginas web diversas.

Este libro se terminó de imprimir en diciembre de 2017 en Imprenta Dorrego, Dorrego 1102, CABA

www.ingramcontent.com/pod-product-compliance
Lightning Source LLC
Chambersburg PA
CBHW021845300426
44115CB00005B/23